贾植芳 ◎ 著

陈思和 ◎ 主编

卷九 ·

翻译卷

下

贾植芳

全集

山西出版传媒集团

北岳文艺出版社

图书在版编目（CIP）数据

贾植芳全集 / 贾植芳著；陈思和主编 . — 太原：
北岳文艺出版社，2020.1
ISBN 978-7-5378-4988-3

Ⅰ. ①贾… Ⅱ. ①贾… ②陈… Ⅲ. ①贾植芳（
1916-2008）—全集 Ⅳ. ① C52

中国版本图书馆 CIP 数据核字（2017）第 253948 号

贾植芳全集·翻译卷（下）

贾植芳◎著　陈思和◎主编

//

选题策划

续小强

刘文飞

范戈

项目负责人

范戈

责任编辑

范戈

书籍设计

张永文

印装监制

巩璠

出版发行：山西出版传媒集团·北岳文艺出版社

地址：山西省太原市并州南路 57 号　邮编：030012

电话：0351-5628696（发行部）　0351-5628688（总编室）

传真：0351-5628680

网址：http://www.bywy.com　E-mail：bywycbs@163.com

经销商：新华书店

印刷装订：山西人民印刷有限责任公司

开本：710mm×1000mm　1/16

总字数：4850 千字

总印张：297.5

版次：2020 年 1 月第 1 版

印次：2020 年 1 月山西第 1 次印刷

书号：ISBN 978-7-5378-4988-3

总定价：498.00 元（全 10 卷）

贾植芳先生在工作中

1994 年 4 月，贾植芳在北京国谊馆

1996 年 6 月，贾植芳与陈思和。摄于台湾玉山

2004 年女儿贾英（后排左一）、侄女任桂英（后排左二）、玄孙女张响（前排右二）、孙媳妇朱玉莉（前排右一）四世同堂

编者说明

————————

一、本卷为卷九《翻译卷（下）》，收《住宅问题》和《人民民主主义的长成与发展》两种书，以及译文《日本文学思潮对中国现代作家的影响》一篇。另附有《贾植芳全集·翻译卷》检索。

二、《住宅问题》，恩格斯著，贾植芳译。由上海泥土社 1951 年 11 月出版。本卷依据此版本收录，删去了出版社编辑部写的《出版者言》。

三、《人民民主主义的长成与发展》，西泽富夫等著，贾植芳等编译。棠棣出版社刊行，1950 年 4 月出版。全书主要分六部分，分别介绍了六个东欧社会主义国家，即保加利亚、波兰、捷克斯洛伐克、匈牙利、罗马尼亚和南斯拉夫。此书有《编译者前言》，无后记。据《编译者前言》，本书的写作者分别为：一、四部分，西泽富夫；二、三、六部分，平田富明；五部分，大桥国太郎。本书中译者分别为：一、二部分，贾植芳；三、四部分，凌翱；五、六部分，容众。全书译文由贾植芳校勘一次。贾植芳先生在《狱里狱外·古城的早春》中，有若干文字涉及《人民民主主义的长成与发展》一书的翻译出版经过："那时我的一个熟朋友，也是留日同学老黄，已由地下转入地上，在华东局做个处级干部。他给了我一个任务，要我组织翻译日本世界经济研究所新编的一本介绍东欧人民民主主义国家的资料书。本来说好是译成后由他交三联书店出版，好像是个政治任务似的，但我和棠棣出版社是朋友，徐启堂兄弟在患难中又帮助过我，我就决定给棠棣了。这本《人民民主主义的长成与发展》在1950年4月出版。"

由此可知，贾植芳先生不仅承担了该书一、二部分的翻译，而且还是该书翻译组织者和全书译文校勘者。另据《编译者前言》，此书前言完成于1950年1月10日，出版于同年4月，此间贾植芳先生客居苏州，直到是年秋才在震旦大学文学院教一门课。"到1950年秋天，我到震旦大学文学院教一门课，每星期在上海住三天，在苏州住四天，每次从上海上课回来，多半都在夜间，我一袭蓝布长衫，手提一个土蓝花布包袱，包着讲稿和书籍，这时单身坐在马车上，路灯幽暗，行人稀少，在一片静寂夜色中听到马蹄声笃笃地敲在石子路上的声音，真是别有一番情趣在心头。直到1951年春搬回上海。"据此可知《人民民主主义的长成与发展》一书翻译出版之时，贾先生尚未在震旦大学教课，所以该书另外两位译者"凌翱""容众"，应该不是震旦大学文学院所教学生，但在该书《编译者前言》及《狱里狱外》中均未说明。经考虑，我们觉得这本书基本上是贾植芳先生组织翻译并编校的，因此，决定收入全集。

四、《日本文学思潮对中国现代作家的影响》一文，〔美〕郑清茂著，贾植芳译。收录于贾植芳先生主编《中国现代文学的主潮》一书（复旦大学出版社1990年2月出版）。此文原收录于Merle Goldman主编的《五四时代的中国现代文学》（*Modern Chinese Literature in the May Fourth Era*）一书，哈佛大学1977年出版。

五、《附录：〈贾植芳全集·翻译卷〉检索》由骆世俊、黄丽丽两位所编制，特致以感谢。

目 录

住宅问题

译者前言 ……………………………………… 003

原序 …………………………………………… 006

第一篇　蒲鲁东是怎样解决住宅问题的？ …… 015

第二篇　资产阶级是怎样解决住宅问题的？ …… 033

第三篇　关于蒲鲁东及住宅问题的补遗 ……… 061

人民民主主义的长成与发展

编译者前言 …………………………………… 085

保加利亚 ……………………………………… 087

波兰 …………………………………………… 124

捷克斯洛伐克 ………………………………… 161

匈牙利 ………………………………………… 195

罗马尼亚 ……………………………………… 220

南斯拉夫 ……………………………………… 243

集外

日本文学思潮对中国现代作家的影响 ……… 271

附录：《贾植芳全集·翻译卷》检索

检索例言 ……………………………………………………… 301

外国人名检索 ………………………………………………… 304

作品人物检索 ………………………………………………… 351

住宅问题

译者前言

  恩格斯对于《住宅问题》一书，在原书第二版刊行时所写的序文中，已详尽地说明了写成的经过及执笔当时德国社会一般情形，此处仅要加以说明的，是关于本书的性质。

  关于《住宅问题》(*Zur Wohnungsfrage*)，由恩氏所写序文中即可知道，原来是登载在一八七二年的德国社会民主党的机关杂志《民众国家》(*Der Volksstaat*, Organ der Sozialdemokratischen Arbeiterpartei und der internationalen Gewerksgeno ssenschaften Leipzig 1870—1876)上的文章，并于该年复由《民众国家》分刊成三个小册子形式而流布开的。本译本系依据日本加田哲二氏的译文（《岩波文库》版），据加田氏在解说中称：他所依据的原文本，是题为"Zur Wohnungsfrage Von Friedrich Engels, Separatbdruck aus dem 'Volksstaat'Leipzig Verlag der Expedition des 'Volksstaat'"一八八七年刊行的订正第二版，作为《社会民主主义文库》(*Sozialdemokratische Bibliothek*)的第十三册而出版的本子，在本版中，已然增加了恩氏所写的序文，并加了两三个注脚。不过这个版本因为是用作宣传小册子的，纸质印刷都很坏，而且误植很多。是一种每页五十行小字的七十二页的小册子。至于本书是否尚有其他版本，则还不大明白，不过检查社会主义及马克思主义文献目录，亦未有所发现，那么这该是唯一的第二版本，而且是流行本云。

本书连序文共为四篇。在序文中最明确地指示出了当时德国的住宅问题何故有着激急发展的社会根据。凡欲了解德国大工业成立时代的社会情形者，实有精读必要。

第一篇是对于德国的蒲鲁东主义者麦里堡（Arthnx Mülberger）的对于住宅问题的论驳。麦里堡的议论的内容，是遵奉蒲鲁东学说的。因此，恩氏批评了蒲鲁东的各种社会计划。对于蒲鲁东的反批判，马克思在《哲学之贫困》一书内已经完成了，然该书是以理论方面批判为主；在本书中，如恩氏所自称的，是在实际方面，批判了蒲鲁东的小资产阶级社会主义，是马克思的理论批判之补遗。

第三篇是恩氏对于麦里堡对于恩氏之反驳之再反驳。在本篇中，恩氏的历史唯物论者的面貌非常明显。恩氏关于国家的重要见解，此篇中亦有所包容。他所达到的结论是：住宅问题的解决，在资本主义生产方法没有全部废止以前，是没有办法可以彻底解决的。在资本主义生产方法的前提下，个个别别的社会政策的施措，是没有什么效果的。尤其是那种小资产阶级的给予每个劳动者以住宅的社会主义，不过是使劳动者再陷入于中世纪的桎梏中的东西。

上两篇文章的论敌，就是蒲鲁东和他的代表者麦里堡。今再对麦里堡加以简单介绍。

麦里堡生于一八四七年，由一八七三年起，开业行医，后更为威登堡地方的官医。他热衷于研究蒲鲁东，并将蒲氏的学说在德国普及；对于德国的劳动者，他灌入了蒲鲁东的思想。住宅问题不过其中之一。他的论文在《民众国家》登载后，他以《关于住宅问题》为标题出版了一本单行本。他对于阐扬蒲鲁东学说著书很多，如《蒲鲁东的生涯及事业》（一八九九年刊），《蒲鲁东研究——对于社会改良的理解之一论》（一八九一年刊），及《马克思主义批评》（一八九四年刊）等。他是以蒲鲁东主义为立场，反对马克思主义的。

第二篇如标题《资产阶级是怎样解决住宅问题的?》所示，是对于沙克斯（Emil Sax）的关于住宅问题的著作的批评。在第一及第三两篇中是恩氏对于蒲鲁东之流的小资产阶级社会主义的克服；在本篇中，是恩氏对于他所称的"资产阶级社会主义"的讲坛社会主义——社会政策论的克服。资产阶级是决无能为力解决住宅问题的。他们不过是转移住宅问题的地位，但转移了地位以后又发生了新的住宅问题。这不是解决而仅是使住宅问题转移地位而已。这是他们保留资本主义生产方法的当然结局。这一点是对于各式各样社会政策最为痛烈的批判。

沙克斯生于一八四五年，曾入维也纳大学研究，一八六七年任巴黎博览会奥地利委员，后任维也纳大学经济学教授；更转布拉格大学任教，迄至一八九三年。他系属于奥地利派，著作甚富，如《劳动者的住宅状态及其改良》（一八六九年，维也纳刊），即是恩氏著文驳斥的对象物。沙克斯自认为拿手的是交通政策，他关于此类问题的著述，颇为资产阶级社会的专门家所重视。关于理论经济学他著有《经济的本质及任务》（一八八四年刊）及《理论的经济学原理》（一八八七年刊）二书。

译者所根据的岩波译本，在日本读书界是比较威权的译本，这较之收在改造社版中的《马恩全集》版本大为高明；译笔按其句子构造之生硬、复杂而严正，可看出是据德译直译的；中译稿并且经过几个友人的修改和研讨，译者也几度反复地加以修正，遇有疑难之处，并参酌了一九四八年版的俄译本。译者是把这样一本书的翻译工作，不仅看成自己的学习，而且视为一种坚苦的斗争。但限于学力和修养，这个译本还只能暂供参考之用，至于译本中谬误和不妥的地方，还祈读者和专家予以指正！

贾植芳

一九四九年八月一日在上海

原　序

　　下面的著作是我一八七二年寄给莱比锡的《民众国家》杂志的三篇论文的重印。当时恰值数十亿的法国赔偿费如雨般地流入了德国，致使国债能以支付，要塞及兵营得以建设，现有武器及军事品得到更新。可以自由地使用的资本，也突然和流通货币额同样显然的增加了。所有这一切恰巧发生在德国不仅是作为一个"统一国"，而且是作为大工业国，跟上了世界的舞台的时候。这数十亿的巨金，对于新的工业给予了一个巨大的飞跃。而导引战后和接着跟随来的一八七三——一八七四年的短短的充满幻想的繁荣时期进到大恐慌的，正就是这笔巨款。由于这个恐慌，德国自身证明了是能够以工业国的身份活跃于世界市场的。

　　一个旧的文化国家，为上述那样有利情势所促进，由手工工场生产及小经营而向大工业推移了，也就在这个时期，正是显著的"住宅恐慌"的时代。这一方面是由于大众的农业劳动者突然向正在发展为工厂中心地的大都市移动，同时又由于各旧都市的建筑设备早已不能满足新的大工业及与此相应的各种交通条件。街道在扩张，新街道在开辟，在这些地方的中心敷设了铁道。与大群劳动者的涌入同时劳动者住宅又多数被拆毁，因而劳动者和以劳动者为主顾的小商人及小工业者之间引起了急激的住宅恐慌。在从来就是工业中心地的诸都市中，是不容易感到这种住宅恐慌的，在曼却斯特、列兹、布兰法德、巴尔门＝爱巴菲尔德就是如此。反之，伦敦、巴黎、柏林、维也纳的住宅恐慌，在当时成了逼切的形态，而且大部分是慢性持续的。

当时报纸上充满了关于"住宅问题"的论文，刺激提供各式医疗社会骗术的东西，实在就是当时德国所发生的产业革命之象征的、这种急迫的住宅恐慌。像这一类的论文，亦弥漫在《民众国家》的篇幅中。后来知道是威登堡医学博士麦里堡先生化名的一个匿名评论家，抓住这个时机，认为根据蒲鲁东的社会万能药的奇迹作用，使德国劳动者来理解这一问题，是有利的。当我告诉该杂志的编辑者，我对他选登这样奇妙的论文感到惊讶时，他就要求我来一个反驳，于是我就照办了。（参看第一篇《蒲鲁东是怎样解决住宅问题的?》）我在这一篇论文以后的不久，接着又写了第二篇。在其中最主要的是检讨了沙克斯博士论文中的对于这一问题的仁慈的资产阶级的见解。（第二篇《资产阶段是怎样解决住宅问题的?》）此后过了一个时期，麦里堡先生对于我的论文给了回答，这是我的光荣；他在这个回答中并且强迫要我公开反驳他。（第三篇《关于蒲鲁东及住宅问题的补遗》）这样结束了关于这一问题的论争，同时也完成了我的专题研究。这三篇连续的论文——另有以小册子形式发行过的单行本——的成立史就是这样。现在因为需要而重新刊行，关于这一点我觉得是毫无疑问的：由于禁止，反使它的销路更为扩张了，对于德国帝国政府的这种好意的顾虑，我觉得太抱歉了；因之我在这里，要表示我的深深感谢之忱。

在这个新刊本中，我订正了本文，增添了各处的遗漏和注释，同时，订正了第一篇中一个小小的经济学的误谬，这在当时，很遗憾地未被我的论敌麦里堡博士指摘出来。

在通览全文之际，使我明确意识到的，是最近十四年间国际劳动运动造成了如何巨大的进步。在当时尚有着"二十年以来讲拉丁语系言语的劳动者，除过蒲鲁东的著作以外，无精神食粮可言"这一事实；由于拼命把蒲鲁东当成了"我们全体的老师"的"无政府主义之父"的巴枯宁，蒲鲁东主义不过是广泛的褊狭化了而已。在法国，蒲鲁东主义者在劳动者当中虽然不过是一个小派别，但是他们还是有着一定的具体纲领，在公社的统治下在经济的领域中能起领导作用的唯一的一派。在比利时，蒲鲁东主义者对华罗人的劳动者有着决定性的支配力量。至于在西班牙和意大利，除了少数散在着的例外，非无政府主义的劳动运动，都是蒲鲁东主义者在起着决定性作用的。然而现在是什么情形呢？在法国，蒲鲁东已为劳动者完全摈弃了，仅仅还有一些自己挂了"社会主义者"的招牌的蒲鲁东主义者，在急进的资产阶级及小市民之间尚有支持者，却为社会主义的劳动者一派极激烈的抗争。在比利时，福罗曼德人从运动的领导者中驱除了华罗人，形成了有力的排除蒲鲁东主义的运动。在西班牙如在意大利那样，和七十年代无政府主义的洪水的溃退同时，蒲鲁东主义的残滓已被洗刷净尽。在意大利，新党派还在从事净化作用及组织工作，但在西班牙，则忠实致力于作为国际的总务委员的新马德里联盟的小核心组织正在发展成为强力的党派，这在共和主义的报纸上亦可看到；较之他们吵吵闹闹的无政府主义的先辈惯常会搞的一套。这一核心是着实有力地破坏了那批资产阶级的共和主义者对劳动者的影响。在拉丁语系的劳动者一边，现在代替了被忘掉了的蒲鲁东的著作的是《资本论》《共产党宣言》及马克思派的各种著作。而且无产阶级由昂进到专政的以社会的名义掌握所有的生产手段的马克思的主要的要求，在今日也已成为拉丁语系诸国的全部革命的劳动阶级的要求了。

然而，若是说蒲鲁东主义在拉丁语系诸国的劳动者间已然确实的被驱除了，而且蒲鲁东主义仅是适应了他的本来的性质，不过为所有法国的、西班牙的、意大利的、比利时的资产阶级的急进主义者作为表现他们资产阶级的及小资产阶级的热望而活动着，那么现在为什么还有返回来论述蒲鲁东主义的必要呢？为什么还要旧事重提，再印刷这个论文，和已然死过了的论敌作战的必要呢？

第一，因为这个论文的意义不单是限定于对蒲鲁东和他在德国的代表者的论争。作为我和马克思之间所成立的分工的结果，在定期刊物上，从而在与反对的意见作斗争上，代表我们的见解是我的责任。如此可以使马克思为了完成他的伟大的重要著作能保留他的时间。这样，我以论争的方式，在反对和我们的见解完全相反的见解上，把自己立于叙述的地位，在这个场合，正是如此。所以第一篇及第三篇不仅包括了单是在问题上的对蒲鲁东见解的批评，而且还包括了我们自己的见解的叙述。

第二，还有一层，蒲鲁东在欧洲劳动运动的历史上，虽然可以毫不费力地被埋葬在忘却之中，但是他却演过重要的脚色；虽然在理论上已被清算了，在实际中已从主流的地位被击退了，但是他还保持着他的历史的影响。无论何人，对于近代社会主义要想做某种程度的深入研究，就必须学习关于这种运动的"被克服了的各式各样的立场"。马克思的《哲学之贫困》是在蒲鲁东提出社会改良的各种实际提案之前数年发表的。马克思在这本著作中，仅只是发现了和批判了蒲鲁东的交换银行的萌芽而已。因之，马克思的著述，在这一方面，遗憾的是不甚完全，而要由我这本书来加以补充。如果这一工作是由马克思自己来做，那一定是更高明、更合适的。

最后，资产阶级的及小资产阶级的社会主义，直到现在在德国还被当作有力的主张。而且实际上，在一方面，以讲坛社会主义者及各式各类的人类之友们为代表，在他们之间，企图将劳动者变成为住宅所有者的愿望至今还起着主轴的作用。所以，针对这些现象，我的著作还是有用的。在另一方面，社会民主党自己的本身内，在议会的分派中尚且发现了代表一定的小资产阶级的社会主义的事实。而且，他们虽然承认近代社会主义的根本见解，认为一切生产手段应该转化为社会所有，是正当的要求，但它的实现是在遥远的将来，实际上，只有在那个难以预测的将来才有可能。因此，他们对于现在，仅仅是指示一些社会的弥缝工作，在某种情况下，他们甚至对所谓"使劳动阶级往上爬"这一最为反动的努力也可以抱同情。像这种倾向的存在，尤其是在有着庸俗的小市民的国土的德国，当工业的发展正把根深蒂固的庸俗的小市民阶级，强力地集团地加以肃清时代，就完全不可避免。这个事实，对于在过去八年间和社会主义镇压办法、警察及审判官的斗争上，我们劳动者所辉煌地证明了的具有可惊程度的健全精神的运动，毫无危险。不过，每个人都应该明白有这样一种倾向的存在则是必要的。而且，这种倾向到了后来，当它采取较为确固的形态或是采取较为决定的轮廓的场合——因为这是必然的，而且还是有希望的——当他们形成那种纲领的时候，必然非依靠他们的先进者不可。而在这种场合，要忽略了蒲鲁东，那就不好办了。

大资产阶级的及小资产阶级的解决"住宅问题"的共同核心所在，是使住宅为劳动者所有。然而这种情形，在过去二十年间，完全是德国工业的发达得到特有的光明的一点。在任何别的国家，不但是住宅的所有者，而且还是庭园甚至田地的所有者，这情形是大多数的工资劳动者所没有的。相同于这种情形，还有多数的人，以租借人的身份实际可以保持住屋、庭园甚至田地的所有。与园艺或小农业相结合而经营的地方性家庭工业乃是形成德国新式大工业的广大基础。在德国西部，劳动者是很显著程度上的所有者；在德国东部，显然是附属于田地的住宅的租借人。这种家庭工业与园艺及田地耕作间的结合，从而与所保有的住宅的结合，是手织机业对机织业的防卫战，随处都可以发现。如在莱茵下游地方，在威斯多伐林，在萨克逊的阿尔兹山地地方，在夏莱津所发现的。不论是哪一种家庭工业，我们发现认为都是作为地方的事业的一种而浸入进来的，而且不论在什么地方，例如：丘林加·华尔得及里恩等等地方，都是这样。在商议烟草专卖之际，就可以明白：烟草制造作为地方的家庭工业非常普遍地被经营着。如数年以前在阿发尔地方，一旦小农民中发生了穷困的情况，资产阶级的报纸上就以轮入适当的家庭工业作为唯一的救治之策而叫嚣着。事实上，德国的零细农民正在增大的急迫状态和德国工业的一般状态，导引地方的家庭工业有了更显著的扩张。这种情形是德国特有的现象。在法国和我们这种相类似的现象，完全是偶然的例外，譬如在养蚕的地方发现的。在英国，因为没有小农的存在，地方的家庭工业全凭利用短工雇农的妻子的劳动为其基础。仅在爱尔兰看到衣服裁缝的家庭工业与德国相同，实际是由农民家族来经营的。至于尚未进入工业的世界市场的国家如俄国等国，在这里当然不必再说。

这样，在今日广大的德国地域中，一见之下，和机器轮入以前占支配地位的那种状态相同的工业状态，现在还存在着。不过，这仅限于一见之下的情况。地方性的、即和园艺及田地耕作相结合的旧时代的家庭工业，至少在工业进步的诸国中，劳动阶级在物质上是可以忍耐的，因此所有他们的乐天状态的基础，同时也就是他们在精神上和政治上缺少力量的基础。手工生产物和它的费用是决定着市价的。所以，若和今日比较，对于这种极为稀少的劳动生产力，贩卖市场较之通常供应是急激地增大了。此种情形，在前世纪（十八世纪）中叶的英国和在法国的某一部分，譬如在织维工业中就是如此。然而在当时，正当从三十年战争荒废之后，也就是在最坏的情形下方才开始勃兴起来的德国，一切情形就完全不同。在德国，对于活跃于世界市场的唯一的家庭工业，亚麻机业，因为受着租税和封建负担的压迫，干这一行的农民，并没有提高到其他农民的极低限度的水准生活以上。然而这且不去管它，当时的地方工业劳动者的生活总还有着某种的安定的。

与机器的采用同时，一切都变了。价格现在是由机器生产品来决定的，而家庭工业劳动者的工资便和这种价格一同低落下去了。然而，劳动者要不接受这样的工资，就必须另谋生计，这样做，他们就得变成无产阶级，即他们就得舍弃自己的或租借来的小房子，小庭园及小田地。劳动者愿意这样做的，不过是在很稀有的场合。手织机对于机织机的抗争，无论在什么地方，其所以是极为长时期的东西，是因为旧时的地方的手织工都兼有园艺及田地耕作；在德国，这种情形，还在造成它继续抗争的原因。这种抗争，初次所显示是：即如在英国，把以前形成劳动者比较幸福状态的同一条件——即生产手段为劳动者所有——但是在今天，对于他们就造成了一种困难，甚至不幸。在工业方面，机器的织机打败了他们的手织机；在农业方面，大农业打败了他们的小经营。而且在两种产业领域中，不管多数人的联合劳动与机器及科学的应用已经成了社会的通则，他们的小房子，小庭园，小田地和手织机却仍旧和他们的个体的生产和手工劳动的旧式方法结合着。现在是他们的住屋、庭园和他们的所有物比之鸟一样自由的移动性的价值还不如了。工厂劳动者没有一个人情愿和渐渐地但是确切地走向饥饿的地方的手织工调换地位的。

德国出现在世界市场上是很迟的。德国的大工业是在十九世纪的四十年代才开始的。它的第一次飞跃虽由一八四八年的革命而获得，而一八六六年及一八七〇年的革命，对于大工业说来，至少最坏的政治障碍的除去，才使它开始有了充分的发展。然而德国大工业发现了世界市场大部分已被占领。英国已经供给了大量生产品，法国已经供给了趣味丰富的奢侈品。对于前者，德国战不过它的价格；对于后者，德国斗不过它的品质。所以为了适应原有的生产轨道，目下只有以对于英国人显得过度狭小，对法国人显得过度寒碜的商品在世界市场上混混，除此以外，毫无办法。德国的骗子最喜欢玩弄的实际办法，是先送去优良的样品，再送去恶劣的商品。自然不必说，这种办法行之不久，就在世界市场上受到了严重的打击，竟至到了衰退不振的地步。另一方面，由于生产过剩的竞争，把稳健的英国人，也渐渐迫到品质恶化的险境，因之在这一方面，终竟把不可能获得的利益，送给了德国人。像这样，我们遂至有了大工业，至而在世界市场上成了一个角色。不过，德国的大工业几乎全是为了内地市场而活动的（除过内地需要量以上所生产的铁工业），德国的巨大的输出物，乃是由无数的杂货所组成，大工业不过对此供给了必要的半制品。就连这些半制品，大部分也是由地方的家庭工业供给的。

在这里，灿烂地显出来土地及住屋的所有对于近代劳动者的"祝福"。不用说爱尔兰的家庭工业不能不置诸论外，像德国的家庭工业那样的，收入可耻程度的低额工资，不论在哪里都不例外。家族在他们的小庭园及小土地上所赚来那一点点，作为竞争的结果，是答应资本家从劳动力的价格上把它扣掉。劳动者对于无论怎样苛刻的包工工资都只好接受。如果不这样，那就什么也得不到了，因为单是依靠他们的耕地的生产物是不能生活的。而且，在另一方面说，正是这种耕作和土地所有把他们束缚在土地上，才妨害了他们另寻谋生之道。就凭了这一点，使德国的各种杂货在世界市场上才有着竞争能力的根据。由于全部资本利润是由削减正常工资所造成的，而且，可以把由工资削减的部分奉赠给买主。这就是许多德国输出品其价格便宜得令人吃惊的秘密所在。

在其他的工业领域中也增加了其他的事情，使德国的劳动者工资及生活标准固定在西欧诸国的状态以下，全是这种事情。传统地深深把劳动力置诸价值以下的劳动价格的负担，至而把都市甚至大都市的劳动者的工资都降至劳动力的价值以下。而且，代替了旧时手工业，在都市中通行的低工资的家庭工业中，那情况还要不堪。而且在这里，工资的一般水准也降低了。

至此，我们便明了了下列的情形：在以前的历史阶段中，劳动者相对的幸福的基础，是建筑在耕作与工业的结合、住屋与庭园及田地的所有、住宅的确保之上，可是在今日大工业的支配之下，这些东西不仅是劳动者最残酷的桎梏，而且是整个劳动阶级的最大不幸，就是说，它们造成了在正常的高度以下的空前工资的低下的根据；而且，不仅是个别事业部门及地方是如此，全国范围以内皆是这样。所以，依靠这种工资高度的削减为生和积蓄财富的大小资产阶级，热衷于制造地方性的工业以及具有自己房屋的劳动者，把采用新的家庭工业方式，作为对一切地方的贫穷状态的唯一救治方策，那是毫不足怪的了！

这不过是事情的一面。还有它的里层的一面。家庭工业是德国的输出贸易的广大的基础，因此它便成了德国全部大工业的基础；因此，家庭工业便散布于德国的广大地域，而又被日日在扩充着。小农民为着自己使用的他们的工业的家庭劳动由于被廉价生产的制成品及机器生产品所破灭，并且他们的肥料生产即家畜饲养，由于村落共同体组织、共有地、和强制共同耕作的破灭而破灭，从被灭绝的开始时起，小农民的没落便成了不可避免的命运。这种没落，遂将陷于高利贷手中的小农民，强制地迫逼到近代家庭工业中去了。一如爱尔兰的土地所有者的地租那样，德国不动产抵押的高利贷的利息，并不能由土地的收获而取得，它只能由工业的农民的工资来支付。然而，和家庭工业的扩张同时，从这一农村到那一农村都在顺次地卷入现代工业运动的浪潮中去。德国的工业革命较诸英国及法国的场合，更为流行于广大的地域，便是由于这种家庭工业和农村地方的革命化。而且家庭工业的扩张之以更广泛作为必要，是因为德国的工业是在比较低的阶段。这情形说明了，德国的劳动革命运动为什么会与英国及法国相反，不是依托于中心的都市，而是有力地普及于全国的大部分地区；而且这也说明了，运动的稳静的确实的不断的进步。主要都市及大都市的胜利的起义，仅仅在多数的小城市及大部分的农村地区，对于这种变化成熟了的时期，开始变成可能，这一点在德国是很明白的。就某种程度的正常的发展情况而进行的场合，我们是得不到像巴黎人在一八四八年及一八七一年所得到的那样劳动者的胜利的。然而，正因为这个缘故，像巴黎在这两个场合所遭受的那样，由于反动地方的致使革命的主要都市遭受败北的情况，也是不会有的了。在法国，革命运动常在主要的都市中发生；在德国，是在大工业、工场手工业、家庭工业的所在地发生；而且主要都市是到了后来才开始服从了的。因此，恐怕在将来，开创的任务虽然将要为法国人所保留，但是最后决战，则只有在德国战斗了。

然而，在那个范围内，成为德国决定性的生产部门的、因而把德国农民渐渐革命化了的农村家庭工业及工场手工业，不过是处在较为广泛的变革的前阶段而已。如马克思所证明的样子（《资本论》第一卷，第三版，第四八四—四九五页），农村家庭工业及工场手工业，在一定的发展阶段上，由于机器及工厂经营它最后没落的时间行将到来。而且这个最后的时间已然迫近了。因为机器及工厂经营，使农村家庭工业及工场手工业濒于灭绝，是否定了德国数百万农村生产者的生存，夺去了德国约半数的小农民生计，不仅家庭工业向工厂经营转化，就是农民经济也向大资本家的农业方面转化，即小土地所有者的土地转化为大地主所有。要之，这就是为了资本及大土地所有者的利益而牺牲农民的工业革命。这种变化在旧的社会条件下还要完成，如果是德国所注定了的，它的转换期就要无条件地形成了。而且，到那个时候，倘若他国的劳动阶级还未动手，那时的德国，一定要无条件地开始战斗。而且，那些"优秀军队"中的农民子弟们，将要勇敢地援助这个战斗！

而且，给予一切劳动者以自己所有的小房子，这样将劳动者半封建地束缚于资本家手中，这种资产阶级的及小资产阶级的乌托邦，在今天采取了完全不同的一种形态。作为它的实现的表现，是将一切农村小房屋所有者，转化为工业的家庭劳动者。因而，小农的旧时的封锁状态便卷入了"社会的旋涡"；因而，灭绝了他们政治上的无力；工业革命向落后地方的扩大，因而，使人口中最为固定的、保守的阶级转化到革命的温床上去。总而言之：由于机器剥夺了家庭工业的农民，农民被强力地驱赶到了暴动从中。

我们对于资产阶级的——社会主义的博爱家，他们一面作为资本家而继续公的机能，一面又为了社会革命的福祉，在这种反对的方法上，尽力实现他们的理想，他们的理想的自私的享乐，我们是高兴应允的。

F. 恩格斯

一八八七年一月十日在伦敦

第一篇　蒲鲁东是怎样解决住宅问题的？

　　《民众国家》的第十期及其以后几期刊载了关于住宅问题的六篇连续论文，这些论文，由于一个理由，是值得考虑的东西。为什么呢？因为除过早在往昔已被遗忘了的四十年代的二三美文学外，它是把蒲鲁东学派移植到德国的最初的尝试。在这一点上，即较之恰巧也正是在二十五年前对于蒲鲁东思想已经清算了（马克思：《哲学之贫困》，布鲁塞尔及巴黎版，一八四七年刊）的德国社会主义的整个发展过程甚为退步这一点上，对于这个尝试，是有着立即执行对抗之劳的价值的。

　　在今日的报纸上，演着重要角色形成所谓住宅恐慌的东西，不是在于劳动阶级普遍地生活在恶劣的、人口过剩的、不健康的住宅内这一点。这种住宅恐慌并非这个现代特有的事物。它决不是近代无产阶级与一切旧时的被压迫阶级不同的特有的苦难之一。相反的，这种住宅恐慌是一切时代的一切被压迫阶级的比较平均的际遇。使这种住宅恐慌结束的方策只有一个，那就是推翻统治阶级对劳动阶级的一般的榨取和压迫。——人们今日所说的住宅恐慌是由于大都市的人口激急的拥塞，劳动者的恶劣的住宅状态更显著地增强。即房租的飞腾不已，每个住屋的居住者密集度的增大，有些人竟找不到一个容身之地。而且，这种住宅恐慌，并非仅仅限定于劳动阶级，更因为由于小资产阶级也混入了这个旋涡，所以议论就更纷纭了。

近代大都市的劳动者及一部分小资产阶级的住宅恐慌，是从今日资本主义生产方法所发生的无数的比较小的、次要的弊害之一种。住宅恐慌全然不是劳动者之作为劳动者受资本家的榨取的直接结果。这种榨取，正是社会革命废止资本主义生产方法时，所要废除的根本恶害。资本主义生产方法的基石，是下述的事实，现在的社会组织是被这样安置的：资本家将劳动者的劳动力照它的价值购入，而使劳动者在再生产对他所付的劳动力的价格上做必要以上的长时期的劳动，由此而把它的价值以上的更为多的部分，自劳动者而获得。由这种方法所生产的剩余价值，被资本家及土地所有者的全阶级，以及他们以外的他们的雇佣使用人，即自教皇、帝王以迄守夜人等人员，人各有份地分配了。这种分配如何进行，这里与我们无关。然而，不论这一切不劳动者用何等的方法，他们总是依赖流入他们手中的这种剩余价值的一部分才能生活，则是确实的。（可参看开创此说的马克思的《资本论》）

由劳动阶级所生产而被无价地夺去的剩余价值之在非劳动阶级之间的分配，是在最为有教养的斗争及相互欺骗之下进行着的。并且，这种分配在用买卖的方法来进行时，它的根本动力之一，便是卖主对于买主的欺骗。而且，大都市的零售商所进行的这种欺骗，现在甚至成了卖主唯一的生活条件了。劳动者被零售商及面包商，以他们的商品的价格及品质来欺骗，决不是因为他的劳动者的特殊身份，他们才这么干的。相反，这是在一定的场所，一定的平均程度的欺骗变成了社会的通则时，它在长期间中，与工资的增加相应，必定会得到的平衡。劳动者在零售商面前是作为买主而出现的，即是作为货币及信用的所有者而出现的，因此，劳动者所持的身份，并非是作为劳动力的卖主而出现。这种欺骗，像对于一般比较贫困的阶级那样，对于劳动者，较之对于富裕的社会阶级，是更厉害地进行着。不过，这并不只是单单对付劳动者的、劳动阶级所特有的恶害。

关于住宅恐慌，也正是这样。近代大都市的膨胀，对于市内的一定的，尤其是中心地域的土地，单是人为的，不断地给予它以越来越昂贵的价值。然而，这片土地上的建筑物，它的价值并不会昂贵起来，反之，其价值是每况愈下。为什么呢？因为它早已不能适应这种变化了的环境。因此，人便拆毁了它，以其他的建筑物来代替。这是从位置于中央地区的劳动者的住宅来开始的。这种住宅的房租，即使在住得极为拥挤的场合，也决不能超出一定的最大限度以上；即或超出最大限度以上，其极度也是慢慢地增加来的。人将这种住宅拆毁，改建为店铺、零售商店、公共建筑物。保拿巴脱主义者以投机者身份在巴黎利用这种趋势由欺诈而致富，进行了最大规模的榨取。这种投机业者的精神，也流入了伦敦、曼却斯特、利物蒲，就是在柏林和维也纳，也把这些地方当作故乡一般来思念的。结果，劳动者由都市的中央被驱逐到郊外，从而形成了劳动者住宅及小住宅的极为缺少而昂贵、还常常找不到的状态。这是因为在这样的情况下，在较为高价的住宅上，发现更好的投机市场的建筑工业家，除了极少的例外，不再去建筑劳动者的住宅了。

这种租房子恐慌，对于劳动者，较之比较富裕的阶级，更是过于残酷地遭遇着。然而，这和零售商的欺骗一样，并非是单独使劳动阶级受困迫的一种恶害。因之，单就劳动阶级而言，当它达到一定的水准和一定的恒久的场合，也必然会发现同样经济的平衡。

劳动阶级和其他的阶级，特别是小资产阶级，共有的这种烦恼，便是小资产阶级的社会主义者——蒲鲁东亦属之——特别喜欢研究的所在。所以德国的蒲鲁东主义者，就中，既如我们所知道的那样，将决不是劳动者所特有的问题的住宅问题作为我们的东西，和我们相反，宣称只有这一问题，才真正是劳动者的特有问题，这是断非偶然的。

"工资劳动者对于资本家的关系，便是房客对于房主的关系。"

这全是一派胡说。

在住宅问题上，存在着相对的两个当事人，即房客和房主。前者欲由后者买得一个住宅的暂时使用。他是有货币或信用的。而且在信用的场合，他从房主那里，非将这种信用以高利贷价格即租金的贴加形式购买不可的。这是单纯的商品贩卖。这不是无产阶级与资产阶级即劳动者与资本家之间的交易。房客——就假定他本身是劳动者——是以有资力的人的身份而出现的。他为了能拿他的收入，作为一个使用住宅的买主而出现，他一定已经卖掉了他的特有的商品劳动力，或者，他必须已经得到立即可以卖掉他的劳动力的保证。资本家的劳动力的贩卖之特有的结果，在这种场合全然没有。资本家，第一，把购入的劳动力，使它生产其自身的价值；第二，作为在资本家阶级之间分配的条件，是使它生产当时掌握在他手中的剩余价值。所以，在这种场合是使生产额外价值，使存在价值的总额增加的。租赁交易的场合，与此完全不同。不论房主向房客骗取到如何程度，它常常是已经存在的，以前所生产的价值的转移而已；而房客及房主所有价值总额，不论是前者或后者，完全是同一的。劳动者的劳动力，不论由资本家按照他的价值支付，或是价值以上或是价值以下的支付，总常常是将他的劳动生产物的一部分骗取了；但是房主对于房客，必须要在价值以上的支付时才是这样。把房客与房主的关系和劳动者与资本家的关系相提并论，全然是曲解。相反的，我们必须把这种关系当作两个市民之间的商品交易关系。这种交易是依照一般商品贩卖的经济法则，尤其是地产商品贩卖的经济法则的支配而进行的。第一必须计算进去的是房屋或房屋一部分的建筑费及维持费；第二要计算进去的是地价，它是由住宅地位优良的程度来决定的；需求与供应关系的瞬时状态则成了最后的决定点。这种单纯的经济关系，在我们蒲鲁东主义者的头脑中是如次的表现着的：

"凡已建筑的房屋，假令在以前，它的实际价值，已在租赁的形态上，十二分地支付了它的所有者，对于社会劳动的一定部分，它是作为永远的权原来使用的。举例来说，在五十年以前建筑的房屋，在这期间内，作为房租的收益是得到了其最初费用的价格之二倍、三倍、五倍、十倍的。"

这完全和蒲鲁东是相同的。第一，忘记了：房租内不仅要计算进去房屋建筑费所支出的利息，而且必须贴补对于修缮、不良债权、收不到房租及住屋有时是空屋时的平均额，最后，投在随着时日消逝以致不能居住、成了无价值的房屋上的建筑资本，每年必须要偿付的一定率。第二，忘记了：房租同时对于房屋所立足的土地的价值腾贵还必须付利息，因此它的一部分变成了地租。然而我们的蒲鲁东主义者，立即说明了的是：这种价值昂贵并不是由土地所有者的努力而发生的，在法律上说，这不是属于他的东西，而是属于社会的东西。不过，事实上，这是忽略了：那是在土地私有被废止了的时候才有的情形。这种土地私有详加论列起来，是扯得太远了。最后，他忽略了：关于这个全部交易所有的关系，并非是自所有者买他的房屋，而仅是购买房屋一定期间的使用权。对于从某种经济现象引起的，关系实际上事实上的诸条件，毫未加以思索的蒲鲁东，对于一座房屋的原来的费用价格，为什么在采取租赁形态的场合，五十年间内可以收入它的十倍的原因，甚至他自己也没有说明白。代替对这种毫无困难的问题做经济的研究，代替确切证明它是否在事实上与经济法则有矛盾和为什么发生矛盾，他从经济学大胆地飞跃至法律学以拯救自己："凡已建筑的房屋"，对于每年一定数额的付出，"它是作为永久的权原来使用的"。这种情形是怎么形成的呢？房屋是如何变成权原的呢？关于这些，蒲鲁东是沉默的，虽然这些却正是他必须说明的问题。倘若他研究过这个问题，他就会发现：不论世界上一切的权原是怎样永远的东西，正是那个时候，在五十年间，以租金的形态，付出了它的费用价格的十倍，而并未得到确实具有房屋的权力；反之，仅仅是经济条件（这是指它以权原的形态得到社会的承认而言），是得到它的东西。因此，他依然是停留在和原来一样的地方。

蒲鲁东的整个学说，是从经济的现实向法律辞句的求救的飞跃作基础的。这个勇敢的蒲鲁东，每当弄不明白经济关系——这情形在他说来，对于一切重要问题莫不如此——的时候，都把自己逃在法律的范围内，诉诸永远的正义。

"蒲鲁东，首先是，自商品生产相应的权利关系汲取'永远的正义'这种理想，以此为据，以为商品生产的形态和正义是必然同样的东西，而给予一般市民那种慰安式的论证。然后，反依照这种理想，将现实的商品生产及其相应的现实的权利关系，想加以改造。若是有一个化学家将代谢机能的现实的法则加以研究，并不以此为基础将一定的问题加以解决，却反而将代谢机能，依照'自然性''亲和性'的'永远的理想'，想加以改造，那我们对于这种学者将做何感想呢？当我们谈到高利贷是和'永远的正义''永远的公正''永远的互助'，或其他的'永远的真理'相矛盾的时候，和神父们所说的高利贷是和'永远的恩宠''永远的信仰''永远的神意'相矛盾的场合相比较，关于高利贷的知识能多知道什么呢？"（《资本论》第一卷第四十五页）

我们的蒲鲁东主义者，较之他们的主人又是他们的先生的人的伎俩更糟糕。"租赁契约，一如循环在动物体内的血液，是在近代社会生活中甚为必要的无数的流通之一。因之，若是此后这一切流通，都依照一种法理的观念而被渗透，就是说，在一切地方都是依照正义的严格要求而进行，那当然是这个社会的利益了。一言以蔽之，社会的经济生活，像蒲鲁东所说那样，必须提升到经济权利的高度。然而在事实上，与这完全反对的情形，在明明白白地进行着。"

在马克思将蒲鲁东主义的致命的方面给了简洁而决定的指示以后已然经过了五年的时候，竟还有同样混乱的言语无味的东西，被用德国文字印刷了出来。我们能相信吗？这种呓语到底是什么意思呢？因为规定现今社会经济法则的实际作用，把著者的正义感搅乱了，所以像援助这种正义感那样，对于整理事物的方法，抱着这种所谓好的虔诚的愿望，除这以外，就再没有什么了。然而，蛙要是有尾巴，它早已不是蛙了！何况资本主义生产方法，不也是仰仗了"一种法的理念"即其特有的劳动者榨取权的理念而进行的吗？而且，在这个著者对我们说这不是他的法的理念的地方，我们难道前进过一步吗？

不过还是回到住宅问题上去吧。现在，我们的蒲鲁东主义者，把他的"法的理念"自由地高翔了。下边是这么伤感地朗诵着：

"我们绝不踌躇地主张：在大都市中，人口的九成及九成以上，都没有拿到可以名之为他自己的地方这一事实，对于这个被称赞的世纪的整个文化，没有比这更可恐怖的侮蔑了。原来是道德及家族的生存之结合点的房屋及灶，被社会的旋涡卷走了。……我们在这一点上，远不如野蛮人。穴居民有他的洞穴，澳大利亚的土人有他们的泥屋，印度人有他们所特有的灶。然而近代的无产阶级，事实上却是在世上飘浮着"云云。

在这种哀歌中，我们看到了蒲鲁东主义中的全部反动形态。为了形成近代革命的无产阶级，把还连接着劳动者在土地上的脐带加以切断，是绝对必要的。和他的织机一同的，有着小房屋、小庭园和一点小田地的手织工，不论在怎样贫困和不论怎样政治压迫的时际，都是"信仰神，品行方正"的安静而满足的人；他在富者、僧侣、官吏面前，脱帽鞠躬如也——内在的，完全是一个奴隶。把劳动者从拴着他的土地上解放，从一切传统的铁锁解放，成了完全无所有者，制造这一有着完全像鸟那样自由的无产阶级的，正是近代的大工业。唯一能创造颠覆榨取劳动阶级的最后形态即资本主义生产的条件的东西，实在就是这种经济革命。然而现在出现的这样伤感的蒲鲁东主义者，正是把这种劳动者精神解放的唯一条件，即把劳动者从他的家和灶驱逐出来，如同一大退步似的叹息了。

二十七年前，我会把这种劳动者从家和灶驱逐出来的过程，根据十八世纪它在那里的实况，记下了它的大要（《英国劳动阶级的状态》，一八四五年刊）。关于土地所有者及工厂主必须负这种污辱的责任以及这种驱逐首先及于有关劳动者在物质上及道德上的不利作用，在该书中，都有相当的叙述。但是，我会想到把这种完全是历史发展的必然过程的状态看作是"远不如野蛮人"的退步吗？这全然是不可能的！一八七二年的英国无产阶级较之"有家有灶"的一七七二年的农村手织工，有着不能相比拟的高级状态。那些有洞穴的穴居民，有泥屋的澳大利亚人，有自己的灶的印度人，不论什么时候，能实行七月暴动或巴黎公社吗？

自从实行资本主义的生产以来，以大体的标准来看劳动者的状态，就全体说来，凡疑心其物质上的恶化的，只有资产阶级。然而因此我们就应当憧憬埃及人的肉锅（这也是可怕的贫弱）、或是仅仅造成奴隶精神的农村小工业、或留恋"野蛮人"吗？应该相反。只有被近代大工业所形成的、从一切传下来的铁锁和把他们拴在土地上的铁锁解放，而麇集于大都市的无产阶级，才能够开始实行将一切阶级榨取和一切阶级统治使之告终的伟大的社会改造。对于有着家和灶的旧时的农村手织工，要他这样地思想，而且要他这样地实行，当然都办不到。

与此相反，对于蒲鲁东说来，由于机器代替了手工劳动，使劳动生产力进步千倍的蒸汽力、大工厂，即过去百年间的整个工业革命，是最为可厌的结果，是本来用不着发生的东西。小资产阶级蒲鲁东所要求的，是立即可以供各人使用，能在市场上交换，完成特殊的独立生产物的世界。仅仅只有在这种时候，即每人能把他的劳动的全部价值，再在其他的生产物上取回来，这才能给予"永远的正义"以满足，最好的社会才能形成。然而，这种蒲鲁东的最好的世界，已经在它的蓓蕾中，由于在一切大工业部门中，灭绝了个体劳动，甚至在小些的部门及最小的部门中，个体劳动也日益濒于灭绝，在不断进步的工业发展的足下，被蹂躏了。代之而起的，是由于机器和自然力的被使用所促进的社会劳动，那种立即可以交换，并且可以使用的完成品，是非通过许多手不可的多数人的共同生产物。完全由于这种工业革命，人类的生产力才达到非常之高度的人类存在以来，方才开始了由于在一切人们之间的劳动的合理分配，不仅充分地供给一切社会成员以充分的消费和丰富的准备资金，对于每个人，甚至给予有充分闲暇的可能性。因此之故，从历史上流传下来的教养，即科学、艺术以至社交形式，才成为事实上有价值的东西，而得到维持。不仅单是维持而已，而是将其由统治阶级的独占转化为全社会的共有财产，使之有更进一步的发展。这里就是决定点。当人类劳动生产力一达到这样高的程度，就消失了统治阶级存在的一切借口。为了顾虑到社会的精神劳动、为了要得到宽裕的时间，就不能没有不必为日常生活资料的生产而烦恼的阶级的存在，这一点，正是常常被作为应该有阶级区别的辩护的最后所根据的理由。从来是担着伟大的历史理由的这种饶舌，由于过去百年间的工业革命，一举而粉碎了它的根据了。统治阶级的存在，早已一天一天，对于工业的生产力的发达，以及科学艺术与有教养的社交形式的发达，成为是一种障碍了。再没有比我们近代资产阶级还大的障碍了。关于这一切，蒲鲁东先生什么也没有说。他要的仅仅是"永远的正义"，只此而已。一切人以他的生产物来交换，必须取得他的劳动的全部收益，他的劳动的全部价值。然而，把近代工业的生产物，这样来加以计算，是会弄成错综的情形的。对于近代工业中的总生产物，个人参加的特别情况是难以明了的，而在旧时的个体手工劳动中，个人所生产的特殊的贡献则能在生产中表现出来。再则，近代工业愈益克服了蒲鲁东的整个体系所立足的个体交换，即各当事者为了消费其他的生产物而交换，在两个生产者间的直接交换。所以通过全部蒲鲁东主义，是有着一种反动色彩的。即：反对工业革命的意志及驱逐整个近代工业、蒸汽机、纺织机及其他妄想，而还原于旧时的朴实的手工劳动，——这种有时公然出现有时隐然出现的愿望。那时，我们将要丧失千分之九百九十九的生产力，全人类都要堕入最最可怜的奴隶劳动，而饥馑的苦恼，将成为普遍的状态了。——若是我们使一切人，这样地取得他的"劳动的全收益"，来实现"永远的正义"，而完成交换设备的话，那结果将是怎样呢？Fiat justita pereat mundus!

　　正义必须存在，

　　就是全世界崩溃也在所不惜！

　　而且，若是蒲鲁东的反革命的理论普遍实行了，那就是世界崩溃之时了！

　　而且，在由近代的大工业创造了条件的社会生产中，对于每个人，他的"劳动的全收益"——在这个字句限于一定的意义的场合——也是可以得到保障的，其理自明。这个字句仅仅在下面的被扩张了的场合才是有意义的。即：一切的个别劳动者，他并不是成了他的"劳动的全收益"的所有者，而是纯粹的劳动者所组成的整个社会成了他们的全部生产物的所有者，社会将全部生产物的一部分，因为社会成员的消费而分配，一部分为了补充及增加社会的生产手段而使用，一部分则作为生产及消费的准备资料而积蓄起来。

由上所述种种，我们的蒲鲁东主义者，将如何解决这个重大的住宅问题，我们早知道了。一方面，我们要求凡一切的劳动者必须要有他自己的、属于他的所有的房屋，这样，我们才不至于处在比原始的野蛮人还坏的状态；另一方面，是这样论证：一间房屋以租赁的形态实际上要支付本来费用的二倍、三倍、五倍、十倍，这是因为有一种权原的关系，而这种权原是和"永远的正义"相矛盾的。解决的办法是简单的：我们废止权原，借永远的正义之力，将已支付了的房租，算作房屋的价格的分期支付。人若是将内里早已包含结论的前提做好的话，当然，把以先准备好的结果从口袋里掏出，去夸示那个结果所达到的确切不拔的理论，那是不必要有比魔术家还高明的技巧就行了的。

而且，这里正发生了这种情况。废止租赁住屋认为必要而被宣言了。这其实是在所谓要一切的租赁人都要求将他所居的房屋转化为自己所有的这一形态上发生的。我们怎么下手呢？简单得很："使赔偿租赁的房屋。……对于原来的房屋所有者，将他的房屋的价值一文不少地付给他就是了。过去方式所支付了的房租，为了资本的永远的权利，由租赁人将所付过的房租算作贡物；从赔偿租赁房屋的宣言之日起，租赁人照严密规定的金额，对于转移为他所有的房屋，逐年分付……准此以行，社会自然变为独立自由的房屋所有者的集团了。"

蒲鲁东主义者在这里发现对于永远的正义的一种犯罪：房屋的所有者不需任何劳动，就可以从投于房屋的资本上取得地租及利息。他训令道：非要废止这些不可；房屋所有者不应该再取得投在房屋上的资本的利息；而且，要是他购买了房屋所建的土地的所有权，也不应当取得同样的地租。然而我们从这里明白了：这种办法，丝毫并不触犯今日以资本主义生产方法为基础的社会。榨取劳动者的旋转枢轴所在，就是出卖劳动力给资本家，和资本家按照这种交易而使用劳动；由于这一情形，资本家强制劳动者生产他所支付的劳动力价值额以上的剩余生产。正因为资本家和劳动者间的这种交易，就产生了一切剩余价值，而这些剩余价值，后来以地租、商业利润、资本利息、租税等形态，被种种次一等的资本家及他的使用人所分配。蒲鲁东主义者在这里出现了，他相信：如果我们禁止这些唯一的次一种类的资本家，即并不直接购入任何劳动力，因之亦并未使人生产任何剩余价值的种类的资本家，去取得利润或是利息，我们就可以前进一步了！举例来说，从明日起把房屋所有者收取地租及利息的可能性从他们剥夺掉，劳动阶级被掠夺的无偿劳动的总量却还是同量的。不过，这在我们的蒲鲁东主义者说来，是不妨碍下边所说明的东西的："像这样，租赁住屋的废止，是从革命思想内部所发生的最有效果的、最为得体的努力之一，而且必将成为社会民主主义一方面的第一流的要求。"下的鸡蛋愈大，叫声愈小，下的愈小，叫声愈大，他们的宗师蒲鲁东所玩的江湖把戏，正是这样。

话说回来，然而，请诸位想一下这个美事吧：使劳动者、小资产阶级及资产阶级，不得不遵照按年付款的办法，由他的住屋的一部的所有者进而变成了全部的所有者。在英国的工业地区，有大工业，有劳动者的小房，假定一切结了婚的劳动者都有小房住，这种办法大概还有意义。然而，在巴黎及欧洲大陆的主要都市，与小工业的存在一同的有着住十家二十家三十家的共同居住的大杂院。在废止租赁住宅的宣言颁布世界解放命令之日，彼得在柏林的一家机器工场作工；经过一年以后，他变成汉堡门附近一家五楼的一室这个住宅的十五分之一的所有者。他失业了不久又住到汉诺威的包多霍夫的三楼上，可以眺望到院子的同样一间住宅中去了。他在这里住了五个月以后，恰在获得了三十六分之一的所有权的时候，因为罢工，被迫到慕尼黑，因为他在这里停留了十一个月，不得已才以相当于一百八十分之十一的所有权承受了渥比·恩卞·加塞后面的一间较为阴暗的住屋。就像今日的劳动者屡屡遇到的那样，因为频繁的搬居，他还在桑·加伦有同样值得推奖的住宅的所有权的三百六十分之七，在利兹另外一个住宅有一百八十分之二十三，塞林的第三个住宅的——若看在"永远的正义"的面上，不发牢骚，而加以精密计算的话——五万六千二百二十三分之三百四十七的所有权。在这里，我们的彼得，把这一切的住宅所有股份，到底怎么处理呢？谁对于这些所有股份给予他正当的价值呢？对于他以前住过的形形色色地方，叫他又从哪里去找到其他部分的股份所有者呢？

在适宜的大杂院里，全院总约有二十家住宅，经过偿还期间，在租赁住宅被废止的时候，散在世界各地的为数有三万人的部分所有者的这种所有关系，到底怎么处置呢？我们的蒲鲁东主义者有着下面这样的答复：到那个时候，蒲鲁东的交换银行就设立了，这个银行不论在什么时候，不论对任何人的劳动生产物的整个收益，甚至住宅的所有股份，都要按全价值支付。不过，第一，关于交换银行的事情，在关于住宅问题的论文中，一点也没有提到，因此在这个场合，是毫不相干的；第二，交换银行所立足的特殊的谬误是：不论何人想要卖掉商品，他必定会随时找到支付他的商品的全部价值的买主。第三，在蒲鲁东发现交换银行以前，英国已然在"劳动交换所"（Labor Exchange Bazaar）这一名称下，不旋踵而告失败。

劳动者自身必须买入这一整套的思想，也是依靠着我们所指摘出来的蒲鲁东的最为反动的根本思想的。即：由近代工业所发生的状态是病态的发达，因此要强制这个社会，——即也是反抗百年以来继续不断的潮流——普遍地实行旧时的安定的个体手工劳动。换言之，就是必须把已经没落而且还在继续没落的小工业经营，理想化地再建起来，推进到原先的状态这种思想。劳动者一入这种安定的状态，在侥幸免除了"社会的旋涡"的时候，劳动者自然就可以开始再度使用"家与灶"的财产权了，上述所说的偿却说也就不是无的放矢了。不过在这个场合蒲鲁东忘记了：要完成这种工作，先得把世界历史的指针拨回一百年才行，并且，因此他还要把今日的劳动者重又变成他们高曾祖父辈那样褊狭、卑屈、阴暗的奴隶精神的所有者。

在蒲鲁东的这种解决住宅问题上，所存在的实际的合理的可以利用的内容，在今日已然被实行了，其实，这种实行并非来自"革命思想的核心"，反之，是从大资产阶级而来的。关于这个，我们听听在一八七二年三月十六日所出版的西班牙的出色的报纸马德里的《解放》（Emancipacion）上面所说的吧：

"要解决住宅问题，还有一种另外的手段。这就是由蒲鲁东提案，乍见使人眩惑，仔细一加检讨，便暴露出了完全是无力的那种东西。蒲鲁东提议要租赁人由分期支付而转化为买主。因此，便把一年一年所支付的房租作为住宅价值之偿却的赋金而计算，租贷人在经过一定的期间以后，就成了这个住宅的所有者。蒲鲁东所设想的这种革命极了的手段，在今日一切的国度中，投机业者的公司都是这么做的，依据房租的哄抬价格，使支付房屋价值的二倍乃至三倍。法国东北部的多尔扶斯先生及其他的大工厂主，不仅为了发财的打算，而且含着一种政治的用意，来实行了这种办法的。

"统治阶级的最为精明的领袖们，常常为了养成对抗无产阶级的一种队伍，向增加小财产家的数目而努力。前世纪的资产阶级革命，曾将贵族及教会所有的大土地细分成了零细所有，然而——这正是今日的西班牙共和主义者，对于至今尚存的大土地所有打算作的——正是这个缘故，对于从此以来的都市无产阶级的革命运动，①才形成了有着最为反动的要素的，成了不断的政治的障碍的小土地所有者阶级。拿破仑三世，曾企图用把国债的股份变小的办法，在都市中形成同样的阶级。而且，多尔扶斯先生和他的同伴们，他们试办的是对于他们的劳动者，用出卖按年支付的小住宅的办法，使劳动者的一切革命的精神不仅受了抑制，同时因了土地的所有，把他们束缚在一度劳动过的工厂。所以，蒲鲁东的计划，对于劳动者，并没有带来什么安定，反之，完全是相反的东西。"

那么，怎么样才能解决住宅问题呢？在现今的社会上，这正和解决其他一切社会问题一样的：是使需要和供给渐超经济的平衡，这么解决的。然而这种解决，不过是使问题这个东西常常又以新姿势出现而已，等于没有解决一样。社会革命要怎样解决这个问题呢？那不仅要看当时的情况，而且和其他进一步的问题还有关系。在这些问题中，如消灭都市与乡村的对立，就是最本质的问题之一。因为我们在这里不是对将来的社会建设制作乌托邦的体系，所以深入这个问题。是有害无益的。不过在大都市中，现在所存在的住宅为数已然可观，要是能合理地予以利用，一切实际的"住宅恐慌"即可迎刃而解，这一点则是确实的。这自然是这样进行：没收现在的所有者的，把没有住处的以及向来住在拥挤不堪的住宅中的劳动者，使之住在现在所有者的家中。而且只要无产阶级一旦获得了政权，以公共福利为目的的这种方策，立即就可以像今日的国家之实行一切剥夺和占据房屋一样地容易执行了。

可是，我们的蒲鲁东主义者，对于到今日为止他们在住宅问题中的业绩，并不满足。他们一定要把这个问题，从平地送到高的社会主义领域，用以证明这个问题在社会主义中仍然是本质的"社会问题的部分"。

"至于说到资本的生产力，以事实为例，假定由过渡的法律——这是早晚非要兴起不可的——来制御，将一切资本的利息定为一分。要是如愿以偿，在这个场合，利息比率自然常常有着近乎零的倾向，因而在资本的偿却上，就毋须要支付必要劳动以外的任何东西了。和其他一切生产物同样，房屋以及住宅自然也都要包括在这个法律范围之内，……它的所有者，首先，可就得出卖他的房屋了。倘若不这样，因为他不能利用他的房屋，投注在房屋上的资本可惜也变成了无用的东西。"

这些章句是包含了蒲鲁东问答书中主要信仰条项之一，而且是支配其中的混乱思想的显著的一例。

这个"资本的生产力"是无意义的，是蒲鲁东从资产阶级的经济学者那里无批判地采用来的东西。资产阶级的学者，实际也是拿着把劳动是一切富的源泉、是一切商品的价值的规准这样命题而出发了的。不过，他们又必须说明的是：资本家向工业或手工业放出资本，如何在一个事业的结果上，不仅得到了放出资本的偿还，而且在这上面获得了利润。因之他们陷入种种的矛盾，对于资本的一定的生产力，他们不能不认可。证明蒲鲁东是怎样深刻地被资产阶级的思想方法所俘虏，是他把关于这种资本的生产力的口吻，并不能将其变成为自己更漂亮的东西。所谓"资本的生产力"不外是能够取得工资劳动者的无偿劳动而依附在资本上的特性。（在今日的社会关系下，要没有它，也就没有资本）这是我们开始就知道了的。

可是，蒲鲁东不承认"资本的生产力"正相反，由于认为在其中侵害了"永远的正义"，把自己和资产阶级的经济学者区别了开来。说它是妨害劳动者取得他的劳动的全收益的东西。因此，非废止它不行。怎样下手呢？用强制法使利息比率低下，至而使之归于零。到那个时候，在我们的蒲鲁东主义者看来，资本的生产性就完结了。

贷出货币资本的利息，单只不过是利润的一部分。利润无论在工业资本上或商业资本上，仅仅不过是在无偿劳动的形态上，由资本家阶级从劳动阶级掠夺来的剩余价值的一部分。决定利息比率的经济法则和决定剩余价值率的法则相互独立的情形，是和同一社会形态的诸法则之一般地得到无关系的存在是相同的情形。然而在各个资本家之间，关于分配这种剩余价值，对于具有其他的资本家所放出的巨额的资本的那种事业的工业家及商人，只要其他情况是相同的，随着利息比率的低下，利润率则以与此相同的比率，昂腾起来了，这再明白没有。所以将利息比率抑低，逐而废止了"资本的生产力"的办法，决不能统制了所谓"资本的生产力"，相反的，它只不过是把那由劳动阶级掠夺了无偿剩余价值的各资本家之间的分配用另一种方法统制了而已。因之，对于工业资本家说来，它并没有确保了劳动者利益；对于利息生活者，它是确保了工业资本家的利益的东西。

蒲鲁东从他的法律的立场，把利息比率像一切经济事实那样，不根据社会生产诸条件，却根据这些社会生产诸条件得到一般表现的国家法律来说明。若是由这个全然不承认国家法律与社会生产诸条件之间的关系的立场来看，这个国家的法律必然是一种纯粹的任意的命令，不论在什么时候，它都可以被和它正相反对的东西所代替。所以，在蒲鲁东说来，只要他有了实行的权力，像颁布必须把利息比率抑低至一分的敕令是再轻易没有的。但是，假如一切其他的社会事情依旧像从前一样，这个蒲鲁东的敕令，实在也不过是一纸空文的存在罢了。利息的比率，不管一切的敕令，依然是根据今日所遵守的经济法则而制定。有信用的人们，依据事情的情况，仍需以往日二、三、四分以上的比率，才能借到金钱。只有一点不同：利息生活者充分注意，只借钱给不会引起诉讼的人。并且，这种夺取资本的生产力的伟大计划是和高利法一样完全古旧的。这种高利法的目的所在，实际就是要限制利息，现在不论在什么地方，却都被废止了。至于它在实际上为什么常被破坏或逃免，那是因为国家对于社会生产的诸法则，不能不承认它的无力量。而且，重新制定这种行不通的中世纪法律，难道一定能"制御资本的生产力"吗？愈是这样仔细地把蒲鲁东主义予以研究，就愈益判明了它的更深的反动性。

而且，像这样的方法：使利息比率抑低至零时，资本的利息，就被废止了，"在资本的偿却上，就不必支付必要的劳动以外的任何东西了"。这应该是意味着：和利息比率废止的同时，还要废止利润甚至剩余价值。可是，根据敕令来废止利息当然的结果，在事实上是可能的吗？利息生活者的阶级，因为无意于将他的资本以预借的形态借出去，反而使他可以依照自己的打算把资本投资于自己的或者合股经营的工业中了。因此资本家从劳动阶级所掠夺的剩余价值的分量依然如故，仅仅是它的分配被变更了。所以这个办法是毫无意义的。

就是在现在资产阶级社会的商品购买中，平均地说，所支付的恰巧是"在资本的偿却上（应该读为：在一定商品的生产上）所必要的劳动"，这一情况，我们的蒲鲁东主义者在事实上却忽略了。劳动是一切商品价值的规准，在今日的社会上，——要是将市场的变动不管——就全体的平均上说，除了在制造上必须的劳动以外，对商品支付额外劳动是完全不可能的。不是，不是，亲爱的蒲鲁东主义者啊，困难是在别的地方。即："在资本的偿却上（这是借用你的混乱的表现方法）所必要的劳动"并没有全部支付，这一点，才是困难的所在。这是怎么发生的，你一参照马克思的学说（《资本论》第一二八——一六〇页）就可了解。

仅此还不能满足。资本的利息要是被废止了，那么随着房租也就被废止了。因为"和一切其他的生产物同样，房屋和住宅自然也都要包含在这个法律范围之内。"这和下边那样把他的一个一年志愿兵叫来的老少佐的精神完全一样："喂，你说你是一位 Doctor，那么时时来我这里走走，因为我有一个老婆和七个孩子，说不定随时要看看毛病。"

一年志愿兵："少佐老爷，不过，我是哲学的 Doctor。"

少佐："这反正一样。膏药箱总归是膏药箱。"

我们的蒲鲁东主义者，也是这个样子。他以为房租和利息都是一样的。利息就是利息，膏药箱就是膏药箱。——赁贷价格即一般所说的赁贷利息，是由（一）一部分是地租；（二）一部分是包含建筑企业家的利润在内的建筑资本的利息；（三）一部分是修缮及保险费用；（四）一部分是包含了利润的以房屋的渐次的消耗为比例的建筑资本的年赋支付金——所构成的，已如前述。

在这里，下面的情形，甚至瞎子也明白的："它的所有者，首先，可就得出卖他的房屋了，倘若不这样，因为他的房屋简直成了无用之物，投注在房屋上的资本可惜也变成了无用。"这是不用说的：要是废止了借贷资本的利息，在房屋所有者说来，他的房屋便不能受取一文了，这只是因为房租产生了赁贷利息，而赁贷利息不过是包括在实际的资本利息中的一部分。膏药箱依然是膏药箱。关于普通的资本利息的高利法，仅仅由于逃避法网，既被认为无效的东西，可是却一点也没碰到对于房租的规定。只有蒲鲁东会做如此想：他的新高利法，不仅将轻而易举地规定和渐渐废止单纯的资本利息，而且也将规定和渐渐废止对于住宅的复杂的赁贷利息。

然而要是这样的话，为什么这种"简直无用的房屋"，却必须要以高价从它的所有者那里买来呢？再则，为什么在像这样的情况下，房屋所有者，对于这种"简直无用的房屋"，只要不再花费修缮费就好，为了把房屋脱手，他不去花钱呢？这真是毫不明白了。

在这种比较高度的社会主义的领域中有过胜利业绩之后（蒲鲁东先生把这名之为超社会主义），我们的蒲鲁东主义者，认为还要做更高一层的飞翔："因之，对于我们的有意义的问题，为了从种种方面都要给予完全的光明，还要再做二三推论，这在现在已然成了必要的。"然而这个推论是什么呢？那就像住宅之成了无价值的事物，并不能由利息比率推论出来一样，它们也不能从前述的事物上推论出来，要是翻开我们作者的华丽的庄重的口吻的底层来看，那不过是为了赁贷住宅的偿却事业有更好的进行起见，切望着所谓下列各端：（一）关于这个问题的精密的统计；（二）优良的保健警察；（三）能保证新房屋的劳动者之建筑组合。——所有这一切种，诚然是美丽的，很好的，然而，这又是一切的戏法家的言辞中所包括的东西；它们对于蒲鲁东思想的混乱和黑暗，全然没有赐给什么"完全的光明"。

完成了这样伟大事业的人，现在对于德国的劳动者，就有了一种真正的警告权利："像这样的问题和类似的问题，我以为是值得社会民主主义者注意的……希望社会民主主义者，把和这个住宅问题同样关系重要的问题，如信用、国债、私债、租税等，也搞清楚。"

在这里，我们的蒲鲁东主义者向我们约定了关于"类似的问题"一连串的论文。而且，他要是像现在的"有意义的问题"那样的，详尽地把它们论一下，《民众国家》在一年间绝对不会闹稿荒了。不过，这是我们可以预料到的。——一切是要照老样子论叙的：废止资本的利息。和这同时，对于国家债务及私人债务应该支付的利息都将去消了，信用也将变成免费的了，等等。和这同样的符咒可以适用在任何对象上。而且在一切场合中，这种惊人的结论：在资本的利息被废止了的场合，人借的钱，可以不必再支付任何利息了，都会有严峻的理论引证的。

另外，我们的蒲鲁东主义者，胁逼着我们的，还有顶好的问题。那就是信用。除了一星期一星期的信用，和当铺的信用以外，劳动者还需要来什么信用呢？对于劳动者，免费或是加利息，或者甚至去贷什么当铺的高利，这一切对于他，到底有什么差异呢？一般地说来，即使说劳动者因此受到利益，也就是说，即使劳动力的生产费便宜了，然而劳动力的价格竟不会下落吗？对于资产阶级，尤其是对于小资产阶级，信用是一个重要的问题。尤其是对于小资产阶级，要是随时都能得到信用，而且不必再付利息，自然是他们所感激的。"国债"！劳动阶级明白这不是他们借的债，要是一旦他们掌握了权力，他们就可以叫借那些国债的人来偿还。私债！这可参看信用一项。租税！这是对资产阶级有甚大的利害关系，对无产阶级几乎无关的事情：劳动者所支付的租税，是在长期间，归入劳动力的生产费之中，因之，必须由资本家来补偿。这里作为劳动者之非常重要的问题而提出的各点，事实上只是对资产阶级尤其是对小资产阶级，具有本质上的利害关系；而且，我们和蒲鲁东相反，我们的主张是：劳动阶级必须认识这种阶级的利益，这里没有他的一点责任。

与劳动者有事实关系的大问题，关于资本家和工资劳动者之间的问题，即关于资本家从他的劳动者的劳动使自己致富是怎样进行的大问题，我们的蒲鲁东主义者毫无表示。他们的先师，无论如何是研究过这些问题，虽然没有达到任何明了的结论。而且他的最近的著述，在本质上，仍然超越不过一八四七年马克思所批判为毫无价值的《贫困的哲学》的范围。

拉丁语系的劳动者，二十五年以来，除了这些"第二帝国社会主义者"的著作以外，可谓毫无其他的社会主义的精神食粮，本来已不幸极了。而现在蒲鲁东的理论，又非要侵入德国不可，这尤其不幸。然而，对于这一点早已用不着顾虑了。德国劳动者的理论立场要比蒲鲁东的理论进步五十年。因之，为了避免关于这一方面的麻烦，只举住宅问题这个实例，已经很够了！

注：

① 在美国的大都市及正在勃兴的大都市附近，由于劳动者组织了自己的"家庭"，住宅问题是解决了，然而，关于这是怎样露骨地实行了的，可参阅一八八六年十一月二十八日爱利诺·马克思＝阿维林的伊其阿那卜里斯来信中的一节："我们在康赛思城内或不如说它的附近，完全在原野

中，看到了是三开间的可怜的小木屋。它的土地价格是六百元，刚够建筑小房用的大小程度，这个小屋也需要六百元。所以要费一小时才能从街上走到的这个泥泞的荒野中的可怜小屋，合计起来，需要四千八百马克。因之，劳动者仅只在获得这个住宅上，就非有多额的抵押债务不可，因此，他们从此完全成了雇主的正式奴隶。他们的住屋把他们拴在这里，走又不行，他们对于所提议的一切劳动条件，就只好甘受了。"——恩氏原注

第二篇　资产阶级是怎样解决住宅问题的?

一

关于小资产阶级在住宅问题上有着如何的直接利害关系，在处理住宅问题之蒲鲁东的解决的第一篇中，已有所叙。可是大资产阶级也在这个问题上有着虽然是间接的然而是显著的利害关系。近代的自然科学证明了：劳动者的密集混杂的所谓"不良地域"是时时袭击都市的传染病的发源地。霍乱、伤寒、痢疾、天花及其他的流行病症，在这种劳动者街市的充满病毒的空气和腐水中传播着它们的病菌。这种病菌并未在这里死灭，周围的状况一许可，立即造成了流行病，越过它的发生地，顺着风势，侵入了健康的资本家老爷们所住的街市方面来了。资本家老爷们所安排的使流行病只能在劳动者之间发生的不受罪的享乐，并不能如愿以偿，那结果是资本家自身也传染上了死神在资本家之间和劳动者之都无轩轾地猖獗着？

这种情形一经被科学地确证后，人道的资产阶级会为了他们的劳动者的健康狂热于高尚的竞争之中。为了根绝时常发生的流行病的根源，设立学会，著作书籍，提案计划、议论和颁布法律；调查劳动者的住宅状态，制定了救助最恶状态的计划。尤其是在有着许多大都市，因而使大资产阶级有焦眉之急的英国，会开始了伟大的活动，任命了调查劳动阶级的健康状态的政府委员；他们的报告书之精细、完全、公平，远比大陆诸国在此事上优良，而且对于较为彻底的新法律多少提供了基础。这些法律虽然也并不完整，但较之大陆诸国在这方面至今的成就是无限优越的。可是，资本家的社会秩序，使这种作为问题的恶害的救济，常常是必然地再生不已的，就连英国，这种救济也可说并未能迈进一步。

可是在德国总是这样的：这种时时引起的流行病的源泉，要使醉睡的大资产阶级惊醒，一定要发展到必要程度的紧急状态才行，而这是需要相当时间的。不过，走得慢的，也就走得稳。于是在德国也出现了关于一般的健康及住宅问题的资产阶级的文献，虽然这些从外国即英国的先知先觉者抄来的内容贫弱的拔萃，都是调子很高、辞句庄严、装作一副深深理解的样子用以欺人的东西。沙克斯博士的《劳动者阶级的住宅状态及其改良》，一八六九年在维也纳刊行的，就是属于这一类的文献。

为了说明资产阶级处理住宅问题的方法，我选择了这本书。因为无论如何，这本书是企图把所有资产阶级关于这个问题的文献都要包罗进去的，而且著者用为"参考书"的，都是极出色的文献。事实上在算是主要参考书的英国议会的报告内，他不过仅仅列举了最为陈旧的三种名字，他的著作的全体证明：这个著者连其中的一种都没有看过。相反的，他拿出来的，是许多腐乱的资产阶级的大言不惭的、市井无赖的、假慈假悲的著述。佚塞布的渥、罗伯特、赫尔、休巴、英国社会科学（这只算是饶舌）会议的《议事录》、普鲁士《劳动者福利协会杂志》、巴黎世界博览会的奥国政府的报告、世界博览会保拿巴脱政府的报告、《插图伦敦新闻》《内外》、最后则是有着"被承认的权威""实际理解的明敏""文章的彻底使人心服"的那种人物，即犹利斯·菲却！这个参考书目中所缺乏的只有儿童杂志《柯定·罗比》和滑稽杂志《克拉达大其》以及法吉里昂·克吉克了。

虽然，为了不使对沙克斯先生的立场有任何误解，他在第二十二页加以说明道："我们将国民经济学应用到社会问题的科学名之为社会经济学。详言之，它是在现在处于统治地位的社会组织的范围内成为'铁则'的基础上，把所谓（!）无产阶级提高到有产阶级的水准，用经济学的原理对我们提供了一切的手段和方法。"我们并不要深加检讨"国民经济学"即经济学是一般地处理"社会的"问题以外的问题的这种混乱的思想。我们要向重要点直入。沙克斯博士所要求的是资产阶级经济的铁则即在"现在处于统治地位的社会组织内"的铁则。换言之,就是要在不变更资本主义生产方法的基础上,必须将"所谓无产阶级"提高到"有产阶级的水准"。

可是,并不是"所谓"而是确有无产阶级存在这一事实,也就是说:因为他们除了劳动力以外便一无可卖之故,把他们的这种劳动力被强制地卖与工业的资本家这一事实,就是资本主义的生产方法上不可或缺的前提。然而由沙克斯先生所发明的社会经济学的新科学的任务存在着下列之点:在一方面,是一切原料、生产手段、生活资料的所有者的资本家,另一方面,是除却自己的劳动力以外便一无所有的工资劳动者,在这两者的对立之上所建筑的社会状态的内部,并不是如何废止工资劳动者,而是怎样才能把一切工资劳动者转化为资本家的手段及方法的发明。沙克斯先生以为把这个问题解决了。然而沙克斯先生亲切地指示给我们的,有如在往昔的拿破仑时代,使背囊里装着元帅杖的法国军队的所有兵卒,不停止他们的普通兵卒的身份,而又要使他们如何才能变成元帅;还有,他指示给我们的有如怎样才能把四千万的德意志帝国的臣民都变成德意志的皇帝!

一方面要把今社会的一切恶害的基础原封不动地维持下去,一方面又要把这个恶害废止,这就是一切资产阶级的社会主义的本质。资产阶级的社会主义者,已然如《共产党宣言》所指摘的,欲"为了确保资产阶级社会的存在,而思矫正社会的恶害",他们想要"不要无产阶级而要资产阶级"。我们看到沙克斯先生正是这样考虑问题的。他在住宅问题的解决中找到了解决。所谓"由于劳动阶级的住宅改良,使前述的心身的穷乏显然地得到救济,其价值所在——即因了单是住宅状态的广大的改良——是把这个阶级的大部分从显然失掉人的价值的生存的堕落提拔到物质的及精神的纯粹健康状态",就是他的意见(第十四页)。附带说明:资产阶级的利益,是掩饰由资产阶级的生产关系所形成而且制约它的存在的无产阶级的存在。所以沙克斯先生在第二十一页上将劳动阶级解释为真实的劳动者以外还包括有一切的无资力社会阶级,即手工业者、寡妇、年金生活者(!)、下级官吏等等穷人。资产阶级社会主义和小资产阶级社会主义提携了。

可是,住宅恐慌是从哪里来的呢?怎么发生的呢?作为善良的资产阶级的沙克斯先生,是连住宅恐慌是资产阶级的社会形态的必然产物这回事都不知道的。劳动大众,在单是以工资,即他们的生活和生殖之必要的生活资料之总额来营生活的社会里，而不发生住宅恐慌的问题，那是不可能的。由于机械等的新的改良，使劳动大众失业；在激烈地和有规律地不断发生的工业变动中，一方面，必然有没有工作的劳动者的多数的预备军之存在，另一方面，时时有失业的劳动者的大军被驱逐到街头；劳动者大举密集于大都会，在现实的条件下，较之为他们所存在的住宅，他们的数量激急地增加着；以至连最为可厌的猪窝那样的小屋，也必然可以找到有人租住；最后以致住屋所有者，在他的资本家的性质上，从他的住屋取得法外的最高的赁贷价格，不仅是他的权利，而且还托了这种竞争的福，在某种程度上这也是他的义务。像这样的社会，必然要发生住宅恐慌问题，这是作为善良的资产阶级的沙克斯先生所不知道的。有着这样的社会，住宅恐慌是决非偶然的。这是必然的制度。只有把使发生住宅恐慌的整个社会组织加以根本的变革之时，它才能和其他与健康上有影响的东西同时除掉。然而资产阶级社会主义不知道这个。资产阶级社会主义不敢从这里出发说明住宅恐慌。在资产阶级社会主义说来，这个问题是从人类的恶根性而来，即从原罪出发用道德的言辞说明外，便没有可说的了。

"因此，这种罪……一部分是在劳动者自身，即存在于渴求住宅者的身上，另外，大部分应归罪于负责满足这种欲望的人，或者是虽有必要的资金，可是对此不加闻问的人，即应看作是所有上层阶级的负咎。——这是否定不了的。（好大胆的结论!）后者所负的罪……就在于他们对于好的住宅的充分供应因为漠不关心而不投资这一点上。"

像蒲鲁东把我们从经济学拉到法律学上一样，资产阶级的社会主义者把我们从经济学扯到道德上去。这是理所当然。对于资本主义生产方法，即现今的资产阶级的社会的"铁则"认为是凛然不可侵犯的，可是却又对它的可厌而又必然的结果欲谋废止，这样的人，除过对资本家，做道德的说教外，别无他法。这种道德的说教所感动的结果，一定立刻又因为私利，必要的时候，因为竞争，而烟消云散了。这种道德的说教，一似站在池边看着自己孵出来的小鸭在愉快地浮水的母鸭的情形。小鸭虽然没有桥，却在水上游；资本家虽然没有感情，却为了利润盲进。古之汉桑商人曾云："买卖无人情。"他是较之沙克斯先生对此中道理还更明白一层的。

"优美之住宅，因价值甚高，劳动者之大部分，使用它是全然不可能的。大资本……踌躇于向劳动阶级的住宅伸手。……因之，有着这种住宅需要的阶级之最大部分，成了投机的牺牲。"可憎的投机——大资本当然决不作投机的！而这个大资本之所以不投机于劳动者住宅，并无恶意，只不过是无知而已。"房屋所有者，对于住宅需要的正常充足是演着如何重大的任务，全然不知。他们像他们普通那样提供着无责任的、粗恶的、有害的住宅的时候，他们全不知道人们在干些什么。而在最后，因此以致他们自己如何自害了本身，他们也不知道。"（第二十七页）

然而，为了对于劳动者之发生住宅恐慌，资本家的无知和劳动者的无知都被当作必要的。沙克斯先生在认为劳动者的"最下层"，"为了避免全然无宿，不论在什么地方想求一宿而总不可得，他们在这一点上的完全无力。"这之后，沙克斯先生像下面那样告诉我们："而且，由于大多数的劳动者如此之轻率，毋宁说主要是由于无知，他们对于合理的保健方法，特别在这一点上，一点也不知道住宅之有着重大的意义，他们的身体的自然发达和健康生活的条件，巧妙地失去的情形，是周知的事实。"（第二十七页）

但是在这里却暴露了资产阶级的愚劣。就资本家说来，说这种"罪"是无知就完了，可是就劳动者说，无知不过是对于罪恶的一种刺激物而已。所谓"劳动者只要能多少节省一点租金，便会住在阴暗的、潮湿的、不够用的、总之是完全轻视卫生要求的住宅。……而且甚至好几家共同租赁一个住宅或甚至住一间屋子。要之，在住宅方面则尽量地节省。然而他们对于饮酒及一切放纵的享乐，却以真正是有害的方法浪费其收入，这是他们无知的结果"。劳动者把钱"消耗在烟酒之中"（第二十八页）的酒馆生活和相伴而来的，这些东西是像铅锤似的把劳动者阶级拖入泥沼之中，这对于沙克斯先生是无法忍耐的不快。在现在这样的状态下，劳动者之间的饮酒癖，是他们的生活状态的必然的产物，正和伤寒、犯罪、害虫、法官及其他的社会的疾患之成为必然的产物一样。正因为它是必然的，预先将陷入饮酒癖者的平均数都可以计算出来，这自然是沙克斯先生不知道的。而且，我从前的小学老师说过："平民跑下等酒馆，富贵的上俱乐部。"因为我这两种地方我都跑过，所以了解它的正确。

关于两者"无知"的一切饶舌，结局不外是资本家和劳动者的利益调和的旧调重弹。资本家要明白了他的真实的利益，他们供给了劳动者优良的住宅。那么住宅就一般地改善了；而劳动者要理解了他的真的利益，他们就不会罢工了，不从事社会民主主义的运动了，不以政论来斗争了，本本分分地服从他们的上司资本家去了。然而遗憾的是：两者的利益，和沙克斯及他的无数的先驱者的说教有着完全相异的地方。关于调和劳资之间的福音，五十年来就刺刺不休了，资产阶级的博爱家，因实施这种调和起见，在模范施设上，已然花费了巨额的金钱。然而，正和所看见的后果一样，现在我们和五十年前完全没有什么不同。

在这里，我们的著者在着手实际解决问题了。蒲鲁东的使劳动者变为他的住宅的所有者的提案，是如何的不革命，因资产阶级社会主义早在他以前就在实际上试行这个提案，而且现在仍在试行，不难明白。沙克斯先生也说明了：住宅问题，仅仅由于将住宅的所有权移给劳动者，就必然可以完全解决（第五十八页及五十九页）。不仅此也，他的这种思考变成了梦中的诗的感兴，挥舞着下面这样感激的雄辩：

"深深横在人心之中的对于土地所有的憧憬，是一种特殊的东西。它是一种本能，现代继续激烈活动的经济生活，也不能使它减弱。它是对于这种土地所有给予经济上的业绩的意义的一种无意识的感情。人由于土地所有，与得到了确固的根据的同时，他才在土地上生了根。而且一切的经济（!），在土地所有中，有着永久的基础。不过，土地所有的祝福力，是使生产物质利益以上的利益的土地得成为名之为自己的东西的幸福者，达到了想象所及的经济独立的最高阶段。他作为主权者，有了可以支配、管理的领域。他是自己的主人，他有了一定的力量，而且在困难的时候，有着确实的后盾。它在增加了他的自觉的同时，也增加了他的道德力。因此，在这个问题上的所有权的意义，是深刻的。对于现在景气的变动，无力的、永远是隶属于雇主的劳动者，依靠土地所有，在某种程度上，也可以从这种不安的状态脱开；他变成了资本家，遇有失业或不能劳动的危险时，因土地所有的结果，由于造成他的自由的土地信用，而使他安全了。他因此由无产阶级升高到有产阶级。"（第六十三页）

沙克斯先生是像这样假定人类原来都是农民的；否则他就不能有这样任意决定的理由：在现代大都市的劳动者间，谁也不会发现他们竟对土地的所有怀着这样的热望。对于现代大都市的劳动者，移动的自由是生活的第一条件，土地所有等等，在他们说来，不过是一种桎梏而已。给予他们以个人的房屋，是再度地把他们束缚在土地上，阁下的这一手，是破坏了工厂老板减低工资时的劳动者的反抗力。每个劳动者在正式罢工以及一般的工业恐慌的场合和时候，相应着可以出卖他的小房子，可是，临到了这种局面，因为属于劳动者的全体的住屋都非要卖出不行，不是连一个买主也找不到，就是必须以远较费用价格以下的价钱脱手。而且，即使在大家都可以找到买主的场合，沙克斯先生的全部伟大的住宅改良计划也将化为泡影。他就非重新再来一回不可了。可是，诗人是住在空想的世界的。我们的沙克斯先生正是这样。他是这样的空想着的：土地所有者，是"达到了经济独立之最高阶段"，他有着"确实后盾"，变成了资本家；而且，对于失业及不能劳动的危险，由于土地所有的结果，造成他的自由的土地信用，将使他得到安全。我想沙克斯先生未必会想到法国的小农及德国莱茵地方的小农情形。他们的住屋及耕地都抵押出去了，他们的收获在收割前就属于债权人了，主权地支配他们的"领域"的并不是他们，相反地，是律师，是法官。这也不消说：对于高利贷说来，在经济独立的意义上，是想象所及的最高阶段。而且，好心眼的沙克斯先生，为了使劳动者越快越好地把他们的小房子拿去放在高利贷的同样支配下，用意很周到地，对劳动者在失业或无法劳动时，代替了救济贫民的麻烦，指示了可以利用成为他们的自由的土地信用。

沙克斯先生好歹把他最初提出的问题解决了：即劳动者由于获得了他自己的房屋，就"变成了资本家"。

资本，对他人的无偿劳动，是具有支配权的。所以，劳动者的小房子，仅在他将这个小房子以租赁的形态租给第三者，与取得第三者的劳动生产物的一部分时，才成为资本。在他自己住在这个小房子的场合，这个小房子是妨碍他构成资本的；这正如我从裁缝店买来外衣穿用，从这穿用的瞬间起，它就停止了资本的作用相同。至于有价值千元的小房子的劳动者，不消说，原来就不是无产阶级；可是，称呼他为资本家的，只有沙克斯先生。

我们劳动者的资本家的情形，还有另外的一方面。我们这么假定吧：在一定的工业区域，所有的劳动者一般都是他们自己的住屋的所有者。在这个场合，这个地域的劳动阶级，因为可以免费居住，住宅的费用，便不再算入他们的劳动力价值之内。可是，一切劳动力生产费的减低价值，即劳动者的生活必需品价格之继续的下落，"依据国民经济学的铁则"等于劳动力价值的跌下，因此，结果工资相互照应地跟着下落。即工资平均的下落额和节约的房租的平均额相适应。即劳动者对于他自己的房屋也要付房租，不过并非像从前那样，将房租以货币的形式付给房东，而是以无偿的劳动形式付给他们的工厂老板了。以这样的方法，投资于小房子的劳动者的积蓄，在某种程度上当然变成了资本，——但不是成了劳动者的资本，而是成了雇佣他的资本家的资本。

因之，沙克斯先生，就连在纸面上，他的将劳动者转化为资本家的办法，一次也不能成功。

顺便说一句：以上所述的劳动者的节约以及生活资料的低价，归结到所谓社会改良上，也可以适用。要是这个办法成为普遍的，接着引起来的情形，就是与此相应的工资的降低，要是这种办法仅只是个别的实验，在这个场合，作为个别例外的它的单独的存在，便证明了：它的普遍地实行和现存的资本主义的生产方法是不符合的。我们假定在某一个地方，由于消费合作之普遍地采用，竟把劳动者的生活资料便宜了二成。在这个场合，终久那个地方的工资就非降低近二成不可。即生活资料一定要依照着劳动者维持生活所需的程度而下落。举例来说：若是劳动者平均要把他的每周工资的四分之三为了生活资料而支出，工资在结局是 $3/4 \times 20＝15$，即下落了一成五分。要之，像这样的节约改良，若是普遍地施行了，劳动者因了节约便可以便宜生活，仅是要依照生活的程度，来取得减少的工资。假定使一切劳动者节约了五十二元独立收入，那么结果，他的每周工资，就非降低一元不可。因之他愈是额外地节约，他所得的工资就愈少。所以他并非是为了他自己本身的利益，反之，是为了资本家的利益而节约的。劳动者必须"将第一义的作为经济道德的节约心……最为强烈的唤起"（第六十四页）的那种要求，不是为了资本家的利益是什么！

另外，沙克斯先生紧接着又说：必须使劳动者变为住屋所有者，这既不是为了他（劳动者）自身的利益，也不是为了资本家的利益："其实，我们应把它看作并不是劳动阶级的利益，而是全体社会的绝大多数成员之和土地相结合（!）的这种最高的利益。（我愿意看一次沙克斯先生的这种盛气的表情）……在我们足下的、被称为所谓社会问题的、在灼热的喷火山燃烧着的一切秘密的力量，即无产阶级的苦恼、憎恶、——危险的混乱思想——这些东西，在以前述的方法，劳动者自行转移为有产阶级的场合，就要像朝日之前的雾气一样的消失了。"（第六十五页）换言之，沙克斯先生的希望所在是：获得住屋的劳动者，由于其无产阶级地位的移动，他们就要丧失了无产阶级的特质，他们就要像他们的房屋所有者的祖先一样变成顺从而卑屈。蒲鲁东主义者，恐怕就是牢记着这个的吧！

沙克斯先生以此为据，自信是把社会问题解决了。"财产的比较公正的分配已然使许多打算解决它的人无功而去，这种难解的谜，现在，作为看到的事实，它不是在我们面前摆着吗？这样，不是把它由理想的领域移到现实的世界来了吗？而且要是这种办法被实现了，那就连有着最为极端的倾向的社会主义者，不是也因此将达到了在他最高的理论上的、最高目的之一吗？"（第六十六页）

我们一直继续研究到这里，真是幸福。因为这种欢声，正造成了沙克斯先生的著述的"最高峰"。不过，以后却慢慢地走向下坡路了。即要从"理想的领域"走到平板的现实。我们要是到了山下的话，我们将发现：在我们不在的时间内，下边几乎一点也没有，绝对地没有任何变化的东西！

我们行路的指南，就是劳动者的住宅存在着两种组织这一情形，我们依据教诲，开始了下山的第一步。即：对于一切劳动者的家族，有像英国那样的、最好还附有小花园的那种格式的小住宅，和像巴黎、维也纳等处那样的，包含着多数劳动者住宅的那种兵营式的建筑，在这两者中间的一种形式，就是在德国北部等地所流行的一种形式。而实际上只有小住宅式是劳动者对他的家族，能以之获得财产权的正当的唯一的组织。兵营式对于健康、道德及家庭的和平有着甚大的不便。遗憾的是：小住宅式在成了住宅恐慌的中心点的大都市，因为地价暴腾，不能实行，在大都市代替兵营式建筑，或是建筑有着四家到六家的住宅的房屋，或是依着种种的建筑技术把兵营式的主要的缺点，加以改正，那仍不失为是可喜的。（第七十一——九十二页）

我们不是已经下来不少了吗？劳动者转化为资本家，社会问题的解决，一切劳动者都有属于他自己的家——所有这一切，还停留在"理想的领域"。而我们还尚待要研究的是：仅仅在农村要采用小住宅式，在都市要建筑使劳动者能够尽量忍受的那种大住宅这一点。

所以，资产阶级的解决住宅问题，是显然失败了。它失败于都市和农村的对立上面。而这里，我们才达到了问题的核心。由于今日的资本主义社会而达到了顶点的都市及农村的对立的废止，必须要在使社会可以被充分变革的时候，这个时候一开始，住宅问题便必然可以解决。资本主义的社会，岂能废除这种对立，它是反而使这种对立继续更形激化的。与它相反，最初的近代空想的社会主义者欧文及傅利叶对于这一情形则已经有了正确的认识。在他们的模范组织中，都市和农村的对立一开始就不存在。因此，这里存在着和沙克斯先生的主张反对的东西。就是说，住宅问题的解决，并非同时就能解决了社会问题，而是由于社会问题的解决，即由于资本主义生产方法的废止，同时才能达到解决住宅问题的可能。解决住宅问题而要把近代大都市原封不动，那是矛盾的。然而，近代的大都市，由于废止资本主义生产方法，方才可以克服。而且，这个办法要是一将实行，所谓供应所有劳动者以属于他自己的房屋这事，就全然成了别类的事项了。

然而一切的社会革命，首先必须接收原有的事物，而把最为迫切的恶害，用现有的手段，予以矫正。而住宅恐慌，由于将属于有产阶级的奢侈住宅的一部分予以收夺，同时将另外一部分分配作为宿舍，马上就可以解决，这原是我们早就知道了的。

在沙克斯先生的议论中，鼓其如簧之舌，又谈到离开大都市，在其近傍应当设立劳动者的聚落。他将这种聚落的美点这样说着："备有共同公用水源、煤气灯、热气或温汤暖房、洗衣场、晒衣场、浴室等及托儿所、学校、祈祷室（!）读书室、图书馆、……酒馆及啤酒店、考究的跳舞场及音乐室"，每家都供给蒸汽力，这样一来，可以使得"生产到一定程度就从工厂又回到家庭的工作场。"——所有这些，是决然于事无补的。他所描写的聚落，是由休巴先生直接从社会主义者欧文和傅利叶那里抄来的，仅仅是将一切社会主义的成分加以剥去，使之资产阶级化了而已。可是，它正是因此才成了乌托邦式的。关于建设这样的聚落，资本家是毫无兴趣的。而这样的东西，实际上除过在法图的居伊兹以外，全世界都找不出。这个聚落，也并非发财的投机，而是作为社会主义的实验由一个傅利叶主义者所建设的①。同样的，沙克斯先生也可以把四十年代初间由欧文在哈马西亚所建设的已然没落了的共产主义的聚落"哈马尼公会所"，为了他的资产阶级的计划而引证的。

不管怎样，关于聚落的这些饶舌，不过是想再度高飞到"理想的领域"的一种可笑的尝试，而且马上又完蛋了。不过，我们却又畅快地下山了。而最为简单的解决，则是"雇主、工厂老板为了适合于劳动者的住宅，可自行建筑这种住宅，或者由他们，以准许劳动者使用土地、预先借贷建筑资本等办法，对于劳动者的建筑事业奖励保护之以援助劳动者。"（第一〇六页）这里。我们又从对此类事情无从谈起的大都市走回农村。沙克斯先生，在这里证明了：在援助他们的劳动者而给以合适的住宅的办法上，也有着工厂老板的利益。即：一方面，这是有利可图的投资；另一方面，由此所生的劳动者的必然地上进，……当然，它一定会跟来对于雇主也同样有利益的劳动力的肉体的及精神的上进。这样一来，雇主也就得到了在干预住宅问题上的正确见地。这种干预，主要的，是对于劳动者的肉体的及经济的、精神的及道德的幸福，作为被隐藏着的联合，换言之，在努力于人道的衣着之下，作为隐藏着的雇主的顾虑的暴露而被显露出来的。而且，以此养成了勤勉而熟练的、顺从而满足的、忠实的劳动者，拉拢他们，掌握他们，因此而很自然地得到了所花费的代价。（第一〇九页）

　　休巴在资产阶级的呓语上所加的"高尚意味"的所谓"隐藏着的联合"这个辞句，对任何事实都毫无所改变。

　　用不到用这个辞句，英国的大农村的工厂老板，老早已把劳动者住宅的设施，不仅单是看作一种必要，单是自己工厂的一部分而已，而且洞察到这是能得到很大的收益的东西。在英国，用这种方法，成立了整个村落，其中有许多，后来都发达成了都市。可是劳动者对于人道的资本家并不感谢，从那时以来，对于"小屋制"，形成了极为显著的反对。因为工厂老板没有竞争者，不仅要劳动者对于他的住屋必须以独占的价格来支付，在所有劳动者罢工的场合，由于工厂老板可以把劳动者逐出户外，夺去他们的寄宿之所，因之，使一切反抗都变为困难。关于详情，希望参照拙著《英国的劳动者阶级的状态》第二二四页至第二二八页。可是，沙克斯先生对此，主张是"不值得反驳的东西"。（第一一一页）那么，他不是也没有把小住宅的所有权给予劳动者吗？当然是的。可是，"雇主在解雇一个劳动者之际，为了使他的代替人有所居住，所以雇主对于住宅，必须随时能够居于自由支配的地位上。"这里，他"对于此种场合，根据可以撤回所有权的事先协定，就应该只好割弃了。"（第一一三页）②

这次是意外地早早地下来了。最初是说，劳动者对于小住宅有所有权；接着又说，它在都市不可能，只有在农村才可能；这次则连在农村的这种所有权，也予以说明说：是应该"根据协定，可以撤回的东西"了！仰仗了这位沙克斯先生对于劳动者新发现的所有权的种类，和劳动者转化为"根据协定可以撤回"的资本家，才幸好又使我们达到平地了。那么，资本家和其他的博爱家，在住宅问题的解决上，到底有什么建树呢？这就非检讨一下不行了。

二

就算我们是信用沙克斯博士的吧，现在他所提供的证明是：从资本家老爷们一边说来，对于住宅恐慌的救济，已然成了重要的事情；而且，住宅问题在资本主义的生产方法之基础上，是可以解决的。沙克斯先生用作它的例证的，一来就向我们举出了保拿巴脱治下的法兰西！如众所周知：路易·保拿巴脱，在巴黎世界博览会时代，曾任命了一个委员会，它在表面上，据称是为了作关于法国劳动阶级的状况的报告，事实上，却是为博得他的帝国更大的崇誉，把劳动者的状况当作真是天国才有的事物而加以叙述的。沙克斯先生是依据了由保拿巴脱党人的腐败机关所作的这个委员会的报告的。特别是由于这个报告的结果，若是依照与此有关的委员自己所说，法国则是较为完善的！但是它的结果是什么呢？在报告上所列举的八十九个大工业家。大工业股份公司中间，有三十一个连一幢劳动者的住宅都没有建筑。就是修建的住宅，若是按照沙克斯先生自己的计算，最大限度只能供五万人至六万人住宿。而且这种住宅，对于所有的家族几乎毫无例外地每一家住宅仅有两个房间。

自己的工业诸条件——即水力、煤坑的位置、铁矿石的铁层、其他的矿山等等——固定于一定的乡间地方的工业资本家，在没有住宅的场合，为了劳动者，必须建设住宅，这是不用说的。在这里，可以看到"隐藏着的联合"之存在的证据，可以看到"对于此事及它的显著的功果的理解之增加的确证"，以及"许多约束的开端"（第一一五页）。而愈益发达起来的自我欺骗习惯，也是属于这一类的。再则，各国的工业家，在这个地方，是依照各该国的国民性而有所区别的。例如沙克斯先生在第一一七页中这样说："在英国直到最近才能看到。在这一方面雇主的显著活动，即乡间的边僻的小村落正是这样。……要不是这样，劳动者虽然经常从最近处来，但到达工场必须走一截远距离的道路，等他到了工场时，已然疲乏不堪，不能充分工作。这种主要情形，使雇主为了他们的劳动力，起了建筑住宅的动机。像这样，由于对于事情的深刻的理解，使改良住宅某种程度地和隐藏着的联合之一切其他要素相结合的人数增加了。以此，那种繁荣的聚落才成立了。……黑德的阿西坦，达当的阿西渥斯，必里的克兰德，波立东的库列格，里兹的马歇尔，比拉培的斯托拉得，塞尔泰的桑尔德，苦不列的阿库罗德等等，这些名字，在联合王国，因此而博得了声誉。"

这是比神圣的素朴更神圣的无知！直到"最近"，英国的农村工厂老板才开始建设劳动者住宅！错了，亲爱的沙克斯先生。英国的资本家，不仅只是一只钱袋，而且是用头脑的实际思想的大工业家。在德国有了真正的大工业好久以前，他们已然明白了：在农村工厂对于劳动者住宅的出资是一种必要，直接间接都非常有利可图，是全部投资的一部分。早在俾斯麦和德国资产阶级斗争时给予德国劳动者以组合自由以前，英国的工厂老板、矿山、铁工业的所有者，在他们同时还做着这些劳动者的房东的时候，怎样才能压迫各式闹罢工的劳动者，他们早就有了实际的经验。库列格、阿西坦、阿西渥斯的"繁荣的聚落"，早在四十年前，同我在二十八年所叙述的那样（《英国劳动者状态》第二二八—二三〇页注），已经由资产阶级奉之为模范加以自画自赞，而这竟属于"最近"的了。马歇尔和阿库罗德几乎同样古老（有这样的记载）。比这更古老而其端绪却在前世纪的，则是斯托拉得。而且，英国的劳动者的住宅的平均持续期是四十年，因此，这个"繁荣的聚落"，现在到底到了怎样倾废的程度，沙克斯先生是屈指可以算出来的；不仅这样，这些聚落的大多数，现在早已不算是乡间了。工业之巨大的发达，把这种聚落的大多数已然用工厂和房屋围绕起来了。所以，这种聚落今天早已拥塞在有二万至三万以及较这还多的居民所住的、肮脏而多煤烟的都市的中央了。现在还把已然完全不适用的一八四〇年的旧英国的赞美歌忠实地予以传播，这对于沙克斯先生所代表的德国资产阶级的科学，是没有什么妨碍的。

可是，现在竟有这个老阿库罗德！这个勇敢的男子，不论怎样，总算是真正的博爱家了。他是非常之爱他的劳动者，特别是妇女劳动者，因此，那些不如他那么博爱的约克夏的竞争者们，竟常常说：阿库罗德单用他自己实际的孩子经营着他的工厂！虽然如此，沙克斯先生以为在这些繁荣的聚落内，"私生子是越来越没有了"（第一一八页）。这是对的。婚姻关系以外的私生子正是这样。因为在英国有工厂的地方，美丽的姑娘总是非常早就结婚了。

英国劳动者住宅的建筑，都是麇集在一切大农村工厂近旁；它和工厂一起建筑，六十多年以来，已成了常规。如曾经举出的那样，许多像这样的工厂村落，到了后来，就以这里为中心而设立了完全是工厂的都市，而成了具有工厂都市所具有的各式各样的弊害的核心。因之，这种聚落，并不是解决了住宅问题，而是从这个地方开始，制造出来了住宅问题。

与此相反，在大工业的领域中，落在英国后面走着的，而且从一八四八年以来才渐渐学会了大工业到底是怎么一回事的各国，即在法国特别是德国，情形是完全不同的。在德国，经过踌躇之后，渐渐有了建筑二三个劳动者住宅的决意的，只有庞大的铁工所及工厂。例如，像克列稣的修乃达工厂及爱森的克虏伯工厂。大多数的农村工业家，却要叫他们的劳动者，不管酷暑，不管雨雪，从一早起走好几里路到工厂，晚上再回到家庭里来。这种情形尤以山地为然。举例来说，法国以及爱尔萨斯地方的佛开森山脉地方以及渥巴、几克、阿卡阿、里诺以及其他的莱茵——威斯特法林地方的诸河川流域的地方，就是这样。爱尔兹山地地方，也是如此。这在不论是法国人或德国人那里，都有着同样愚不可及的吝啬。

沙克斯先生是很明白的：极可注目的开端，和繁荣的聚落，完全都是无意义的。在这里，他现在努力要证明的是对资本家说来由于他们设备劳动者住宅可以获得如何巨大的利益。换言之，他指示他们如何欺骗劳动者的新方法。

首先，他以伦敦建筑公司的几个实例作为示例。这种建筑公司虽然是半慈善、半投机的性质，但是却能获得四分乃至六分甚至这以上的纯收益。投资于劳动者住宅之资本收益甚大这事，是没有敬领沙克斯先生初次证明的必要的。然而是什么缘故，较之原有的这些投资，再没有更多的投资了呢？这是因为投资于更高价的住宅，对所有者说来，它所得的收益比较还要大得多。所以沙克斯先生对于资本家的劝告，说来说去，不过仍然还是单纯的道德的说教而已。

046

沙克斯先生关于它的辉煌的效果声嘶力竭地吹嘘的伦敦诸建筑公司，就是按照它们的计算——而这里正是实行一切建筑投机的所在的，——这种建筑公司，它们全体，仅仅对于二千一百三十二家族及七百零六人的独身者，即一万五千人以下的人，提供了宿所。然而仅只在伦敦东部，百万的劳动者都在最为贫穷的住宅状态中讨生活，因此，像这种骗骗小孩子的玩意儿，德国还敢有人若有其事地把它说成重大的成功吗？这种完全是慈善的努力，其实也是可怜之极的被忽视的事物，在英国的会议报告内关于劳动者的状态所作的报告中，对于这种事情连名字也没有提到。

关于这个在全文上所显露的有关伦敦的可笑的无知，我们在这里不想说什么了。但是有一件事却须一说。沙克斯先生说，苏忽的独身者的宿舍，因为这个地域不能"招来大量的顾客"，所以憩业了。沙克斯先生把伦敦西区（West end）的全部，都当作是奢侈的都市，不知道在最为繁华的街巷后面也有稠密的最为龌龊的劳动者街，而苏忽就是其中之一。他所说的，我在二十三年前就知道的苏忽这个地方的模范旅舍，一开始是千客云集的，但是因为无论谁在这里都待不下去的缘故，才关门大吉了。然而它还算是最好的中间的一个。

在爱尔萨斯的米尔赫森劳动者街——这能说是成功的吗？

米尔赫森的劳动者街，正像英国资产阶级拿往昔繁荣过的阿西坦、阿西渥斯、库列格等聚落来夸耀一般，大陆的资产阶级拿它大肆炫耀。遗憾的是：这个劳动者街并不是法兰西的第二帝国和爱尔萨斯的资本家的"隐藏着"的联合的产物，而是公然的联合的产物。它是路易·保拿巴脱的社会主义的实验之一，是国家出了三分之一的资本的东西。它在十四年间（直至一八六七年），将八百个小房，用不完全的、以在英国——在英国对此事是有较好的理解的——是不可能地组织而建筑起来了，而且，将这个小房，以按月支付高价房租的办法，在十三年乃至十五年以后，作为财产归属于劳动者。这种财产获得方法，是英国合作组织的建筑公司早在以前就实行了的东西，并不需要爱尔萨斯的保拿巴脱党人新发明的东西。为购买房屋的房租贴水，比英国略微高些。举例来说，劳动者在十五年间依次地付满了四千五百法郎，得到在十五年间价值三千三百法郎的房屋。劳动者想要迁居，或者只是欠付了一个月的租金的时候（在这种场合，他可以给赶出去），对于他，便以住屋的原价值的百分之六又三分之二作为每年

047

的房租而计算（例如：房屋的价格值三千法郎，每月十七法郎），而支付余额时却无一文利息。在这个场合，明明白白的是公司即使没有"国家的补助"也还是可以发财的。在这种情形之下所供给的住宅，因为只是在郊外半乡间地方所建筑的，所以较之市中心的老旧的兵营式的住宅是好些了，这也是明白不过的。

关于在德国的二三个可怜的实验，它的惨状。沙克斯先生自己在第一五七页中承认了无庸我们赘述。

不过，这一切的实例到底证明了什么呢？这是简单的：劳动者住宅的施设，即或它并不蹂躏一切保健法则，也是有着资本的地收益的。这没有争论的余地，我们从一早就知道这一切了。为满足欲望而投下去的一切资本，以合理的经营来进行的场合，都是有收益的。然而，为什么还有着住宅恐慌的存在呢？然而，为什么资本家不为了劳动者建造充分保健的住宅呢？这都是问题。在这里，沙克斯先生只是重又对于资本家发出警告。对于它给以回答，是我们责无旁贷的；把这个问题给以事实的解答，我们在上面已经照办了。

资本纵然能够而却不愿排除住宅恐慌的原因，现在才算弄明白了。这里剩下的只有从此脱开的其他两个途径，那就是劳动者的自助和国家的扶助。

自助之感激的赞美者沙克斯先生，在住宅问题的领域上，也会报告自助的奇迹。遗憾的是，他首先就不得不承认：只有在已经成立了小住宅式的、或可以实现这种小住宅式的地方，也就是说，再在乡村中，自助才可能有所作为。在大都会，即在英国也如此，只有在极为有限制的范围内方才能够成立。"根据这种自助的改良，只是间接的，所以常常仅是不充分地实行着。即：影响住宅品质的力量，仅是在所谓由私有所发生的限制上实行着而已。"沙克斯先生这么叹息着。就是对这一点也可以引起疑问吧？虽然，"私有的原理"，对于我们著者的文体的"品质"，并未有何等改良的影响。虽然如此，"在英国的自助，为了解决住宅问题，竟产生了远较在其他方向上所施行的一切办法更好的奇迹。"沙克斯先生因为这个缘故，而特别详细地加以处置的东西，是英国的 Building Societies（建筑协会）。"为什么要这样呢？因为关于这种组织及其作用，一般流传的都是极不充分或错误的想法。英国的建筑协会，……决不是建筑公司或是建筑合作社……莫如用德文 Hauserwerbverein（房屋获得协会）这个字眼还表现得恰当。它是凭借了会员的定期聚金，积蓄了一定的资金，按照资金的比例，对于会员，为了购买房屋，保证贷款为目的的结社。……所以，建筑协会，对于它的一部分会员说来，是贮蓄组合；对于另外一部分会员说来，是借贷金库。——所以，建筑协会，是以劳动者的要求为目的的抵押信用机关，主要的是……将劳动者的贮蓄，……使用于购买或建筑房屋的存款的阶级同志。像可以猜到的那样，这种贷款是规定了以相当的不动产的抵押权而成立的，而且是用把利息支付和债务偿却结合在一起的短期付清资金的方法来进行的。利息并不支付给存款者，而是用复利记入的。……要收回连利息在内的存款，得在一个月前声明，则随时可以实行"（第一七〇——一七二页）。"在英国存在着二千以上这样的协会，……所积集的资本约为一千五百万磅。而且已经使十万的劳动者家族用这个方法获得了自己的家和灶的所有权。这确是不易为他人所能达到的社会的成功。"（第一七四页）

不过，遗憾的地方是，紧接着就被加上"可是"这一类字眼。"可是，这么办，决不就是达到了问题的完全的解决。这不只是因为只有地位较优的劳动者……方能获得这种房屋这一点理由上，还有，因为在卫生设备上尚未充分予以注意的缘故"（第一七六页）。在大陆上，"这样的协会……发达的余地很小。"它是以小住宅式住宅为前题，不过在大陆上小住宅式住宅仅可以在乡间得到成立，虽然在乡间，单是实行劳动者的自助，并不能有充分的发达。另一方面，在可以设立真正的建筑协会的都市，"对于它，存在着许多显著的困难"（第一七九页）。因为建筑协会仅只能建筑小住宅，这在大都市是不可能的。要之，"协会的自助这种形态"，在现今的状态，——在最近的将来亦如此——在解决这个问题上，是没有演主要角色的理由的。这种建筑协会，现在还是"在最初的未发达的初期的阶段上"这样的情形连在英国也是如此。（第一八一页）

就是说，资本家不愿意它，劳动者得不到它。而萧尔兹·迪里契一派的资产阶级常常把它当作模范用来训诫德国的劳动者的这个英国建筑协会，由于明白了它的一点真相，——这是绝对必要的事，本篇也因此可以结束了。

这种建筑协会既不是劳动者的组合，那它的主要目的所谓调节劳动者的住宅也就不会有了。相反的，我们只能把它的那种作用看作是一种例外的情形。建筑协会在本质上是一种投机性质的东西。它，不论是在最初的小合作社规模上，或是在大的模仿者的规模上，都没变化。通常是由饭馆的老板发起——这个饭馆在这以后每周召集开会——几个熟客以及其友人、小商人、旅行中的商店店员、单帮客及其他的小资产阶级——随处都有机械匠或其他属于劳动阶级贵族的劳动者也在内。——由这些人们组成了一个建筑协会。它的最近的诱因是因为一般的饭馆老板在附近或其他地方找到了比较便宜的地皮。而会员的多数在他的职业上又不固定在一定的地方。而且零卖商人及手工业者的多数在城里，只有店铺，而没有住宅。因为不论是怎样的人们，较之煤烟猖獗的市中心，是爱好住在郊外的。于是买到了地皮，就在这上面尽量建筑许多小屋。比较富裕的人则可以以信用来购买地皮，拿每星期的储金再加上二三笔的小额借款，就能够还清每星期花在建筑上应付的费用。不想以自己的房子做投机的人们，借抽签办法，分到已建筑成的小屋，于是再相应地增加房租，偿还买价。至于多余的小屋，则或出租或卖出。然而，建筑协会有的赚头很大，有的很小，在赚头很大积聚了财产的场合，凡交纳上会钱的会员，这种财产便作为他们自己的财产，在平时或协会解散的时候，在他们自己之间分配了。这就是通常看到的英国的新的建筑协会的经过情形。其他规模比较大一点的公司则经常以政治的或博爱的借口为理由而创办，它的主要目的，要之，是针对小资产阶级的积蓄，用土地财产投机的方法，提供了利息优厚、有分红利的厚望、带有可靠的抵押的投资出路。

这种协会向哪些种类的顾客做投机呢？这在虽不是最大的组合，但也可以算是最大组合之一的筹划书中，表示得很明白。伦敦吉赛利街沙会蒲登大厦二十九号及三十号的巴克别克建筑协会设立以来，计收入一千零五十万磅（七千万元），投资于银行及国债上的有四十一万六千磅以上，现在拥有二万一千四百四十一个会员和存款人，该协会的告白是像下列这样的：

"大多数的人们，都知道钢琴制造家的所谓三年制度。这是说，用租赁三年钢琴的方法，不论谁，在经过这个期间后，就成为钢琴的所有者了。在这个制度被制定以前，平常收入有限制的多数人们之中，要得到上等的钢琴，正和要得到自己的房屋同样艰难。人们几年又几年地支付了钢琴租金，其支出的租金恒在钢琴所值的二倍乃至三倍之数。在钢琴场合可以办到的事，在房屋的场合也可以办到……仅仅因为房屋比钢琴价钱较高……所以房租支付房屋价格，就需要更长的时日。本公司董事有鉴及此，经与伦敦及郊外各地房东集议结果，对巴克别克建筑协会之会员以及其他诸君，可以提供能供其自由选择的存在于各处之多数房屋。本董事拟实行之计划，其组织如后：凡租赁房屋十二年六个月，遵照规定付满租金的场合，经过此期间以后，该房屋自兹即不需任何支付而成为租房者之完全财产……若租房者能支付高额租金，在短期内即可取得房屋所有权。……若所付租金数微，则亦可延长期限以取得房屋所有权。……凡有固定收入的诸君、商店职员以及其他各位，可因参加巴克别克建筑协会，而从一切房东方面获得了独立。"

这是很明白的。关于劳动者毫未提及。而只是对有一定的收入的人们、商店职员等等而说的。而且在告白上，它所预定的申请者是通常已然是钢琴的所有者。实际与此有关系的人并非是劳动者，而是小资产阶级以及将形成的小产阶级和可能形成的小资产阶级。商店职员以及与其相类似的部门的人们的收入，假令在一定的范围内通常都是渐渐上升的，但劳动者的收入，就是在数额最好的场合，即使也是同样的，事实上，家族的增加和欲望的增加与收入的数额比较起来，还是下落的。其实只有极少数的劳动者能例外地参加这样的协会。劳动者在负担了十二年六个月的债务上，一方面因为他的收入为数太少，另一方面，他又极不安定，能够谈得上这件事的，不是一些少数例外的高薪给的劳动者，便是工场监督。③

此外，米兰赫森的劳动者街的保拿巴脱党人们之为这个小资产阶级的英国的建筑协会的可怜的模仿者，是谁也可以判明的。其唯一相异的地方，是米尔赫森的保拿巴脱党人，他们虽然有国家的补助，可是他们对于顾客，较之英国的建筑协会还要欺骗得厉害。他们的条件，平均说来，较之在英国所实行的东西，还不宽大。在英国，对于一切缴款都附有利息及复利，只要先一个月通知即予付清，但是米尔赫森的制造业者，则把利息及复利都装到腰包里，只把用五法郎硬币所缴纳的数额退还给顾客。可是，关于这个差异，任何人都不会吃惊得像沙克斯先生：他一面在自己的书上把一切都写了出来，一面却又并不知情。

劳动者的自助结果也落空了。现在只剩下国家补助了。沙克斯先生在这方面能够向我们提供什么呢？有三件事：

"第一，国家在它的立法及行政上必须考虑的是：对于用任何方法促进劳动者的住宅恐慌的一切事物，应加以排除或予以适当的改良。"（第一八七页）

就是说：为了可以有较为廉价的建筑，要改正建筑立法及使建筑业自由。可是，在英国，虽然建筑条令的限制最小，建筑业有着像空中的鸟儿那样的自由，还是存在着住宅恐慌的。不仅如此，在今日英国所有的廉价建筑中，每逢马车通过时，屋子就振动，每日都有倒塌的房子。这还是昨日（一八七二年十月二十五日）的事情呢：在曼却斯特，倒塌了有六间屋子的一个建筑，重伤劳动者六人。所以，这也是不顶事的。

"第二，国家权力，必须干涉因个人的狭隘的个人主义所存在的恶害或重新引起的恶害。"即：像一八五七年以来英国所施行的那样，劳动者住宅的保健及建筑，交由警察监督，与健康有害，而且腐朽的住宅，其封闭权必须移交于官厅。然而这在英国，发生了什么情况呢？一八五五年的第一法律（《有害物除去法》），正像沙克斯先生自己也承认的那样，"形同具文"；一八五八年的第二"法律（《地方自治法》），亦完全相同"（第一九七页）。与此相反，沙克斯先生将仅在人口一万以上的都市方适用的第三法律《职工住宅法》，当作"的确给英国议会对于社会事物之高瞻远瞩"以"最好证明的事物"（第一九九页），然而这种主张，不过是沙克斯先生对于英国的"事物"之彻底无知的再度地"最好证明的事物"而已。英国"在社会的事物上"，一般远较大陆先进，是昭然的事情。它是近代大工业的模范国，资本主义的生产方法，是最自由、最广泛的发达着的，它的成果在这里最为辉煌地显现了出来，从而也首先唤起了在立法上的反响。它的最好的证据，就是工厂法的制定。不过，要是沙克斯先生信以为议会所制作的法律同时在实际执行上也只要凭法律的力量就行了，这就是他大大的错误。而且，不论是什么法律，连《地方自治法》在内，都是这样（只除过《职场法》算是例外）。法律的执行，是由市公所来担任的，然而英国的市公所，几乎一般都被认为是各种腐败包庇家族，并且是假公济私的中心点。④这种市公所的职员，因为他的地位的获得是通过各种家族关系而来的，所以即或有执行这样的社会立法的能力，也没有执行的意志。然而正是在英国，较之二三十年以前，现在这种风气可以说是没有了，被委以准备及执行社会立法的官吏，大多数都表示了严格履行其任务的事实。在市议会中，几乎不论在什么地方，都有着不健康的腐朽的住宅的有所者的间接或直接的强有力的代表。凭借小选举区而来的市议会的选举，使被选举者隶属于最不足取的地方利益及势力。所以，想再度被选的市议会议员，对于他的选举区，必定不敢赞成这种法律的适用。而且，这个法律几乎在一切地方，何以被地方官吏厌恶地来接收，以及它向来仅仅在最为耻辱的场合才被适用，那道理，是立即可以判明的。它主要的是像前年曼却斯特及萨尔佛得流行天花的时候那样，终竟当作流行病的结果才被适用了的。英国是像所有自由主义的政府所有的原则那样的，只有在被迫到必要的时候，才会提出社会改良法案；而在社会改良法存在之场合，任何应该实行的时候，而不把它给予实行的场合，只有对内务大臣请愿，才能维持它的效果。形成问题的法律，正像英国其他许多事物一样，这种法律，仅仅在经由统治劳动者和压迫劳动者的政府之手，真的在实际上把它适用了，因而把它变成才给予现在的社会状态以破口的强力的武器的时候，它才是有意义的。

第三，要照沙克斯先生说来，国家权力，"为了救治现在的住宅恐慌，必须尽力地使用形成它的自由的积极的设施。"

即：国家权力对它的下级官吏及雇员，"必须提供是真正的模范公共建筑物的兵营式宿舍。"（不过这些人们并不是什么劳动者呀！）而且，"对市街村会、公司、私人，像英国依照《公共事业贷借法》所实行的，或巴黎及米尔赫森的路易·保拿巴脱所实行了的那样，必须实行以改善劳动阶级的住宅为目的的贷款"（第二○三页）。可是，《公共事业贷借法》，同样地不过是一纸空文的存在，政府对委员会至多不过提供了五万磅的贷金而已。就是说，至多是四百小屋，即在四十年间是一万六小屋，换句话说，至多是对八万人的建设住宅的资金。这是沧海之一粟！就是在二十年以后，由于归还的委员会的资金，变成二倍，即在后二十年间，假定还可以建筑可供四万人的住宅的话，仍然不过是沧海之一粟！而且，小屋平均不能维持四十年，在四十年以后，每年必须支出五万磅以至十万磅的现金来将渐次腐朽的小屋重加修建。沙克斯先生，在第二○三页上，却把这个原则当作在实际上可以正确的，而且"无限制地"实行的东西了。沙克斯先生告白了。甚至在英国，国家是"无限制地"一事未成，而他把这变成一切关系者的道德说教后，就结束了它的著作。⑤

现今的国家既不能救治住宅问题，也没有想去救治住宅问题，那是洞若观火的。这是因为国家是由和被剥削的诸阶级，即农民与工人所对抗的所有者诸阶级，即地主与资本家，所组织而成的整个权力机构。每个资本家所不愿意的事物，他们的国家也是不愿意的。（在这儿，只成了资本家的问题。虽然，在这个问题之上有关系的地主，早先是作为资本家的性质而表现了的）所以，每个资本家并不把住宅恐慌真的放在心上，几乎对它的最可怕的结果连表面上的恐惧都没有，在这样的场合，全部资本家即国家就不会做出什么事来。国家至多只是将已经成为例行公事的表面性的弥缝方策照例地实施而已。像这样的事实，我们是明白的。

但是，德国还未被资产阶级所统治，因为国家在一定的程度上还是从社会独立而浮动的权力，因之，它是代表了社会的全利益，而不是代表一个阶级的利益。像这样的国家无论怎样是能做出许多资产阶级国家所做不到的事的。我们可以从这个国家的社会领域上期待全然相异的事物。我们这种说法是会受到非难的。

这是反动派的言论。然而，在事实上，像德国垃在这样的国家，也是它由之长成起来的社会基础的必然产物。在普鲁士——而且只有普鲁士在今天是标准的类型——现在尚且存在着和强大的大土地所有者的贵族相并的、不像法国那样，争取从来的直接的政治统治，也不像英国那样，争取若干间接的政治的统治的、比较新的、还是显著脆弱的资产阶级。可是，也存在着和这两个阶级并立的，正在激急增加的、在知识上甚为发达的、日益组织化了的无产阶级。就是说，我们在这里发现了和旧时的绝对的君主专制的根本条件并立的，是近代保拿巴脱主义的根本要件，即在土地贵族与资产阶级之间的均衡之旁，并立着资产阶级与无产阶级的均衡。但是，近代保拿巴脱的君主专制，也和旧时的绝对君主专制相同：政府权力事实上都操在特殊的军人及官吏僚阀手里。而且，补充了他们的行列的，在普鲁士，一部分是他们自己，有一部分是长子继承的小贵族，极为稀少的，是大贵族，最小的部分，则是资产阶级。看来是存立于社会以外的，或者说是存立于社会以上的这种"阀"的独立性，对社会说来，它把独立性的外表给了国家。

在普鲁士（在德国新宪法中，得到优越以后），作为从充满这种矛盾的社会状态的必然的结果所发达来的国家形态，就是假装的立宪主义。而且，这种形态，是旧时的绝对君主专制之现在的解消形态和保拿巴脱的君主制的存在形态之混合。普鲁士的这种假装立宪主义，是隐蔽了从一八四八年到一八六六年的绝对君主制之慢性死亡的媒介。但是，一八六六年以来，尤其是一八七〇年以来，和社会状态的变革同时进行的，旧国家的解体在万目共睹之下，是以显著发展着的情势而进行了。工业，特别是投机的急激地发达，把所有的统治阶级都投到投机的漩涡中去了。一八七〇年从法国大大地被输入的腐败，以前所未闻的速度而发达了。谢托罗斯堡和披列尔互相脱帽。大臣、将军、侯爵、伯爵们，一点也不逊色于最精明的犹太买空卖空家，做着股票投机。这样的国家，因为犹太人买空卖空家大量地成了男爵，便承认了他们的平等。长期间内作为甜菜糖制造者及火酒酿造家的工业的土地贵族，已经忘记了往昔的坚实的时代，在一切坚实的或并不坚实的公司的董事表上大列其芳名。官僚对于以盗用公款为增加收入的唯一手段这种思想，越来越轻视，他们国事管他娘的，追求着在管理工业的企业中大大发财的地位。还在居官的，仿效着他们上司的作风，热衷于投机，或在铁道等上面"插进手去"。甚至连士官们，也以为在各种投机上来一下是应该的。总而言之，旧国家的一切的要素的分解，绝对君主专制的向保拿巴脱的君主制的推移，是最为急速地进行着。而且，由于必然要来的大工商业恐慌，不仅是现在的欺骗，旧时的普鲁士国家的一切，也都要被破坏了。⑥

　　而且，它的非资产阶级的要素日日在向资产阶级化进行的这个国家，它一定要解决"社会问题"，或者仅只是解决住宅问题吗？正相反，在一切经济问题上，普鲁士国家是日益归入资产阶级的手中了。如果一八六六年以来的经济领域上的立法，未曾更合适地照应了资产阶级的利益。这罪责该谁负呢？主要的要资产阶级自己来负。第一，资产阶级在强力地代表自己的要求上，是过度地脆弱；第二，资产阶级在各种让步上都是反抗的，因为这种让步，同时立刻又对于带有威吓性的无产阶级，提供了新的武器。国家权力，即俾斯麦，为了要抑制资产阶级的政治活动，企图把自己所奴隶的无产阶级组织起来，这对于劳动者说，除过是不负任何义务的、必然而且是显而易见的、保拿巴脱的可怜的手段外，还会是别的什么呢？不是除过保拿巴脱式的关于建筑协会的两三篇好意的演说以及大不了是最小限度的国家的补助以外，就没有什么别的了吗？

劳动者能从普鲁士国家期望些什么的最好的证据，存在于那会使普鲁士国家机关能再度对社会维持其短暂而无用的独立性的法国数十亿赔款的用途中。难道这数十亿中有一元钱是为了被弃置于露天中的柏林劳动者家族的宿舍而用的吗？完全相反。秋天来临时，国家甚至把劳动者在酷夏中作为应急的宿舍的临时建筑物都给毁掉了。五十亿巨款，都在要塞上、大炮上、军队上干脆地消耗光了。虽然有顽固的华格那，和与奥地利的谢迭巴会议，德国劳动者从这数十亿巨款中，所得到的至今远不如法国劳动者从路易·保拿巴脱搜刮法国的数百万金之中所得到的。

三

资产阶级解决住宅问题之唯一方法所用的那种样式，事实上是不管用的。就是说：那种解决法常常是惹出了新的问题的解决法。这种方法，就是所谓"赫斯蒙"（Haussmann）。

我在这里所说的"赫斯蒙"，并不是指巴黎的完全是保拿巴脱的特别方法的赫斯蒙。这个赫斯蒙的方法，是把建筑窄狭的劳动者街道打通，造成长的笔直的宽阔的街道，把它的两侧用许多大建筑物围绕起来。这种场合，除了使要塞战困难的战术上的目的外，还有别的目的，形成隶属于政府的、特殊的保拿巴脱建筑的无产阶级，和使劳动者街变成纯粹的奢侈都市。我所称之为"赫斯蒙"的，特别是指在近代大都市的中央所存在的劳动者地域上，一般所实行的市区改革而言。这种市区改革，是因各种原因而被提出的：有的由于顾虑到公共卫生及美观，有的由于在市中央需要大商业地域，有的由于敷设铁道开修街路等交通之需要。这些动因纵然不同，结果却是到处相同。最受非难的小街和小巷，在它的显著效果前被消灭了，资产阶级对此曾自吹自捧。但是他们总是不知在哪里，往往是极附近的地方，又出现了。

我在英国劳动者阶级的状态中，曾描写了曼却斯特在一八四三年及一八四四年是怎样的外观。从此以来，由于在市中心行走的铁道，由于新道路的敷设，由于公私的大建筑的建设，在著书中所记述的最坏的地区的大部分，都被贯通了、处理了、改良了，其他的东西也都被撤毁净尽了。可是，从此以来，虽然是在保健警察的严重监视之下，但还有着许多和这以前相同的，甚至是更加粗恶的建筑状态，而且，由于从此以来增加了约半数以上的人口的都市的大膨胀，当时空气的流通还算良好、还算清洁的地区，现在则一如当时最受恶评的都市一样，成了建筑物满坑满谷、龌龊、人口密集的状态。这儿只要举一个例子就够了。我在拙著第八十页及其以下的篇幅中，叙述了关于梅达罗克河的谷底的村落的情形。那里先前叫作小爱尔兰，年来则被说成为曼却斯特的污点。小爱尔兰已经消失了。现在这个地方在坚实的工事基础上建筑了车站的资产阶级，像得了一大胜利似的，盛气地表示着把小爱尔兰算是稳当地征服了。然而恰像德国的大都市的有着护岸工事的两三条河川，由于明白的原因每年都要起大泛滥一样，这里在去年的夏天泛起了大泛滥。那时人们发现了：小爱尔兰并未被消灭，而仅是从牛津街的南侧被迁移到北侧，现在照旧是繁荣的。我们听听曼却斯特的急进资产阶级的机关报《泰晤士周报》（*Weekly Times*）在一八七二年七月二十日所说的：

"梅达罗克河的谷底的居民，在上星期五所遭受的不幸，恐怕将要带来一种很好的结果。那就是，在过去长期间内，对于甚至在市长及市保健委员的面前都不加闻问的有关保健的各种法律的明白的蔑视，会惹起了公众的注意。本报昨日日刊上的那篇强硬的论文，在将泛滥所袭击的查尔斯街以及布尔克街两地方的两三个地下住宅的可耻的状态予以暴露上，还算是太弱了些。在那篇记事中所记载的有关居处之一的详细调查，使我们确然承认昨天本报的全部记事，同时，还须要说明的是：这个居处所在的地下住宅，是早就该封闭的东西了，而且决不应当再允许把它当作人的住宅。斯克雅斯院是在查尔斯街与布尔克街的转角处由七八家住宅所组成的，在铁道跨桥之下，就是布尔克街的最低的地方，在它上面散步的人，绝想不到在他脚底下深的地方会有人类住在窖中，而每日在上面通过。这些家庭是在人眼看不见的地方，只有迫于穷困的人们，才在这个墓场似的孤立的地方，为了求宿而注意它。即使被阻塞在堤防中间的梅达罗克河流，在停滞不流而不逾越平常水位的时候，这个住宅的床铺，离开水面亦不过数英寸而已。要是什么时候下了大雨，催人发呕的活水就由输送管排水管汹涌而来，作为每次泛滥的纪念；臭气熏天，对于住宅极为有害。斯克雅斯院比布尔克街的没有住人的地窖还要深……比街道还要低二十尺。

这样，星期六从输送管排泄出来的污水高达屋顶。因为我们知道这一情形，所以期望这里没有住人，就是说，我们还以为是保健委员会住派人住在这里，洗刷墙上的恶臭、消毒。然而，代替了这个想法的是我们在理发师的地下住宅中的一隅看见了用铁铲把一些腐乱的污物放在手推车上的男子。这个理发师——他的窖室已然被扫除过——引导着我们，再走入底下的几个住宅。关于这个住宅，他说道，要是他会写文章的话，他要向报馆投稿，主张把它封闭掉。这里，我们算到了斯克雅斯院了。在这里我们大为忙乱，发现了正在洗濯的美丽健康的爱尔兰妇人。她的丈夫是某公馆的守夜人，住在这里已经数年，他们的家口很多。……在他们那个刚离开的家内，洪水是在顷刻之间高及屋顶昂然而来的，门窗毁坏，家具堆成了破片。据她谈称，这个居住者的家因为恶臭得厉害，完全由于每两个月间用石灰将屋子加以漂白，对于这种恶毒才能够忍耐。……本社记者今日才发现在最后走进的内侧的居处，靠上述住屋的背壁建有三间屋子，并且其中两间住着人。这里的恶臭尤厉，甚至最最健康的人，在这里停留数分钟以后，就非晕眩不可。……在这个可厌的窖中，住着有七口之家的一个家庭，甚至在星期四的晚上（开始泛滥的那　天），所有的人都还睡在这个屋里。这个妇人却从不曾入睡，这是因了恶臭，他们夫妇呕吐不已。星期六，他们必须在深及胸际的水中行走以便把孩子们运出来。这个妇人虽然以为这个洞穴和猪住的一样，但是图了每周一个半先令（十五克罗申）的便宜租金，所以住下来了。这是因为她的丈夫身患疾病，近来屡次不能工作所致。这个居处以及其内部，一似这个世界的坟墓当中；这些痛苦的居民所予人的印象，就是极度的贫乏。若依据在斯克雅斯院观察所得，我们应该说：‘这是此类地方的其他许多地域的缩图之一——这或许是可怕的夸张——，它的存在，必须看作是我们的保健委员会无可置辩的责任。而且，今后若还允许在这种地域居住，那委员会非负这个责任不可，因为它有着使近邻面向传染病的危险，但关于此种重大事件，我们不愿再探索上去了。’”

这就是资产阶级如何解决了住宅问题的实际上的最好的例子。资本主义的生产方法，把劳动者每夜都关在里面的那些传染病的培养地、可耻的洞穴或地窖，并未能被排除。而仅仅是把它们调换了！这是因为它们在第一个场所所发生的同样的经济的必然在第二个场所也要发生的。在资本主义生产方法存在的期间，而要把住宅问题以及其他任何与劳动者的命运有关系的社会问题个别地予以解决，那就是愚蠢。这种问题的真正的解决，是废止资本主义的生产方法，是劳动阶级自己获得一切生活及劳动手段。

注：

①它结果也不过变成了榨取劳动者的本部。参看《巴黎的社会主义者》，一八八六年刊行的部分。——恩氏原注

②还有，在这一点上，英国的资本家不仅满足了沙克斯先生的心愿，而且更超过了它。一八七二年十月十四日星期一，在摩雅比爱斯的法院，为了确定议会的选举人名簿，对于二千人的矿山劳动者申请把姓名登入名簿，必须要下判决。结果发现了：由于这些人的大部分，依照他们工作的矿山的服务规定，他们所住的小房子，是并非以赁租人身份而住的，而是被准许住在里面的，因之不必经过任何通知即可被驱出户外。（至于矿山的所有者，当然只有一个人）法官就根据这一点不以这些人为租赁人，而是仆婢，因为是这样身份的缘故，就认为把他们登记在名簿上是不合法的。（*Daily News*，一八七二年十月十五日）——恩氏原注

③这里，还要特别对于伦敦的建筑协会的经营，加写几句。不用说，土地，是几乎全是属于伦敦的十二个贵族，其中高贵的土地，则是属于威斯多敏斯特、碑得福得、卜多兰得等诸侯，这些人们，将每块建筑地基都贷了九十九年，这样，经过这个期间以后，便获得了地上所存在的一切事物和土地的所有权。反过头来，他们又把住屋以更短的期间，例如说，三十九年间，用相对的负责修缮的契约把它租出。其结果是租赁人不仅要把房屋修整得合于居住的状态，而且必须维持这种状态。这样的契约一订，地主便能检查这个房屋，而且为了确定必要的修缮所在，派遣建筑技师以及地方的建筑警官（Surveyor）。这种修缮，是经常而范围广泛的，甚至包括外墙以及屋顶的全部修理问题。租赁人把租赁契约书作为担保押入建筑协会，从这个协会取到以他的费用完成建筑所必要的贷金——如每年房租是一百三十——一百五十磅，可以取到一千磅以上的贷金。所以，这种建筑

协会，是将属于大土地贵族的伦敦住屋，带着一点气力都不费的用公众的费用，来形成它的组织的。这便是那所谓对劳动者住宅问题的解决！——恩氏原注

④所谓假公济私（Jobbery），是官吏对其个人或其家族，为了私利，而利用公的官职的行为。例如：一个国立电信所所长是制纸工场的匿名职员，这个工场木料由他的森林供给，其后，电信局的用纸则委托这个工场供给，这种场合，虽然渺不足道，但是因为他对于假公济私的原理完全理解，在尽力的运用上，完全是巧妙地发了财。不用说，这和其他的事情一样，对于俾斯麦是很了然的，而且是必然而然的事。——恩氏原注

⑤近来，为了设置新道路，在伦敦建筑局许可的收用权法律上，某种程度地顾虑到没有住处的劳动者了。因之，凡新建筑的建筑物，都加上了必须适宜于原来住在该场所的人口阶级这一规定。人们在最为廉价的建筑用地上，建筑适合于劳动者的五层乃至六层的大租屋，来满足法律的条文。而那些与这些劳动者全然不习惯以至与老伦敦的情形完全不相符合的设施，是怎样被保持着而实行了的？不看到它的结果，是弄不明白的。然而，就是在最好的场合，这种新设施实际上是驱逐了劳动者，连他们的四分之一都没有资格住在这里的。——第二版恩氏原注

⑥使一八八六年当日的普鲁士国家和它的基础，——即和保护关税相连结的大土地所有与工业资本的联合，——得到维持的东西，很明显的，是对于从一八七二年以来在数量及阶级意识上都激急地发达的无产阶级的恐怖。——恩氏原注

第三篇 关于蒲鲁东及住宅问题的补遗

一

《民众国家》八十六号上，麦里堡自己承认了是该杂志五十一号以下诸期上我所批判了的论文的笔者。他在他的回答中，用我无论如何对它必须作覆不可的气势，对我大大地加以责难，而把在那个场合上形成问题的一切观点都搅乱了。我觉得遗憾的是，对于麦里堡所预定的大部分必须在个人论争范围内来进行的我的回答，但我打算用如下的方法给予一般的兴味。即我虽然不免又要冒一回险：麦里堡会再说一次，这一切都是"在本质上，不论对于他，或对于其他的《民众国家》的读者，在今日，是并无任何新鲜的意义的。"但主要的也能把所达到的见解，较之以前所展开的，更能深进一步地明了。

麦里堡关于我的批评的内容与形式，都有非难。关于形式方面，我只要这样回答就很充分了：当时我真不知道该论文是何人所写，所以关于对于笔者个人的"偏见"，是不能成为一个问题的。对于在论文中所展开的住宅问题的解决，我要按照我的所见说来，是早就从蒲鲁东知道了的；并且，对于这个问题，在确立了所谓私见这一极限上，那我是"有偏见的"。

关于我的批判的"论调"，我并不以为是和友人麦里堡作争吵的。像

061

我这样久矣从事于运动的人，对于攻击早就麻木了；因之，也就往往容易以己度人。这次为了补偿麦里堡，我就打算把我的"论调"尽力适合于他的表皮的感受性。

麦里堡对于我名他为蒲鲁东主义者，尤其深为不满，断言他不是蒲鲁东主义者。当然，这是我应该相信他的。然而，形成问题的论文——而我仅仅和这个论文有关系——证明了它所包括的东西，除过纯粹的蒲鲁东主义以外，概无所有。

但是，要照麦里堡说来，我是把蒲鲁东"轻狂地"批判了，而且对于他，太不公正了。"小资产阶级、蒲鲁东的学说，在德国连许多没有读过他的著作的一行的人，都在宣传它，变成了日常的唯一无二的教条。"当我悲叹：拉丁语系的劳动者在二十年以来除过蒲鲁东著作便再没有其他的精神食粮，而麦里堡则回答道：就拉丁语系的劳动者说来，"由蒲鲁东所形成的诸原理，几乎形成了各地的运动的主动精神。"我不能不否定这种说法。第一，劳动运动的"主动精神"，并没有什么"原理"，不论在什么地方，都是因为大工业的发达和它的结果，即一方面是有着资本的集积和集中，另一方面是有着无产阶级的集积和集中。第二，麦里堡说的所谓蒲鲁东的原理，在拉丁系民族之间演着所谓决定的作用，并且，"无政府的原理，经济势力之组织的原理，社会的清算之原理等等，在那里——成了革命运动的真正的作用者。"这些都不正确。蒲鲁东的全世界救济法，只有巴枯宁以更恶劣的形态，仅在西班牙及意大利少得势力，这是毋庸说起的。在法国，蒲鲁东主义者虽然形成了少数的分派，但劳动大众对于所谓社会的清算及经济势力之组织这些题目，关于这些由蒲鲁东提案的社会改良计划，可谓毫无所知。这是对于国际劳动运动略有所知的任何人都周知的事实。这是在公社治下所表示了的情形。在公社内，不管蒲鲁东主义者所代表的强力如何，遵从蒲鲁东的提案，来清算旧社会以及组织经济的势力，毫未做过何等的试验。完全是相反的。公社的一切经济的施设，形成它的"主动的原因"的东西，并不是什么原理，而是单纯的实际的要求，这正是公社的最高名誉所在。所以，这一切的经济的施设——禁止夜业的烤面包，禁止工场的罚金制度，关门的工场及工作场之没收及由劳动协会接收，——完全没有蒲鲁东的精神，其实是德国科学的社会主义的精神所产生的。蒲鲁东主义者所实行了的唯一的社会方策，就是不要没收法兰西银行。而且这就是公社崩溃的一部分的原因。同样的，所谓布洛基主义者，当从单纯的政治的革命家抱着特定的纲领转换为社会主义的劳动者之一派的时候，像英伦的布洛基主义者的亡命者在其宣言《国际与革命》中所作的那样，所宣言的并不是社会救济的蒲鲁东的计划的"原理"，其实是把关于无产阶级的政治的行动之必然性作为废止阶级、从而废止国家的过渡期的无产阶级专政之必然性，这些德国科学的社会主义之见解——这些都是在《共产党宣言》中声明过，而且此后声明过无数次的东西——几乎都在书面上宣言了。而且麦里堡要是以为德国人之轻蔑蒲鲁东，是出于对"直到巴黎公社"的拉丁系的运动的认识不够而来的，为了说明这种认识不够，他应该指出比德国人马克思所执笔的关于法国内战的国际总评议会的报告还要高明的详细正确地理解和叙述公社的拉丁系著作。

劳动运动直接在蒲鲁东"原理"的势力下的唯一的国家是比利时。因此之故，比利时的运动，才像黑格尔所说的那样"通过无，由无到无"地进行着。

当我这么认识的场合：拉丁系的劳动者，直接或间接的，二十年来只从蒲鲁东摄取食物，是一种不幸，我认为这种不幸并不在于蒲鲁东的改良处方书——麦里堡名之为"原理的"——的完全的神秘的支配，而是认为：他们对现存社会的经济的批判，由于感染了全然是谬误的蒲鲁东的倾向，他们的政治行动，为了蒲鲁东的势力，而被弄糟糕了。因此之故，较之"蒲鲁东化了的拉丁系劳动者"和拉丁人之理解他的蒲鲁东，不论在什么场合，都是无限地好的，是德国的劳动者之理解科学的社会主义；至于要问哪一个"是比较地革命的"，那只有我们明白了所谓"是革命的"是什么意思的时候，便能够对它答复。我们都听到人们说有些人们"是基督教的，有真的信仰，浴着神的恩宠"的等等。但是，所谓"是"革命的、最为强力的运动，是什么呢？难道所谓"革命"，就是人必须把它当作独断的宗教来信仰的吗？

还有一层，麦里堡说我无视他的劳作的表现用语，竟说他是把住宅问题专门作为劳动者问题而加以说明和主张，对我责难。

只有这次，麦里堡事实上是对的。我把这些有关的地方完全忽略了。是无法逃避责任地忽略了的。因为无论如何，正是这些地方，对他的论文的整个倾向，才是最为特征地表示了的所在。麦里堡率直地说着事实：

"我们常常受到一些可笑的非难：我们要进行的是阶级的政治，我们是为了阶级统治而努力等等。因此，我们首先必须要做个明白的交代：住宅问题并非只是和无产阶级有关系，完全与这相反。住宅问题是以本来的中产阶级，即小工业者、小资产阶级、整个的官僚为主的，有利害关系的东西。……住宅问题较之其他的问题，在社会改良这一点上，更合适地表示了：一方面社会的无产阶级的，以及在另一方面的本来的中产阶级的利益之完全的内的一致。中产阶级是和无产阶级同样的，大半还更强烈地在租赁住宅的压迫的桎梏之下苦恼着。……本来的中产阶级在今天当面的问题是：他们是否有和年富力强精力充沛的劳动当合作来参加社会改造的过程中的力量，而立即从中给他们拿来它的恩惠。"

因此，朋友麦里堡在这里这么断言：

（一）"我们"不进行"阶级政治"，而且，也不在"阶级统治"上努力。德国社会民主主义劳动党，它是劳动者的政党，因此必然地是进行"阶级政治"，即劳动阶级的政治的。一切政党都是从获得对国家的统治这一点而出发的，因之，德国社会民主主义劳动党，必然地是在向他们的统治即劳动阶级的统治，从而是一个"阶级统治"来努力的。从英国宪章党（Chartist）以来的一切真实的无产阶级政党，常常揭橥的是：阶级政治，即作为斗争的第一要件、作为独立政党的无产阶级的组织、以及作为它的直接目的的无产阶级的专政。麦里堡，由于把这些说为"是可笑的"，他把自己放在无产阶级运动以外，而安身在小资产阶级的社会主义之中。

（二）住宅问题的特质，是它并非是劳动者专有的问题，"本来的中产阶级"，关于这个问题，是和无产阶级"同样显然的，不，恐怕更深一层地苦恼着"，因此，是所谓以小资产阶级"为主的有着利害"的问题。要是有人这么说：小资产阶级仅仅在他的特有的关系上，"大半较之无产阶级更深一层"地烦恼着，人要是把这种人算在小资产阶级社会主义者数内，确然不算对他不公平吧？因此，我在如下这样说的时候，麦里堡就不应该有他的不满的根据了：

"这，主要的，对劳动阶级和其他的阶级，即小资产阶级所共有的苦恼，正是蒲鲁东也算在数内的小资产阶级社会主义者所欣于研究的问题。因此，德国的蒲鲁东主义者，就中如我们所知道的那样，把并非单只是劳动者问题的住宅问题抓住不放，这并不是偶然的。"

（三）在"社会之本来的中产阶级"的利益和无产阶级的利益之间，成立了"绝对的内的一致"。而在当面的社会改造过程中"从中立即拿到恩惠的"，并不是无产阶级，而是本来的中产阶级。

因此，劳动者对当面的社会革命，"就中"，不能不顾到小资产阶级的利益。而且在小资产阶级的利益和无产阶级的利益上，存在着绝对的内的一致。若是小资产阶级的利益和劳动者的利益是内的一致的话，劳动者的利益当然也和小资产阶级的利益有着内的一致。因此，在运动中要承认小资产阶级的观点和无产阶级的观点是同样的。正是这种同权的主张，人才把他们名之为小资产阶级社会主义的。

因此，麦里堡在单行本第二十五页，赞美小工业说，"因为在它的本来的性质上，是将劳动、营利、所得三种要素自行结合在内，而在这三要素的结合上，它在个人的发展力上并未设有任何的限制"，所以是"社会的本来支柱"；相并的，他说，近代工业却灭绝了普通人所依赖的温床，"从生活力旺盛、常常不断更新的阶级，造出了一群目光充满了恐怖，团团乱转的无自觉的人"，认为近代工业本当受到非难。所以，小资产阶级就是麦里堡的模范人物，小工业就是麦里堡的模范生产方法。那么，我拿他算在小资产阶级社会主义者数内，难道是诽谤了他吗？

因为麦里堡回避着对蒲鲁东的一切责任，这里再一直把蒲鲁东的改良计划的目的，将社会的全员转化为小资产阶级以及小农民阶级——加以说明，将是无益的了吧？至于深入说明小资产阶级的利益与劳动者的利益的在名义上的一致性，也是无此必要了吧？必要的事情，已然在《共产党宣言》中了（莱比锡版，一八七二年，第十二及二十一页）。

因之，我的研究的结果，就是：在"小资产阶级蒲鲁东的传说"之旁，并立着小资产阶级麦里堡的现实。

二

我们现在才来到重要之点。我曾非难麦里堡的诸论文，说它是追从了蒲鲁东之流，把经济的诸关系翻译为法律的表现方法，因而是错误的。我作为实例的，是举了下面这段麦里堡的文章：

"凡已筑建的房屋，假令它的实际价值，已在赁租的形态下，十二分地偿付了房屋的所有者，那么对于社会劳动的一定部分，它是作为永远的权原来使用的。因之，在五十年以前所建筑的房屋，在这期间内，作为租金的收益是得到了其最初的费用的价格之二倍、三倍、五倍、十倍的。"

而麦里堡却这么诉苦着：

"因为对于一种事实单纯而率直的确认，恩格斯竟而吃惊起来，要我必须说明的房屋是怎样成为'权原'的。而这完全在我的任务范围以外。……记述与说明自然是两件事。我根据蒲鲁东，说社会的经济生活，必须由一种法的观念所渗透，因此，我所叙述的并非一切的法的观念，而是作为缺乏革命的法的观念之社会的现代的社会，这个事实，就是恩格斯也要承认的吧？"

我们先直接就已建筑了的房屋来论吧。房屋被租出以后，它的建筑者是将包含着地租、修缮费、所投下的建筑资本的利息，由此所生出的利润以租金形式而拿到的。而因此事实，陆续付来的租金就造成了本来的费用的价格的二倍、三倍、五倍、十倍的数额。麦里堡朋友呵，这就是经济的事实的"事实"之"单纯率直的叙述"！而想要知道它是如何"达到"存在，我们就非在经济的领域内研究不可。所以，我们要使任何小孩子，对它不至于误解，就非把这个事实少加详细的观察不可。商品贩卖，是它的所有者让渡商品的使用价值，而取得交换价值，这是无庸说的。商品的使用价值之不同，主要的是在于它们在消费中的时间的差异。一块面包一天吃光，一件衣服一年穿破，一间房屋不管怎样，要存续百年之间，因此凡消耗期间比较长期的商品，它的使用价值的各部分，都可分次用一定的期间来贩卖。就是说，它发生了所谓贷赁的可能性。因之，部分的贩卖，不过只是把交换价值逐渐实现。由于不能立即收回放出资本及由此所获的利润，贩卖者借提高价格，即附加利息，来加以补偿，但是它的标准，是由经济学的法则所制定，决不是任意可制定的。百年告终，房屋被使用完了，消耗了，成了不能住的状况。这时，若从我们所付的全部租金数额内扣去：（1）在此期间内涨价的地租，及（2）在此期间支出了的修缮费，它的剩余部分平均起来，当可发现系由下列各项所构成：（一）房屋的原来建筑资本；（二）建筑资本的利润；（三）渐次行近期满中的资本及利润所附加的利息。不过，在这个期间终了后，不论是租借人或所有者都失去了房屋。所有者仅有的不过是土地（即土地成为他的所有之时）和它上面的建筑材料。而这种建筑材料并不就是原先的房屋。房屋在此期中虽然收益了本来价格的五倍甚至十倍以上，但是我们不难发现这是由于地租的腾贵所发生的。这事在地主和房主是相异的两个人、像在伦敦那样的场合，任何人全然知晓。这样显著的租金的腾贵是在急激膨胀不已的都市中所发生的，而并非是在建筑用地的地租几乎毫无变化的农村所发生的。若除过地价的腾贵以外，房屋所有者每年从房租所得到的收益，平均不及所投资本（包括利润）的七分以上，在其中，还必须要支付修缮费，这是众所周知的事实。要之，租赁契约也完全是普通的商品交易之一种，它之于劳动者，在理论上与其他一切商品的交易意义相同，只有劳动力的买卖，算是一种例外。然而在实际上，租赁契约之对于劳动者，是作为千千万万的资产阶级的欺骗的形态之一种而存在的。关于这些情形，我在单行本第四页中已然谈过，虽然，像我在那里所证明的，这个欺骗形态也是根据经济的法则而来的。

与此相反，麦里堡在租赁契约上，除过纯粹的"随意决定"以外就没有看见别的东西（单行本第十九页）。而在我做了与他正相反的证明的时候，他却说我所说的是"可惜这不过是他自己也早就知道的事情"，大大地不开心。

即使我们把握了关于房屋租金的一切研究，要把废止租赁住宅一转为"由革命的观念之核心所产生的，最有效果，而且是伟大的努力"，也是办不到的。完成这种事情，我们必须把原有经济上的单纯的事实，翻译到大部分是观念的法律学上去。在"房屋"对于房租，"作为永久的权原而服役"。因之，"造成"：房屋的价值，借了房租，可以偿还二倍、三倍、五倍、十倍。要知道它如何才成了那样，"权原"并不能有何等用处。因此，我曾说：麦里堡要研究了房屋如何变成权原以后，才会明白它是如何"成为那样"的。我们，像我所做的那样，关于统治阶级在承认这事上所用的法律的表现，代替了愤怒的是由于研究了房屋租金的经济的性质，而才开始明白了它。凡提议以经济的方策来废止房屋租金的人，应该有知道所谓房租"是租借人对于资本的永久的权利所纳的贡物"这以上的意义的义务。而麦里堡对此的回答则是："叙述和说明完全是两回事。"

因此，我们不管房屋决不是永久的东西，竟把它变成房租的永久的权原。而且，我们发现了：由于这种权原，用租金形态，"达到"要拿到它的价值的数倍。我们发现了：由于把它翻译成法律的，幸而从经济远离开，所以只看到房屋在全体上渐次能得到数倍租金的现象。因为我们所想所说的都是法律的，所以我们只把法律的标准即正义的标准适用于这个现象，因此发现了：租金是不正当的，不管它是怎样的东西，总是不合"革命的法律观念"，因而权原便是不法的了。再则，我们发现了：这情形也适用于生利息的资本以及租赁出去的农地。而且，我们得到借口，把这些种类的所有权从其他种类中加以区别，加以例外地处理。它是由下列的要求所成立的：（1）夺取所有者的解约通告权，财产归还请求权；（2）对于受有委任的租赁人、借贷人、佃户，将不属于他所有的物件的用益权无代价让予之；（3）以无息之长期分批归还办法偿却所有者。以上就是我们这一方面所尽知的蒲鲁东的"原理"。这就是蒲鲁东的"社会的清算"。

顺便附带一说：这个全部改良计划，几乎全是以巩固小资产阶级及小农民的地位这样的方法，来造成小资产阶级及小农民的利益，非常明白。所以麦里堡所依据的"小资产阶级蒲鲁东的传说的姿态"，在这儿，立即成了很明了的历史的存在。

麦里堡又进一步说："我根据蒲鲁东，说社会的经济生活，必须由一种法的观念所渗透，因此，我所叙述的并非一切的法的观念，而是作为缺乏革命的法的观念之社会的现代社会。这个事实，就是恩格斯也要承认的。"遗憾得很，我不能尊奉麦里堡的意见。麦里堡所要求的是社会必须被一个法律观念渗透，并名这为叙述。在法院派执行吏交付我还债命令的场合，若是遵照麦里堡，那法院不过把我当作没有还债的人加以叙述一番。叙述和要求完全是两回事。而且就在这里，正存在着德国科学社会主义和蒲鲁东的本质上的区别。诚然，一切事实上的叙述，不管麦里堡的主张存在与否，同时就是说明事物。我们叙述经济关系，它是如何存在，以及它是如何发展的，而且严密地从经济上证明：经济关系的发展，同时就是社会革命要素的发展。就是说，一方面，有着他们的生活状态使他们走向社会革命的无产阶级的发展，另一方面，有着由资本家社会内所产生的必然要打破这个资本家的社会的壳子，而且为了社会进步本身的利益，将阶级区别永久地予以撤废的生产力的发展。与此相反，蒲鲁东要求改造现代社会，不依照它的特殊的经济发展法则，而依照正义的命令（所谓法律的观念，是麦里堡说的，不是蒲鲁东）。在我们所证明的场合，蒲鲁东说教而且叹息。麦里堡正和蒲鲁东无别。

至于所谓"革命的法的观念"是什么，我是绝对推测不出来。要之，蒲鲁东从"那个革命"创作了一种又是他的"正义"的把持者又是他的"正义"的执行者的女神。这个场合，他才把一七八九年——一七九四年的资产阶级革命和将来的无产阶级革命混为一谈而陷入了奇妙的谬误。几乎在他的一切著述中，尤其是一八四八年以来的著作中，都是这样做的。作为实例，我只要举出一八六八年版的《革命之一般的思想》的第三十九页及第四十页就足够了。可是，因为麦里堡回避对于蒲鲁东的所有责任，所以我从蒲鲁东说明革命的法律观念是犯禁的。我是只好停止在像摩西从埃及带来的那样暗暗中了。

麦里堡还说：

"不过，不论蒲鲁东和我，都不是为了说明现存的不公正状态，而来诉诸'永远'的正义的。不，全然不像恩格斯关于此事责难我的那样，依赖了诉诸正义，期待着把这种状态予以改良的。"

麦里堡所依仗着的是所谓"蒲鲁东在德国一般地完全不为人所知"。在他的各种著作中，蒲鲁东把一切社会的、法律的、政治的、宗教的命题，都用"正义的"标准测量，依照它的与名之为"正义"的东西是否相合或相悖，来加以非难或承认。在《经济的矛盾》中，这种正义甚至被呼为"永远的正义"。到了后来，所谓永远虽然消失了，但本质还存续着。例如在一八五八年版的《关于在革命及教会中的正义》一书中，在全三卷的说教文之中，有着下列的地方（第一卷第四十二页）：

"使一切其他的原则都从属于自己的时候，对于一切反逆的要求予以支配、保护、击退、惩戒，必要时则予以镇压的原理，就是说，社会的有机的、规制的、主权的根本原理是什么呢？……它是宗教、理想、利益吗？……依我的管见，这个原理便是正义。正义是什么呢？是人类自身的本质。世界创造以来人类所具有的本质是什么呢？是无。人类的本质应该是什么呢？是一切。"

作为人类自身之本质的正义。在永久的正义以外的是什么呢？这个正义即是社会的有机的、规制的、主权的根本原理，虽然直到今日为止，还是无，但是将来，必须是一切，它要不是衡量一切人类事物的标准，那么是什么呢？而在一切的冲突的场合，作为决定的裁判官而被诉诸的，不是它是什么呢？不是它是什么呢？我除了曾经主张过蒲鲁东是把一切经济关系不依从经济的法则，而是根据是否合乎他的观念中的永久的正义来判断，因而隐蔽他对经济学的无智与无力外，又何曾主张过什么呢？"在近代社会的生活中，……一切的变革都必须依从一种法律观念来渗透，就是说，不论在任何场所，必须依从严格的正义的要求来实行"，麦里堡在这样盼望的时候，凭什么能把他自己和蒲鲁东区别开呢？是我没有读到呢？还是麦里堡没有写出来呢？

麦里堡还说：

"人类社会中的本来的动因，是经济的关系而非法律的关系这一议论，蒲鲁东是和马克思以至恩格斯一样地明白的。而且，他还明白：一个民族的各时的法律观念仅是经济的关系，尤其是生产关系的表现、复制，产物。对于蒲鲁东，法律，一言以蔽之，是历史地发展来的经济的产物。"

若是蒲鲁东对这一情形（附带地说，我姑且不问麦里堡的不明了的表现方法，就这样善意地承认它），若是蒲鲁东对这一切情形，真是"像马克思以至恩格斯一样地明白"，那么我们还何必和他论争呢？可是，这和蒲鲁东的科学多少有点相左。一定社会之经济的关系，首先是作为利益来表现的。然而，在蒲鲁东，在他的主要著作，就是前文所引用的地方，率直地依从了另外的东西，所谓"社会的规制的、有机的、主权的根本原理不是利益，而是正义"。而且他把这同样的东西在他的著作的各种紧要处所反复申说。这情形，并不妨害麦里堡的如下的行进：

"由蒲鲁东在其最为深湛的《战争与和平》中所发展了的经济权利的观念，和拉萨尔已然在《既得权的体系》的序文中所说的根本思想完全一致。"

《战争与和平》恐怕是蒲鲁东四种幼稚的著作中最为幼稚的一种。不过，为了将一切历史的结果和观念，一切的政治、哲学、宗教，从既定的历史时代之物质的、经济的生活关系出发加以说明，用以表示德国的唯物史观的理解，我乃举出这本书以为证明手段，原非我所预料的。这本著作，因为太不是唯物的东西，所以像下文所列举的那样，要是不借助于创造主他简直无从说明战争的构成。它说："但是，为选择这种生活方法的创造主有着它自己的目的。"（第二卷，第一百页，一八六九年版）它是以怎样的历史知识作为基础呢，这由它信仰黄金时代的历史的存在，可以明白。"在地球上，在人类还很稀少的初期，自然是毫无劳苦的，便能满足人类的需要。这是黄金时代，也是余剩与和平的时代"（同书第一〇二页）。他的经济的观点，是最粗杂的马尔萨斯主义。"生产倍加，则人口亦随之同样倍加"（第一〇五页）。这样说来，这本著作中哪里存在着唯物论呢？那就是这一点：战争的原因不论过去不管未来都是"穷乏"（例如：第一四三页）。当佩里琪叔叔在一八四八年的演说中发表伟大言论"大的贫困就是大的穷乏"时，他也算是同样漂亮的唯物论者的。

拉萨尔的《既得权的体系》，不仅囚禁于法律家的整个幻想中，而且是囚禁于旧黑格尔主义者的幻想中。拉萨尔在第七页上，明白地说明了：即使是在经济事物上面既得权的概念是较诸一切为要的发展的源泉。他想把法律作为一种理性的、自我的（即不是从经济的前提来的）"发展的有机体"，这么予以证明（第九页）。即是：对于他，法律并非由经济的关系而来的，从意志概念自身诱导而出的才是问题的所在。而，意志概念的发展及叙述，就是法律哲学（第一〇页）。如此说来，这种著述到底有着什么意义呢？只有这一点：蒲鲁东和拉萨尔的差异，在于拉萨尔是实际的法律家和黑格尔主义者，而蒲鲁东在法律学及哲学上，正和在其他一切方面一样，是纯粹的夸夸其谈者。

时常明显地自相矛盾的蒲鲁东，有时在某些地方，他也有这样表现：在外表上看来，似乎他是从事实来说明观念的，这情形是我所深知的。但是，这种表现，对于一个人的一贯的思想倾向，并不是重要的。而且，就是这种表现，也是可怕的混乱和不彻底的东西。

在社会的、一定的很原始的发展阶段，产生了这种必要：把每日反复不已的生产物的生产分配交换行为，包括在共通的规定之下，注意使个人适应生产及交换的一般的条件。这种规定最初是风习，不久便成为法律。和法律相共的，必然地成立了委托维持法律的机关，即公的权力、国家。随着社会的更向前发展，法律也发展了，它形成了或多或少的广泛的立法。这种立法愈是复杂，法律的表现方法就和社会之普通的经济条件所表现的方法愈加脱离。法典，照我们看来，好像不是从经济关系而来的，而是从它自身的内的根据而来的，即从"意志的概念"中得到它的存在的理由及发展的根据，作为独立的要素而出现的。人像是忘记了他们起源是于动物界一样，也忘记了法律是从经济生活的条件中所产生的。随着法典之向复杂和广泛的整体的发展，必然地发生了一种新的社会的分业。即：随着职业的法学者的身份的被形成，同时成立了法律学。法律学者在他们进一步的发展中，便把诸民族及诸时代的法律制度，不当作当时的经济关系的复杂制图，而当作在它自己本身中所有的体系的根据而加以比较。在比较上是把共通的大的东西的存在作为前提的。这种共通的东西是由于法律家把一切法律体系中的多少是共通的东西作为自然法加以总括而发现的。但是，测定何者是自然法何者不是自然法的标准，正是法律那个东西的最为抽象之表现的正义。因之，对于今后的法律家和信仰他的说话的人，法律的进化，不过是在法律的最大的表现上，将人类的状态，在正义上，即是在永远的正义的理想上，愈趋接近的努力而已。而这种正义，不论是从它的保守的方面来看，或从它的革命的方面来看，都不过是使现存经济关系的观念予以观念化神圣化的表现。希腊人及罗马人的正义，是把奴隶当作正当的。一七八九年的资产阶级的正义，是以封建制度为不正当，因而要求将它废止的。对于普鲁士的容克族，甚至腐败的郡令也是破坏永远的正义的东西。所以，对于永远的正义的观念，不仅因地因时而异，而且因人而异。而且，像麦里堡所认为正确的那样，永远的正义，是属于所谓"各人理解都多少不同"那些种类的事实。在普通生活中，因为关系简单容易判断，所以像正确、不正确、正义感这等等的表现，即或用在有关社会事物的场合，也不致有误解地接受；但这种表现，正像我们所知道的那样，在经济关系之科学的研究中，则就要惹起混乱，像在近代化学中将燃素学说的表现方法仍然继续奉行的时候所引起的难以救治的混乱那样。人要像蒲鲁东那样，相信这个社会的燃素"正义"，或像麦里堡那样，断言不论燃素和酸素都同样完全正确，那么这种混乱还要更深刻。①

三

所谓"在大都市中，人口的九成及九成以上，都没有可以称为自己的地方这一事实，对于我们这个被称赞的世纪的整个文化，没有比这更可怕的侮蔑了。"麦里堡这个"唱高调"的见解，我名之为反动的悲歌，他还不服气。不消说，正是这样。若是像麦里堡所自称的，他仅限于叙述"现代的惨事"，那么，对于"他及他的谦让的文章"，我就决不会恶口相对了。可是，他所做的完全是另一回事。他是把劳动者"没有可以称为自己的地方"作为结果而描写这个"惨事"的。人叹息"现代的惨事"，不论是由于废止了劳动者的住宅所有权而引起的，或像容克族那样，是由于封建制度和组合的被废止而引起的，在这两个场合，除过说它是反动的悲歌，就是说，对于不可避免的事物，历史的必然所产生的事物的悲叹之歌外，再无词可置。麦里堡想制造早被历史清算了的劳动者的住屋所有权这一点上，正是他的反动所在。而他的除过再度使每个劳动者成为住屋所有者，便无从设想劳动者的解放这一点，又正是反动的所在。

还说：

"我最为明白地说：本来的斗争，是对资本主义生产方法的斗争。而且，只有从它的变革中，才能得到改善住宅状态的希望。恩格斯在这些问题上却一无所见，……我是为了能够达到解决租赁住宅，而以全部解决社会问题为前提的。"

我所遗憾的是，直到今日为止，对于这一切尚一无所知。当然，连他的名字我还不知道的那种人，知道在他的冷静的头脑的小室内有什么前提，这是全然不可能的。我所能知道的仅是麦里堡所印刷的论文。而在这个论文中，直到今日，我所发现的还是麦里堡（单行本第一五及一六页）为了解决租赁住宅以租赁住宅为前提的情形。到第一七页上他才说到"制御资本的生产力"。这个问题以后再返回来说。而且，在他自己的回答中，也表示了这种情形。即所说的"不如索性表明如何从现存的诸状态可以带来住宅问题的完全的变革。"而所谓从现存的诸状态是和所谓从资本主义的生产方法的变化（应该说是废止），全然是对立的事情。

在多尔扶斯先生及其他的制造业者拿自己的房屋来援助劳动者的博爱的努力之中，我发现了这才是他的蒲鲁东的计划之唯一的可能的实际地实现之时，麦里堡之表示不平，是没有什么稀奇的。如果他明白了蒲鲁东的社会救济计划全然是在资产阶级社会的基础上活动的幻想，不用问，他就不会相信它了。我对于他的善意是在任何地方都不会疑惑的。不过，在礼夏洼博士模仿多尔扶斯的计划在维也纳市曾提案的时候，麦里堡为什么要称赞他呢？

麦里堡还有所说明："尤其关于都市和农村的对立，要废止这种对立，是属于空想的。这种对立，是一种自然的，正确地说，是起于一种历史的东西。……在这里，关系所在，并不是废止这种对立，而是发现这种对立带来的无害而有益的政治的以及社会的形态。这么来做，便可以期待出平和的均衡，诸利益的渐次的平均。"

因此，废止都市和农村的对立，是一种空想。为什么呢？因为这种对立是一种自然的，更正确地说，是起于一种历史的东西。我们现在就把这种理论应用在近代社会的其他的对立上吧，看看能达到怎样的一点。举例说："关于资本家和劳动者之间的对立，要废止这种对立，是关于空想的。这种对立，是一种自然的，更正确地说，是起于历史的东西。在这里，关系所在，并不是废止这种对立，而是发现这种对立带来的无害而有益的政治的以及社会的形态。这么来做，就可以期待出平和的均衡、诸利益的渐次的平均。"我们在这里，又到了梭尔才＝迪列慈那里了。

都市和乡村对立的废止，和资本家与劳动者对立的废止一样，并不是空想。这种对立的废止，越来越成了工业的以及农业的生产的实际的要求。像李比格在他的关于农业化学的著述中所提出的明确的要求，还没有人提出。所谓人类应该把从土地所得的东西归还给土地，这常是他的著述中的第一要求，只因有都市，尤其有大都市的存在，证明了它是妨碍这种要求的。这里，要是看看如何仅是伦敦一处它所排泄的粪尿较之全撒克逊王国还要多，如何每日要耗费巨量费用，才能使其流入海中，以及为了防止这些粪尿污秽了伦敦，须要有如何必要的巨大的设施，那么，都市与农村对立的废止的空想在这里就得到了一种特异的实际的基础。而且，甚至比较不重要的柏林，早在三十年以来，其粪尿所发的恶臭已然不堪。另一方面，像蒲鲁东这种人，一面要把现在的资产阶级社会予以变革，一面却把农民照老样子来安排，像这样的说法，才是一种纯粹的空想。使全国的人口尽可能地平均分配于各地，使工业的生产与农业的生产密切结合，与此相应，再扩张必要的交通机关，仅只这些——这种场合是以废止资本主义的生产方法为前提——就可以把农村人口从他们数十年来几乎毫无变化地在其中醉生梦死的孤独和蒙昧中解放出来。都市和农村的对立被废止了的时候，才可以开始完成使人类从他的历史的过去所铸造的铁锁得到解放，这种主张，并不是空想。只有在人预定了必须"从现存的诸状态"来解决现有社会的这种或那种对立的形式的时候，从这个时候开始，空想才发生了。麦里堡对于住宅问题的解决，由于他自己所用的是蒲鲁东的方式，就成了这样的了。

我以为麦里堡在某种程度上，对于"对于资本及利息的蒲鲁东的见解"，应该分负共同的责任。他是不平的，而说道："我把生产关系的变革作为早已既定了的东西而假定了。而且，规定利息比率的过渡法律，它的对象，并不是生产关系，而是社会的交换、流通关系。……生产关系的变革，或者照德国学派的更严密的说法，资本主义生产方法的废止，如恩格斯所说是我所捏造的那样，当然不是从废止利息的过渡法律所惹起的，而是由于劳动人民方面，在事实上获得全部劳动工具，即占有全部工业而发生的。在这种场合，劳动人民倾向补偿或立即没收的哪一种较多呢？这是恩格斯或我都不能决定之点。"

我吃惊得睁圆了眼睛。我把麦里堡的论文又从头到尾读了一遍，打算去发现他的租赁住宅的偿却，是把"由于劳动人民方面，在事实上获得全部劳动工具，占有全部工业"作为已被完成的东西而预定了的、他所说明的所在。我却没有发现这样的所在。这个所在并不存在。关于"事实上的所有"云云什么地方也没有谈到，仅在第一七页上这么说：

"如同迟早必然要发生的，资本的生产力，比如说，由于一种过渡的法律，假定这就是在事实上能制御它的东西，这种过渡的法律，公认为是有着使利率益渐趋向零的倾向，而且把一切资本的利息定为一分。……房屋以及住宅，当然要像一切生产物那样，安置在这种法律的范围以内……因此，我们从这一方面可以知道，租赁住宅偿却是资本一般的生产力之废止的一个必然产生的结果。"

因此，这儿和麦里堡最近的结论正相反对，他率直地说：资本的生产力——他的这种混乱的用语，明明是把它作为资本主义的生产方法来理解的——由于利息的废止法，确然是"能制御"的；并且，这种法律的结果——租赁住宅的偿却，就产生了废止资本一般的生产力的必然结果。然而麦里堡现今却不是这样。这种过渡期的法律，"它的对象，并不是生产关系，是流通关系。"歌德说："无论贤者和愚者，都是同样地充满了秘密的。"在这种完全的矛盾中，我除了援用下面的假定以外，简直无法可想。即：我和两个完全不一样的麦里堡打交道，其中一个麦里堡正经地诉苦，说我说另一个麦里堡所印出来的东西是他"捏造的"。

劳动人民，在事实上占有的时候，对补偿或立即没收哪一种会更多考虑呢？对此，不论是我或者麦里堡许不至于受到他们的质问，这倒是正确的。最为确切的情形大概是：一般说来，是不会有"考虑"的。不过，问题不在于由劳动人民将整个的劳动用具作事实上的占有，仅在于麦里堡这样地主张："住宅问题解决的全部内容包括在偿却这一句话中。"（第一七页）而且，现在他把这种偿却作为最有疑问的东西说明了。那么，我们两个人以及读者，到底白忙了一大阵所为何事呢？

所谓劳动人民方面的全部劳动用具的"事实上的占有"，和全部工业的领有，是和蒲鲁东主义者的"偿却"正是相反对的东西，这是必须顺便在此断然声明的。在蒲鲁东主义说来，是使每个劳动者都成了住宅、农园、劳动用具的所有者；在前者说来，劳动人民只限于作为房屋、工场、劳动用具的共同所有者，而它的用益权，至少在过渡期间，若不用赔偿费用的办法，大概不会让渡给个人或私人团体的。这正和土地私有的废止并非是废止地租，而是以修正了的方法，把地租让渡给社会一样。因之，全部劳动用具由劳动人民作事实上的占有，决不是把租赁关系排除的。

一般说来，在无产阶级掌握了权力的时候，对于生产用具，原料以及生活资料，是简单的暴力的占有呢，或者对它是要支付即时赔偿呢，或者是对于这些物事，用对财产权长期付款的办法，予以偿却呢？这些问题并不成问题，而且把像这样的问题，预先地，并且是对于一切场合地予以答复，是会造成空想的，因之，我把它委托了别人。

四

麦里堡逃避的道路是和羊肠小道相通的，他在回答中，用心甚深地避开碰到的问题，因此，为了达到问题所在，我写的文章也就必须要过分地长了。

麦里堡在他的论文中，说了什么积极的事情呢？

第一，"房屋、建筑用地的本来的费用价格和现在的价值之间的差额"，依照法律，属于社会。这种差额用经济学的用语来说，就是所谓地租。蒲鲁东把这种差额，或者像我们读《革命的一般的思想》一八六八年版第二一九页所理解的那样，是使之属于社会的。

第二，住宅问题的解决，是一切的人代替了租赁人而变成他的住宅的所有人这一点。

第三，这种解决的办法，是将租金的支付，依照法律，化为对住宅的购买价格的分期支付来实施。——所有二、三两点，像一切人《在革命的一般的思想》第一一九页以及以下诸页所看到的那样，是从蒲鲁东借来的东西。而且，在那里，甚至连有关问题的法律草案，也在该书第二〇三页上编纂好了。

第四，资本的生产力，依照先将利息比率抑低为一分——保留以后更往下抑低——的过渡的法律而被制御了。这还是一样，若是详读《革命的一般的思想》的第一八二——八六页，就可以知道是从蒲鲁东借来的东西。

麦里堡所摹写的蒲鲁东的原本，关于这一切所有的要点，我都把它的出处加以引证了。那么，我要问了：我把全然是蒲鲁东的而且除过蒲鲁东以外便毫无所有的论文的笔者呼之为蒲鲁东主义者，正当呢，是不正当呢？然而，麦里堡最不满意我的是，因为我"碰上了本来是蒲鲁东的二三种论法"，便称他为蒲鲁东主义者。这完全是相反的。"论法"全属于麦里堡，而内容则属于蒲鲁东的。而当我把蒲鲁东式的论文照蒲鲁东加以补遗的时候，麦里堡却说我把蒲鲁东的"奇怪的见解"转嫁于他了，呓喝不平了。

那么，我对于这个蒲鲁东的计划答复过什么呢？

第一，地租的让渡与国家，和工业的土地所有权的废止，是同义的。

第二，租赁住宅的偿却以及住宅所有权之让渡给原来的租借人，丝毫没有碰着资本主义的生产方法的。

第三，在大工业以及都市的现在的发展下，这种提案不仅是愚劣的而且是反动的。并且，对一切的人将其私宅的个人所有权予以再设定，是一种退步。

第四，资本利息的强制地降低，不仅对资本主义的生产方法毫无损伤，反之，却像早先的高利法所表示的那样，是旧的东西，是不可能的。

第五，废止资本利息，是决不能将房屋的租金也废止的。

第二及第四两点麦里堡现在业已承认了。关于其他各点，麦里堡却毫无表示。然而正是这些，才是在论争中有关系的所在。但是，麦里堡的回答却未有任何反驳。他的回答，把真是有着决定意义的经济上的问题都细心避开了。所以，它除过是他申冤书以外，毫无别的意义。而且，我对于其他的问题，例如：国债、私债、信用的问题，将他预告了的解决办法先行说出的时候，——这种解决法是：在各种场合，正和在住宅问题上所做的一样，把利息废止，把利息支付变为对于资本额的分期支付，把信用免费，——他甚为不平。这且勿论，若是麦里堡关于这些问题的论文出现了的时候，它的本质的内容，和蒲鲁东的《革命之一般的思想》——关于信用，是第一八二页；关于国债，是第一八六页；关于私债，是第一九六页——必然是一致的，恰如关于住宅问题的本质的内容和我所引用的该书的处所的一致一模一样。关于这事，我敢打赌。

在这个机会里，麦里堡教训我说：租税、国债、私债、信用的问题——现在还有地方团体的自治——对农民或对地方宣传都是最重要性的。大部分我是同意的。不过，（一）关于农民，向来没有读到；（二）所有这一切问题的蒲鲁东的"解决"，和住宅问题的解决相同：在经济上，是矛盾的；在本质上，是资产阶级的。而且，对于麦里堡的这种暗示：说我不承认有把农民引入运动中的必要，我感到没有加以辩护的必要。可是，为了这个目的，劝诱农民使用蒲鲁东的庸医疗法，我以为简直是愚蠢。在德国还存在着非常多的大土地所有，若依照蒲鲁东的学说，这一些大土地必须细分成小农园。然而，这在今日农业科学的状态下，并依照法国及西部德国所造成的零细土地所有的经验，则完全是反动的。今日还存在的大土地所有，对于我们，毋宁是提供了一种好的机缘：在这种可以应用近代的补助用具、机械等的理想的大农业中，使已经结合了的劳动者来经营农业，进而使小农民看到由组合的大规模的经营的有利。在这一点上，较其他一切社会主义者都前进的丹麦的社会主义者，从老早就明白了。

说我把劳动者现今那样悲惨的住宅状态看作"细微小事"，对此我同样感到没有必须为它辩护的必要。以我所知道的而论，这种像英国所存在的古典的发达了的形态，用德国文字叙述它的我还是第一个人。我叙述这种状态，并不是像麦里堡所说的那样，由于"我的正义感受到伤害"，——把他的"正义感受到伤害"的一切事实都写在书中的人，他的工作那就太多了。——而是像凡读我的著作的序文就明白的那样，是对于当时所成立的以空谈为事的德国社会主义者，由于将近代大工业所产生的社会状态加以叙述，而给它以事实上的基础。但是，打算解决所谓住宅问题等等，却是我毫未想到的地方，这和没有想到要解决更为重大的生活问题的细节是一样的。我要是能够证明：现代社会的生产足够给予所有的社会成员以充分的食物，并且现存的房屋目下足以供给劳动大众以宽大合乎健康的宿舍，那我就满足了。老是思索在将来的社会上如何规定食料与分配住宅，是会直接导入空想的。我们至多只能从对于从来的全部生产方法的根本条件的洞察中来确定：随着资本主义生产方法的没落，从来的社会的一定的所有形态将成为不可能。就是过渡方策，在任何地方，也必须要依照当时所存在的诸情形来建立的。举例说，它们在小土地所有的诸国，和大土地所有的诸国，根本就不同，诸如此类。而且，若是像住宅问题那样，对于所谓实际问题，想求其个别的解决，关于这种人会得到怎样的归结，没有人比麦里堡自己所表现给我们的还要明白的。即：他在第二十八页上首先叙述的"住宅问题的全部的解决，给予一个词：偿却"。然而后人是否会攻击他呢，在房屋的事实上的占有之际，劳动人民是对于偿却有较多的考虑呢，还是对于其他的收夺的形态比较有更多考虑他呢？一面心里迷惑着：事实倒确还是一个疑问等等，一面嘴巴却闭着。

麦里堡要求我们应该实际些，要求我们不应当"对于事实上的诸状态"，"只用死的抽象的形式"；要求我们"应当从抽象的社会主义脱开靠近社会的特定之具体的状态"。要是麦里堡这样做了，那么，他对社会运动恐怕一定有了重大的贡献了。靠近社会的特定之具体的状态的第一步，是人依照其现存的经济关系，学习研究这一点。而我们在麦里堡身上发现了什么呢？有两个命题。即：

（一）"工资劳动者对资本家的关系，正如租赁人对房主的关系"。我在单本第六三页上，已然论证了这全是谬误。而麦里堡对此则毫无反驳之辞。

（二）"可是（在社会改良之际），必须握住角来制御的牡牛，就是资本的生产力。然而所谓资本的生产力是自由学派的经济学名词，事实上并不存在。可是，在外观上的存在上，它作了压迫现代社会的一切不平等的口实"。就是说，必须抓着它的角才能制御的牡牛，"事实上并不存在"。就是说，它没有角，作害恶的并非是牡牛，是它的外观上的存在。虽则如此，所谓（资本）的生产力，却能用魔法从地下造出都市及房屋。而这一切东西的存在，并非单只是"外观"的东西（第一二页）。然而，"精通"马克思的《资本论》的人，竟用这样无可救药的混乱方法，胡扯关于资本与劳动的关系，一方面却企图对德国劳动者指示出一种比较新而优良的方法，而且竟又自称是"关于将来社会的建筑构造至少大体明了"的"建筑师"！

像马克思在《资本论》中那样程度地"靠近社会的特定之具体的状态"的人，是没有的。他把这个问题费了二十五年之久，从各方面来加以研究。而且若依据他的批判的结果，所谓解决的萌芽，在今日一般地都有可能，几乎在所有的地方都存在着。但是，这还不能使麦里堡满足。那全是抽象的社会主义，是死的抽象的公式。代替了研究这个社会的一定的具体的诸状态，我的朋友麦里堡由于读了几卷蒲鲁东而满足了。这数卷蒲鲁东，实际上对于他，不仅关于社会的特定的具体的关系没有提供什么，反而提供了对于一切社会的害恶甚为特定的具体的奇迹疗法。而他就把这个现成的社会救济计划，即蒲鲁东的体系，在所谓欲"和体系告别了"的口实下，拿到德国劳动者面前来。然而我"选择了反对的道路"。要理解这情形，必须这么假定：因为我是盲者，麦里堡是聋者，因之，在我们之间的一切的理解完全是不可能的。

这就满充分了。这个论争虽然没有什么大用处，但是无论如何，却将自称为"实际的"社会主义者的实践，到底有什么价值这事，提供了有益处的证明。这些要除去一切社会恶害的实际的提案，社会的全世界救济法，是常常不论在什么地方都在无产阶级运动或它的少年状态时代出现的宗派设立者的制造品。蒲鲁东也是属于这类的一个人。劳动阶级的发展，立即把这个褟褓投弃在劳动阶级自身内发生了这种认识：再没有比这种预先就设计好的，在任何场合都能适用的"实际的解决"更不实际的东西；而且，实际的社会主义倒是在于从各种各样方面来正确认识资本主义的生产方法。通晓了这个的劳动阶级，在一定的场合上，对于什么样的制度，而且用什么样的方法，来面向他们的主要攻击，是决不会困惑的。

注：

①在酸素发现以前，化学者把在大气中燃烧的物体，在燃烧之际所消失的燃素，即依照假定其为燃素（Phlogiston）加以说明。燃烧了的单纯物在燃烧以后，因为他们发现了它较之燃烧以前重量还增加了，因为燃素是

负数重量，所以，他们说：没有燃素的物体较之有燃素的物体还重。像这样，渐次臆测到以为酸素的主要特性是存在于燃素中的东西。可是，一切与这是反对的。在燃烧中可燃的物体与其他的即酸素的结合之发现和这种酸素的制出，是在旧的化学者长久地反抗以后这种假定才半途而止的。

——恩氏原注

人民民主主义的长成与发展

编译者前言

一、本书主要的是根据了日本世界经济研究所新编的《人民民主主义的成立与发展》（一九四九年十月十五日出版）一书所编译成的，它分别地和全貌地研究了东欧六个人民民主主义国家的长成与发展过程，除注重事实的分析和叙述外，它还做了理论上的研讨与印证。所以它不仅是一本记述事实过程的书，而且是一本精研理论的书，而且在理论与实践的事实和结合中做了理论的探讨与批判的书。在人民民主主义取得了完全胜利的我国，我们把它介绍过来，想来是有观摩与鉴戒的意义的。

二、我们用了编译的名义出版，这是因为顾虑到原书出版在客观上所存在的困难——缺点，因为日本还在美帝和旧势力的反动统治下，出版上的阻力是很大的，一如我们昨天的情况那样；进步的出版物要在扼杀下挣扎求生，原书内凡在理论上引证马、列、斯著作的地方及叙述中有关英美两帝在东欧的阴谋活动的地方，多被删成七零八落，或成了吞吞吐吐的样子，在这些地方，我们翻开了书本补充了马、列、斯的原文，根据了别的资料补助了欠缺的——被删掉的英美两帝恶行的事实。在统计数目字上，我们也有新加添原书中所不足的材料。所以用了编译名义出版，表示我们也负一部分的直接责任的意思。

三、本书原本的写作者为：

　　一、四　西泽富夫
　　二、三、六　平田富明
　　五　大桥国太郎

中译者：

　　一、二　贾植芳
　　三、四　凌翱
　　五、六　容众

全文并由贾植芳校勘一次。

编译者代表贾植芳

一九五〇年一月十日在苏州

保加利亚

一、解放前的状态

1. 土地关系

保加利亚系一八七八年俄土战争的结果，从土耳其被分划开来而成立的国家。该时，土耳其的封建的大地主，将土地的一部分卖给了保加利亚人的高利贷者和地主。而其他的一部分土地，则被抑压在土耳其人的封建的统治者之下与之苦战的保加利亚农民所分割了。因之，可以说，它是实行了一种独特的、奇妙的、不彻底的土地改革。

在第一次世界大战中，受了俄国革命的影响，保加利亚也起了革命的波动。当时的斯坦包里斯基政府，为了使革命流产，而对农民稍加让步，在一九二一年决意实行由上而下的农业改革，公布了《劳动土地法》。《劳动土地法》系将耕种土地的农民土地所有限度定为 30 海克脱，不耕种土地的人们所有限度以家族人数为比例，定为自 4 人起为 10 海克脱，凡超出限度部分由政府收买分让于无地可耕的农民。收买与分让一直闹了十一年，点点滴滴地实施了。不过，由于这个措施遗留的半封建的榨取关系，欲因此有几分被削弱了，这在一九三四年到现在的有关土地所有的资料中，最为显明：

（1）土地毫无及土地在 1 海克脱以下的农户数——占全农户数的 17%，土地面积的 1.3%。

（2）自 1 海克脱至 4 海克脱的农户——占农户总数的 47.8%，土地面积的 19%。

（3）自 4 海克脱至 8 海克脱的农户——占农户总数的 26.4%，土地面积的 43%。

（4）自 8 海克脱至 40 海克脱的农户——占农户总数的 9%，土地面积的 43%。

（5）据有 40 海克脱以上的土地，专门使用雇佣劳动以农业为生的农业企业——占农户总数的 0.2%，土地面积的 2.2%。

王宫、修道院以及教会等的土地，则动也没有动一下。然而，由于这种改革，对于农民来说，却不能不承认是减轻了土地所有的压力。不过，这种改革，是否就满足了农民大众呢？用着旧有的幼稚的技术、耕种着零碎土地的雇农、贫农、中农，占农户数 91%，这种事实，就可以回答了上面的问题。还得承认这种事实，就是：贫苦的农民所分得了的土地，仅在这上面还不足以充实农业经营。他们的大多数，还是非把土地再次卖给富农及地主，转落而为农业劳动者及佃户不可。关于这一点，在后来所述的人民政府的农业改革中，虽然有着同样的"土地给予耕者"的规定，但却有着一种完全不同的农民的本位内容。

在一九三〇年代中，在农业恐慌的压力下，农村的阶级分化更为迅速地展开。最受恐惧打击的贫、中农阶层，他们不能不出卖土地。这些土地，都到了富农及地主的手里。再加以《继承法》的实施，土地的零星分化，更变本加厉。因此之故，占这个国家的人口的大部分的劳动农民，依然受着土地所有的重压，而营着落后的悲惨的生活。在农村中，过剩人口愈来愈多。在这种情形下，当然引起了农民大众的不满。而受大众的压力所产生出来的亲法西斯政府，不仅将土地改革完全中止实行，而且将分让了的土地的一部分，依旧归还了地主。

2. 工业

工业的发达，因国内市场的狭小以及国外商品的压力，陷入滞顿之中。根据一九三四年的调查，工厂制工厂及家庭工业的总数为 87,800，然而其中有劳动者 50 人以上的工厂，则不过 332（0.38%）家而已。在工业部分占重要位置的，则是木工和纺织的轻工业部门。

这样发展起来的社会经济构成，在独立人口的构成中反映了出来。依据一九三四年的国势调查，从事农业者——79.8%，工业——8.2%，商业与交通——3.4%。

3. 外国资本

在这个国家的国民经济各部门中，外国资本的参加，作用甚大。就德国占领前的外国资本的国别来看，则是：瑞士——37.1%，意大利——15.7%，美国—— 12.6%，德国——10.5%，比利时—— 10.4%。若是说，这个国家以外的东欧各国所受英、法的资本影响的强大，那么这个国家则是一开始就受到德、意资本的强大压力。从法西斯军队统治了它以后，德、意的资本比例，更占有压倒的优势。在一九四三年中，德国资本占到这个国家的外国资本的 63.2%，意大利的资本的比重则增加到 25%。德国资本进入到采矿、电力、制纸诸部门。所以，德帝的巨大的康采恩几乎直接支配了这个国家的全部大工业，约有 60 家德国公司建立了起来。

4. 国家的性格

保加利亚国家，在形式上是立宪君主制，但揆之实际，则是地主及资产阶级的反动的独裁国家。在一九二三年六月，引起了王制——法西斯的政变。尤其自纳粹在德国占有胜利以后，在受着德、意资本强烈影响的这个国家的政治生活中，走向法西斯化的方向愈趋强烈。根据一九三四年六月十四日勒令，所有一切民主政党及劳工团体悉被禁止，国会仅在形式上还存续着，但是议员却一律都是与人民利益毫无关系的"猪仔议员"。

保加利亚在第一次大战中，失去了包括萨罗尼加港在内的马克多尼亚的一部及南多布鲁查。为此，收复失地及建设大保加利亚这种标语，成了这个国家反动的统治者的口号。这种运动，被同样以收复失地为目的的德国帝国主义的侵略政策所巧妙地利用了。保加利亚之所以很迅速地进入德帝的影响之下，他的背景就是这个。

5. 德帝国主义的统治

在一九四一年三月一日，保加利亚正式参加了轴心，早就成了德帝的代言人的这个国家的统治阶层，由于法西斯的强压政治而招来不满，为了平息大众的愤怒，借着纳粹军队的援助，而宣传着"民族统一"——"建设大保加利亚"这样的题目。他们在落后的人民中，用灌输这种"世纪的愿望"来实施欺骗，好无条件地把纳粹军队引入国内。因此纳粹占领军并不直接地用"纳粹的方法"来统治，而对这个国家的国家机关，采取用统一统治的方法。但是，德国帝国主义要把保加利亚作为对苏联、南斯拉夫、希腊的战略基地为目的来使用，那么这个国家的人民就非受到酷烈的压迫与抢掠不可。这点，凡在德帝占领下的各国莫不如此，仅在形式上，这里是通过了保加利亚的统治阶层来实施而已。

纳粹占领军不仅把贮藏的原料及食粮而去，而且把新收的农产物全部用低价强制收买了。保加利亚农业部的德国顾问，为了要实现"广域经济圈"内的"适地适业"政策，要求扩大工业原料、橄榄油、果实、菜蔬的生产，和缩小谷物的生产。

在工业部门方面德国资本进出的情形，一如前文所述。保加利亚迅速地转入殖民地的痕迹，在贸易方面也清楚地说明了。德帝从保加利亚拿走的食粮和原料重要东西，而却拿来了虏获的旧兵器（这是为了把保加利亚人作为它的侵略的打手而去使用的），与生产及生活无所关涉的照相机、玻璃制品、玩具等。一九四一年——一九四四年之间，这个国家运往德国的东西，仅列举其重要者，计有谷物——1,312,000吨，果实——538,000吨，烟草128,000吨，等等。一九四一年——一九四四年间的对德输出总额313亿拉瓦中，到底是有着怎样程度的东西，试将这个国家一九三九年的岁入93亿拉瓦和一九四四年岁入85亿拉瓦加以比较来看，不难明白。虽然，与国民生活毫无关系的像上列那样的东西，仅被输入了输出额的若干分之一。这些对于保加利亚的劳动者、农民、中小企业之毫无所用，自无待言。

在这种情势中，长期间地英勇地坚持了地下斗争的共产党，团结了其他的民主主义者及爱国分子，组织了对德国法西斯及其走狗的斗争。

二、反法西斯民族解放斗争

保加利亚共产党，是由一八〇〇年代末叶所结成的社会民主党内的"多数派"，在一九一九年所创立的。在一九二三年六月王制——法西斯的政变发生时，这个党由于对情势判断的错误，犯了重大的偏向。他们对于法西斯分子所酿成的政变，采取中立态度，而没有及时团结一切民主主义分子组织反法西斯斗争。不过他们不久就克服了这个谬误。一九二三年九月，动员了大众，武装反抗法西斯政体。这个斗争结果败北，他们完全转入地下。不过那时的果敢的斗争，给了这个国家的此后的人民斗争最大的影响。这个斗争，把劳动农民的团结的伟力教育了大众，而在法西斯分子和劳动各阶层之间，筑起了巨大的鸿沟。

在一九二七年，为了利用最大限度的合法的活动，创设了工人党。然而在一九三四年由于一切民主的政党和劳动团体都被禁止，工人党又不得不转入地下。那时工人党和共产党共同结合，组成了今日的工人党（共产主义者）。当时，对于转入地下备尝艰苦的共产主义者，王制——法西斯分子不断地给以残酷的镇压。然而，工人党在镇压下站了起来，很好地克服了左右的偏向，而且一连串地经常地和群众密切地联系。工人党，遂成了在法西斯分子统治下，以全国的领导部为中心，继续不断地掌握广大的地方组织的唯一的反法西斯政党。就是这个缘故，在统治阶级把祖国的命运卖给德帝，人民陷于苦痛的深渊的时候，他们才能动员人民大众，为反德帝——反法西斯的解放运动而斗争。

从一九四〇年到一九四一年的冬季，这个国家的统治者层和纳粹德国的关系昭然若揭，他们从地下才揭起了"祖国的独立与自由"的旗帜，开始做群众活动。同时，由于纳粹的侵略，作为保卫祖国的方法之一，就是宣传订立保加利亚和苏联的友好互不侵犯条约的必要，用它来领导大众运动。

在一九四一年三月一日，法西斯政府参加了轴心，把德军引入国内。王制——法西斯政府所揭出的标语，是引纳粹军队入国，再凭借德军的援助，"收复失地与统一民族"。这种标语，一时迷惑了一定层的小资产阶级和知识分子。然而德帝的真面目，不转瞬而暴露于大众的眼前。工人党，一方面暴露着这种标语的反人民的性格，同时，组织了反法西斯反侵略的大众斗争。在生产德帝用作侵略资材的工厂中，发动了怠工和妨害生产的运动；在农村中，发动了对法西斯征发食粮的反抗运动；在军队中发动了对于侵略战争的反对运动。王制——法西斯政府，遂强制工人必须加入官办工会，军队必须强制实施军队规律。因此，各处的工厂中发生了罢工，而农民的反对供应斗争，也形成了普遍的情况。由此，一九四三年十二月三十日，法西斯分子的议员敏诃夫在议会的演说中不得不这样的发出哀鸣，"现在争取农村的大斗争在开始了。谁要掌握了这个斗争的胜利，谁就统治了保加利亚。"在铁道运输方面，各处向德国运送军用物资的军用车爆炸案层出不穷。

一九四一年六月二十二日德国对苏联侵略开始时起，工人党动员了工人、农民、小工业者、爱国军人、进步的知识分子，以打倒王制——法西斯政府、驱逐纳粹占领军、树立人民政府为目的，展开了武力斗争。这个国家的内外的统治者，为了帮助德军的对苏侵略，更进一层地用了酷烈无比的高压政策。早从一九四一年开始，个别的游击队活动就开始了。然而在一九四一年——一九四二年之间，游击队的活动，还不是现今这样大规模的。当时还掌握着强固的国家机关和武装力量的王制——法西斯政府，看到游击队活动的危险，开始了根绝活动还不算普遍化的游击队的大反动，反法西斯分子到处被逮捕，在一九四二年公审了工人党的党员，有 60 名被判处了死刑和长期监禁。战时中由卖国政府宣告受死刑的反法西斯分子为数达 1,590 名，长期监禁系狱的约 1 万人，在集中营的约 3 万人，在军队中有许多爱国分子被判绞刑。然而他们在为人民的利益而战的献身和牺牲，造成了广泛的各阶级人民的共同战线的基础。

在一九四二年六月，以"社会的活动家集团"之名发表了祖国战线的纲领。其内容如下：

(1) 与希特勒德国及它的同盟国绝交。

(2) 从保加利亚驱逐德国的法西斯分子和特务（格杀打扑）。

(3) 与苏联、英国、美国合作。

(4) 保加利亚军队应从其占领国撤退，和巴尔干各国树立友好关系。

(5) 打倒国内王制——法西斯政制，建立人民民主政府。

祖国战线的参加者，为工人党、农民同盟中的反法西斯分子、社会民主党左派、"兹芬诺"同盟（主要地是由反王制军人所结成）。一九四五年起，更增加了以知识分子为主的急进党集团。祖国战线的结成及其纲领的普及，扩大强化了大众的反德帝——反法西斯斗争。因为怠工、罢工、示威的频发不已，农民拒绝出卖农产物等情形，使保加利亚政府无法往苏德战线派遣军队。而在作为德军鹰犬盘踞在南斯拉夫境内的保加利亚军队之中，则有了和南国解放军成了同志的军人。

一九四三年春季的希特勒军在斯大林格勒的大败北，造成了苏德战争的转折点。这种苏德战线的战局大转换，也给予了保加利亚的反抗运动很大的影响。在一九四三年的后半年，在祖国战线领导之下，开始展开了普遍的游击战。一九四四年春，游击队员为数达 4 万人。从此，分散的游击队，渐次地被编成为统一的人民解放军。武装斗争，分开为人民解放军与游击队的两面配合的斗争。国内分成了若干的作战区域，由总司令统一指挥全军。这时充当司令官的，是那时的工人党中央委员会政治局委员兼最高经济会议主席的多布列·契尔别什夫。在这样的情况下，宪兵队和特务（格杀打扑）却弄得手足无措。自此，政府军的部队也发生了动摇，随时地有从队伍开小差来参加解放军的。

一九四四年春季，被苏联军追逼得在多尼爱卜罗及克里米亚败北的德军，窜入罗马尼亚境内，保加利亚的法西斯阵营大起动摇，波基洛夫政府宣告总辞职。六月一日所成立的以巴枯里亚诺夫为首的新政府，用了种种恐怖政策与欺骗手段，企图使动摇的王制——法西斯政权苟延下去，他们在"严守中立""亲苏政策"的烟幕下，帮助着逃到保国境内的德军。这种把戏，说穿了，还是出发于维持大资产阶级和地主的统治体制。然而，这种烟幕，也早被人民看穿了。因此，巴枯里亚诺夫的作为欺骗祖国战线与游击队及军队内的反对派的最后手段的《社会改革——农业改革》发表了。但是，在广大的群众已结集在祖国战线阵容内的时候，这种"政策"，也是枉然。

祖国战线，在八月八日，对政府要求了"立刻改变对内对外政策"，并警告王制——法西斯政府："人民不仅在口头上，而且在实际上具有着用自己的手掌握保加利亚命运的力量和方法。"在八月三十日，巴枯里亚诺夫内阁终于垮了台，摄政院便任命了原先被解散了的"民主主义的反对派"（资产阶级政党）的原来领袖穆霞诺夫组阁。他们引荐了与王室有着密切关系的旧农民同盟领导者的格吉夫及马拉韦耶夫组成了新政府，愿与一切反法西斯分子的祖国战线合作，意图渐渐地把这个"民主主义的反对派"引入阵线，但是毫无结果。因为这些家伙，对本国的人民比对纳粹党员还要恐惧。所以自然而然地落荒而走，转为法西斯的最后的帮凶了。

新政府成立于九月二日，而胜利在握的苏联政府，于九月五日宣告了对保加利亚政府的宣战，紧追着德军的苏联大军，挺进到保国东北国境。政府军队，一哄而投降了祖国战线。祖国战线全国委员会通过了工人党所提议的用武力斗争打倒王制——法西斯权力的方针。九月六日，以比尔尼库矿山的罢工为契机，展开了全国性的政治斗争。从九月八日至九日夜间，在人民解放军司令部指挥下，游击队和正规部队占据了首都的军政部、参谋本部、内政部、广播电台、电话电报局等处；逮捕了大臣、高级官僚、参谋将校等。九日早晨，市民占领了警察局，解除了警官的武装；组织了民警，用以维持治安。以索菲亚为开端，全国各地纷纷发生同样的事例。法西斯分子虽然妄图抗拒，但皆在军队及游击队援助下，为人民力量所粉碎。

九月九日，是保加利亚的历史揭开新的一页的纪念日。祖国战线立即组织了临时政府。其构成为：工人党——4名，农民同盟——4名，兹芬诺同盟——4名，社会民主党——2名，无党派人士——2名。临时政府立即废止了王制，依照旧宪法，任命了新摄政院（工人党员1名，其他党员2名）。解散了警察的法西斯的议会，废止了反人民的法律。原来的大臣及议员等，一齐作为反人民的领导者加以逮捕，并开始了肃清国家机关及军队的工作。同时新政府为了交涉和苏军停战及参加对德作战，派遣了第三乌库拉伊那方面军司令官多尔布黑元帅为代表。

这样，祖国战线的形式成了人民权力的基础，确立人民政权的斗争，从此开始。

三、社会经济构造的变革

1. 祖国战线政府的基本方针

一九四四年九月九日由于人民势力的决战，掌握了权力的祖国战线，为了实现祖国战线纲领，立即开始了新的斗争。新的人民政府，为了确立人民政权的基础，着手实行下列政策：

（1）与苏联及南斯拉夫军队共同追击希特勒军队。实质地参加同盟国阵营。

（2）由工人党出任内政部长及人民法院院长，彻底地肃清国内法西斯制度。撤换法西斯警察，创设人民警察。分调人民警察积极参加反法西斯斗争。解散法西斯组织，没收法西斯分子财产。禁止法西斯新闻报纸，其印刷所由祖国战线接管。废止法西斯反人民的法律。惩处重要的战犯。

（3）扩充祖国战线的组织。在全国各地组织祖国战线委员会，负责推荐地方政权机关的各种地位的候补者，并监视地方政权机关之活动。在不能设立地方政权机关的地方，祖国战线委员会应具有南斯拉夫人民解放委员会（后来的人民委员会）的地下特征。

（4）解散法西斯的官办职工会，帮助组织民主的职工会。组织30个工业部门的单位的职工会，并结合之而为单一的总职工会。

（5）帮助组织民主的青年团体及妇女团体。

（6）为使经济安定和改善大众的生活状态，实施紧急政策，与投机及黑市斗争。提高劳动者、薪给者的工资。援助农民的耕种。

（7）创设新的人民军。肃清旧军队中的法西斯分子。

（8）确立民族独立，并与爱好自由国家树立外交通商关系。

2. 国有化的推进

自九月九日起在数周间内，法西斯反动的政治势力受到致命的打击，他们的组织彻底被粉碎了。然而他们的经济的基础，仍然照旧地起着控制作用，只有击溃他们的经济基础，才能得到安定生活的基础。因之，把德国帝国主义及其代理人手中的大工业、银行、铁路、批发商业、贸易、土地等掌握在人民手中，成了必要。

这样，德帝及其走狗的企业被没收了，变成了国有的。保加利亚，在法西斯统治下，作为对于人民抢掠的手段，有着所谓国有企业。解放后不久，就变成了国民经济中的中枢部分被人民政权所掌握。国有化的范围，是：银行、保险公司、通讯、铁道、发电厂、煤矿从业员100人以上的工业企业等。在国内商业方面，大企业的许多批发商业被国有化了，零售商则使渐次地走上合作社化。贸易方面，从重要贸易品起，都使之国营化了。

3. 土地改革

土地改革，实施了一九四五年十二月人民议会所采取的《劳动者土地所有法》。这个法律，是依照祖国战线的土地纲领而制定的。其主要精神为："给予没有土地及土地不足之处农民以经济的生存所必要的土地，任何人不得保有 20 海克脱以上的土地，土地授予耕者。"其内容如下：

（1）关于土地的收用限度的规定：

耕作农家的土地所有限度为 20 海克脱（仅南多布鲁查规定为 30 海克脱），超出此限额土地由国家收用。

不耕作地主限于有特别情形者，准保有 5 海克脱土地，超出此限额以上的土地由国家收用。

公有地、僧院及教会之所有地、森林牧场等由国家收用。

（2）关于土地收用方法的规定：

内外的法西斯分子及战犯之土地没收。

除此之外，凡超额土地，以利息 3 分 10 年期满的公债出价收买。收买价格的基准，以一九三五年的地价乘物价指数 600 的价格为基准。唯实际的收买价格，如收用面积过多，应订有折扣：

5—10 海克脱	10%
10—30 海克脱	20%
30—50 海克脱	30%
50—100 海克脱	40%
100 海克脱以上	50%

（3）关于分配给农民价格的规定：

农民收买时的价格，亦照一九三五年的地价乘物价指数的 600。纳交由 20 年的年赋内支付。

祖国战争时的残废军人、寡妇、孤儿得按半价纳交。集体合作经营者，得按 4 折纳交。

关于土地分配的一切费用由国库负担。

土地改革，系由一九四六年秋开始，虽然预定在一九四七年完成，但不到预定期，收用和分配的工作就完成了。被收用的土地，有 2,450 个大地主的 45,000 海克脱，修道院及其他的 12 万海克脱，合计 165,000 海克脱。其中 12 万海克脱分配给了没有土地的贫农和雇农，其余土地由合作社、家畜饲养场、国营农场等分用。不过，在大体上可能耕作面积甚小，零星的独立农民为数又多的保加利亚，用土地改革，并不能一举解决了农村的过剩人口。保加利亚的人口密度，1 平方里为 116 人，在农村中游闲人口约 100 万。因之，救助农民贫穷之道，一方面固然要由土地改革进而使农业经营合理化——高度化，他方面还需要由工业的大量的发展来吸收农村人口。国民经济复兴二年计划，至一九四八年底，吸收了约 10 万人，那么，接着而来的五年计划，总可能根本地解决了这个问题的。

4. 农业合作社

在全体上零星独立小农经营占压倒数目的保加利亚，土地改革并不能使农民保障有充足的土地。因之，不用机械化使生产性向上，农民的贫困还是无从救助的。

然而，零细经营又有碍于机械化。因之，和土地改革的同时，共同耕作的组织化成了急需。共同耕作，在纳粹占领时代早已在祖国战线纲领中被列举了出来，在反法西斯斗争的过程中且已部分地实施了。在一九三四年，就有 43 个合作社组织，加入的农家户数为 1,680 户。

解放后农业合作社化运动，急速地被展开了。工人党和祖国战线领导了自然发生的合作社运动。

祖国战线，在一九四四年十二月，设置了专门委员会，草拟了有关土地共同耕作的法案。而在一九四五年四月正式地作为《农业劳动生产合作社法》被采纳了。它当然不是社会主义型的共同经营，也不是单纯的合作社，而是特殊的过渡期的东西。是适应土地不足、零星农民为数又多的保加利亚的特殊情形所创造的经营形态。其内容的要点如下：

（1）持有土地的 15 户以上之农户，得按其自愿组成农业劳动生产合作社。

（2）加入与除名，得由社员三分之二以上出席的合作社员总会决定之。

（3）社员得将其自有之土地、役畜、农具，供给共同利用。唯社员得通过合作社员总会之决定，得于业余将住宅附属之土地在其家内自行利用之。

(4) 社员所提供于合作社共同利用之土地，得保持其私有权，并得将其全部或一部卖予他人。唯据有土地之社员，在 3 年内，不得退出合作社。退出时，得接受从土地基金所提供之土地与相同面积之土地。无土地之社员在一年期内不得退出。

(5) 国家虽对合作社供应农业机械，但最好需在 5 年以内能付款。若该地设有国营的机械、拖拉机、耕种机站，则准借与大农业机械。国家有急速制造机械、拖拉机、耕种机站之义务。农业劳动生产合作社系以租用为目的，且需付予一定的实物租费。

(6) 一切劳动，需在事先预定计划，经社员通过。

(7) 所得分配之结算，需在年末之劳动日决定之。凡提供土地之社员，在对其劳动之支付中，需扣除地租。所得分配之决定，需由社员总会通过后施行。唯在其细目中，大要计有 1 成之合作社基金，5 成乃至 7 成之劳动日所得之报酬，2 成乃至 4 成之地租。

(8) 农业劳动生产合作社，在 3 年内免除直接税，并准在国营农业合作社银行贷取低利之设施资金。

因之，农业劳动生产合作社，与普通关于土地的信用、产销、共同利用等项的合作社不同，而走上了经常的共同耕作的阶段。而且不仅在耕作上共同致力，收获与分配上也是群策群力的。不过因为在基本的生产手段上还存在着私有，所以在现在还不算是社会主义的经营形态。

农业劳动生产合作社，一九四六年十一月为数 451 个，一九四七年中叶为数 565 个，一九四八年初期则增加至 675 个。在一九四八年的计划中，预定年末增加至 800 个。（据最近发表：一九四八年中叶增至 900 个，年末则增至 1,163 个）一九四八年初期至现在，合作社数为 675 个，社员数为 65,000 人，耕地面积为 21 万海克脱。不过，大抵为 100 户组成一个合作社的。耕地面积系由一户平均为 3.5 海克脱所组成。由中农的平均面积为 4.2 海克脱这点来看，当可知道参加之社员大半为贫农。

农业劳动生产合作社，由于领导者欠缺经验和训练所犯的错误，与连续两年遭遇了歉收，一时内部颇呈动摇。再加以富农的捣乱和妨害，尤其更变本加厉。不过由于工人党的农村细胞的启蒙、组织活动及国家的援助，一意求经营之强化，才渐渐地趋于巩固。复由于一九四七年会计训练班的成立，经营的组织明显地被强化了起来。

据最近的报告，在农业劳动生产合作社中的一家农户的生产额，较之一个人农的生产量要多 15%—20%。尤其是蔬菜和饲料的生产，大为增加。更以经营的多角法的方法，一方面在国家的援助下，共同饲畜在增进着，另一方面，利用了农闲期，兴起了制造货车、锻冶、制造炼瓦、烧石灰等项。这种副业的共同工场，在一九四八年中叶，在 177 个合作社中就有273 处。因之，合作社员的收入，较之在做个人农的时代增加了 3.5 倍左右。而且各处高中生创造了纪录性的收货率，更由于新的耕作方法的介绍，也有实现了加倍的收成。

农业劳动生产合作社的成功，给予了广泛中农阶层以极大的激动。也有在村里组成合作社的。普遍的情形，是在耕耘上共同伙用拖拉机，在作物的修整与收获上则各自料理，这种初步的共同耕作合作社。工人党对于这种中农的共同耕作甚为关注，并且给以奖励，领导其扩大共同作业的范围，从单纯的共同耕作形态进步为农业劳动生产合作社的形态。

为了诱导贫、中农组成农业劳动生产合作社，采取了三种的基本的方策。其一是服务于劳动生产合作社的经营的机械、拖拉机、耕种机站（MTS）的设置。MTS 的数目，在一九四七年中叶不过有 30 个，一年以后增加到 71 个。MTS 的大型机械及拖拉机，虽系由国家购自苏联等处，但被限制的以低廉价格卖给了富农阶层；而且连富农阶层所有的磨面厂、榨油厂等，在工业的第二次国有化时，都被备价公有化了，由地方的人民委员会管辖交合作社利用。这些措置，系工人党提议于人民议会而被采用了的。其二是在全国建立 100 处的国营模范农场。用以对农民将大规模的机械经营的有利情形用实际来教育，并兼以领导和帮助农业劳动生产合作社的活动。其三是征税及在供应上实施累进制。税金及供应，富农负担为重，合作社的经营则免除税金。这种政策，使中农从富农的影响下断念，渐次地被引导走上劳动生产合作的大路。

在土地改革时，耕作农民的所有土地规定为 20 海克脱，但是并不禁止土地买卖。这样，在改革后，当然还存在着农民阶级的分化。这是因为个人经营的被允许继续存在，所以阶级分化是不可避免的。不过，在没有具备了使农业全面的集体化的前提条件下，消灭个人农是不可能的。然而若要听其自然的放置不顾，那么，和一方面富农的再度迅速的趋于繁荣同时的，在另一方面贫农及农业劳动者（雇工）就要又行增加了。因之，为了防止贫、中农的转落，同时并行了对于富农的限制政策和劳动生产合作社的扩充政策。不过，这样对于富农的限制政策，当然难免要激起富农的反抗，但是贫、中农为了保卫人民国家所给予保证的各种权利，就自然非和富农的反抗斗争不可。这样同时并行了对富农的限制政策和对劳动生产合作的奖励政策，使农村中发生了激烈的阶级斗争。而在贫农之间，则展开了巩固限制土地所有的运动。在以上所叙述的劳动生产合作社以外，另外还有普通的合作社——信用合作、产销合作、消费合作。一九四八年夏，当时的社员数目达 63 万人，比劳动生产合作社多约 10 倍。这种农村的合作社，和劳动生产合作社共同地、形成了统一的农村合作社的联合。统一的农村合作社，收购了商品谷物的 50%（其余 50%由国家机关直接收买），贩卖了农村需要供给的 70%的工业品，至于农制品乳酪、蔬菜、鸡蛋等的收集运送，差不多全由它一手承办。

保加利亚农村现在所面对的基本课题，就是以劳动生产合作为基干的加速发展合作社。为了彻底肃清农村的榨取关系，必须使农业全面的集体化。这正如季米特洛夫所说，合作社制在国内经济生活中所起的重要作用，应与祖国战线在政治生活中所起的作用一样重大。因之，使农业全面的机械化的机械工业的发展、和劳动农民的教育，成为了必要。而现今所急需的，则是以劳动生产合作为中心的合作社的扩充和对富农发展的限制，这是头等重要的任务。继续的不放松的依靠贫农和团结中农——这是基本方针。

5. 通货膨胀的处理

重要工业部门与银行的国有化，以及土地改革和合作社运动，不消说，是以筑成生产的复兴与人民生活的安定的基础为目的。然而要使生产复兴及人民生活安定，则财政、金融、通货的需要人民的整理实属必要。总之，将通货膨胀予以人民的解决，最为必要，在这一方面实行了怎样的政策呢？

首先，是将在长期间内酿成的、成了惯例的财政赤字消灭了。财政整理本来是要从捕捉畸形的收入与缩少不合理的支出两方面来进行的。所以在为了增加财政上收入，诸如实行高度的累进所得税，投机者及黑市活动者的财产的没收，战时利得税的彻底的征收，都采取了彻底性的措置。这种措置的所以得到了成功，一方面是由于银行、保险公司都被掌握在人民国家的手里，这样的彻底的富有者追求的措置不唯没有使生产减退，反而造成了生产增加的前提。

为了消灭支出的浪费现象，国家机关和国营企业都实施了独立计算制。因此而走上了经营的合理化。而且，人民国家既然开始了全面的复兴事业，由于实行人力的分配和运用，防止了失业者的发生。更因为合理化系以排除浪费为方针，所以工资和俸给都可以维持在一般水准。

由于上述的紧急措置，业已开始使物价由安定而下落，生产增加，职工生活得到了安定。而作为人民的今年国家安定的最后的措置，就是实行了彻底的通货改革。在兑换新旧通货时，对于旧通货一例加以封锁了。对于大批的货币所有者则课以高率的临时财产税。财政的整理和通货的安定，就是这样达成了任务。

6. 国民经济发展二年计划

在一九四七年四月一日所开始了的国民经济发展的二年计划，是经过了两年时间的彻底的准备而着手的，否则，计划势必难免只尽于"书面计划"为止的。二年计划原先系由工人党所草拟，经祖国战线全国委员会的检讨，最后在人民会议上所采取施行的。在它的成立中，不论职工或是职工会的集会都参加了这个计划的讨论。所以它不仅只是政府的所有物，而且是全体职工的共有物。尤其是全体职工对这个计划的执行给以莫大关心的缘故，并不是单是由于他们参加了计划的审议工作；这是因为这个计划并不只是单纯的增产计划，而且还有着使他们的生活提高的内容在里面。这个计划的基本目标，规定了如下的任务：

（1）消除由法西斯制度和战争所遗留下来并因两年旱灾而更形加深的经济困难，要在农业、工业及其他国民经济部门中达到并超过战前生产水准。

（2）迅速实行国家工业化，办法是利用国家资财、银行信贷、国内公债、乡村和城市管理机关和合作社资财以及私人储蓄等等，在可能范围内也利用国外贷款，来建设新工厂，同时扩大现有工业，并使其合理化。

（3）迅速消除电力供给上的恐慌，铲除煤炭开采方面的落后性，办法是建设新的电站和水电站，开辟新矿井，修复矿井旧设备。

（4）彻底加强现有生产部门中的技术装备，并尽量来加以运用，因为这是增加生产量和提高劳动生产率的极重要条件。

（5）在各方面帮助农业、畜牧业、森林业及渔业的发展，鼓励并实现农艺、兽医及其他农业设施；各方面赞助完全按自愿原则成立的农业生产合作社。

（6）改良并发展铁路、汽车、水上和空中运输业。

（7）改造手工业，使手工业者能取得更为经常的原料供给，同时要倡办手工业合作社。

（8）加强并扩大国内商业和对外贸易，消除危害社会的中介现象，调剂工农业产品价格，同时必须使这种价格与国际市场价格相协调。

（9）厉行节约，减低生产成本费。

（10）培养各种必需的熟练干部。

（11）一般提高人民物质生活和文化水平。

像以上的基本日标所清楚地表示的，这种计划，并不单只是复兴计划，而且是有着走向社会主义建设的初步内容，奠定国家工业化和电气化，改造农业技术，以此为基础，扩大社会化经济部门（国营企业与合作社企业）——这就是这个计划所把握了的最重要的基本点。

保加利亚是像前述那样的是一个在工业的发达上落后的国家。工业生产额只占国民经济总生产额的26%，特别是采矿、煤炭、发电、冶金（黑金属及有色金属）、机械、化学等工业部门发展得最为薄弱。所以不论为了建设民族独立的经济基础，或同时并为了建设社会主义的物质基础，尤其是工业化的问题，必须大力地推动不可。至于导致先进资本主义国家的资本以走上工业化道路的办法，也是有此一说的。然而像这样的国家的人民，已然受过了第一次大战以后的经验，特别是德帝的独占资本的支配时代的经验，深知利用外国资本来从事工业化，只有使本国的经济畸形化，大众的生活遭受压迫，结局是和正常的工业化南辕北辙，满不是那么一回事。他们之所以和德帝及其代理人的统治前仆后继地战斗，就是为了要排除这种"工业化"。因之，团结在祖国战线的人民，在他们的先驱者的领导下，克服了万难，选择了建设民族的独立和人民的解放为基础的工业化——社会主义建设的道路。

工业生产的水准，一九四六年还只等于一九三八年的 96%，一九三九年的 91%，在二年计划中，按照规定，一九四七年应比一九三八年超过 13%，一九四八年应超过 167%。

农业生产，因受一九四五年与一九四六年二年中的相继的旱魃为虐，非常悲惨。然而由于人民国家的大力援助，渐次地迅速地振兴了起来。

农业的增产计划，预定扩大几万海克脱耕地，办法是要把多瑙河附近的湖沼地带辟成旱地，计划在一九四七年的农业生产量应比一九三九年增加 13%，一九四八年增加 34%。

这样的伟大的计划的执行，当然不是那么一蹴可就的。这个计划的最初的创立者和执行的领导者的工人党的干部，也很清楚地有这种认识。要是列举执行计划的途上所遭遇的各种困难，则在客观方面，不外乎原料与机械的不足；主观方面，则是官僚的领导和反动分子的中伤和妨害。但是，困难没有不能克服的。为了克服这些困难，运用了组织的方法：第一，是扩大和苏联及一切人民民主主义国家之间的贸易；第二，动员大众执行计划。职工会方面，为了强化劳动规律和提高劳动生产率，展开了活泼炽烈的生产竞赛。尤其是青年队，发起了各种的突击运动，在生产斗争中起带头作用。职工会并且组织了援助农村的运动。由工人、作家、艺术家、医生所组织的劳动文化队，直接间接地援助了农村的生产活动。如工人修理农具、艺术家演剧慰劳农民、医生为人及家畜治疗与诊察。在一九四七年初三个月内，从城市派往乡村的这种劳动队有 9,543 个，队员总数达 1,061,000 人。这劳动队一共做出了 1,067,000 个劳动日，为农村做出了总值 348 万拉瓦的有益工作。

7. 二年计划的成果

因为有着这样的努力的阶梯的缘故，二年计划整个地顺利地执行了，一九四七年的工业生产额（家庭工业在外）比较一九四六年增加了 25.8%。一九四六年已较一九三九年增高了 111.5%（一九四四年为 97.7%），而一九四七年则更增加了 130.5%。一九四七年与前一年的增产率的比较，按照各个部门来看，成了下列的情况：

冶金业及机械工业	50%增
化学工业	43%增
建筑材料	40%增
树胶工业	99%增
煤炭	15.3%增

农业方面，虽然仍受着旱魃的灾害，但较之一九四六年也增产了8.8%。

一九四七年的国民经济投资额较之一九四六年也增加了60%。一连串的新的大规模的工厂及发电厂在开工，而且同时更有新的工业在开始。这些情形，意味着工业化政策在做初步的迈进。在贸易方面，输出增加了21%，输入68%。

一九四八年，在工业方面的计划，为超过战前水准的65%，一九四七年的水准的38%。那么一九四八年的计划执行得怎样了呢？据最近所发表的一九四八的计划的执行状态来看，工业的生产计划执行了106%，超过了一九四七年的水准40%。农业生产总额，虽然受气候不良的影响，但也渐次地恢复了一九三九年的水准，小麦达到了一九三九年的174%，甜菜达到了4倍的收成。因之，工农业生产的总计，为一九三九年的114%，一九四七年的139%。作为这样的二年计划的成功的执行了的前提条件的，是在人民政权的巩固、工人党的领导任务的巩固、人民劳动意志的昂扬，这些推进建设的主体的条件的整备之外，还可以列举出金属、机械设备、纺织原料、苛性碱、纤维素这些资材的输入的增加。

由于二年计划的实行，国民经济的社会构成，很明显地起了改变。社会主义建设基础的社会主义的成分比重，很明显地增加了。在工业方面，煤炭业——100%，电气业——100%，工业全体是90%。因之，在改造现有的工业企业的技术上，创造了几乎可以供完全利用的生产能力的条件。

农业方面，机械、拖拉机、耕种机站的数目达到了70个。由于这些耕种站的设备，耕作了25万海克脱的耕地。劳动农业生产合作社，是像前述那样的预定为80个。然而由于拖拉机耕作的耕地只占全部耕地的5%，由机械所收获的耕地只占全部耕地的17.8%，劳动农业生产合作社所属的耕地则不过只占全部耕地的 3.5%而已。所以农业方面的社会主义的经营形态是支配，前途还是辽远得很。因之，就是单只为了农业的工业化，强大工业的创设实为必要。而在农业还未社会主义化以前，对于和从小商品生产者中从事再生产而发展起来的资本主义分子的阶级斗争的问题，实不容忽视。南斯拉夫的铁托和波兰的郭木尔卡（维斯拉夫）所受批判的一点，就是由于在这样的情形下不要农民间的阶级斗争——贫、中农对于富农的斗争——而要把农民当作全体的领入社会主义的幻想。在苏联也是这样，在走向社会主义的过渡期内，一部分的共产主义者因抱着这种幻想而受到了批判。

在商业方面，由于运输事业的国有化，消费合作社的扩充，国营民众商店（零售）的开设，社会主义的成分被扩大了。所以，一九四八年，比之一九四六年商业各部门的商品交易额显出了如下的变化点：国营部门——100%增，消费合作社部门——94%增，个人商店——62%减，运输商业和贸易，渐次地都成了国营的了。从商业的整个面看来，达到了60%的属于社会主义的成分。金融机关则完全社会主义化了。

8. 第一次五年计划的创立

由于二年计划的执行，不仅完成了国民经济的复兴，同时创造了从农业国变为工业国的条件。据最近报告所称，二年计划不要到预定的一九四九年三月末，在一九四八年末即可完成。所以，从一九四九年到一九五三年为止的第一次五年计划早就在草拟中了。

兹将业已发表了的草案揭录如下，借以明了这个物件计划的意图所在的基本方向：

（1）五年计划的基本的政治的经济的任务，是扩大和强化社会主义的成分。在工业和商业方面，是发展社会主义的成分以驱逐资本主义的分子。在农业部门方面，是从个人农的合作社化和对于资本主义的分子的决定的斗争，而使社会主义的成分渐次扩大。

（2）急速发展国民经济之飞跃的发展的基础的重工业——特别是金属加工业、机械工业、化学工业、煤炭业、发电业等项。将国民经济投资额的43%转向工业，而其主要部分为重工业。

（3）劳动生产性的增大。

（4）国家经济力和国防力的强化。

按照部门为目标的具体的办法如下：

（1）在工业部门，第一是确立机械工业的发展之基础，尤其是为了完成铁道技术的重建工作及若干线的电化，扩充必要的重工业部门。第二，为了克服电力不足和促进电化，扩充发电业。第三，由地质探矿调查的进展，扩大冶金业的发展所必要的原料基础；煤炭的增产和熟炭化学工业的扩大。第四，增大农业上的收获率所必要的化学肥料及药品的增产；工业部门的发展所必要的硫酸、石灰、纤维素的增产。

（2）在农业部门，是促进农业的合作社化，完全改为机械耕作。在五年间应新设 160 座拖拉机、耕种站，重新保证 150 万海克脱（现在为 25 万海克脱）的机械耕作。拖拉机、耕种站的机械设备的充实与增加修缮工厂。正式地将农业科学导入农业生产。由增产与改良饲料以发展畜牧产业。

（3）在教育方面，新设中等及高等学校。尤其要有计划地培养工业、农业、建设所必要的专门人才。

（4）在国民生活方面，提高职工的物质的文化的水准，由建设工业企业所附属的工人住宅以缓和住宅不足现象。改善生活必需品的供给取消凭票配给制。国民一人的每年平均消费额从一九四八年的 30,700 拉瓦提高到一九五三年的 48,000 拉瓦。要较一九三九年增加 30%。劳动生产性计划要在五年间增加 50%，由此，对工人的支付工资总额就可以由一九四八年的 387 亿拉瓦增加到超过 691 亿拉瓦。

这种计划的执行，自然是离不开苏联和一切人民民主国家的援助的。虽然这个计划在是以自立本位为其特征的。因之，这个国家的建国计划，都是以本国的经济的本位的自立化为目标来草拟的，这在以上所述中，不难窥见。

四、确立人民民主主义的斗争

1. 革命后的阶级斗争

社会经济构造的没有加以革命的改造，则所树立了的人民的国家政权还不能得到磐石之安。然而这种彻底的社会经济的变革，当然是要由和内外的反革命势力的新的阶级斗争来达成的。而和新阶段相适应的阶级斗争的过程，同时就是人民政权的强化与纯化的过程。

"国家权力的获得，不过仅只是革命的势力的大事业的开端。由革命所颠覆了的统治阶级，还是依然比打倒了他们的革命势力强大有力得多。"斯大林在《列宁主义的基础》中这样说。这是引申了列宁的文章中所列举的下列三种理由：

（1）榨取者，在变革后的长时期内仍然持有若干大的实质的特权。如：种种的动产的联系和经营的技术。关于经营上的所有一切秘诀。关于和科学者和技术者的勾结，军事上的高度熟练等等。

（2）肃清地主及资本家是比较的容易的。但是要消灭榨取阶级，却并不是那么简单易举。因为以庞大的数目爬起来的小商品生产者的兴起，从他们当中继续不绝地产生了资本主义和资产阶级。而且对于这样以庞大的数目爬起来的他们，并不能用驱逐和压迫的办法对付。要和他们善处，在长时期内，必须要注意他们，加重教育他们。因为在这个期间，存在和继续着反革命的活动的地盘的缘故。

（3）国际资本的对于革命的压服的执拗的挣扎。

这里所写的，是指十月革命前后的情形。第二次大战以后的东欧各国的情况和该时相比有了明显的转变。第一，国际环境是极为有利的。邻接的苏联，业已成了坚强的社会主义国家，向着共产主义前进。尤其是苏联军队的继续追击法西斯德军，帮助了东欧各国的解放。直到签订讲和条约以后，都是援助了曾充作德帝走狗的这些国家的民主化。而德、意帝国主义的败北，大大缓和了从西方来的帝国主义的直接威胁。较之苏联在一九一八年至一九二〇年间所受的帝国主义者四面八方的包围攻击，大不相同。在国内的情形方面，和苏联的遭际也是大不相同的。在和德帝及其走狗国内的大资本家、大地主、反动政治势力的反法西斯——民族解放斗争的过程中，由于工人阶级和他的前卫党的为了民族利益的英勇的斗争，农民、小工业者、进步的知识分子直到一部分开明的资产阶级都结集在祖国战线中，而由工人阶级和他的前卫党在这个共同战线中掌握了确固的领导权。因为具有了这样内外的有力的条件，工人阶级才能和他的广泛的同盟者建立了反独占资本——反地主的人民政权，因而保障了向社会主义推进的基础。

不过，这种情形，并不是说在人民政权的树立中，不会有任何强力的反革命运动的意思。在反法西斯——民族解放斗争的过程中所组织的祖国战线政府，把产生于法西斯主义的资产阶级民主主义的工作，提升到进入人民民主主义的情形，是很明显的，因之，在打倒独占资本开始变革社会经济构造中，形成了内外的反革命势力的活动的激烈性。

权力的获得，——这不过是工作的发端而已。在一国内所颠覆了的资产阶级，由于许多理由，在长时间内依然是比把他们打倒的无产阶级强有力。因之，头等重要的任务，就是强化所获得了的权力，防止复辟。为此，下列三端实属切要：（1）粉碎由革命所颠覆了的和斗争了的地主和资本家的反抗，肃清复活资本权力的各式阴谋。（2）用团结所有的职工在无产阶级周围的精神来组织建设工作，其活动应指向阶级的斗争的方向。（3）为了和帝国主义斗争，组织革命军。——斯大林的这个指示，在第二次大战以后的东欧各国依然是颠扑不破的真理。即：人民的革命，并非单是达到了政府的建立就可以完成的。

2. 反革命运动的扑灭

内外反革命势力的最初的反攻，是由鼎鼎大名的英美帝国主义走狗格米特（德米特洛夫）所进行的侦察动作来发端的。格米特在战争期间原是藏在近东英帝管辖区内的。"九·九"事变发生后，他回到保加利亚来充当农民联合会的领导者，开始了与工人党的斗争。他竟用蛮横的方式来企图使农民联合会与工人党对立。他的主张是"成立农民的独立自主的政权，把共产党从祖国战线和国家机关中赶出去"。格米特派对反法西斯——民族解放战争，采取了失败主义的立场，力图在这方面从事阴谋活动。因之，祖国战线的提倡者又是推进者的工人党，为了防止祖国战线与工农之间的团结被阴谋分裂，才采取了积极的办法，号召大众反对格米特党徒。于是，反动势力在一九四四年九·九事变后想利用斯担布里斯基所谓建立农民独立自主的政权的旧口号，把农民和工人对立，借以达到分裂祖国战线这一恶毒的初次阴谋，就完全彻底干净地破产了，格米特挟着露出来的狐狸尾巴，借美帝驻保大使巴因斯帮助溜到美国去了。这是一九四四年十二月的事情。

祖国战线所遭受的第二次的反动势力的反攻，发生于一九四五年的夏天。这次企图是与美英两帝的政府，横蛮干涉保加利亚内政的企图密切相连的。这就是尼古拉·别特可夫所领导的农民同盟的右派与可斯达·尔尔切夫为首领的社会民主党右派及王制时代的指导的政治家穆霞诺夫所率领的民主党，受外来的怂恿和指使，脱离了祖国战线，对祖国战线政府形成了一个反对派。在对内外政策所有一切问题上都公开与祖国战线相对抗。他们把解放才不久的保加利亚的国内经济的混乱和国际地位的尚未稳定的罪责，都一齐推在工人党的身上。接着他们妄想改变以工人党为中心的祖国战线的政治，在争取所谓"民主主义与自由"的政治骗词下，掩饰他们的阴谋活动。

　　工人党在解放以后立即提倡民主的新国会选举，祖国战线的临时政府在一九四五年七月决定了八月二十六日为选举日。照当时的处境来看，早日选举殊属不利的内外的反动政治势力，千方百计地要迁延选举，并且多方阻挠。然而政府对反对派并未实施镇压，把选举迁延在十一月十八日。揆度当时的内外情势，就是反对派再作祟，实施民主的选举也是必要的。加以保加利亚尚未签订和约，所以尤为必要。选举日迫近了，反对派又再度地开始了迁延选举的运动，但是选举在十一月十八日到底实现了。选举运动一开始，他们又发动大众抵制。但是在选举那天，有权投票的88%的选民都参加了投票。这证明反对派没有一手遮天的本领，徒表示了他们的心劳力拙的丑行。

　　选举的结果如何呢？祖国战线获得了投票总数的78%，占国会的绝对多数。从此新组织的祖国战线政府，在这个国会中法制化了各种革命的施策。反对派则在议会中公开号召人民不服从"独裁者"——祖国战线的政策、命令和法律。对于政府的政策宣传"讲和为不利之举"。专门指靠外援，希望西方的国家，尤其是美国干涉保加利亚内政，这个时期，是祖国战线在解放后最大的危机时期。

　　西欧列强对保加利亚政府发表了强硬的警告，狂嗥选举是非民主的，为制造"干涉"的借口。在祖国战线中，也引起了动摇的微波。然而工人党，这祖国战线中最积极、最主要的力量，它协同祖国战线内的盟友，坚决进行了斗争，在展开顽强的大众斗争中，使这班反对派的领导者，脱离那些曾经投票拥护过他们的选民而陷于孤立。这个斗争获得了重大的胜利，这些反动家伙都变成了"空军司令"。一九四六年在巴黎的和会上，保加利亚签订了和平条约。英国不得不在法律上承认了保加利亚。祖国战线政府在苏联的援助下，把由于接连两年荒旱所造成的食粮危机解决了，人民被从饥荒中拯救了出来。新政府并遵照自己的纲领来着手实施各种重大的改革。这样，反对派的计划渐渐破产，连那些投票拥护过反对派的领导者的选民，也积极地参助了业已开展的建设事业，在事实上唾弃了反对派。于是反对派的头目们就来采取秘密活动手段，对人民政权的一切设施实行怠工，组织反革命阴谋，以期在国内造成混乱状况，好造成便利外国干涉的条件。

工人党培养着大众的警觉性，唤起大众和怠工者及危害分子作斗争。这样，逐渐地破获了以别特可夫为首的地下秘密组织，与此相勾结的潜伏在军队中的反动势力的残滓所策动的阴谋事件，也相继被破获。反对派既然已经蜕化成了反人民政权的阴谋家巢穴，成了西方帝国主义的公开代办，当时为了保加利亚和巴尔干的和平民主利益，绝对必须把反对派彻底粉碎和消灭下去。一九四七年九月别特可夫以反共和国阴谋的罪状被判处了死刑。接着在一九四八年二月别特可夫的余党五名被判处了死刑。这样，开始于一九四五年夏季的反对派的第二次反攻被粉碎了。这不仅打击了国内的法西斯反动势力，而且打击了英美两帝在保加利亚和巴尔干所进行的干涉阴谋。而一九四九年十二月所破获的内奸柯斯托夫一伙的叛国案，更证明了英美两帝对新的人民权力阴谋之深，因为在叛国的阴谋分子的供词中，证明了这伙匪徒是直接受英美两帝的特务机关领导的，但是他们都一齐失败，而且一齐"阵上失风"，当场捉住了。从一九四四年九月九日起义的胜利开始，经过了五年激烈的斗争和克服，祖国战线和人民民主主义愈趋巩固，奠定了保护和强化人民民主主义革命的成果——民族的独立和人民的经济——的强固不拔的政治基础。

3. 人民民主主义的确立

把人民民主革命的政治的经济的成果全部法制化了的，就是新的人民民主主义宪法的制定。在一九四五年十一月的选举后的第一次国会，已然早就提出了新宪法的问题。反对派是固守旧王制宪法的。据他们说，保加利亚人民长年的不幸，并不能归咎于旧宪法所规定的旧制度，而应该是由利用它的法西斯蒂来负责。工人党及祖国战线则以为必须变革包庇法西斯蒂横行的旧制度，主张制定新宪法，以保卫变革结果所产生的新制度。国会决定了召集特别议会，以便由国民投票取决工人党所提议的，"王制或是共和国"问题和制定宪法问题。

一九四六年九月八日的国民投票，绝大多数的选民——400万人——都拥护建立共和国，只有17万人赞成保留王制。决定了废除王制和建立共和国政体。一九四六年十月二十七日的宪法议会的选举，工人党和祖国战线更获得了光辉的胜利。祖国战线获得了70.1%的选票，其中工人党占63.16%，反对党共计获得28.89%的选票。在465位议席中，祖国战线获得了366席（其中工人党占278席），反对派各党占99席。然而工人党并不建立单独政府，仍然建立了祖国战线政府。

一九四六年十一月二十八日组成的以工人党的季米特洛夫为总理的祖国战线新政府，同时公布了人民议会的特别委员会所提出的新宪法，以便全国人民的讨论。

由工人党所草拟，经过祖国战线所通过的这个宪法草案，经过了人民议会的特别委员会及全体人民的大众讨议，在一九四七年十二月四日由人民议会所采纳。作为讨议的结果，修正了若干处所。重要的修正点，例如由大总统制改为干部会议制，以及关于地方机关权力的修改等等。

人民共和国的宪法，具体地规定了人民民主主义的性格，反映着推翻法西斯——民族解放斗争胜利后保加利亚国内的政治、社会和经济结构中已经实现的一切深刻改变。兹摘录其特征要点如下：

（1）人民共和国之政治的性格

保加利亚人民共和国是代议制人民共和国。一切权力，发自人民、属于人民。权力系由自由选举的代议机关以及人民投票而行使。除去为法院所判决被剥夺和被停止了民事的及政治的权利者以外，凡年龄达18岁的男女，毫无限制地具有选举权与被选举权。军人亦具有选举权。代议员对于选举人负有责任，在任期未满时亦得被罢免。国家的最高权力机关为人民议会，人民议会系唯一的立法机关。并非采取大总统制而系采取干部会议制（15名）的人民议会干部会议，系由代议员自代议员中所推选，在任何时期内都可为代议员所更换。总括言之：是以造成可以完全确保人民的政治的权利为目的的。

（2）社会经济机构

保加利亚人民共和国的生产手段，是国家的所有（全人民的所有）、合作社的所有、个人以及法人的私的所有三种。地下矿藏、森林、水利、铁道、空运、电报、电话等为国家的所有。国家的所有，就是国家经济的支柱，受到特别的保护。国家可以将工业、商业、运输、信用的全部或一部收归国有。国家对于合作社，予以支持和奖励。凡被许的私的所有，受有法律的保障。唯任何人不得利用所有权违反社会的利益。例如：卡特尔、托拉斯、康采恩式的私有独占组织，绝对禁止。私的所有，只限于对国家、社会有利用必要的场合，以正当的代价强制地被收用。

土地由耕者所有。由法律规定个人所应具有的土地的广度以及非耕者具有土地的场合。禁止个人具有巨大的土地。劳动农业生产合作社，由国家奖励，受国家特别的保护。国家可以组织国营农场。

国家为了图谋国民经济的合乎目的的发展以及增进国富，依照国家经济计划，指导国有经济、合作社经济、私的经济。

劳动被看作基本的社会经济的要素，受国家的全面的照顾。国家精密考虑一般的经济政策、金融政策、租税政策等等，直接帮助工人、农民、家内工业者、知识分子。国家为了全面地改善职工生活，奖励他们的组织及创造的活动。以上要约而言，就是：人民共和国，在一方面禁止大资本及大地主的存在，同时在另一方面保证向社会主义的发展。

（3）市民的权利和义务

凡人种的民族的宗教的憎恶的宣传概行受法律处罚。女子在各方面和男子平等。孕妇在劳动关系上受有特别的保护。市民具有劳动的权利。国家由于要计划地发展国民经济，市民应保证其劳动的权利。按照劳动的量和质而受报酬。

市民有休息的权利。这种权利，由劳动时间的限制、每年的支薪休假、休息的处所及俱乐部的设施而保证之。未经正式结婚所生育的婴孩和经过结婚所生育的婴孩，具有同等的权利。国家特别照顾青年之社会的、文化的教育以及体育。市民受有良心及信教自由的保证。教会从国家分离。禁止利用教会以及以宗教为政治之目的。保证结社的自由。但违反由一九四四年九月九日人民起义所获得的现行宪法所保证的权利与自由，威胁民族的独立与国家的主权，公然甚至秘密宣传法西斯的反民主主义的观念，易于引起帝国主义侵略，——凡以此为目的的组织之设立及参加此种组织，得由法律禁止惩罚。规定对出版、言论、集会、示威运动的自由。

人民的权利及自由是像这样的广泛和实质地被保障。

保证了走向社会主义的远境的作为国家形态的人民共和国——人民民主主义的性格，从保加利亚的新宪法的条文中可以具体地看到了。而还在全民表决关于废止王制政体和宣布人民共和国的前夜，季米特洛夫总理在演说中，已然把人民共和国在这个阶段中的阶级的本质规定了：

（1）保加利亚不会是个苏维埃共和国，但它会是个人民共和国，其中起领导作用的人民绝大多数，即工人、农民、手工业者和人民知识分子，在这个共和国内不会有任何专政，但其中起决定作用的主要因素将是劳动人民大多数，即从事有益社会劳动的人民，而决不会是资本家，不会是在政治上道义上已经腐朽的少数资产阶级上层分子；

（2）在保加利亚人民共和国内，国家政权将实际保护用劳动获得的私有财产，使其不受掠夺者和投机者侵犯，但它决不会准许大资本主义投机者的私有财产，把工人、农民、手工业者、职员及人民知识分子等劳动民众，沉沦于饥饿和贫困境地；

（3）在保加利亚人民共和国内，决不会让那些可耻的旧物，如君主制度、法西斯主义和大保加利亚沙文主义思想等死灰复燃，而会造成宪法上、经济上、物质上和文化上的一切必要条件，保障我国按着进步道路发展，直到消灭任何人对人的剥削现象为止；

（4）保加利亚人民共和国将是享有民族独立和国家主权的自由独立国家。它决不会去受那些想在政治上、经济上奴役弱小民族的资本主义康采恩和托拉斯播弄；

（5）保加利亚人民共和国，将是保持斯拉夫诸国人民友爱团结而反对任何可能侵略行动的因素。它决不会做那种煽起民族仇恨的反斯拉夫政策和反苏政策的应声虫；

（6）保加利亚人民共和国，将同其他一切爱好和平的民主国家共同携手努力，成为维持巴尔干以及欧洲和平民主的坚强因素，而决不会去做军事冒险行为和侵略战争的工具。

五、新的国家机关的建设

人民民主主义国家，并不是采用苏维埃制，而是采用代议制的。因此，引起了一种误解：以为人民共和国是由代表人民势力的左翼政党集团在议会内占多数而成立的，不过这种看法，和东欧各国的现实并不相符。这从上述各节中也可以得到证明。

列宁在《国家与革命》中说："马克思和恩格斯把巴黎公社的一个基本的主要的教训看得异常重要，而把它作为对于共产党宣言的一个本质的修改。"这就是马克思和恩格斯共同署名，如宣言的德文版在一八七二年六月二十四日所写的序言中所说的："共产党宣言的纲领，在今日……有些地方已经陈旧了……尤其是巴黎公社证明了工人阶级不能简单地夺取现成的国家机关，而运用它来达到自己的目的。""工人阶级应当破坏并粉碎'现成的国家机关'，而不仅限于简单地夺取这个机关。"（马克思语）。然而马克思限于他所生的时代的历史条件，他的结论只限于欧洲大陆。他在巴黎公社正在存在的时候——一八七一年四月十二日写给库格曼的一封信里说："……如果你读到我的《拿破仑第三政变记》一书最后一章，你就可以看见，我认为法国革命下一步的课题，是在于：并不是把现成的官僚的军事的机关从一手转交他手，如今日以前一样，而是非把它粉碎（马克思的着重点，在原文上有 Zerbrchen 一字，中译本译为破毁，日译本用粉碎，似较恰当——编译者注）不可。而这就是任何欧洲大陆上的真正人民革命所应采取的前提条件。"生于独占资本主义时代的列宁，把马克思的这种评价适应了新的情势给予了发展。他在《国家与革命》中说："那时英国还是纯粹资本主义国家的模范，而就大体说来，是没有军国主义或官僚制的。因此，马克思便把英国除外……然而现在呢……马克思的那种限制已经不适用了……。世界上最大而最后的那二个军国主义和无官僚主义的盎格罗萨克逊'自由'的代表者——英国和美国——已完全卷入全欧的污秽的血坑中去了，卷入驾驭一切和压服一切的军国官僚制度的血坑中去了。现在无论在英国和美国，'一切真正人民革命的前提条件'，便是破坏和粉碎'现成的国家机关'。"

所以，"现成的国家机关的粉碎"，已经成了马列主义革命理论的重要一部。在保加利亚及东欧各国，原是受着变成了外国帝国主义走狗的独占资本和地主的强力的军事的官僚的统治的，在这个场合上，如果仅是在议会内以占多数而成就了人民革命，那就成了对马列主义的革命理论做了本质的修正了。然而放眼来看保加利亚的人民民主主义的确立过程，就可以明白人民民主主义的革命，并不是原封接受旧的国家机关的，而只是在粉碎旧的国家机关与建设新的国家机关的过程中，有着和俄国在一九一七年的场合种种不同的特征。

作为在法西斯德国压迫下、反法西斯民族解放斗争与九·九武装起义的结果，是国家权力的从反人民的分子手里的接受。不过新的人民政府，要是原封不动地使用了成了少数统治阶级的机关的腐化的原来的国家机关，那就辨不出什么替人民利益服务的政策了。临时政府必须彻底地粉碎王制——法西斯独裁和它的国家机关，同时迅速地建立为了进行人民权力的政策的新的国家机关。这样做，才能确保彻底化的民主主义革命的成果和向社会主义的发展。在这个场合上，在新国家机关的建设和强化上起决定的作用的，就是解放斗争的推进者的工人阶级和其他的职工层的同盟。通过作为它的组织形态的祖国战线委员会，着手了王制——法西斯分子的肃清和人民权力的国家机关的全国性建设。

祖国战线内的领导者工人党，在破坏旧保加利亚地主的国家机关和建设新的人民权力的国家机关上，当然是以马克思—列宁关于国家的理论为指针的。而且，工人党大大地学习了苏联共产党那样的、在作为工人和农民的社会主义国家的苏维埃国家、在创设和发展过程中，采纳了人民大众的创意，它在新国家的建设上，广泛地吸收了人民大众的创造性的提议。

新国家机关建设的第一阶段，是从一九四四年九月九日的革命的政变到王制的废止——人民共和国的宣告成立。一九四四年九月九日的政变，并没有把原来的王制——法西斯的国家机关立即加以根本的破坏。在这一点上，十月革命是把旧国家机关连根都拔掉地破坏了的。打破了旧权力的人民权力，临时地把九·九以前的国家机关的一部——主要是行政机关——予以改造使用。不过在这个场合上，是用新的干部代替了原来的伪干部。祖国战线，从内政部起，所有中央行政机关的领导者地位，都任命了新的人民的领导者。原先的各级地方官吏，也立即予以罢免，而且在同时，为了经济上的复兴计划，建立了新设的最高国民经济会议。警察和宪兵也立即予以彻底的废除，由游击队及武装的工农所组成的人民警察所代替。他们在肃清法西斯分子及巩固人民权力上贡献很大。法西斯军队亦适应战争的性质重新改编了。法西斯军的首脑人物，或者予以逮捕，或者罢免，而由游击队领袖、政治犯、反法西斯分子代替。并且把游击队和义勇军编入了军队，建立了军队的政治学校，加重指挥官的政治教育。废止了原来的法院，依照特别法建立了人民法院。法官则由工人、农民、进步的知识分子中选任。人民法院以检举和惩处法西斯分子为首要任务。和国家机关的应急需要的再编成相共的，是废止了一连串的反人民的法律。

由一九四六年九月八日的国民投票，废止王制，以及十二月的人民共和国宪法的制定，新的国家机关的建设进到一个新的阶段。至此，在祖国战线的监督下，残余的王制以其旧国家的一切形态的废除，都予以立法化了。第一，从原来的王制跳过大总统制而创立了人民议会干部会制。第二，行政机构都予以根本的再编成。最高国民经济会议被根本地改组，创立了国家计划委员会，在各省及地方议会中也设立了计划机关。这样，行政机构以国民经济的计划的组织为中心被改造了。而以防止国家行政机关的浪费和腐化为目的的国家统制委员会的新设，则是在新的阶段中，行政机关改造的第二特征。这个委员会，就是专一以除去旧国家机关的积习的腐化为目的的。作为担当新的人民文化的建设机关，新设了科学文化艺术委员会。第三，司法机关的改组。以由国民议会选出只向国民议会负责的共和国检察总长为首长，组织了检察署。同时也根本地改组了法院，更广泛地由人民代表中拔擢法官。第四，根本地改组了国家权力的地方机关，选举产生的县人民会议以及市、街、村、人民会议成了国家权力机关及地方自治体的最高机关。因此，人民权力和大众的结合，就更明显地巩固起来了。

这样的来肃清旧的国家机关和建设新的国家机关，就必然要和隐藏在国家机关里的反动分子的反抗作斗争。尤其在反抗最激的陆军部、外交部、财政部、商务部等处。至于成了新的领导者的人民代表的不熟练，使新的国家机关的正当的圆滑的运用只是形式的行事，则必需予以纠正。人民权力方面的缺点，还可以列举出下列各点： (1) 祖国战线和工人党的地方机关无视群众，暗地里更换地方机关的代表。 (2) 新的领导者，对大众的呼声充耳不闻，只是官僚地推托了事。混入祖国战线和工人党的无赖痞子滥用权力。在这样的情况下，为了保卫人民的利益和向社会主义前进，工人党就不得不动员大众和官僚主义、妨害行为、腐化作斗争了。而且同时为了党的纯化，更不得不这样来干。季米特洛夫在一九四五年十月的国会演说中曾这样说："为了把我们的国家完全造成人民的国家，我们就非要把许多旧毛病除去不可。在数十年间，把积累在国家机关中的腐败，一扫而光是困难的，腐败和官僚主义是根深蒂固的。然而不管怎样，必须把这些一扫而光才行。"这个大事业，只要一动员群众的力量，没有不成功的。而因为借助了群众的力量，才有今天伟大的成果。然而，工人党的到今天为止的新的国会机关的建设成果，不过是走上了建设工人阶级和农民阶级的社会主义国家的第一步，要是不能把人民国家更加巩固地完成，社会主义建设还是无从谈起的。

六、向社会主义的推进和工人党与祖国战线

工人党及祖国战线的指导者季米特洛夫，早经在一九四六年春天，说过这样的话："在社会发展的这个阶段，即在祖国战线时代，我们的政策究竟是什么呢？简括说来，就是如下：从我们这一工人阶级政党，即无论现在或将来都是劳动人民政党的党来看，具体和彻底实现祖国战线纲领，就是造成确保我国人民能实行过渡到社会主义的必要条件。大家知道，各国人民的未来，归根到底是实现社会主义。但现在为社会主义的实现而斗争的道路，却已与一九一七年实现十月革命的时候不同了！当时必须推翻沙皇制度，当时为了过渡到社会主义，必须建立无产阶级专政。大家知道，从那时起到现在已经快三十年了，苏联这个社会主义国家，业已成长为保障和平的伟大力量。这个社会主义国家在伟大卫国战争中，表现了最大的生命力，它在战胜法西斯蒂而挽救欧洲和全世界文明方面做出了最大的贡献。这次战争灿烂地证实了社会主义制度的雄伟力量和优越性。这点在整个国际形势发展上已经发生，并且继续发生着巨大的影响。由于战争结果以及由于苏联伟大事业的影响，许多国家都已开始了深刻的民主改革。这些国家中包括有南斯拉夫、捷克斯洛伐克、波兰、匈牙利、罗马尼亚、芬兰及保加利亚。这种民主改革，这种反对世界上一切反动旧制度，反对大投机资本、卡特尔、康采恩、帝国主义势力的统治，而按进步道路

向前发展的运动，在殖民地和半殖民地，在印度、印尼及其他许多国家，都已在发生。苏联这一伟大社会主义国家存在的事实，以及目前战后时期所发生的有历史意义的民主改革，在许多国家面前都把实现社会主义的问题，提出作为工人阶级与农民、手工业者、知识分子及其他进步阶层合作的问题。"所以把季米特洛夫在今日保加利亚事情上的实现祖国战线纲领的斗争与社会主义的斗争认为是有区别的人，他不仅不算是一个马克思主义者，而且可以说是一个挑拨家。

然而这并不是说，在向社会主义推进的问题中，首先应该提出来的不是工人阶级与其他的职工各阶层的合作问题——工人党与社民党、农民党合作的问题。像从前面的详细叙述中可以明白的那样，在和成了德帝的走狗、国内反动势力的斗争过程中，由于工人党的果敢的挺身而起的战斗，才把广大的大众和反法西斯政党团结在自己的周围。正因为这样，才有了主体的客观的条件的存在的可能性。所以，作为反法西斯斗争的结果所建立的祖国战线的国家权力，是只把卖身给德帝的大资本家与大地主的企业和土地交还到劳动人民手中的。正是这样，向社会主义推进的问题，就不仅不是把中间层使之中立化的问题，而是把作为和他们的合作的问题而提出的。

然而，在为了巩固祖国战线上，也并不是要把工人党解散。反之，只有把工人党扩大强化，祖国战线才能更加强化和纯化。否则，就不会产生向社会主义推进的政治条件。季米特洛夫，在一方面批判了认为团结一切进步的民主势力在祖国战线中、和实现祖国战线纲领的斗争、与社会主义的斗争是两回事的人，不算是马克思主义者；同时在另一方面，像下面那样地强调了工人党的独自的历史任务："工人党，是工人阶级——劳动人民的党，是马克思主义的党。它和其他的任何政党根本的不同。在政党之中，有为了履行一时的目的而结成，在目的履行完毕就消失这样的党。工人党，不是这样的党，是历史的政党。工人党是在斗争中产生在斗争中发展，从今以后，更要在斗争中长成的。共产主义社会一产生，政党的存在就没有了必要，但是在达到这瞬间以前，在社会发展的各阶段，它必须执行所应执行的任务。"

祖国战线对参加者，有工人党、农民联合会、兹芬诺党、社会民主党、急进党五党，以及职工会、妇女团体、青年团体、文化团体、合作社等群众组织。不过，祖国战线并不是各个政党间的普通联合，而是工人、职员、农民、家内工业者、人民知识分子间的战斗同盟。其目的是要在真正民主基础上，为复兴国家而斗争而工作，工人党掌握着它的领导权。由工人党发起，祖国战线全国委员会同各政党的领导部，一起通过了确定祖国战线内部条例和内部纪律基础的原则，这些原则是一切参加祖国战线的政党所必须遵守的。祖国战线全国委员会常常协同各政党和群众组织领导人一起举行联席会议，共同讨论关于国内问题及团体都派有代表参加，决议由全体一致通过后施行。但委员会的这种组织法，是与作为单一大众政治组织的祖国战线的本质不相符合的，需要急速重新加以改变。

在一九四八年二月三日至四日召开了祖国战线全国大会。在这个大会上，全会一致通过"把祖国战线变为人民的单一大众政治组织"。结果，祖国战线的性格有了变更，工人党与祖国战线关系有了变更：

（1）工人党与祖国战线的合作关系，因建立了工人党的发议权而被强化扩大，祖国战线转化成为人民的单一大众政治组织。工人党不仅可以经常地指导群众及战线，而且在战线内的其他各政党，公认了工人党的实力和在指导上的支配。战线具有全加盟者必须遵守的规约与以建设社会主义建设的基础为目标的一般的纲领。祖国战线这个向单一大众政治组织的转化，应该看作是在人民民主主义的发展途上的重大前进。

（2）不过祖国战线之向单一大众政治组织的转化，并非是战线的变为一党化。各政党仍各有其独自的组织与教育的活动。只是各党的合作关系，各自自发地将其自己的活动，在使完全从属于祖国战线纲领上，程度地加深了。

（3）加盟与祖国战线的各政党，在共和国宪法及祖国战线纲领下，有将其政治教育以造成党员成为具有社会主义社会的意识的积极的建设者的义务。

（4）祖国战线的这样重新改变，并不是它的在国家之社会的、政治的、经济的、文化生活之中的领导支配权的减少。反之，是它的领导支配权的更形增大。祖国战线原是工人、农民、家内工业者、人民知识分子的战斗同盟的独特的组织形态，工人党则是作为这个同盟的领导者的工人阶级的前卫。共同战线虽然经过强化，依然还是共同战线，决不就是党。就此而论，战线与党都各自有其独自的任务。作为劳动阶级者前卫的工人党，只不过是把战线领向社会主义的被马列主义所武装了的火车头。

（5）支持以建设社会主义的社会为标的的工人党，就是把民主势力的战斗同盟祖国战线更加巩固了起来。在为了发展与巩固祖国战线上，作为战线核心的工人党的组织的思想的巩固，实属必要。因之，党必须要在群众之间公开活动，使群众确信党的政策的正确性。因此，党必须要有批评与自我批评、纪律的强化、与理论及政治水准的强化。

决定了把祖国战线改为单一的大众政治组织的大会，同时修订了祖国战线的共同纲领：

（1）彻底实施工业国有化（第二次的国有化）；

（2）开设国营及市营百货店、食堂；

（3）由国家独占烟草、酒类、液体燃料、盐等；

（4）开设国营及共营农场；

（5）封闭私立宗教学校，由国家接受全部大众教育机关；

（6）确立以与苏联的密切友好关系为基础的外交政策；

（7）发动以缓和讲和条件及加盟联合国为目标的运动。

从以上的一至四项的判断中，可以知道祖国战线愈来愈以实现社会主义为直接目标而努力。这个目标，在第一个五年计划中被具体化了。

作为确立向社会主义推进的政治前提的又一件大事，是工人党与社会民主党的合并。由于向社会主义推进的时期是激烈的阶级斗争过程，在祖国战线与国家权力之中，确立与强化工人阶级（是向社会主义彻底的前进的唯一阶级）的领导权，具有着决定的意义。这两个以马列主义为基础的党的合并，在保障工人阶级的意志与组织的统一上，产生了重大的意义，在两党的合并大会上，所共同承认的重要事项，有如下列：

（1）承认以马列主义作为行动的指针；

（2）承认工人党的纲领与纪律；

（3）与工人阶级和社会主义建设有害的广义的社会主义理论作斗争；

（4）与从有害的广义的社会主义理论所产生的阶级协调主义作斗争；

（5）与帝国主义的帮凶右翼社会民主主义作斗争。

七、结论——关于人民民主主义

　　一九四八年十二月所召开的保加利亚工人党第五届大会，关于人民民主主义做了一个总结算，最后，以季米特洛夫的报告为中心，把这个问题做了结论。

　　季米特洛夫，在为了向社会主义的确立前进上，在人民民主主义——人民民主国家的性格、任务、展望的问题上，做了如下的本质的说明：

　　(1) 人民民主主义——人民民主国家，是由于在第二次世界大战中苏联的历史性的胜利，法西斯德国的战败，以及为民族独立与自由的保加利亚人民的斗争的结果而变成了可能的。这个人民民主国家，具有下列四种特征：

　　(甲) 人民民主国家，以工人阶级掌握领导的任务，是人民的压倒的多数——劳动者的权力，这意味了：第一，是打倒资本主义分子及大地主的权力，以工人阶级为领导者的都市与农村中的劳动人民的权力。第二，是对于以复活资本主义体制及资产阶级的统治为目的的一切企图与倾向的劳动者的斗争的工具。

　　(乙) 人民民主国家，是以保证向社会主义的发展为任务的过渡期的国家。剥夺资本家及大地主所有的权力，将其财产收归为人民的财产，但是资本主义的经济根源还没有肃清，资本主义分子还有残存，资本主义的复活性还存在。因此，向社会主义的前进，只有通过和资本主义分子作非妥协的斗争才行。人民民主国家，因为要不断地面向社会主义前进，就只有巩固自己，才能完成自己的任务。而且人民民主国家若是停止了和榨取阶级的斗争，榨取阶级就会掘坏人民民主主义的基础，人民民主主义就可能被颠覆。

　　(丙) 人民民主国家是由于苏联的友好而建立起来的，苏联把保加利亚从帝国主义的枷锁中解放出来，在建立人民民主主义国家的过程中，又援助了解放斗争。因之，为了人民民主主义今后的发展，必须要保持、巩固和苏联的友好关系。

　　(丁) 人民民主国家，只有走进反帝—民主阵营，才能保障独立、主权与安全。

　　(2) 法西斯德国军事的崩溃，资本主义构造的危机和深刻化，苏联和各人民民主国家的紧密的提携——在这些情况下，不是采取苏维埃制而是用人民民主主义制，从资本主义走向社会主义的人民民主主义制，是在现在的历史条件下，在工人阶级的领导下，来完成劳动者的统治，是在肃清资本主义分子和建设社会主义上充任了必要的无产阶级的专政的机能。不过在这个过程中，人民民主主义是要有变化的，必须在国家的社会生活中强化工人阶级的力量。为了对于农村中的富农及其同伴者的斗争，必须团结一切可以充任工人阶级的联盟者的势力，必须强化和改善作为限制和肃清阶级敌人手段的人民民主主义制。

（3）人民民主各国，在与内外敌人继续斗争中，业已在向社会主义前进。最近在这些国家中，业已在进行着建立建设社会主义的必要条件，及将来的社会主义社会的经济的文化的基础活动。这个场合的具体任务，有如下列：

（甲）在国家、社会、经济、文化的全面下，要不断地加强工人阶级及工人党的领导力量；

（乙）在工人阶级的领导下，巩固工人阶级与劳动农民的联盟；

（丙）在国民经济——尤其是大工业——中进行社会化部分的发展；

（丁）准备在农业中肃清资本主义分子，采取对富农的限制政策，扩大农业生产合作社 MTS 等，促进对贫、中农的援助。

这里值得注意的，是大会以所谓人民民主主义国家形态，作为实施无产阶级专政的机能这一点，在季米特洛夫报告的结论中，说得更明白："苏维埃制和人民民主主义制是同一权力——都市与农村的劳动者联盟的劳动阶级的权力——的二种形态。这二种形态就是无产阶级专政的二种形态。"不过怕在这里招来重大的误解，在这个结论做出来以前，季米特洛夫特为强调下列两端：

（1）九·九（人民起义）及其以后，党即决定了在为了予王制——法西斯的徒众以决定性的歼灭和在民族独立的斗争上，最大限度地团结一切民主势力的方针。因之，对于个别同志的必须立即着手做社会主义的变革的意见，予以决定的反对。这个时期在经济战线上党的主要的努力，是急速地复兴因战争、占领、旱魃所破坏的国民经济，并没有立即着手决定性的经济变革。不过对于卖国的大资本家和大地主，并没有采取宽容政策。这个方针是唯一正确的方针。

122

（2）工人党与社会民主党的以马列主义的掌握相合并，以及工人党在祖国战线中的成为领导者向单一大众政治的转化，在国家权力中，在巩固与确立工人阶级与其前卫的领导力量上，具有重要的意义，创造了向社会主义直接推进的政治前提。祖国战线的意义和力量，决不能给以过小的评价。

波 兰

一、围绕着人民权力之树立的斗争

1. 人民会议与亡命政权

与第二次世界大战的结束同时，在从法西斯德国的抑压下获得了解放的波兰，开辟了新的发展道路。不过，与这同时，也意味了波兰在这之后围绕着它所发展的方向——民主与反动间斗争的更为激化。那就是，以树立真的人民权力为目标的民主势力与筹谋复活地主大资本家的权力的反动势力之间的斗争，在解放以后，愈趋激化。

但是，这两种势力的斗争，并不是在解放后才开始的，它早在解放过程中尖锐地显现了出来。在这个斗争中，民主势力是为这以后的胜利，创造了确乎不拔的前提的。

首先，就是波兰的各民主主义政党——波兰工人党、波兰社会党、农民党——在一九四〇年一月一日组织了人民会议。人民会议是波兰的民族解放斗争的领导中心，是和法西斯德国战斗的波兰地下议会。并且，与这相适应的，在各地方也渐次组织了地方人民会议。

更进一步地，在一九四四年七月，组织了作为人民会议的临时执行权力机关的波兰民族解放委员会。在这里，地下解放运动的领导者波兰工人党、波兰社会党、农民党以及其他民主团体的代表都参加了。

民族解放委员会虽说成立于一九四四年七月，但在这一年的一月，苏军即已突破波兰的旧东部国境线，六月中渡过布格河，奠下了新波兰解放的第一步，把德国侵略者从波兰驱逐的决定性的战斗，在这时到了迫近的时机，在这个决定性的瞬间所成立的波兰民族解放委员会，在成立的翌日二十二日发表了宣言，其中表示了在解放斗争中的当前任务和在经济、政治、社会、文化各领域中的民主波兰建设纲领。此后，波兰的民主主义的各种变革，都是以此为基础来发展开的。在意义上，这个宣言对于人民民主主义波兰，是具有历史性的意义。

民族解放委员会的宣言，关于波兰的新政权，缕述如下：

（1）以自由和独立为指标与德国侵略军战斗的人民，作为其代表机关设立了地下议会——波兰人民会议。由斗争的人民所建立的波兰人民会议，是波兰的权力的唯一的法律的源泉。

（2）伦敦流亡政府，有着立脚于一九三五年四月的非法的法西斯蒂宪法的自称政权，是没有权能的政权。

（3）波兰人民的临时议会，为领导人民之解放斗争，更为获得波兰国家的独立与复活，作为法律性的临时执行权力机关，设置了波兰民族解放委员会。

（4）波兰人民会议与波兰民族解放委员会，以依据法律的方法所制定、尚不失为真的法律的宪法的一九二一年三月十七日的宪法，作为行动之绳准。

（5）一九二一年宪法的基本的规定，在宪法制定议会设置以前概行有效。这个宪法制定议会系以直接、平等、不记名、比例代表制的总选举而选举。宪法制定议会，作为人民的意旨之表现者制定新宪法。

（6）波兰民族解放委员会，秉承波兰人民会议之命，执行波兰解放地区政权。波兰民族解放委员会，全部统治县、镇、市、村的人民会议。民族解放委员会，命令即时解散侵略军时代的行政机关。

因之，一方是波兰民主势力的团结于以树立新权力为目标的人民会议、民族解放委员会周围；一方是波兰的旧支配阶级在伦敦建立亡命政权，而且有社会党及农民党的右派参加。像前述的波兰民族解放委员会的宣言所指出的，人民会议及民族解放委员会系以一九二一年的宪法为依据，而伦敦的亡命政权却立脚于一九三五年的宪法。

兹略论这两个宪法的内容。

一九二一年的宪法，系在第一次世界大战后波兰完成独立时。资产阶级在革命运动的压迫下无可奈何所制定的东西，这个宪法虽然有着一定的欠缺，然而它在解放后得到了合法的修正，以土地改革为首，照顾了波兰人民的利益。然而一九二一年宪法的承认，是在解放过程中，使波兰的政治势力各有千秋的基本问题所在。

另一方面。一九三五年的宪法，系由一九二六年五月的反人民的变革，而夺取了权力的法西斯一派压迫人民的武器。对于一九二一年宪法所规定的国民权力，在这个宪法里是集中整个权力于大总统，把波兰人民的基本民主主义各种权利剥夺得干干净净。在这样反人民的宪法下，农民得不到土地，工人毫无权利可言，知识分子呻吟于逼害之下，战前波兰的民族抑压，连当世其他法西斯国家，在相比之下，都自叹弗如。尤其是在对外政策上，法西斯一派，追随着以支配世界为目的的德国帝国主义的膨胀计划。

然而，一九三五年宪法所由生的政体，无论在对内或对外上，都没有保证了波兰的和平。它对于国内问题或对外问题都解决不了的。实际说来，一九三五年宪法，不过是图用暴力镇压波兰人民的武器而已。而且，它的结果，是造成一九三九年九月的破局，造成了德帝的五年的占领。波兰人民早就明白了这个宪法的破产，然而波兰旧支配阶级却将它奉如护身符，当作维持他们权力的唯一基础。

因此在对德战争时代，波兰的政治势力完全分裂为二。一九四五年一月一日，波兰民族解放委员会改称为波兰临时政府，集中全力和苏军协力解放了波兰全境，而在那一方面，伦敦的流亡政权，采取了阻碍解放斗争的反民族的立场，完全变成英美帝国主义的走卒，垂手等待到历史性的德帝投降之日。

2. 民族统一政府与各政党

波兰完全解放后，伦敦的亡命政权，依据克里米亚会议的决定返国了，一九四五年六月二十八日，以波兰临时政府为中心，加入伦敦亡命政权的米柯莱奇克和另外一名，成立了民族统一政府。这样，在对战争中分裂为二的波兰政治势力，虽然在解放后复归于统一，但是这仅是形式上的统一，其后两派的斗争，围绕着解放后的民主波兰的各种建设问题，愈演愈烈。

然而，像前述那样，在这个斗争中，波兰的民主势力早已奠定了胜利的百胜基础，例如，试一看民族统一政府阁员的政党构成，——工人党——6，社会党——6，波兰农民党——3，农民党——3，民主党——1，无党派——2，——就可以知道民主主义各政党占压倒的多数，虽然亡命政权总理米柯莱奇克归国后坐了农业部长的椅子，但是那时土地改革已然大致完成了。再有，在人民会议中民主势力的地位也是很强固的——在444名的议员中，有340名的民主主义各政党的代表。不过，在这以后，反动势力，以宪法制定议会为目标，一方面用极为野蛮卑鄙的方法——暴力手段；另一方面通过作为他们的唯一的合法政党——波兰农民党，对民主势力挑战。但是在叙述那经过以前，先来对战后波兰的各政党做一个简单的介绍。殊有必要：

（1）波兰工人党

波兰的劳动运动，由逐渐克服内部的思想意识的动摇，经过了近七十年，才在本质的阶级斗争中发展起来。一八八二年，在波兰揭起马克思主义旗帜的最先结成的政党是"无产阶级者"。渐至一八九二年，结成了波兰社会党。波兰社会党，是属于第二国际的右派的社会民主主义者、资产阶级、民族主义的分子所结成的。一八九三年，波兰、立陶宛社会民主党产生了。该党是"无产阶级者"的革命传统的继承者。

俄国十月革命的影响，在波兰的劳动运动上也引起了强烈的反映。其结果，是波兰、立陶宛社会民主党和波兰社会党左派合并，这才结成了波兰共产党，一九二八年，地下的波兰共产党，在选举中，得到100万票。其后，共产党用所谓"面包、和平、自由！"口号号召建立反法西斯人民战线。然而，波兰社会党右翼反对这个号召。

一九三八年，波兰共产党，因在党领导部中预先潜入反动分子的结果，几濒于解散。在长期间的地下活动中，虽然受尽镇压与挑拨，但并未和群众脱离。而且，一方面由于波兰社会党右派领导者的作内奸，另一方面共产党的作英雄的斗争，使波兰社会党的党员大众渐知有所选择。因之，波兰社会党的诚实分子，开始理解了工人阶级的统一战线的意义。

在这种情形下，波兰工人党，由于共产党旧党员和其他民主主义活动者的协议，在地下成立了。该党规约有如下述："波兰工人党，是波兰工人阶级和波兰人民的先进的组织部队。"波兰工人党，不消说，对于法西斯德国的侵略，站在人民大众斗争的先头。该党把波兰从法西斯轭下解放和社会主义国家苏联对法西斯德国战争胜利联结起来。该党在第一届大会，即一九四五年十二月间，党员数为21万，至一九四八年十月为数达100万，据去年（一九四九年）统计，已增至150万。

(2) 波兰社会党

该党如前所述，成立于一八九二年。由德国占领时代起，党内分裂为左右两派。旧社会党左派，自一九四三年改称为"波兰社会主义者工人党"；由伦敦回来的库沃宾斯基和阿尔其秀夫斯基所领导的右派，则在"自由、平等、独立"的招牌下活动。

在波兰领土大半都解放了的一九四四年九月，波兰社会主义者工人党全国会议，决定了复活旧党名的波兰社会党。该党在都市的劳动者、知识分子、小资产阶级中间，具有显著的影响力。一九四六年三月统计该党党员为数是25万。波兰社会党和波兰工人党不同，它拥有旧的干部，这些旧干部因为有着"自由、平等、独立"派的政治见解，使该党在政策上免不了蒙受右翼的影响。右翼分子为抢党内的领导权而斗争，打击社会党、工人党的合作，强调与西欧的各社会主义政党协力，是其努力中心。他们是英美两帝的腿子。

(3) 农民党

这个党是由一九三一年所组成的旧农民党在地下时分裂后所产生的。这个党的民主分子，结成了"民意派"，在一九四四年的代表会议上，草拟了农民运动的新中心，建立了新政策。一九四四年九月，农民运动的民主分子组织了独立政党，这里才产生了农民党。这个党主要的是结集了在地下时代及土地改革时代所产生的新的农民活动家和广泛的农民大众。

旧农民党的右翼分子并没有参加新党，他们的活动，和米柯莱奇克的归国同时而活泼化，在一九四五年结成了后面所述的波兰农民党。

(4) 民主党

该党成立于一九四四年九月。它的前身是波兰民主俱乐部。该党吸收了都市市民，主要的是知识分子和小资产阶级分子。民主党的活动是遵照波兰民族委员会政治纲领及民族统一政府宣言的。

以上四党，就是波兰民族解放委员会设置当时所结成的民主集团，经过占领时代、解放后，都是站在人民斗争的先头的政党。另一方面，在解放以后的波兰，还有没有参加上述的民主集团的下列两个政党：

(5) 劳动党

该党系一九三七年民主党与民族工人党的合并所产生的。劳动党，在战前有"加特力教的中心"之称，打着"根据基督教，民主地改革国家制度"这样的招牌。

在占领期，党内起了大变化。以旧首领加罗尔·巴比尔为中心的一派亡命出走，参加了伦敦亡命政府。另一方面，以福安里契克为中心的一派，在地下建立了"斯尔也夫"派，该派解放后参加了国民经济的复兴。

一九四五年六月，该党的活动复活了，该年十月，虽然发表了承认民族统一政府纲领的宣言，但因为伦敦亡命政府的归国一同回来的巴比尔派，造成了该党政策的动摇不定。因之，造成了党内左右两派的深刻对立。该党在一九四六年八月虽说宣言临时停止活动，但在该年十二月，由进步分子再次地召集了大会，复活了劳动党。而该党则是一个作为小资产阶级层的地盘的少数派。

(6) 波兰农民党

该党如上记所述，系一九四五年八月由米柯莱奇克、加尔尼克一派所领导，作为农民党分裂的结果所产生的政党。在该党中，参加了在德帝占领时代在亡命地支持了米柯莱奇克的政策的分子。

波兰农民党，虽然在名义上自称是农民党，本质地说来，则是城市资产阶级和农村富豪的政党，外加一些阴谋的马路政客，是一个彻底的反动政党。它并且收获了解放后被禁止的政党的党棍子。因之，该党是一个和波兰的民主势力相斗争的反动分子集团，是英美两帝在波兰的奸细。

该党在其公式宣言中，虽然全面地承认民族统一政府的对内对外政策，花言巧语地表示支持。但它的实践活动，则完全不是那么一回事，它向民主集团的各政党的反对方向前进。比如对于土地改革，该党假借什么农业"改善"方案，要求重新施行土地改革，废止民主的土地改革。该党更反对工业、运输、银行的国有化。而且该党主张"拥护个人自由"，要求废止为了保卫波兰人民的民主之各种业绩而设立的公安机关。对外政策上，该党违反波兰人民的根本利益，反对与苏联友好协力。

(7) 波兰农民党左派

该党系一九四六年六月，由于不满于米柯莱奇克的反人民的政策的农民活动家，退出波兰农民党领导部的结果而产生的。在该党中集合了波兰农民党的左派分子。

领导部组成后，相继地在许多县份成立地方组织，在一九四六年十月召开了首次大会。该大会的决议，指摘了波兰的经济制度的基础，反对重要工业部门的国有化，和反对在农产物贩卖的分野中合作社连动的扩充，维持经济生活，尤其是在农业上的私的所有的原则——这些反动的叫嚣。在同一决议中，该党站在主张巩固工农联盟的一边，在对外政策中，支持和全斯拉夫国家友好的政策。该党在一九四七年二月和农民党合并。

以上就是波兰现在合法活动的主要政党，不过民主集团，还拥有工会（会员约200万）、合作社（社员300万以上）、五种青年团体，及其他的群众团体等广大的基础。

另一方面，是反动势力以富农、旧地主、企业主、旧官僚、反动的加特力教僧侣、没落分子为基层，做各种暴力团体的活动，从事着破坏运动。尤其是暴力团体活动猖狂，在一九四六年底以前，由民族统一政府所解散的暴力团体为数达191个之多！

3. 人民投票与民主集团的胜利

波兰人民会议与民族统一政府之法律的基础，如前所述，是一九二一年的宪法，这个宪法在宪法制定议会召集以前，是有效的。因之，宪法制定议会在民主发展上划成了重要的阶段。在这个重要选举的召开上，先是各民主主义政党，为了削弱反动势力的地位，提出结成选举同盟的问题。这个问题，已在一九四五年十一月由波兰社会党提出，虽然波兰工人党、农民党、民主党都立即支撑了它，但为波兰农民党的迁延不决，直到一九四六年二月才正式地在各政党间成了讨论的议题。

然而，在一九四六年二月所召开的波兰工人党、社会党、波兰农民党的第四次代表会议上，关于选举同盟的协定，也没有顺利地完成，其原因在于：对于工人党及社会党两党主张的各政党参加选举同盟应照平等原则，波兰农民党要求在议会中的议席占75%这一点。

那么，常常非难波兰工人党为一党专政的波兰农民党，在选举同盟结成中，为什么要提出要求全议席的三分之二的暴举呢？这个问题的答案，最好举出波兰农民党的机关报加斯达·略多奥（一九四六年二月二十六日）的议论："在采取由三分之二表决来决定的实施新宪法的新议会中，而只准本党占五分之一的议席，这果然是平等的吗？"

在这以前，波兰农民党从没有提出过这样的无理要求。就连在亡命地，米柯莱奇克在议会中占 20%的议席就心满意足。而在解放后，作为波兰反动势力的唯一的合法政党的波兰农民党，不顾一切地要在宪法制定议会中当多数派，当然不足为异的。因为它的这种要求，不只是受国内反动派支持，而且受到国外反动势力——美英两帝——的支持的。

因之，在选举同盟中，只有波兰工人党、波兰社会党、农民党、民主党四党参加，波兰农民党老羞成怒地和它对立。至于劳动党则在中间动摇，采取了看风使舵的立场。另一方面，波兰工会、农民互助协会及其他的群众团体，表明了支持统一选举同盟。

波兰农民党拒绝参加统一选举同盟后，一九四六年三月二十六日社会党中央执行委员会，提议了在议会选举前，举行人民投票。这个提案，除去照例受到波兰农民党一党反对外，波兰的民主界完全支持。不过这个提案在第十次会议上少加修正后才被采纳，它在人民投票上问了下列三个问题：

（1）是否盼望废止上院？

（2）是否赞成土地改革及重要工业部门的国有化？

（3）是否同意新西部国境？

然而，以上三个问题，原来都是民族统一政府的重要政策，经波兰人民答应赞成与否，就等于给政府活动的评价，在今后的该项政策的规定上有所依据和参酌。

民族统一政府，在复兴被法西斯德国所破坏了的经济及建设民主波兰上，收获至丰。在这一点上，特别尽了大的力量的，就是土地改革及大、中企业的国有化。这些施策所带来的社会的变革，造成了波兰民主发展的重要基础。至于关于上院的废止问题，早从战前开始，一切民主政党就要求废止这个专为反动的资本家及地主利益服务的机关的上院。其他确定以奥得尔河与内斯河为西部国境这一节，是防止德帝复活为目标，原为政府的一贯对外政策。

对于民主波兰面前的这些重要问题，波兰政界的各派到底取何态度呢？首先是人民投票的提案者的民主集团各政党，各群众团体，对于这三个问题，当然是毫无疑虑地答应"是"的。然而，劳动党和波兰农民党却采取了反对的立场，劳动党执行委员会对第一个问题，决定了答应"是"，对第二、第三两问题，则决定了答应"否"，指示全体党员一致遵行。另一方面，波兰农民党中央执行委员会，与它对波兰的现实采取否定的态度的同时，为了更深地隐藏自己的反动的阴谋，在五月二十七日决定了对第一个问题答"否"，对第二、三问题答"是"的采择，指示全体党员，一体遵行。

人民投票的一九四六年六月三十日，是在波兰及外国报纸惊异不置的整然有序中举行了，但是那结果到底如何呢？

有权者数	13,160,451
投票者数	11,857,968（90.1%）
有效投票数	11,530,551
（第一个问题）	
是	7,844,522（68%）
否	3,686,029（32%）
（第二个问题）	
是	8,896,105（77.1%）
否	2,634,446（22.9%）
（第三个问题）	
是	10,534,697（91.4%）
否	995,854（8.6%）

这样，表示赞同这三个问题的，近全部投票者 70%，人民投票以民主势力的压倒性而获得胜利。然而在这同时，也可看出残存在波兰的反动势力还是不容忽视的强大。在若干地区，例如克拉可夫，反动势力成功了在第一个问题及第二个问题上获得了压倒性的否定投票。关于这个事情的分

132

析，波兰工人党机关报《古鲁思·利多》（一九四六年七月四日）上有如下记载：

"反动派已经失败，它不过只占人民中的一部分，这是第一个真理。然而在反动派中以米柯莱奇克党的干部占着凸出的部分，而且是最为可恶的好战的部分。这个党在反动派中确实拥有势力，这才是第二个真理。因此，要提高警惕，……加强和反动派的斗争是必要的，这就是第三个真理了。"

4. 人民权力的确立

以人民投票为指标，波兰政治势力截然划分为二，这两个阵营的对立，以一九四七年一月十九日的议会选举为指标，更加明朗了起来。

民主势力的核心，虽然是像前述的民主政党集团，然而这个民主集团之纲领的基本点，就是劳动党和波兰农民党左派也是支持的。唯有波兰农民党，则依然和民主集团相对立。在这种对立中，民主政党集团，以波兰社会党为首倡者，在一九四六年八月，再次地向波兰农民党提出了统一选举同盟问题。然而波兰农民党的领导者米柯莱奇克，仅在表面上赞成该问题的协议，实际上则是想利用它来分裂民主阵营。

至此，在一九四六年九月十三日，波兰工人党中央委员会和波兰社会党中央委员会不得不对波兰农民党执行委员会发出最后的公开状，对于下列四个问题，要求解答：

（1）波兰农民党，应明白地决定该党对西部国境的立场，对于国际上的处理西部国境问题，认为是否有拥护我国权利的意思？

（2）波兰农民党，对于盎格罗撒克逊帝国主义者干涉波兰内政，是否有公然反抗的意思？

（3）波兰农民党，是否有参加肃清反动分子，和妨害我国同胞的归还的中伤的宣传作斗争的意思？

（4）波兰农民党，在波兰工人党和波兰社会党表示同意增加波兰农民党的议席数后，是否有参加选举同盟的意思？人民想知道：波兰农民党是他们的朋友呢，还是敌人呢？波兰农民党是否是德帝的拥护者、庇护者？是否有对他们对抗的用意？

但是，波兰农民党的领导者们，对于以上诸问题，并未提出明白的解答，只是再次地拒绝参加统一选举同盟。这样，他们倚靠了地下的反动法西斯势力和外国的反动势力的支持，作为煽动国内斗争的分裂主义者，公然开始行动。

对此，在一九四六年十一月，波兰社会党及波兰工人党结成了在巩固波兰人民的统一上成了重要因素的合作协定。而劳动党及波兰农民党左派，也考虑了西部领土返回的特别意义，参加了四政党的选举同盟。

接着，在一九四六年十二月初，民主政党集团发表了选举檄文，为了实现独立波兰的国家建设，保证西部国境的不动性，在西部领土殖民、以之作为在经济上的自己的东西，并为了巩固和苏联、斯拉夫各国及其他爱好和平的国家的友好关系，呼吁波兰人民的统一。民主集团并为了国家的急速复兴，维持和平与秩序，肃清匪特，根绝工业家的敌对行为和捣乱，改善工人、农民、知识分子的生活状态、给以社会保证及教育，发展文化、宗教的完全自由，呼吁波兰人民的统一。

另一方面，波兰的反动势力，在选举将召开前，它的反人民活动渐趋积极化。他们不惜用尽暴力、造谣、鼓动各式手段，恐吓人民，企图使选举失败。例如地下的暴力组织，在中部波兰，指令下级组织："肃清选举委员会的最危险分子，废弃选举用纸，攻击投票场，驱散选举人。"还有，在克拉可夫所破获的匪特文件中，明白地说明他们目的所在："必使选举之日就是波兰史上的市民战争之日。"

和地下的反动的活动相呼应，他们的唯一的合法政党波兰农民党，也大肆展开分裂活动。米柯莱奇克和法西斯分子对住民的加以违害，对选举斗争的活动者加以杀害相呼应，他会见外国新闻记者，给英美大使上报告，在其中都控诉了他们党的没有"行动的自由"，把匪特的恐怖行为推为政府各机关的责任。另一方面，伦敦和华盛顿则写了抗议的备忘录送达波兰政府。

然而，不管这些压迫怎样，波兰的民主势力依然屹立不动。民主势力在解放中及解放后所行的政策，业已得到了大的成果，对此，一般人民大众的支持是决定性的，即是：土地改革，工业、银行、运输的国有化政策的实施，和苏联树立强固的经济关系，波兰国民经济的迅速复兴——创造了波兰政治的、经济的独立强化的基础和可能性。煤炭、动力等重要工业部门的生产已超过战前水准，钢铁、铣铁、纤维、机械的生产则在不断上升中。首都华沙从灰烬中建立了起来。因之，民主集团的胜利业已明显无遗，而选举的结果也就不卜可知了。

关于选举的结果，首先不能不指出，选举是在平稳中秩序井然地举行了的。投票率在全国（524 区）平均为 89.9%，其中 23 区超过 90%。反动分子所期望的"市民战争的第一日"的预谋是落空了。下面列明选举结果：

政党	得票数	得票率	议席数
	（100万）		
民主政党集团	9.0	80.1	348
劳动党	0.5	4.7	17
波兰农民党左派	0.4	3.5	12
波兰农民党	1.15	10.3	28
其他	0.15	1.4	3
合计	11.2	100.0	444

由以上数字来看，一目了然民主势力是占压倒的胜利的。至于米柯莱奇克党，主要的是富农、没落分子及其他的反动势力投它的票。而投该党票数最多的，则是在地下匪特活动最厉害地域的农村。再则，波兰农民党有 10 镇作它的候补区，若自选举的排外性来看，则可以说完全失败了。这样，公开的反动势力，在表面上完全从政界里赶跑了。

由于宪法制定议会的选举，波兰的临时政府政权的时代于焉告终。在一九四七年二月召集了第一次的国会。议会在二月四日选出主席为威拉吉斯拉夫·柯沃利基斯（农民党）、副主席为罗曼·扎姆布罗夫斯基（波兰工人党）、史达尼斯拉夫·萧外尔贝（波兰社会党）、瓦茨拉夫·巴尔茨可夫斯基（民主党）。在五日选出波兰共和国大总统为鲍里斯拉夫·贝鲁特（波兰工人党）。

更于六日决定了以犹塞夫·绥拉开维支（波兰社会党）为首脑组织新波兰政府。其阁僚人选以政党分别有如下列：波兰社会党——7（总理、社会行政部长、财政部长、司法部长、劳动·社会保障部长、航行·外国贸易部长、复兴部长），波兰工人党——6（副总理、西部领土部长、外交部长、公共保安部长、工业部长、教育部长——唯副总理及西部领土部长由郭木尔卡（维斯拉夫）兼任），农民党——6（副总理、不管部长、农业·土地改革部长、邮务部长、森林部长、文化·艺术部长），民主党——3（不管部长、配给·商业部长、交通部长），劳动党——2（保健部长、情报·宣传部长），无党派——1（国防部长）。

而且第一次国会，采取了宪法，宣告宪法制定议会为波兰人民的立法权力之最高机关。执行权力的最高机关则是大总统、国家会议、政府，在司法方面有独立法庭。大总统，国会主席、副主席，最高监察院主席得参加国家会议，以大总统为该会主席，国家会议有监督地方人民会议之活动、批准政令之法律权力，颁布戒严令，公布有关预算、国民经济计划之法律，指挥军队，受理最高监察院报告等权。该会议有法律之提案权。在战时，波兰军总司令得参加国家会议。

第一次国会更采取了关于恩赦为数约 45,000 名政治犯的法律，这个事实，表明了波兰民主势力的强大。这样，巩固了波兰人民权力的基础，向波兰的政治上的完全的安定迈进了一大步。

二、社会经济的变革和经济复兴

1. 土地改革及其意义

民主波兰解放后过了二年，在国民经济复兴方面成功甚大。要是再一想到这个成功是在第二次世界大战中最受破坏的一国发生的时候，那你对它不能不更加惊异。

通过战争及占领时代，波兰的人的损失，达 600 万以上，国民经济所受的损失，等于战前的 1,000 亿齐罗蒂（波兰的货币单位），（等于 200 亿美元），它等于战前该国预算的 10 倍。

虽然，照大总统贝鲁特所说，若按照战前进度，波兰的复兴工作，五十年内也办不到。然而在一九四六年业已有若干工业部门达到战前水准，如煤炭产量已由一九三八年的 3,800 万吨达到 4,700 万吨以上，电力生产已由 38 亿 8,000 万 KWH 达到 53 亿 KWH，火车头的生产由 569 辆增至 7,074 辆，农业机械生产总额所值已由一九三六年的 1,800 万齐罗蒂增至

2,000 万齐罗蒂以上。

农业复兴也很迅速，耕种面积扩大了，家畜头数亦增加了。尤其在一九四五年——一九四六年，电气化的农村已完成了 530 个（在第一次世界大战以后的二十年间电气化了的农村不过 450 个而已）。在运输方面，也可以举出很大的成绩。

这种伟大的成绩，全是由于社会、经济的民主的变革之实现及人民民主主义制度的巩固，再加以西部领土的成功的殖民，波兰工人及农民不松懈的劳动，才创造出了可能。关于这点，波兰大总统贝鲁特一九四六年六月二十日在克拉可夫的波兰科学院总会席上的演说，这样说过：

"新社会的经济秩序之本质，是两个契机之特殊的混合。其一是：对应着社会的利益的活动，将生产手段的大半所有权，由国家来统制的力量；另一个是：依靠了农业、手工业以及雇佣劳动和中、小私营工厂，企业中的独立经营者的企业心、精力之自由的发挥所致。这是没有任何样本可据无从模仿的特殊的制度。这和社会主义的苏维埃的经济形态不同，和欧洲各国之古典的大资本主义的经济形态也毫不相似。这个制度是由战争所引行的各种变化之结果，是在我国所创造的社会经济构造上，最为适应的东西。"

农业问题，原是波兰在战前所面对着最感困难的一个问题。战前，波兰是农工国，全人口的 65% 从事农业。然而在它的农业中，土地的大半属于少数地主的土地，数百万农民一直在土地饥饿中。就是说，第二次世界大战以前，在波兰全土地的 43% 差不多全掌握在 19,000 个地主（总户数的 0.6%）手中；另一方面，71% 的农户，不过是 5 海克脱以下的土地所有者。因之，地主的平均土地所有面积达 145 海克脱，而农民的平均土地所有面积只在 1 海克脱以下。这种极度的土地饥饿，再加以农业的低生产性，和苛酷的征税，使波兰农村的贫困化日趋严重。与这同时，在地主的屡次的镇压下，对法西斯政府，农民群起，爆发了对土地的斗争。

但是，在德帝的占领中，农村所受压迫更甚。举例说，在德帝占领中，波兰农业所受的损害，以战前齐罗蒂计算，总额达 230 亿之多。而且仅在占领的初三年，德国人就驱逐了波兰西部地区的 160 万波兰人，霸占了他们的经营。

战前及战时中的波兰农村中的状态，就是这样的悲惨。所以土地改革的实现，可以说是波兰农村的复兴与重建至而国民经济的复兴、国民生活水准的向上的决定的条件之一。在这种意味上，一九四四年九月六日民族解放委员会的尽早地颁布了土地改革法令，毋宁是当然的。

民族解放委员会的法令，是这样决定的：凡（一）已经国有了的土地；（二）德籍公民所占有的土地；（三）战时通敌者及卖国贼的土地——皆得由国家自由处理。关于土地分配的技术方面，则有三点规定：（一）新建的地权，每户以 5 海克脱为原则。凡无地农民可分得 5 海克脱，凡少地农民，则补足 5 海克脱。（二）农民领地权，可以现金或实物偿付地价。地价以一年的平均收获量为准，每年每海克脱以平均收获量，定为 7,500 公斤的稞麦（Rye），地价可照稞麦的市价计算。（三）领地者须付 10%的地价，其余部分则分十年（指少地小农）或二十年（指无地贫农及雇农）偿还。倘领地时无力缴付 10%的地价，可向土地局呈请延付，经调查属实后，准于延付三年（即领地后的第四年），始付 10%的地价。自然，反动地主势力及法西斯分子对这个土地改革是抵抗了的。他们以胁迫、暴力加诸民主的农民活动家及得到地主所有地的农民。而且如前文所述，波兰农民党就曾发起了种种反抗运动的。但是土地改革终于没有受到上述各种反动势力的猛扑而遭遇失败，则不能不归功于波兰工人党、农民党、波兰社会党的团结民主势力，在胜利中完成了土地改革。

因之，从一九四四年九月到一九四六年末尾，在旧领土中没收了 300 万海克脱以上的土地，结果是 387,000 户的农民获得了土地。另一方面，在西部领土没收了面积达 450 万海克脱的土地。在国家手里，至一九四七年三月末，集中了 175 万海克脱的土地。

土地改革，一举肃清了妨碍波兰农业发展的封建的各种关系，尤其是无代价地没收了地主的所有地，更彻底消灭了最为有力的反动势力——地主的经济基础。通过这种土地改革，农民大众才开始团结在民主势力这一边。他们通过了实现了土地改革的农民委员会的活动，知道了农民的群众的组织的意义。在土地改革初告完成的一九四四年十二月，就产生了农民互助同盟。

在这个农民互助同盟的第一次大会中，集合了各地选出了的约 1,300 名代议员，从它的构成上，可以很好地说明了土地改革在农村中发生了如何深刻的变化。就是说，1,378 名的代议员的构成中，5%为小农，19%为中农，13%为农村知识分子，10%为雇农，50%为贫农。至于在政党分别的构成上，则波兰工人党占 37.7%，农民党占 31.5%，无党派占 24.5%，波兰社会党占 5.5%，民主党占 0.8%。

2. 国有化与经济构造的变化

波兰政府的第二个重大施策，是大、中企业，银行的国有化。它在一九四六年初期即将属于德国人及卖国贼的企业接收由国家管理，在一九四六年一月三日的第九次人民会议上，通过了关于重要工业部门和银行的国有化的决定。而成为国有化对象的，则是采矿业、冶金业的全部和在其他部门中每次工作班工人数在 50 人以上的企业。

这种重要工业部门的国有化，是独立、民主波兰的建设的重要条件之一。为了理解这个举措的意义，不能不先回忆一下在战前波兰经济上起着决定性作用的独占企业情形。在一九二九年，各种独占体，占煤炭产量的 97%，冶金生产的 100%，纤维生产的 70%。独占资本，在这种支配波兰经济的情况下，压迫着波兰人民的生活。他们比什么都要紧的，是一切以大金融资本及其外国庇护者的利益为出发点，人民大众的利益，他们是不屑一顾，践踏在脚底下的。

外国资本的重压，使波兰走上了半殖民地、附属国的地位。关于外国资本在波兰的地位，可以正确地指出：在一九三九年以前，波兰股份公司的固定资本之 70%，是属于外国资本的。而且，若据一九三七年的资料来看，则外国资本对于各工业部门的干预，可举出如下的统计数字：发电——81.3%，电机——66.1%，化学——59.9%，采矿、冶金——52.1%。这样地，渐次地支配了波兰的经济，各独占体在该国的对内对外政策上起着很大的影响，而其反人民的政策，遂至招来了一九三九年的民族的破局。

然而，工业国有化，排除了大资本的支配，把波兰的经济从独占资本的重压及外国资本的奴隶的地位中解放出来。不过，当然，在这个场合上，民主势力对于反动势力的拼命的抵抗，不能不有一番努力的。例如，波兰农民党的机关报上，虽然在对德国人、法国人、意大利人的企业及财产（在这个场合，巧妙地避开了英国人和美国人的财产问题）的国有化上，表示了赞同，但反对了波兰人的企业的国有化。

再者，在第九次人民会议上审议国有化法案时，波兰农民党代表，虽然表明了支持政府案，但同时提出了一连串的修正案。第一是，国有化的对象不能以每次工作班的工人数 50 名为对象，而应以 100 人以上的企业为对象；第二是，国有化法案所预设的对于旧所有主的补偿，应予取消的修正。这样，他们在第一个修正案中，守护了国内资本的利益，在第二个修正案中，是意在唤起西欧各列强的不满，以便切断波兰和西欧的经济关系，增加波兰的经济困难，已达成其复辟的企图。

可是，民主势力所支持的国有化政策，结局实现了，国有化部分在各领域中占很大的比重。国有化部分占工业企业总数的 40%，工业生产品的大半，运输、通讯、银行的全体；至于在商业上，和国营并列的合作社商业占商店的 20%以上，商品交易的 15%—20%。在农业上，发展了数十个模范国营农场，和其他的国营农业设施，约 3,000 个农业合作社。贸易也大半入于国会的掌握中。

这样，波兰的经济构造为之一变。伟大的社会、经济之各种变革的结果，是在波兰的经济中，和资本主义的、前资本主义的要素相并的、开始成长着社会主义的要素。关于这个变革的特征，波兰工人党的中央委员会总会（一九四七年四月），指明了在波兰经济上存在着下列三种经济结构：

（1）小商品生产的经济结构，其中包括有大多数农民经营，和手工业者，很大一部分小商人。

（2）私人资本主义的经济结构，其中包括经常使用雇佣劳动者的富农经营，个人工厂企业、一部分家内工业企业，批发商、很大一部分零售商，房东，各种投机分子等等。

（3）含有很大社会主义成分的经济结构，即国营工业、国营商业、国营银行、国营运输等。

关于合作社，不能把它整个归进到上述任何一种经济结构中去，而应当根据其个别环节所起的作用来加以评价。

3. 三年计划及其成果

与在国民经济中国有化部分占指导的地位，创造了向社会主义前进的基础的同时，作成了国民经济计划，并且有了着手现实它的可能性。波兰经济的性格，如前述所指，是带有过渡的性格的。因之，它的计划化和在社会主义下的计划的指导有着本质的相异处。首先是个别的企业、个别的工业部门的经济活动、运输、投资活动等，不过是一个月短期限的计划化。其结果，已然可举出前述中那样辉煌的成果，证明了这些计划的现实性与必要性。因之，在和国内外的反动势力的抵抗渐趋弱化的同时，在一九四六年九月二十一日第一次人民会议上决定了一九四六年——一九四九年的国民经济复兴发展计划。

波兰的国民经济三年计划，如人民会议的决定所称的是波兰经济的一般计划。不过它的计划化方法，在各个不同的部门——国有化部门、合作社部门、私有部门——是不同的。首先是国有化部门，如人民会议所指出的，"它是握有全权，具有着国家机关的指令的性格来从事经济计划的活动的。"其次是合作社部门，"适应着国民经济计划所发展的目标所作成的、固有之经济计划而活动的。"私有部门则是依据所规定的法令、课税、价格、信用政策、配给统制、加工用农产物的预约收买、农产物的收买、国家投资，由间接的计划化来实施的。

这里，说明三年计划的内容：

三年计划基本的课题，不消说，是以职工生活水准的向上为标的的。战争及德帝的占领，使波兰人民陷于极度贫困之中。死亡数高于出生数。一九四六年，面包和马铃薯的消费量较之战前极低，肉、脂肪、衣料的不足，亦很强烈，住宅恐慌亦极深刻化。

然而依据计划，消费水准在最近的将来即可有明显的上升。例如，每个国民的食粮消费，在计划还未告终的一九三六年要增加 10%，工业商品的消费量则增加 25%，食粮的消费量也要增加到由战前的每人 3,700 热量、一九四六年的 2,100 热量，在一九四九年达到 3,950 热量。此外，并预定复兴和扩大住宅、学校与文化机关、托儿所、儿童之家以及社会卫生设施。

第二、三年计划，是使波兰从农工国转化到工农国的第一阶段。据计划所称，在一九四九年底，工业生产要增加到一九三八年的 1.5 倍，若依人口的每一个人来说，则要增加到 127%。另一方面，农业的纯生产高度不过战前的四分之三。因为要使人口的每一个人的农业生产达到战前水准，必须要有数年工夫。这种工业化所要表现的波兰经济构造的变化，可看下表：

国民经济生产总额（10亿齐罗蒂，照一九三八年的价格）

	一九三八年	一九四七年	一九四八年	一九四九年
工业	5.7	5.23	7.28	8.65
服务（运输、保健、教育及其他）	5.1	3.38	4.66	6.49
农业（纯生产）	6.9	3.92	4.46	5.53
合计	17.7	12.53	16.40	20.67
人口每一人的百分比（一九三八年 =100）				
工业	100	100	110	143
服务	100	67	117	150
农业（纯生产）	100	43	60	73

在三年计划中，各个部门的计划，则如下表所列：

	单位①	一九三八年	一九四六年	一九四七年	一九四八年	一九四九年
煤炭	100万吨	38.1	46.0	60.0	70.0	80.0
熟煤	1,000吨	2,328	3,640	4,480	5,190	6,150
石油	1,000吨	507	130	135	155	195
电力	100万 KWH	3,880	5,300	6,000	7,000	8,000
铣铁	1,000吨	880	650	800	1,200	1,300
钢铁	1,000吨	1,440	1,100	1,400	1,750	2,000
亚铅	1,000吨	108	54	80	90	110
铅	1,000吨	20	8	8	15	20
水泥	1,000吨	1,719	1,300	1,450	1,600	2,000
工作机械（木工、金属加工）	1,000架②	4,536	1,744	4,050	6,100	6,550

（接下表）

棉织物	100 万米	400	207	300	340	400
毛织物	100 万米	40	20	32	45	60
砂糖	1,000 吨	491	171	287	385	500
纸	1,000 吨	205	150	220	260	260
火车头	1 辆	5,080	2,800	3,650	5,000	6,000
货车	1,000 辆	150	105	150	185	200
客车	1,000 辆	10.7	4.0	6.0	9.5	11.2
小麦	100 万增多耐尔	——	5.8	9.8	13.4	17.8
稞麦	100 万增多耐尔	——	26.8	48.2	52.3	57.6
马铃薯	100 万增多耐尔	——	160.9	278.4	289.6	306.8
马	1,000 头	3,164	1,605	1,810	2,045	2,310
牛	1,000 头	10,015	4,000	4,425	5,075	5,800
猪	1,000 头	9,795	2,900	7,150	9,400	10,500
拖拉机保有数	1,000 架	——	9.0	15.5	17.5	18.5
国民收入	1938 年价格之 10 亿齐罗蒂	17.7	8.8	12.5	16.4	20.7
投资额	1938 年价格之 10 亿齐罗蒂	——	1.8	2.8	3.2	4.0
工业及建设工人数	1,000 人	——	1,006	1,165	1,340	1,569

注：

① 指在旧领土。

② 指金属加工用而言。

还有，在三年计划中作为重点之一的西部领土的经济开发，意义重大。

波兰所收回来的西部领土，占波兰全土的三分之一，天然资源富饶。工农业发达，是在经济的意义上有着重大意义的地方。由于这块领土的收回，波兰的煤炭埋藏量增大了 66%（约 600 亿吨），亚铅、铅、铁、铜也增大了 70%，工业的潜在力则增加了 50%，耕地面积则增大了 5 万平方里。

波兰政府，从当初一开始就倾全力于西部领土的开发，在一九四六年业已办理了 400 万人以上的殖民，工业也在复兴中，一九四五年仅有 373 家大、中企业开工，而在一九四六年九月就增加到 825 家。在农业方面，土地改革的结果，是产生了约 40 万的波兰农民的经营。

可以说西部领土的复兴是波兰在经济上添了一支生力军，而依照三年计划，该地的工业生产预定要达到全波兰工业生产的三分之一，煤炭产量的 34%，熟炭的 34%，铣铁的 25%，棉织物的 50%。

其次说到三年计划的实行情形。在一九四七年十一月完成了第一年度计划，该国最重要工业部门的煤炭在一九四七年生产了 6,000 万吨的煤，较之一九四六年增产了 50%。尤其是重工业的全体超过战前水准 28.2%，电力增高 52%。

在一年中突破战前水准的波兰工业，进入一九四八年，更形飞跃，工业生产超过战前水准 40% 有余。至于农业，则在一九四八年达到了战前的耕种面积。1 海克脱的收获量已突破战前水准。唯有畜产落后，还未达到战前水准。

而据一九四九年十一月中旬所发表的完成三年经济计划的公报所称，三年经济建设计划已在两年又十个月完成。工业部、林业部和航运部的生产价值达 357 亿齐罗蒂（波币，此处按一九三七年价值计算），这意味着完成了计划的之 100.6%。

各部门完成三年计划的情形如下：采矿与动力部之 99%，重工业部之 101%，轻工业部之 97%，食品与农工业部之 108%，航运部之 99%。

到本年十一月一日，下述各重要部门，都完成了或超过了三年经济计划：生铁之 105%，辗钢 108%，褐煤 116%，盐 110%，农业机器和器具 100%，木料 152%，电力机器 121%（其中包括离心机 106%，变压器 147%，电缆 166%，蓄电器和金丽板 141%，电灯泡 100%），麻纱 119%，丝织品 112%，赛璐珞 102%，软革 106%，皮鞋（大规模生产的）124%，水门汀 102%，杂项家具 113%，火柴 106%，豆类 126%，酒类 114%，纸烟 127%，糖果、巧克力糖、可可 134%，马铃薯制品 121%。

农业方面完成了经济建设计划的情形，据最近结果如下：（甲）播种计划：小麦 105%，稞麦 115%，马铃薯 106%，甜菜 110%，纤维作物 153%，榨油作物 127%。（乙）收获计划：小麦 108%，稞麦 122%，马铃薯 112%，甜菜 111%，纤维作物 156%，榨油作物 127%。（丙）完成计划目标的百分比：小麦 106%，稞麦 118%，马铃薯 100%，甜菜 108%，榨油作物 94%，纤维作物 103%。

养马完成计划 103%，养牛完成 122%。猪的数目还没有达到三年计划所定的目标，但超过了一九四九年规定的目标。

购买合同计划方面：作物完成 111%，牲畜完成了 157%。

拖拉机的数目为计划目标的 106%。以机器和工具供给农业的计划超过 2%，以肥料供给农业的计划超过 5%。

国营农场完成了三年播种计划的 101%，它们养马超过计划 5%，养牛超过 42%，养猪方面超过 31%。

国家森林完成了造林和采伐计划 106%。

运输方面，据初步数字，到十月三十一日为止情况如下：货运完成 102%，客运 114%，在同一时期中，铁路货车和机车的数目达到了计划的 102%，铁道客车的数目达到 106%。国营汽车运输完成了三年货运计划的 120%，客运计划 117%。海港货物装卸未达到三年计划所定的水平。每人所发邮件数目为计划的 104%。

这样，三年经济建设计划在一切基本部门里都提早两个月完成了。

因之，现在波兰食粮业已可以完全自给自足。该国成了在苏联以后废止食粮的凭票制的在欧洲的唯一的一个国家。即：波兰从一九四八年四月一日起渐次废止了砂糖、碾麦、马铃薯、纤维制品；从七月一日起渐次废止了煤炭、面包的凭票制；从一九四九年一月一日起则全面地废止了凭票制。而失业亦一扫而去，实质上，现在工资业已较战前大为提高。这些事实都明白地证明了三年计划的成功。

再者，据最近所作成的六年计划（一九五〇年——一九五五年）来看，在计划终了，工业生产比一九四九年要增加 85%—90%，即是说，比战前水准增加 3 倍余。农业要在六年间增加 35%—40%。并计划要开辟 50 万海克脱的耕地和 50 万海克脱的牧场与草地。六年计划的课题，不用说，是在波兰建设社会主义的基础，而三年计划之顺利地早期地完成，就为实现六年计划造成了最大的出发点。

4. 新贸易关系的扩大

民主波兰向社会主义的前进中发生着大的力量的，是苏联和人民民主主义各国的贸易关系的扩大。战前，在巴尔干各国间的贸易总额中，波兰的比率不过是总额的 5%而已。但是在第二次世界大战后，在这些各国之间，贸易关系被明显地扩大了。

而且，和苏联的贸易关系，在民主波兰的迅速工业化上，具有着决定的意义。战前，在波兰的贸易额中苏联所占的比率仅 0.45%。然而在现在，波兰在工业、运输的复兴和发展上，从苏联得到了莫大的援助。

例如，一九四八年一月二十六日，在莫斯科所缔结的两国间的互惠贸易协定和贷款协定，是有着下列的内容。

（1）互惠贸易协定，总额 10 亿美元余，期间一九四八年——一九五二年。

苏联输出波兰的为：铁矿、铬铁矿、锰矿、石油制品、棉花、铝金、石棉、汽车、拖拉机及其他。

波兰输出苏联的为：煤炭、熟炭、纤维制品、砂糖、亚铅、钢铁制品、铁道器材、水泥及其他。

（2）工业设备信用贷款协定，期间一九四八年——一九五一年。

苏联以工业设备供给波兰，主要的是：冶金工厂、动力设备、化学工厂（尤其窒素肥料、碱、碳化物等）金属加工及其他；都市、港湾之复兴所需设备。信用贷款总数为 4 亿 500 万美元。

（3）由苏联供给波兰谷物 30 万吨。

这个协定的评论，波兰报纸写道：

"第一，这个信用贷款毫未侵害我国主权，并未要求我国一手交钱一手交货地卖予外资；第二，这个信用贷款都是现实的物资，可供我国利用；第三，这个信用贷款使我国有了实现工业化的可能性；第四，和互惠贸易协定同样的，这个信用贷款也促进了我们计划的实现；第五，苏维埃的信用贷款，使我国在利用经济潜在力上变得轻而易举，强化了我国的国际地位。"

而本年（一九五〇年）一月二十五日所签订的一九五〇年互惠贸易协定，则双方为了进一步发展相互的贸易，同意将一九五〇年的易货量较之一九四八年一月廿六日签订的五年协定中所规定的每年易货水平加以大大扩充。

苏联与波兰一九五〇年的易货总量，包括苏联根据信用贷款协定所运交的货物及设备在内。将比一九四九年增加 34%。

根据上述的协定书，苏联将在一九五〇年内供给波兰棉花、铁矿、锰矿和铬矿、汽车、拖拉机、农业机器与印刷机器、石油产物、化学品、粮食和波兰国民经济所需要的其他物品。

波兰在一九五〇年内将供给苏联煤炭、铁路车辆、有色五金与无色五金、纺织品、食糖和其他日用品。

更进一步地，波兰以与瑞典、丹麦、法国、瑞士、挪威、英国等为开始，和 40 个以上的西欧及其他各国成立了贸易关系，比如一九四八年的贸易额达 4 亿 8,260 万美元，其中输出占 2 亿 2,300 万美元。

这样，波兰的煤炭、铁、水泥、纤维制品、砂糖、鸡蛋及其他商品运到远及亚尔萨斯、步尔库尔、印度、澳洲、埃及等处，其中尤以一九四九年煤炭产量的 8,000 万吨中有 3,500 万吨输出到西欧诸国，波兰的煤炭，在西欧诸国的意义不能不说是重大的。

三、人民民主主义政权的强化

1. 都市，尤其是农村的阶级斗争之激化

人民民主主义波兰所获得的伟大成就，自然不是一蹴而来的，那是以工人阶级为中心的劳动大众的英勇直前献身的斗争，是和破坏民主波兰的榨取者、资本家分子的激烈斗争所获得的成果，造成波兰现在的发展基础的一切民主变革，是由对于资本家及地主的斗争，对于米柯莱奇克一派和地下的匪特的斗争所实现的。而且，全凭了和反动分子的捣乱、投机分子的破坏活动的斗争，才保证了工业、运输、农业、商业、文化的发展。

在这个斗争中，民主阵营愈来愈加强大，选举以后，波兰工人党的党员数为 80 万，波兰社会党的党员数也有 50 万，都显示了明显的飞跃情形。另一方面，米柯莱奇克，一九四七年十月末，在波兰农民党内的左派压力之下，逃亡到了外国，回到了他的主人——英美两帝的怀抱中作食客去了，反动势力的力量就愈来愈衰弱了。

然而，要是说在波兰和反动势力的斗争业已告终，那就完全错误。尤

其是在经济领域中，反动分子组织骚乱和投机，抬高物价，获得了庞大的中间利得。

这是明显的，大、中企业和金融机关的国有化，把投机者的活动根源是堵塞了。但是在商业方面，还残留着他们活动的余地。他们趁消费合作社的活动还未完全正常化前，秘密地挤进了被国有化的工业和消费者之间，在那里生了根。

据工商部长明兹在国会中的报告，一九四七年四月，和前半年同月相比，不仅毛织物的贩卖量增加了 2.5 倍，棉织物——2.3 倍，鞋——170%，砂糖——160%，而且消费物资的市场价格，依然在高涨。农产物的囤积和由于中间利润的转卖，抬高了食粮品价格。

都市及农村的寄生分子，由于在生产者和消费者之间的中间作用，获得了巨大的利益，而且向他们征税，是很困难的。据商业协会发表，商业收入的 70% 都是逃税的。这样，投机者积聚了巨大的货币积蓄，渐渐形成了游资。因之，职工们的工资和薪给虽然被提高，但仍苦于商品不足和物价高涨。其结果，使经济复兴上不能不蒙受影响。

投机者横行不法之责任的一般，也应归咎于消费合作社的活动的欠缺性。在一部分消费合作社中，充满了掌握实权的小商人分子。据工商部长明兹称，消费合作社联盟"斯泼里姆"，并没有办好合作社所应负的重要任务。"斯泼里姆"的商品交易总额中有半数以上是火柴、香烟、盐、酒类的专卖。因此，食粮品及其他商品的买卖活动，就成了极不灵活的情形了。而且"斯泼里姆"的交易额的最大部分是和个人商人的交易。因此，消费合作社的生产者的直接结合作用，就站在软弱的地位了。

因之，投机与物价的兴风作浪，造成了横在波兰经济复兴途上的重要障碍。这时，民主集团各政党，在把重要工业部门和金融机关完成国有化的工作后，赶着去消灭中间现象。

然而，投机者所支持的反政府派，却在反对，把物价高涨的原因，归咎为政府经济政策的失败所致。波兰农民党的主张则认为：物价高涨的原因，是因为由于国有化了的工业活动之退化、商品资本的涸渴、经济复兴三年计划之巨额投资等所生的通货发行的激增。不过据政府在国会声明，在一九四七年上半期国库负债业已由 210 亿齐罗蒂减至 127 亿齐罗蒂。通货发行额较之战前还少，兹以一九四七年四月—五月二个月来看，已由

700 亿齐罗蒂减为 655 亿齐罗蒂。所以政府认为高物价的原因应归咎于投机。这里，反对派更进一步地反对，认为消减中间，是压迫个人商人和农民的东西。然而占议会多数派的民主集团，抑压了这种毫无理由的反对，通过了关于消减中间的法律。

另一方面，在民主集团内，在消减中间的具体方策上，意见也不一致。首先提出具体方案的工人党：

（1）设置专一统制物价的国家机关。在工会及其他群众团体的参加下，强力监视物价。

（2）惩罚违反公定价格者。办法为 500 万齐罗蒂以下的罚款或二年以下的监禁。

（3）健全消费合作社组织，对于贩卖职工所需商品合作社，予以低利金融的方便。

（4）开设以公定价贩卖商品的国营百货店。

（5）为确保食粮配给，由国家机关收买农产物，该机关不仅应从农民直接收买，亦利用消费合作社或个人商人收买。为使该机关收买业务进行容易，得备有一定量的工业商品。

这就是工人党提案的精义所在。工人党首先将这个提案送达社会党要求协力。社会党的中央执行委员会，虽在一开始对收买谷物设立国家机关及开设国营商店颇有难色，但结局承认了这个提案。两党更进一步地和集团内的其他政党协议，结果，即以工人党提案为基础草拟了法案，在五月末的特别议会中被通过了。

结果是，新设的物价统制委员会，在群众团体代表的参加下，举行了对个人商店及消费合作社的群众性的检查，对违犯者一例予以追究。再加以在各工业都市开设了国营商店，重重地打击了投机者。

然而，这不过是在经济的分野中打击了寄生分子的阴谋。这些反人民分子的残力，前面已经说过，在现在的波兰社会经济构造中是生着根的。这以后，由于国有化政策的进展，在工业中国有化部分的工人占全工人数的 75%，占全部工业生产额的 85%。在农业分野中，由于土地改革，肃清了地主阶级，农村得到从国家、工业、工人阶级来的有组织的帮助。机器、肥料、信贷送给了农村。农民互助协会的各合作社的职权加强，活动广泛地展开了。至于商品交易方面，则批发商业现在 60% 在国家手中，

36%在合作社手中，而且在零售商业上，国营商店和合作社的能力也大大地加强了。

不过，在这种社会主义成分的发展中，还包括着大多数的农民经营的小商品生产成分，所以在该国仍还存在着明显的资本主义成分。这里面还包括着 18,000 家的工业及建筑企业（工人数约 20 万）、资本家的商业、大房产主、占该国全部农家约 10%的富农经营。

波兰国家，为了全国民经济监督着、领导着这些资本主义成分，然而他们仍然在作祟，做着掘国家基础的工作。尤其在农村，猖獗更甚。

土地改革改善了劳动农民的状态。它加速制止了作为战前波兰的特征的农村之阶级分解过程。然而这个过程，还并未被排除净尽。富农利用小、中农的战后困难、耕种力、农具的不足，在农村中张起了高利贷网。他们以贱价买入谷物，而以非常高价卖出，把荒废的土地以奴隶的条件租出，逃避了捐税，把农民所享用的国家信贷，巧取而去。

因之，都市、农村的寄生者的活动，其危害大多数的人民利益，彰明昭著。他们一如贝鲁特在波兰工人党的总会（一九四八年八月）上所指摘的那样，他们所最关心的是现状的安定化。他们想把自己的经济地位和小商品生产经营作为资本主义在波兰复活的基础。而这种打算的内因，就是他们预备在发生国际纠纷的场合，依赖外国帝国主义者的援助，逆转历史，在波兰复活资本家和地主的统治。

为了这种企图，他们所用的方法，也是五花八门的。举例说，他们的用恐吓和怠工的表现，就有加特力教教士对于为提高劳动生产性而斗争的工人的敌对行动。他们策动投机家破坏市场，就是为煽动新的战争。更有甚者，他们对于对法西斯德国要求报复的口号，高唱民族主义的反苏宣传。因之，在一方面是彻底的民主主义的人民势力——工人与农民的势力——另一方面是都市及农村的资本家的势力，而这两种势力的对立愈来愈尖锐。

2. 工人党内的偏向及其克服

与都市及农村的阶级斗争的激化同时，影响了人民民主主义的发展，而在资产阶级富农的破坏运动下，显出了工人运动中所存在的弱点。这不能不说是由于波兰工人党的领导部内犯了重大的偏向所致。而这就是所谓波兰工人党前书记长郭木尔卡的批判问题。

以郭木尔卡为中心的波兰工人党领导部内的右翼的民族主义之偏向的批判，在一九四八年九月所召开的该党中央委员会总会上揭露了出来。这个批判的直接来源，是同年六月的中央委员会上的郭木尔卡所作的报告。这个报告是以对过去的波兰工人运动的错误评价为内容。就是，郭木尔卡在这个报告中，把第一次大战后的波兰独立之基本的问题，和无产阶级的阶级斗争分割了开来。

不过，郭木尔卡所犯的偏向，并不是只在这个报告中才显现了出来，是如波兰工人党的决议所指摘的那样，是有长远的历史的。

希特勒德国侵入波兰时，波兰工人党即将该国的解放斗争和以工人阶级为领导的人民大众的权力斗争相结合而挺立了起来。它的表现就是前面所说的作为人民议会的人民会议。而反动势力对此，为了把波兰的未来权力抓在自己手里，给了工人党以决定性的打击。他们勾结德帝占领军，在孤立、粉碎波兰工人党的意图上干了起来。

在这个困难时期，波兰工人党内的一部显出了动摇。他们歪曲了人民会议的概念，结果是放弃了围绕着国家权力的斗争中工人阶级的领导任务，而采取了承认米柯莱奇克的主要领导权的倾向。然而，这种倾向，可以说是由于对于当时的阶级势力关系的完全错误的评价。即：首先，是把工人阶级的势力给以过小的评价的结果；其次是对于在波兰工人党的领导下，在和占领军的斗争之火中成长的巩固的工人和农民的联盟的力量没有给以正确的评价之结果。最重要的是，对于不仅单是军事的同盟势力而且是革命的阶级的同盟势力的苏联援助，没有给以正确评价之结果。而全是由于这种援助，才开始产生了所谓人民民主主义这个特殊的权力形态的。

波兰解放告成，波兰工人党领导部内的诸矛盾才解消了，然而在人民民主主义的各种改革的实现上，否定的倾向，又开始抬起头来了。这一如波兰工人党的决议所指摘的："在波兰对于人民民主主义的理解上有着对于这种真实——即：波兰的走向社会主义之路，是走向社会主义的一般的道路之变种，是立脚于苏联的社会主义的建设经验，考虑了波兰的历史的可能性，波兰的历史发展的诸条件所得到的变种之路——过于小视的看法，和不予以强调的倾向。"

这种倾向，具体地表现在下列事实上。首先是从不要阶级斗争尖锐化，尤其是农村中阶级斗争尖锐化，以为人民民主主义是一种自然运动的发展的立场出发，回避对于农村的资本家的分子的阶级斗争，取见机行事态度的倾向。其次不要排除右翼分子，和波兰社会党实现组织的统一倾向。还有，对于共产党情报局的设置表现了敌对的态度。

其后，这种倾向，在如前面所述的那样，人民民主主义发展到一个阶段，在都市和农村阶级斗争激化时，变成了更深刻的东西，甚至发生了对南斯拉夫共产党的铁托派的协调态度。而郭木尔卡的偏向，渐就变成了决定性的东西了。因之，必须要把这种反马克思主义的见解的体系予以决定的摧毁，波兰工人党要不实现在正确的马克思主义诸原则上的工人阶级的统一，那就必陷于无从解决该党所负的建设社会主义波兰的历史课题的状态。

这样，波兰工人党中央委员会总会，发表了前述的决议，明白表示了克服这种偏向的道路。波兰工人党的决议把对于波兰及全世界的革命势力予以过小评价，反动势力予以过人评价，对于在国际反帝国主义战线中苏联共产党的领导的任务之无理解，关于走向社会主义人民民主主义的发展之不正确见解，都加以批判了。在最后强调了，朝社会主义的发展，只有由强化对榨取者分子的攻势，对资本家分子的更加限制，在都市及农村中全面的发展社会主义成分，才有可能。

3. 工人党的新农业政策

波兰工人党中央委员会总会的前述决议，在总结中要求全党组织做彻底的自我批评，其中，对于阶级斗争，尤其是在农村中的阶级斗争中所取的态度，号召自我批评，然而这以后，波兰工人党的农业政策到底有什么发展呢？——这是我们要研究的一个问题。

波兰工人党的七月中央委员会总会，通过了关于在农村中的阶级斗争中对于中农、贫农的加强援助，和阻止资本家分子的长成的决议，决定了关于由全面的发展合作社，主要生产手段的社会化和排除资本家分子以发展农村的社会主义的政策。

由于这个决议，农村中的大众动作活泼化了，劳动农民开始了和富农的断然的斗争。不过通过这个运动，该党感到有把农村中的目前的政策更加明朗化的必要。因之，波兰工人党中央委员会九月总会，修正了七月总会所决定的关于农业问题党的纲领中的矛盾处所，把在农村中的目前任务具体化了。

波兰的一九四八年度的收获是良好的。战前，每逢这样年代，都是谷物价格暴跌，中、贫农受到很大的打击。而新波兰政府则以高价收买了农民的谷物，采取了用这个方法保证谷物价格的安定和有利。而且在同时，对于富农的所得，用累进的税则，加以限制。九月总会并且决定了要使这种租税政策更加健全有效。尤其是对于富农的混在行政及金融机关的下级组织中的腿子，动辄把租税负担转嫁给贫、中农的这种策动，必须不断斗争，作为该党重要任务之一。又指出了对 90 万贫农的定时地租的零碎缴纳办法有革除的必要。

关于信贷问题，指出了这样的现象：不顾政府指令为如何。为贫、中农而准备的数达 130 亿齐罗蒂的信贷，大部分落于富农之手。因之，强调了今后所有各种农村信贷，应按照阶级的差别，由金融信用机构重新调整的用意。

现在波兰虽然有 1,140 个机器耕作站，但是屡次地违反了劳动农民的利益，由富农加以运用了。因之，必须在机器耕作站设置由农民自选的特别委员会，所有耕作机器发贷于无农具之贫农，次及中农。这之后，在作业计划全部完成，最初的利用者已无使用之必要时，方得以特定的高佣钱供富农利用。再有，在机器耕作站、拖拉机之利用上，为了正确实施阶级政策，必须训练出优秀之领导者。

至于说到消费合作社，镇的合作社甚至尚未吸收到农村人口的 35%。而且里面的富农势力极为强大。为了发展合作社，必须使农村理解合作社的有利性。试举一例，在波兰肉类的贩卖，在农家的事业上具有很大的影响。然而现在的家畜贩卖方法，并不符合劳动农民或消费者的劳动者的利益，由于合作社的贩卖网的扩充，农民才开始从中间者和投机者获得解放，了解了合作社的有利性。要使农民大量参加合作社，必须废止贫农和富农同额的加股办法，而应以阶级的差别来实行。

再有，合作社的各种经济的机能，不仅要由社员积极地参加，由社员的组织来管理，而且必须要由行政系统的每个人所组成的委员会经手运营，庶几不使这个机构染上官僚主义。不过这样做，富农很容易地参加合作社领导部的可能性很大。所以，必须在合作社的活动上，要社员积极地大规模地参加才行。为了在农村贩卖店管理商品的适当分配，必须设公共委员会；为了管理农村合作社的其他活动，生产委员会的设置大有必要。

在现在富农混满了经济机构或行政机构之中。经济机关及行政机构中的下部组织，必须予以肃清和另行改组。因之，必须在充分准备中，重新选举一切镇和地区的合作社以及农民互助协会的各种镇支部和地区支部。

在选举农民互助协会的机关时，必须严守阶级的原则。在农村资本家成了合作社员的情况下，绝不许其造成领导的地位。指导部内如发现有取反人民的行动者，须予以罢免。在农村中为肃清和重新改组各种机关的斗争，必须当作是波兰工人党的作为中心的大的政治运动。由此以削弱农村榨取者的影响力，使他们无能为力，使广泛的农民大众和农民互助协会的活动趋于活泼能动。行政机构以大众为本位而加以改善，农村的发展就必然会蒸蒸日上。

波兰工人党中央委员会总会，关于限制富农援助劳动农民，强调了上述各点。不过在七月中央委员会所提出的诸问题中，比以上各点更使人关心的，是造成白热的议论的在农村中的生产者合作社的问题。这以后，加以农民大众对生产者合作社都以非常的关心表示信任，各种集会才得到决断。这样，九月总会通过了关于生产者合作社党机关所采取的一般方针。

现在，生产者合作社业由单纯的土地共同耕作形态更进而为共同利用主要生产手段，按照劳动分配收入的形态。在这样生产者合作社的组成上，虽然支持了任意加入的原则，但是对于富农，若其以扰乱合作社为目的，则不准加入。生产者合作社和国家的共同勘定，是：农民必须承认在通常的交易关系上所应做的事情。就是农民参加了生产者合作社，对自己的土地仍具有所有权的。

另一方面，富农则散布波兰农民党所放的谰言，说什么全体农民马上就都要编入生产者合作社了，以扰乱农村。但是，这全是混账话，合作社成为问题的不是数的问题，却是质还比量更重要的问题。合作社之作为新生活的模范，必能得到农民的信仰和尊敬的。

说到政府的补助，政府在一九四九年止，在达波兰农业的 1% 的预定的生产者合作社的设置上，供给了充分的机器和资金。这以后，政府的资金当然是更要增加的。

生产者合作社组织了，个人经营集团化了，但在农业中要发展社会的部门，是需要长的时间的。然而如波兰的经济计划所明示的，和工业的发展一样的，非农业人口增加的结果，是在农业部门中要求创造社会主义的基础。因之，作为这个基础之一的成就，是有了占全耕地面积的1%的国营农场。

这种国营农场，由于造成了下列三种基本的机能，促进了波兰农村的重新编成：

（1）国营农场，从此可以做到的，是成了对于非农业人口的供给的中心。

（2）国营农场，可以借给优良种子与家畜，帮助农家。

（3）国营农场，成了个人的模范，它刺激了贫农和中农放弃个人耕作而从事集体农场的耕作。

波兰工人党中央委员会总会，在作成经济计划时，决定在二年计划的条目中设置这一条：国营农场须生产本国谷物的15%—20%，肉类的7%—10%，而成为模范的社会主义经营。

4. 共·社两党合并及其意义

战前，根植在社会民主主义传统中的波兰工人运动内，波兰社会党始终敌视波兰共产党，而先前拘泥于卢森堡思想传统的波兰共产党又犯过许多错误。然而，在一九三八年间就被解散了的共产党，在第二次世界大战中，又组成了波兰工人党，社会党也以左派为中心重建了新党。这样，造成了两党合作的基础，两个工人阶级的党，如前面所述那样，在人民会议中，以及通过选举同盟，结成了紧密的合作关系。

更进一步地，在一九四六年十一月，两党结成了关于行动统一的协定，首先是以马克思主义为基础，统一两党的思想作为当前的目标。结果是，组织了两党共同的政治学校，在一九四七年，有2.6万名党员，一九四八年有7万名党员参加。这种政治学校，促进了两党的思想统一和政治生活的活泼化。然而，虽然如此，在社会党内仍然不乏反对两党合并的势力。右翼分子反对左派所高唱的统一战线，单只做出走向社会主义的运动的模样。在这个斗争中，他们的战术层出不穷。他们嘴里虽然说"统一战线是好的"，在理论上说得头头是道，在实际上却一直反对。迫进入统一的准备时期，他们却说"就是有了统一战线，也不会有统一"。统一开始实现了时，他们却闹嚷嚷地说什么这次党是完蛋了。

在一九四八年三月，更进一步地举行肃清右翼分子，虽然不仅在下级机关中实施，而且在政治委员会、中央执行委员会、中央评议会等处也举行了异动，但是，这次整肃工作在排除右翼分子及中立分子的影响上，也并没有搞得彻底。

在右翼分子中间拿出了新的斗争方法，他们采取消极的反抗，公然地斗争业已转入"地下工作"。他们造谣、中伤，煽动、打击，歪曲政治的真实，企图破坏和苏联的信用。而且在经济方面，他们主张国有化工业的发展分二次进行，合作社的发展必须从重点着手，企图使合作社和人民国家对立。

另一方面，在工人党内，以前述的郭木尔卡为中心，有一种想把波兰社会党的旧干部的一部分，连未经整肃的右翼分子在内，来进行两党合并的错误想法。和郭木尔卡这种偏向相呼应的，是波兰社会党的一些所谓理论家如华和维支、多罗卜奈尔、托宾斯基、奥斯布加、莫拉夫斯基等辈，也试想把人民民主主义和郭木尔卡同样地当作孤立的和固定的机构高高举起。他们把人民民主主义作为资产阶级议会主义之间的中间路线而举起。而且从这种错误的理论出发，产生了一种想把波兰社会党转化为工人阶级和资产阶级之间的一种"第三势力"的意图。而且更进一步地，想把波兰作为一个存在于世界民主势力与反动势力之间的国家。

因之，波兰工人党及社会党内的存在偏向，使其他各人民民主主义国家早就认为这两个工人政党的合并，不论其成功与否，结果都会与事实无补。但是，像前面所说那样，波兰工人党的自我批判，使该党巩固和发展了。不仅如此，这种批评，也连带使社会党也举行了彻底的自我批评。在一九四八年九月间所举行的社会党的中央评议会上，该党的中央执行委员会主席绥拉开维支，就人民民主主义的本质，做了下列的阐明：

"人民民主主义，并不是国家机构的最终的形态，它不过是走向社会主义之途的阶段而已。在那个阶段中，阶级斗争愈趋激化。因之，在这个斗争中，要把人民民主主义的资本主义的、小商品生产的、社会主义之要素的相互关系，使变化为有利于社会主义的要素。"

这样，关于人民民主主义原则的问题，表示了明朗的见解，建立了正确的方针。波兰社会党清除右翼分子的工作，全面地开始了。两个工人政党的合并的基础，从此渐露端倪。

一九四八年十二月十五日，在首都华沙，召开了二个工人政党的合并大会。在这之前，十二月十四日，分别召开了波兰工人党的第二次大会和波兰社会党的第二十八次大会，在这同时分别举行的两党大会中，全体一致通过了关于两党合并的决议。

合并大会虽然报告繁多，但是成了它的中心的，是波兰工人党书记长贝鲁特所作的报告《关于联合党的思想的基础》。贝鲁特在这个报告中，检讨了经过了七十年的波兰工人运动史，尤其是民主波兰的所得各成果，更说到联合党今后的任务。其中，关于人民民主主义成立的条件，就其本质上，做了下列的说明。

贝鲁特首先强调了在民族解放斗争中，工人党是起领导作用的力量，波兰工人党是唯一的把无产阶级的权力的斗争作为民族解放的目标的政党。作为人民民主主义成立的第二个条件，举出了苏联对法西斯德国的胜利。

在这里，这个胜利是具有历史的阶级的意义。

然而，在今次大战中，要没有苏联的胜利所造成的帝国主义希特勒的粉碎，那么，由希特勒主义所奴隶化的其他民族的民族解放，和在国家解放的瞬间由人民民主政府获得权力，将是不可能的。因之，人民民主主义国家是在第二次世界大战中，由社会主义国家——苏联扑灭了帝国主义希特勒所造成的历史的胜利的直接产物。

所以，权力的维持是和人民民主主义统治的巩固密切相结的。这就规定了这个统治的阶级的性格和它的本质。人民民主主义，并不是人民革命在最高扬的瞬间，以强行夺取国家机关为目标的武装起义的结果，即和一九一七年十一月七日不同，它是产生于前述的对于德国法西斯主义的武力苏联胜利的结果。

当时，国家机关在德国法西斯蒂手里，是他们的独裁的机关。全是由于德国法西斯主义的被粉碎，波兰和其他被强占诸国中，他们的独裁机关才瓦解了。另一方面，地下的资产阶级和地主的各团体，则准备在强占者败北的瞬间占有他们的机关。

但是，在工人阶级领导下所实现的人民大众的解放斗争，和苏军胜利的光辉的进击相结合，才得到了在资产阶级机关的崩溃遗迹上，建立人民大众的革命权力的可能性。因之，人民民主主义国家是工人阶级所领导的人民大众的革命权力。

接着，贝鲁特彻底地批判了把人民民主主义作为和平的共存的社会主义要素和资本主义要素的混合物，说明了人民民主主义是无产阶级专政的一种形态。

波兰的生产的基本形态，有着被国有化了的国有工业——社会主义工业。自然，和波兰国营、合作社工业并列的，存在着少数的资本家的工厂，和家内工业企业与大量的个人农民经营。但是，在生产关系上取决定作用的，在今日则是计划经济，人民民主主义制度，在原则上是答应了它的要求的。

然而，在人民民主主义国家中，还存在着依靠榨取他人劳动而生活的阶层——资本家。他们在资本主义的榨取经济基础还没有完全被毁灭的空间，意图以全力复兴旧的资本主义经济制度。因此，工人阶级不仅要和资本家分子进行不可和解的斗争，而且必须要将资本主义的榨取的各式形态，它的经济的泉源，予以完全的消灭。

所以，人民民主主义，并不是两种不同的社会构造，未经化合而被恒久的共存形态，是要把压迫资本家分子，稳步地达到渐次消灭的形态，是同时发展和巩固未来的社会主义的经济基础的形态。因之，人民民主主义是在现在新条件中所产生的革命权力的特别的形态，就国际的规模说来，它是新的阶级势力关系之表现。

不过，这种新条件，是由什么唤起的呢？在基本上，决定的要素是什么呢？它是一九一七年在六分之一地球上的无产阶级革命的胜利，还有前述的在第二次世界大战中苏联的胜利。还有因为苏联的经济援助所免除了的做各帝国主义国家附庸的恐惧，和在政治、科学、艺术的领域中广泛地利用苏联的经验和成就。

这样，在人民民主主义的基础上，有着苏联的献身的和英雄的援助，在和苏维埃相异的波兰的道路的特质的基础上，有着苏联的全国援助和无产阶级专政的经验与成就的利用。因此，在波兰人民民主主义工作中，便要以不同于无产阶级专政的各种机能的形式来实现。

贝鲁特总结以上的报告，在他的结论中，更提出四点，作为联合党的思想基础。

（1）工人阶级所开创的劳动者的革命权力，它的特殊历史形态，是以人民民主主义执行权力，作为我们国家的本质和性格。人民民主主义国家，和实现无产阶级专政相同的基本任务是：（A）资本主义诸要素的清算；（B）必须实现社会主义的经济组织。

（2）在人民民主主义国家中权力的社会内容和基础，是工人与农民的联盟，即工人阶级和小土地农民并中农的联盟。这个联盟的政治形态，是民主主义政党的合作，而领导的任务则属于波兰统一工人党。

（3）它的基础是与波兰和苏联及各人民民主主义国家的同盟与友好所适应的人民民主主义国家之活动与发展的对外的、政治的以及思想的诸条件。这个同盟，现实地确实保证了我国的主权之完整，奥得尔河、奈斯河、波罗的海国境之防卫，对从外来的帝国主义势力的侵略之保全。

（4）从人民民主主义走向社会主义的波兰，保证其今后发展的构造的、社会的、政治的及经济的诸条件，系：（A）由国家、自治机关及合作社以实现有计划的广泛的投资活动为基础，求国家的急速工业化；（B）在国家管理上，大众地愈趋广泛地积极地参加；（C）和机械化、近代的农业技术的导入相共地，由支援小土地农民及中农的积极层的自发性的集团、合作社经营形态，求农业的急速发展；（D）推进与苏联及人民民主主义国家的经济的、文化的合作；（E）加强对美国帝国主义的斗争。

波兰统一工人党，即以上述各点作为它的思想基础。因之，波兰共、社两党的合并，由于在思想统一方面所获力量至大，所以同时使人民民主主义的基础亦渐趋巩固。关于这一点，在十一月三日所发表的联合党的纪律草案述之如下：

"联合党的组成，清算了在波兰工人阶级队伍里五十年来所存在的分裂，这是对于在波兰工人运动内的改良主义和民族主义的马列主义的胜利。

"联合党的组成，巩固了工人阶级的力量，为了人民民主主义国家的巩固、为了波兰的独立的巩固、为了排除受帝国主义支持的资本家分子的抵抗的斗争、为了社会主义的斗争，它增加了工人阶级的领导的力量。"

最后还值得注意的，是两个工人政党的合并，在波兰农民运动上也投掷了巨大的影响，即：两个工人政党的合并，促进了农民党与波兰农民党的合并。例如一九四八年末，两个农民政党合并会议的决议，有着如下说明：

"工人阶级的统一，给农民运动创造了清算分裂的优良条件。作为两个农民党的合并的有效手段，就是和波兰统一工人党的密切协力，强化思想和组织，从两党中肃清敌对动摇分子，与反动派、教会及其拥护者斗争，根绝农村的榨取。"

捷克斯洛伐克

一、解放前的状态

为了分析战后捷克的政治及经济，并且为了对现在正在进行中的人民民主主义的各种变革过程得到一个评价，首先关于战前捷克的政治、经济构造，实有简单一述的必要。捷克斯洛伐克共和国的独立，确是受了俄国十月革命的影响，而是捷克无产阶级的民族解放运动的成果。一九一八年一月六日、由无产阶级发表要求独立的宣言开始，革命运动发展到了同一年的十月，已经达到最高潮，好几个都市已宣布了社会主义共和国；但是由于右翼社会民主主义者的背叛，革命果实从无产阶级手里被夺了过去。

因此，捷克斯洛伐克共和国比较其他欧洲诸国，是具有颇为民主的宪法，捷克的人民也确实享有一定限度的民主自由，不过掌握捷克第一共和国政权的，事实上则是资产阶级和地主。

其次谈到经济：东欧各国大抵是农业国，只有捷克工业化的程度占东欧的第一位；也就是说，捷克的工业或从事家庭工业的人口比率占全国人口约 35%。关于工业生产的若干统计数字，引用如下（根据一九三七年）：

	捷克	波兰	罗马尼亚　匈牙利 南斯拉夫　保加利亚
人口（100万人）	15	35	50
煤炭（100万吨）	35	36	18
钢铁（100万吨）	2.3	1.5	1.1
棉纺工业（纱锭数）	3.4	1.9	0.8
砂糖（1,000吨）	680	509	231

这些比较有着高度发展的工业，占支配地位的是独占资本。即：一九四一年时，捷克227个康采恩共有股份资本115亿克洛纳（捷克币名），其中95亿克洛纳是在21个大康采恩的手中。而且我们可以从下面数字的比较中，更可了解独占资本力量的重大，即：上述企业的资产合计为306亿克洛纳，而一九四〇年全国国民收入总额也不过570亿克洛纳。

战前东欧各国经济的一般特征之一，就是对外国资本的强烈依赖性，这一点捷克也不能例外。战前捷克有46个国际卡特尔（Cartel）参加。尤其自德帝占领后，德国资本的侵入更是惊人，227个康采恩中，德国人掌握了21个，而且它的资本额占所有康采恩的80%。

再说到农业，占支配地位的是大地主，尤其是地主中的外国大地主——德国人和匈牙利人——也占不少。总之自从德国及其同盟国匈牙利侵入以后，这批外国地主的地位更加强化了。捷克解放时，580万海克脱的耕地，130万海克脱以上（40%）是属于8,000个大地主的，其中约200万海克脱是属于德国人地主的。

由上可知：解放前的捷克经济，居支配地位的是国内金融及产业大资产阶级和外国资本家及大地主。

二、反法西斯的民族解放斗争

在六年的被占领压迫下翻身的捷克斯洛伐克共和国，它已和成立第一共和国那时所处的历史条件和国际情势完全不同了。这一种新的基础，已经在第二次世界大战的过程、民族解放斗争的过程中建筑起来，所以必须从这里方才可能找出捷克人民民主主义发生的历史条件。

1. 旧统治阶级的丧失信用

战前二十年中，事实上掌握捷克政权的是代表大地主及财阀利益的"农民党"。农民党占据了联合政府的领导地位（国务总理、内务部长、农业部长），妨害拥护捷克共和国独立的人民运动。内务部利用《共和国防卫法》，逼害全国的——特别是苏台德区的民主主义者，一方面反而庇护海拉英的"德意志苏台德"党（在捷克的希特勒先锋队）。而且在内务部领导下组织了军事的、体育的及其他的海拉英团体。这些团体到了一九三八年就公开转化为法西斯的"突击队"及"亲卫队"。

当捷克直接遭遇法西斯德国威胁的时候，农民党就出卖了祖国的利益，和希特勒的先锋队直接勾结起来。所以当慕尼黑会议及德军侵略时期的失败主义者，就是这批农民党以及和它近似的政党，如土地党、民族同盟等层出不穷之辈。一九三八年一月国民党（天主教）机关报《理达华》有一段话："说到在捷克的希特勒主义的场合，我们不仅想到海拉英党，而更应明白农民党是代表了捷克的希特勒主义。"这种论述可说极为正确。

一九三九年三月十五日，法西斯德国占领了捷克和摩拉维亚（Moravia）。德帝占领军解散了所有反法西斯政党，组织了独一的政党——"民族协同党"，所有捷克的反动政党都参加了这个民族协同党。

占领军为了欺骗捷克国民在德国保护范围之内，可能仍有自治的幻想，不直接由自己来执行这一政策，而假手指使捷克政府。就是以民族协同党党魁哈柴（捷克上层官僚中亲德派代表）为大总统，忠实地执行德国占领军的命令。

所谓"哈柴体制"究竟从那里找到地盘的呢？第一，这是因为他们都是能在德军占领下得到莫大利润的金融大资本家，军需工业大股东。第二，他们都是大地主或者是利用收购政策及信用组织网操纵农业银行的领导人。例如他们中的一人——旧议员古尔巴的征收粮食及贩卖粮食的占领军当局的全权代表。第三，他们都是在德国占领前已是国内反动派重心的国家官僚。如前所述，在慕尼黑的前夜，捷克的内务部和警察机关已经给希特勒的先锋队以积极的帮助了，待到占领以后，布拉格的警察厅长皮纳尔德就变成"盖世太保"（希特勒的特务警察）的直接帮手。第四，哈柴体制最初也得到种种资产阶级政党中妥协主义分子的支持。他们存着和第一次大战时同样的心理，以为采取"适应政策"又可能迎接将来的黄金时代。不过这些骑墙派分子，一面支持"协同派"，同时一面又企图和反法西斯运动联络。

另一方面，在斯洛伐克区因希特勒的压力，斯洛伐克议会于一九三九年三月发表《斯洛伐克国家独立》宣言。它和亲希特勒分子齐苏、托卡、马赫所支配的斯洛伐克政府，使斯洛伐克变为德国殖民地的第一步。

齐苏——托卡政权当初曾有过一定的社会基础，斯洛伐克资产阶级和一部分知识分子曾支持他们，这些人企图在希特勒保护之下，从独立的斯洛伐克国家中吸取物质利益。他们期望抢占以前属于捷克人的经济上及政府机关中的地位。

统治阶级曾对广大的人民大众培植过"斯洛伐克独立"的幻想，企图使大众在这种影响下奋起。但是这种企图，遭受了大众广泛的抵抗，虽然起初人民大众曾一度默认了在斯洛伐克所造成事态。也就是说：群众曾被妥协主义者的宣传潜伏过，以为适应了德国的强权，斯洛伐克或者可以免于可怖的吞并。

然而这种妥协政策究竟得了些什么呢？不用说，只是为捷克斯洛伐克的人民带来了压迫与贫困。

希特勒军队刚一占领捷克，就抢走了国家的财富。占领军解散了捷克军队，夺取了一切武器弹药，将 200 亿克洛纳的军需物资运到德国去。又把黄金、外币搬走，几星期内，一切原料、食粮储藏品统统都归入德国工业的掌握。占领者破坏了所有工业部门，尤其是纤维和皮革工业部门。他们把一切大工业，尤其是军需工业都置于自己的管辖下，把捷克成为德国军国主义的兵器库。像斯可达工厂重要军需企业、冶金工厂都落入到哥林及其他德国军需工业康采恩手中了。

法西斯占领者并且征收了几乎是全部的农产物，确立了支配捷克的农业权。数万海克脱土地转到德国地主和富农之手，捷克农民被拉去为德国强迫劳动。根据官方资料，在一九四〇年初，有 75 万捷克人，特别是农民，在德国服劳役。因此捷克农业的生产力大为减低。

法西斯蒂不但掠夺捷克人民并使他们变为奴隶，更蹂躏了捷克的文化和历史传统。捷克的大学和博物馆被封闭了，到处强迫学习德语，教育强制施行"德国化"。

对民主主义者的压迫也是恐怖之至。一九三九年三月，德军侵入后一星期中，被逮捕的、被关在看守所、侦探机关中的捷克人达 10 万人。到一九四三年初，被关在集中营的捷克人有 20 万。同一时期据捷克外交部发表的统计，被枪杀及虐杀的有 4.5 万人，被德国强拉去的也有数千人。

使人民大众陷落到如此苦况的捷克旧统治阶级，它所采取的妥协政策，失去了人民大众的拥护，自属当然。就连捷克统治阶级所依靠的西欧列强，也因它们所采取的绥靖政策，使人民大众对其信用也丧失殆尽了。这是捷克斯洛伐克在以后决定革命方向的一个条件，应予以重大的评价。

一九三八年九月中旬，德军集中捷克边境，一方面，捷克大总统贝奈斯宣告捷克国防军总动员。

在这重大的一刹那，当时英国首相张伯伦的做法如何？他竟在九月二十九日到慕尼黑去，他告诉群众的话竟然是："从亨利四世的荆棘中，从危险里，我们要采摘小小安全的花。"

这一政策的结果，是在慕尼黑向侵略者让步。假使在这时期，英、法能支持苏联所采取的政策，捷克的命运即能挽救。一九四三年十月二十八日，贝奈斯总统在英国报纸 *News Chronicle* 上，曾著文说：

"以重大压力逼使捷克放弃在一九三八年企图采取的军事行动，造成今日的结果。当时捷克不论在军事上、在精神上，对战争都有充分的准备。"

可是，由于内外双重的压迫，捷克政府屈服了，接受了慕尼黑会议的决定。

在这样的发展过程中，捷克的旧统治阶级和它的政策，以及英法在慕尼黑会议中的背叛行为，在捷克广大的人民眼睛里完全丧失了信用。解放以后，捷克人民再不允许这样的旧统治阶级重新统治他们，自属当然之事。

2. 民主势力的集结

战前捷克对反法西斯侵略的软弱无力，实在是因为人民力量没有集中。民主团体，特别的共产党，老早就呼吁组织反法西斯的统一战线了。尤其当德国的侵略已迫在眉睫的一九三六年四月，高德华尔德（现在捷克的大总统）曾在议会里，提出有关防卫祖国的民族的、民主的准备方案。但是当时联合政府内的各政党（国民社会党、社会民主党及其他政党）领导部否决了这些统一民主力量的提案。

促进民主力量分裂的因素，是战前捷克的一般政治情势。即那时的政党数目有 30 个之多，这些政党之间相互间的倾轧，妨害了民主力量的统一。因此使反动地主和它的协力者利用来夺取权力，引导国家走上法西斯的道路。

捷克斯洛伐克的民族解放斗争的过程，可以分为二个阶段，第一阶段即自占领之日起到一九四一年春止。

在这一时期内，占领者获得了捷克国内一切经济的。战略的决定的地位。

而且占领军的代理人哈柴也像前面所说，拥有一定的社会基础。同时捷克人民也因为他们的组织已被彻底破坏，没有力量来反抗"新秩序"。所以哈柴的叛逆行动，在这个时期里成为主动的、投机的标志了，也成了民族解放斗争发展的绊脚石。

不过，在这时期，捷克人民的抵抗运动也不是全然毫无。

对占领者的厌恶，终于在一九三九年秋，捷克国庆日（十月二十八日）的时候，在布拉格、布鲁诺、克拉特诺等城市爆发了群众的示威运动。在布拉格群众示威游行时曾发生了群众遭枪击的事件，于是其他各都市都纷纷举行抗议的示威和罢工。

占领者对这些群众运动是以血的镇压来对付的，布拉格大学的学生被处徒刑，捷克和摩拉维亚的所有专门以上学校统被封闭。由于这种残暴的恐怖行动，民族解放运动在一时期内被镇压下去了。

第二阶段是从一九四一年夏起。这一时期的特征首先是国际情势的变化。

一九四一年夏，希特勒德国开始攻击苏联。希特勒的这种背信行为给捷克人民印象极深。苏联是捷克在慕尼黑时代的唯一友邦。红军英勇的斗争，大大地昂扬了捷克人民的民族解放斗争。

第二是哈柴在国内已失去了基础。哈柴在这一时期里已公然变成德国"盖世太保"的爪牙了。支持他的只有一部分最反动的捷克资产阶级和卖国分子。因此哈柴政府的性质已经变得很明显，它和捷克人民之间已有了深刻的裂痕。

在这一时期的初期，捷克的民族解放斗争，主要的是采取了破坏机器，破坏军需工厂，破坏铁路、公路等交通路线，拒绝供应粮食，抗税，公务人员怠工等形式。结果，在一九四一年七、八月间，捷克的军需工业中劳动的生产率低落了 30%—40%，而且一九四一年国家征购粮食的计划事实上也遭破坏。

另一方面，以贝奈斯为中心的伦敦捷克流亡政府，于一九四一年七月十八日和苏联成立了对德作战的互助协定，而且开始编练在苏联领土内的捷克军队。

但是，仅仅这种程度的斗争还十分不够，纳粹占领者对人民的反抗更施行残酷的恐怖压制手段。

决定的时期已经逼近了。捷克的反法西斯人民已经意识到民族解放斗争组织上的弱点。在伦敦已经组织起捷克的政府和国会，它是包括有共产党在内，所有一切政党、政派的代表都参加了的联合形式。这一事实对捷克国内的解放斗争有积极的影响。因此在国内，为了团结一直是分裂着的，有时甚至是盲目运动的人民的力量，为了组织成统一的、强大的斗争战线，一个强有力的领导组织已属迫切地需要了。

在这一点上，捷克及斯洛伐克人民是具有历史的经验的。当一九一八年对于奥地利的斗争到了决定阶段时，在捷克斯洛伐克曾组织过包括所有政党、政派都参加的"人民委员会"。在这种经济的基础上，现在捷克也到处组织了"民族委员会"。

这样，民主势力的基础稳固了，它的力量到一九四四年八月—九月，在斯洛伐克区风起云涌，更在一九四五年五月，布拉格的爱国者又纷纷武装起义，由此完成了捷克斯洛伐克的解放。

捷克的解放过程就是上面所说的那样的。它和其他东欧各国比较起来不得不认为是落后的；这就是说：捷克的解放，捷克人民自身的武装斗争力量并不曾充分发挥。这种落后的原因，可以列举如下：

（1）捷克在地理上居希特勒侵略政策的咽喉，德国和东南欧铁路干线必须通过捷克领土方可贯通，因此捷克是多瑙河沿岸，巴尔干半岛的钥匙。

从经济上说：捷克有高度发达的工农业，对反法西斯集团的军事和经济上潜势力具有重大的意义，尤其是捷克的军需工业可以说是欧洲伟大兵工厂之一。

从这些战略意义上，德帝必须死守捷克这一据点到最后，必须彻底镇压捷克人民大众的反抗。因此捷克人民所有一切"不合法"组织都被纳粹的强压而破坏了。

（2）捷克共产党在德军占领后方才转入游击运动，它没有像南斯拉夫和保加利亚的共产党那样长时期的地下工作经验。因此对于组织大规模的武力反战工作感觉困难。

（3）捷克的流亡势力和波兰及保加利亚不同，它是以共产党为中心，团结所有反法西斯运动而组成政府的，并且与苏联保持友好关系。因此在有一切党派参加的流亡政府中，有一部分有力阶层反对扩大游击战争。他们幻想历史会重演，期待在西欧资本主义的保护下恢复捷克共和国。

（4）投降主义者的影响力也很大，而且根深蒂固地带着依靠外力求得解放的心理。

捷克的民族解放斗争虽有上述的弱点，但是在解放过程，捷克的民主力量明白了只有团结这种力量才能成为反抗运动的中心。这种民主力量的团结在解放过程中，就是组织"民族委员会"，而在一九四五年五月结成"民族战线"，获得了胜利。应该指出：在这一斗争中，担负着领导任务的是共产党。

3. 苏联的援助

说到以上捷克民族解放斗争的经过时，更应该谈一谈作为阶级的同盟力量——苏联对捷克解放所援助的巨大力量，苏联不但在第二次世界大战中发挥了保卫世界民主力量的先锋作用；如前所述，就是在一九一八年成立第一次捷克共和国时，也有重大的意义。关于这一点，可以引用高德华尔德的话：

"推翻了沙皇制度，宣布全世界民族的自决权的伟大的十月社会主义革命，直接地给予一九一八年捷克共和国的独立以强大的冲动。"（捷克独立第二十五周年纪念日讲演词）

然而，这以后的历史，没有了苏联的援助以后，明示了无法保卫在一九一八年所奋斗获得的捷克和斯洛伐克的民族自由。上面也已经讲过，自捷克面向西方，就在慕尼黑中被出卖、丧失了国家的独立。当时只有苏联坚决地反希特勒的侵略。

可是，以后的伦敦流亡政府，固然一面希望纳粹德国军事的崩溃，一面依旧期待苏联会因长期战争的关系而衰弱。但不管伦敦的流亡政府态度如何，而苏联政府却在一九四一年七月十八日毅然承认捷克的流亡政府，缔结交换外交使命的协定。这一结果，使英国政府也声明不再受慕尼黑协定的拘束，更不得不使美国政府也承认了捷克流亡政府。由此可知：苏联在承认独立的捷克共和国这一事实上，具有决定性的作用。

苏联这种一贯的解放者的任务终于在一九四五年五月实现了。捷克由红军的手，完全地从法西斯的枷锁中解放出来。捷克不但恢复了独立，更由此获得了新的发展的道路。高德华尔德关于这一点，有如下的一段话：

"没有苏联的斗争和牺牲，不会有捷克，也没有捷克人民的前途。捷克人民应该由此得到一个明白的结论，首先，也是主要的结论是：由苏联的援助而得到解放的捷克共和国，不论现在和将来，必须和苏联以最强固的，也是最忠实的友好精神，来建设，来指导。"

三、人民民主主义的成立

驱逐了德国法西斯以后的捷克，不论在政治上、经济上立即开始了一连串的重要改革。捷克共产党领袖高德华尔德，把这一种改革，名之谓带有民族的、民主的革命的特征。

这种革命和上述一九一八年的国民革命根本不同。一九一八年的革命是由于资产阶级所领导。这一资产阶级早因在战前及战时和德国法西斯妥协而丧失了人民的信仰。因此，现在的革命是由要彻底进行革命的工人阶级及劳动者所领导。而且革命的领导权是掌握在工人阶级手中，因此使革命的结果早已超越了民族的、民主主义的范畴。这一结果，创造了捷克斯洛伐克的人民民主主义的政治体制。

什么是人民民主主义呢？高德华尔德对于这一点有以下的说明：

"我们这时代早已不是旧的、虚伪的民主主义了。我们有了经过重大牺牲而奋斗得到的真的人民民主主义。我们有了工厂属于人民，人民为其自身幸福而劳动的民主主义。我们有了土地属于耕种它的农民的民主主

169

义。我们有了家庭小工业者、企业经营者再不恐惧卡特尔和独占资本垄断的民主主义。我们有了人人享受教育，知识分子可以为自己的创造获得完全自由的民主主义。我们有了国家保安队再不是压迫人民的工具而是打击敌人保护人民及国家的民主主义。"（一九四八年六月十九日，就任大总统时的讲演词）

从高德华尔德的说明中，就可知道人民民主主义不是社会主义，但是它是走向社会主义的。在捷克的宪法中，对这点也有下列的明文规定：

"我们——捷克斯洛伐克人民，充满了把自己已经解放了的国家，建设成保证走向社会主义去的，和平的道路的人民民主主义的决心。"（捷克宪法的前言）

四、民族战线

1. 民族战线的本质和它的构成

捷克的新政体是根据共产党所首先提出的"民族战线"纲领而组成的。这个纲领是经过参加满足现在的全体政党签字了的。它的结果是把反叛的大资产阶级、地主层从国家中以及国家生活的领导部门方面排除了出去，把一切国家权力掌握在工人、农民、家庭工业者和知识分子同盟，表现在政治形式上的是民族战线的手中。

关于民族战线的本质和它的意义，高德华尔德有下列的说明：

"民族战线是工人、农民、家庭工业者、商人以及劳动的知识分子的政治同盟。……今后我们的发展是依靠民族战线的统一……对解放捷克共和国具有成功性的创造活动是我们民族的统一——我们民族战线好像人需要空气一样的必要……"

另一方面，禁止曾经帮助扼杀民族自由和国家独立、公然具有法西斯性的各反动政党。即在一九四五年四月四日，捷克政府宣布解散农民党以及所谓国民联合党、斯洛伐克的富林克党等一批法西斯团体。

所以现在的捷克只剩下了参加民族战线的政党。即在波海米亚及摩拉维亚的民族战线由四个政党——共产党、社会民主党、国民社会党、国民（天主教）党组织而成。在斯洛伐克由共产党和民主党两个政党参加民族战线，后来又组织了社会民主党和劳动党，同样地也参加了民族战线。

参加民族战线的不仅仅是以上的政党，还有劳动组合、农民同盟、青年同盟、合作组合等等其他的劳动者的许多团体，所以它的基础极为广泛。

捷克民族战线的构成已为上述，它和其他人民民主主义各国的民族战线不同的地方，前面曾经说过，是在于现存的政党都参加了民族战线，没有反对派这一事实。这是因为捷克的流亡政府和其他各国不同，曾经是所有政党都参加了的关系。

不过，没有反对派这一事实却正是捷克民族战线的弱点。各党派虽然承认共同纲领，参加民族战线，但各政党都个别有它自己的历史。对重新建立民主制度的态度上，相互之间有显著的不同。因此，随着民主的各种改革的进展、造成了民族战线内部的分裂，以致后来发生了民族战线根本的组织问题。所以这里又须把各政党的基础和他们之间政策的不同点，加以分析的必要。

2. 各政党的构成基础及其政策

(1) 共产党

民族战线中的领导政党，自然是共产党。共产党在希特勒准备侵略的时代，已经揭橥统一民族战线的纲领；联合反法西斯力量，拥护捷克共和国的独立。自慕尼黑会议以后，共产党已被认为非法的工人组织——可是已成为反对捷克投降主义（一九三九年三月十五日后反对希特勒占领者）的斗争中心的组织。

因此，共产党是抵抗希特勒占领运动的指导力量，一九四四年秋所发生的捷克民族示威运动和一九四五年五月布拉格的民众示威运动，都是该党所组织的。

而且数千共产主义者参加了在苏联境内所组织的捷克特别兵团，和红军并肩为捷克领土的解放而斗争。在这个斗争中，2.5 万共产主义者牺牲了生命，8 万人被希特勒关入集中营。

从解放战争时代的共产党斗争的积极，造成今日捷克共产党势力的浩大，毋宁是必然的结果。一九四六年四月该党召开第八次党代表大会，党员人数已达 100 万人以上。而且此后继续增加，在一九四七年九月已达117.2 万人，一九四八年五月八日为止，增到 200.48 万人，据一九五〇年二月十四日《真理报》的统计则目前已增至 230 万人了。

该党书记长是鲁道尔夫·斯朗斯基。

(2) 社会民主党

捷克第二个工人阶级政党是社会民主党（该党在一九四五年十二月大会以前称为捷克社会民主党）。社会民主党成立于一八七八年。慕尼黑时代，该党上层人物参加了联合政府，反对共产党及其他民主势力所提倡的统一战线，以致和要求统一的下层党员发生对立。慕尼黑会议后，捷克树立了法西斯独裁政权，社会民主党的领导者努力适应这一政体，在一九三八年十一月宣言自动解散社会民主党，组织"劳动党"。这个"劳动党"的领导曾是以葛姆普尔为党魁，也就是由原来社会民主党的旧领导层所组成的。

但是自希特勒占领后，由于地下活动时代的教训以及和国内及流亡国外的共产党合作的经验，使该党明白过去的错误，也一起参加了为统一战线而斗争。解放后第一届内阁首揆菲林格（现在的社会民主党党魁）组阁以后，社会民主党和其他民主主义政党一起，共同为消灭反动力量的抵抗和国家的民主化而斗争了。

(3) 国民社会党

该党从本质上说，是城市小市民层以及在其他基础上的小资产阶级政党。而且还努力在该党的影响之下拉拢大资产阶级。该党纲领明鲜地带有民族主义色彩。这一点，在慕尼黑会议前，和在捷克国民经济中占重要地位的德国资本作斗争时，赢得了捷克资产阶级各阶层间的拥护。

国民社会党（一九三七年大总统选举时，因竞选关系，该党领导者贝奈斯脱离了党籍）也曾参加过以农民党为领导的联合政府，其领导人物并拒绝提倡民族统一战线。慕尼黑叛变以后，留在国内的该党领导者（若干领导者随贝奈斯总统流亡到国外去了）大部分，被农民党的领导人贝朗（慕尼黑会议后所组成的捷克内阁总理）所勾引，参加了法西斯政党"民族协同党"。这个"民族协同党"如前所述，是包容一切资产阶级政党，作为投降主义政权支柱的。一方面，国民社会党的民主分子则脱离了这个组织，或者参加了前述的劳动党。

可是战争的教训也影响了国民社会党的领导部，解放后，该党也承认工人阶级政党所提出的民主再建纲领，参加了民族战线。但是国民社会党的政策是不彻底的，党内仍有反动分子企图转变为反对民族战线的斗争工具。捷克报纸曾指摘过，该党内部仍潜伏有现在被禁止活动的农民党分子及其他法西斯团体分子。

这些反动分子的影响力量在一九四六年五月的竞选运动中曾明显地表现过。一九四六年五月十六日，参加民族战线的各政党曾订立协定，诚实履行选举运动。共产党及社会民主党完全地遵守了这一条件，但是国民党（天主教）、国民社会党的反动分子却企图利用选举来改变政府及议会中的政治力量间的关系。他们在报章上攻击社会民主党，责难该党是"共产党的尾巴"。同时对共产党也诽谤说：一旦选举失败，共产党将准备政变。

该党并且撕毁了由参加民族战线各党所共同承认的，关于由参加民族战线各党所共同承认的，关于统一青年运动的原则，引诱捷克青年同盟加入该党为青年党员。

但是这些分裂活动并无效果，国民社会党的反动分子想削弱工人阶级政党的权威的企图终告失败。只是在拉拢对现已被禁止的、反动政党支持的选票一点上，在某种程度内，确是成功了。这就是说，国民社会党在一九四六年的选举中占了第二位。

（4）国民党（天主教）

该党在农村中有巨大势力，以天主教系的小资产阶级及一部分农民为基础。过去该党曾参加过联合政府，在慕尼黑会议后捷克投降当时，并没有和农民党脱离关系。解放后该党也参加了民族战线，但该党中仍有想接受过去农民党在农村的地盘而侵入该党的反动分子，国民党的政策从它在选举运动中所提出的口号："社会主义是压迫个人与民主主义的""保卫捷克的民族战线""重视宗教教育"等文字即可明了，是反对民主势力的统一、土地改革、大工业与银行的国有化等民主政策的。

（5）民主党

该党是一九四四年末，斯洛伐克民众运动群起后所结成。具有强烈的天主教精神的政党，以斯洛伐克落后农民为基础。解放后，该党内部被法西斯分子所侵入。特别是该党机关报《却斯》，由富林克党的残余分子所操纵，反对民主主义改革、公然拥护战争罪犯——法西斯蒂、反对对他们的裁判。该党竞选口号是："支持真正拥护神者——斯洛伐克民主党！""拥护不是共产主义的宗教与农民！"在选举运动中，得到与梵蒂冈有联系的天主教教会积极援助。因此该党是利用似是而非的民主主义口号和天主教牧师广泛的影响力，在斯洛伐克维持着巨大的势力。

(6) 劳动党

该党在一九四六年一月二十日组织成立。组党时曾声明愿和参加民族战线的各政党共同协力，党的纲领也是近似社会民主党，可是事实上，很明显地它是以分裂唯一代表斯洛伐克工人阶级的共产党为目的而组成的。一九四六年九月，该党改名为斯洛伐克社会民主党，这事引起斯洛伐克共产党猛烈的抗议，因为共产党在一九四四年秋曾和斯洛伐克的社会民主党合并过，有影戤旧社会民主党名义之嫌。

(7) 自由党

一九四六年三月在斯洛伐克组织成立，以网罗对民主党领导层的反动政策感到幻灭失望者为基础，该党也是采取反对民主政策各项措置为政纲的，它的影响力不大。

五、新国家的权力机关

1. 中央国家权力机关

成为民族战线纲领的一九四五年四月柯西芝政府宣言，曾强调"人民是共和国权力唯一的源泉"，而这一人民主权的代表机关即是国民会议。

根据临时议会规定的法律，国民议会议员从捷克、摩拉维亚、西莱西亚三区选出231人，从斯洛伐克选出69人。选举人年龄限制在18岁以上，以前无选举权的军人也可以投票，有选举权的总数在700万人以上。

五月二十六日选举结果如下：

	一九四六年		一九三五年	
	得票数	议席数	下院议席数	上院议席数
共产党	2,695,227①	114	30	16
国民党	1,111,009	46	22	11
社会民主党	855,538	37	38	20
国民社会党	1,298,980	55	28	14

（接下表）

民主党	999,557	43	——	——
自由党	60,200	3	——	——
劳动党	50,214	2	——	——
其他	——	——	182[2]	89[2]
合计	7,070,725	300	300	150

注：

① 包括斯洛伐克共产党得票数 489,530 以内。

② 农民党——45（下院议席数）、23（上院），苏台德德意志党——44.23，斯洛伐克国民党——22.11，家庭工业者党——17.8，民族协同党——17.9，德国社会民主党——11.6，匈牙利基督社会党、民族党、苏台德德意志集团——9.6，德意志基督社会党——6.3，德意志农民党 5.0。

捷克斯洛伐克共和国的中央行政机关是捷克斯洛伐克政府。凡是对外政策、国防组织、全国的通货及其他有全国共同性的问题等之解决，都在其管辖下。

一方面，在斯洛伐克方面，由于捷克人与斯洛伐克人两民族实行同等权力的结果，承认斯洛伐克的最高民族机关——斯洛伐克民族会议及其全权委员会为立法及行政的权力机关。

并且自一九四六年选举后，成立协定，将斯洛伐克的全权委员会附属于捷克斯洛伐克共和国的部长与政府内。这就是说：共和国政府的总理，根据政府的决定，在必要时可以解散民族会议。民族会议所采取的法律，必须经总理、实权委员团议长以及全权委员的署名。共和国总理可以拘束这些法律案，假使这些法案超过了民族会议的权限。

一九四六年五月选举的结果，在七月三日成立高德华尔德内阁。这一内阁阁僚的党派别如下：

共产党	6
社会民主党	3
国民党	4
斯洛伐克民主党	4
国民社会党	4
斯洛伐克自由党	2
无党派	2

其中，共产党占有总理、内政部长、农业部长等重要职位。

2. 地方的国家权力机关

捷克斯洛伐克的地方权力机关是民族委员会。民族委员会是捷克斯洛伐克人民民主主义政权的支柱，前面曾经说起过，这在解放前是被视为非法的人民机关而产生的，它的组织中包含了游击部队的领导人物及其他爱国分子。当时对强占者及国内奸逆斗争的领导机关。

后来，共和国的领土解放了，民族委员会也就转变成为人民的民主自治机关。同时民族委员会的委员也由乡村、城市地区的居民经民主方法选举而成。

因此，作为地方人民权力机关的民族委员会，其必要性也愈益明白了。至一九四四年十二月，在伦敦的捷克政府，承认民族委员会为人民自治组织的新形态。一九四四年十二月四日，由贝奈斯大总统用特别法令确认设立民族委员会的事实。此后，一九四五年四月，解放后第一届菲林格内阁，在该政府的纲领中也明白宣称："通过民族委员会实施政府政策，并完全依据此项规定而行。"

这种民族委员会的权限极为广大。第一，它替代了过去奥匈帝国时代的旧式行政机关，并且更扩大了权限。即：民族委员会执行各地区、各地方、各州的新式国家机关的任务，具有行政权力，施行法律，颁布指示，并且对保安机关、农业政策、配给问题、物价、地方工业与家庭工业之生产统制等一连串的各项活动以及国家全体官吏予以管辖。

民族委员会由选举产生，每半年有将本身工作向选民报告的义务。民族委员会的大会公开举行，凡愿希望参加该会议者，人人都可入内。

民族委员会的政党成分如何呢？一九四六年五月选举后，根据参加民族战线各党的协定，为对付议会选举的结果，实行了委员成分的变更，由此而成的民族委员会政党成分比例如下：

即：捷克、摩拉维亚、西莱西亚三州的民族委员会议长是共产党，162个地方民族委员会议长中政党派别的比例是：共产党——128（80%），社会民主党——6，国民党——6，国民社会党——9。此外，11,512个地区民族会议中，6,350（57%）个议长是共产党。又在民族委员会及其附属委员会中约有14万共产党员活动着。从这一数字上，可以明了，共产党在民族委员会中具有支配的地位。

因此，民族委员会赋予了捷克斯洛伐克国家机关以新的性能，通过中央、地方实行破坏旧的国家机关，建设新的人民民主主义的国家机关的重大任务。关于民族委员会任务的重要，可以引用高德华尔德总统的话，更加能够明了。

一九四七年高德华尔德在新年致辞的广播中，特别强调说：

"一九四六年是捷克斯洛伐克共和国在经济、政治及社会状态上，渐次安定化的一年。这种安定化是由于新的基础。工业的国有化和设立民族委员会等具有这些特征的政策，而奠定了人民民主主义政体的基础。"

六、人民民主主义的经济改革

解放后，捷克斯洛伐克共和国提出了这样重要的课题：对农业、工业实行各种民主的改革，由此巩固人民民主主义政体的经济基础，扫除反动势力的经济地盘。并且要求劳动大众为这些改革的彻底实行而努力。

1. 土地改革

第一次世界大战前，奥匈帝国时代，捷克斯洛伐克的耕地与森林是属于匈牙利、奥地利、德意志、捷克地主的。但自捷克共和国独立后，旧统治阶级承受了农民的要求，允许土地的改革。

当时资产阶级政府所采取的法律，预定将150海克脱以上的耕地以及250海克脱以上的一般农业地由政府收用。可是结果这一土地改革以不彻底而终了。400 万海克脱的土地被没收了，而分配给农民的仅仅只有 64 万海克脱（平均分配面积为 1 海克脱），多下来的都集中到旧土地所有者以至都市或农村的资本家手里去了。

所以战前捷克斯洛伐克的土地关系，封建色彩很浓厚。一九三〇年土地所有关系如下：面积在 5 海克脱以下的小经营者数 100 万以上，其面积合计占所有农地的 23%；5 海克脱至 10 海克脱的经营者数 24 万，占所有农地约 20%；20 至 50 海克脱的经营者数 5.7 万；其余的农地即 43% 属于大地主。此外捷克斯洛伐克有 66 万的农业劳动者。

如这样：劳动农民缺少土地，大土地所有者产生了法西斯主义的基础；从这一事实上，解放后，捷克斯洛伐克的各民主主义政党要求土地改革，乃是当然之事。

捷克斯洛伐克的土地改革，早在解放过程中已经开始。那是对逃亡的德国人及捷奸的土地加以收夺分割，原是解放斗争中自然发生的现象。随着红军对该国解放一天一天扩大，农民开始设立农地委员会，着手没收土地了。有些地方甚至把地主所有地也予以没收。农民们集会，聚议的结果，纷纷要求立刻实施土地改革、没收人民公敌的财产、分配土地给农民等。

为了答复农民的这种要求，首先在一九四五年二月二十七日，斯洛伐克民族会议通过了没收德国人及捷克、斯洛伐克叛逆分子土地的法律。此后，一九四五年六月二十一日，又由共和国大总统颁发指令，将上述的土地改革普遍实行于全国。

这种土地的没收是无代价的，一九四五年起已经分配了 170 万海克脱的土地，约有 17 万户农业劳动者、贫农获得了土地，平均分给的面积是 10 海克脱。

这种土地改革的结果，把旧有的土地所有关系一变，成为下面的关系：即 1—5 海克脱土地所有者的经营数为 50 万以上；5—10 海克脱经营者 20 万以上；50 海克脱以上的经营者数为 1.3 万户。

可是，从数字上也可以明白，第一次的土地改革是不充分的。接着自然应该是在不抵触上述法令内没收捷克及斯洛伐克的地主所有土地了。

接受这一要求，一九四六年九月，由农业部长裘理西在内阁会议上提出了第一次土地改革的修正法案。

这个法案规定收用流亡地主已经并未付过相当代价而因利用种种策略而获得土地的大地主所有土地。并且更规定收用因凭种种借口而归还了地主的这一类土地。总而言之，裘理西法案是实现了过去第一共和国资产阶级民主主义所未能实施的方策，就是以没收地主所有土地，拿来增加分配与小农民为目标的政策。

在民主的捷克斯洛伐克，这一法案的必要性显然可知，故此以为一定会被采取通过。然而事实与预料相反，议会中的农业委员会却把这一法案否决了。

农业部长认为这一法案是符合绝对大多数劳动农民的利益的，于是他通过农民同盟的各地方组织，将该法案交农民自己去检讨。无数的农民集会，全体一致拥护这一法案并要求议会通过裘理西土地改革法案。可是农民们的要求仍未被接纳，一九四七年一月八日的农业委员会，不顾共产党委员会的支持，依旧以多数票否决了裘理西法案。一直经过了不少波折，至一九四七年七月初，第一次土地改革修正法案方经议会通过。但是对该法案的实施，因为尚缺少修正手续与期限的政令，于是执行又被延期。极力阻碍完成这一政令和通过这一政令的，是这些成为反动分子避难所的国民社会党、国民党、斯洛伐克民主党。

最后由于得到广大人民大众支持的共产党，坚持要求实施这一法案的结果，这个问题就交付给民族战线去审议了，民族战线在一九四七年十二月十一日至十二日的会议上，支持采取这一政令，因此这一政令在一九四八年一月七日立法完成，由共和国政府予以承认。

从此以后，捷克斯洛伐克的土地改革，一步一步推行起来。二月事件以后，即一九四八年三月十九日，议会更采取没收 50 海克脱以上的大地主土地法案。结果有 1.4 万的大地主土地被收买而分配给劳苦农民了。

同时作为捷克斯洛伐克人民民主主义政权的新农业政策，必须实施以限制富农，援助劳动贫农为目的各项具体方案。

第一，施行收购农产物的价格差别制度，根据这一制度，凡在 20 海克脱以下农地的小农、中农，以最高价格收买，20—50 海克脱的农民以较低价格，50 海克脱以上者以最低价格收买其农产品。由这一差额而获得数百万克洛纳的盈余，依照农业部长的指令，都用之于建设幼稚园、公共洗濯场、农村文化之家等用途上。

此外，尚有重要的政策列举如下：

(1) 农业机械化根据二年计划，预计可以供应 1.2 万架拖拉机，更根据新五年计划，将增加拖拉机达 3.5 万架。

(2) 为实行机械化而供给"信用借款"，其财源由利润大的工业来筹付。并且为了现在定购机械，正组织了 2,200 个以上的地方共同合作社。

(3) 对贫农、中农减低赋税，优先配给肥料等。

2. 重要经济部门的国有化

捷克斯洛伐克人民民主主义政权的经济改革，其次就是必须实行重要产业及银行的国有化。这种国有化是破坏法西斯主义的经济基础，为后来的国民经济发展开辟基础。

上面曾经说到过：在占领时期，捷克的重要企业掌握在德国康采恩的手里，捷克斯洛伐克国内的大资本家也与他们紧密合作。等到希特勒军队撤退时，这些资本家都逃亡了，他们多半躲住在德境美帝占领区。因此在解放当时，捷克斯洛伐克的大中企业有三分之二被放弃了。

接着，从已经解放的最初几天开始，许多企业中的工人即从事将自己的企业生产组织起来。例如：芝灵市的拔佳制皮鞋各工厂（就业工人在 5 万人以上），就由工人与地方民族委员会着手，早在一九四五年六月—七月就恢复生产了。并且战争结束十日后，由贝奈斯大总统根据政府的提案，立即将属于德国人、匈牙利人及捷克叛逆者的所有工业企业、银行、保险公司等，签署由国家管理的命令。结果有 1,900 个的工业企业、银行、保险公司完全移付国家管理了。

在这样的情势下，参加民族战线的各民主党，更进一步地提出了将重要经济部门立即实行国有化的纲领。这一国有化法案并且立刻得到了城市、农村中劳苦大众极广泛的拥护。各民主政党提出该法案的理由，曾说明如下：

不仅是工人阶级，凡是在独占资本压迫下受苦的农民、家庭手工业者、中产阶层的全体人民，莫不关心这一国有化法案。除了一批财阀以外，全体人民对银行、保险公司的国有化，都具有经济上、政治上的重大关心。为什么呢？因为这个问题是关系到是否能根绝反动与法西斯主义的根源上的。

但是，这种要求，或者是用国有化办法救活了重要企业，或者是实行对独占资本有利性质的国有化，为了这个分歧点，遭遇了反动资本家层猛烈的抵抗。

国民社会党、国民党（天主教）领导部的反动部分，首先一般地反对银行的国有化。他们主张：国有化应分阶段施行，最初可以从保健部门，其次从煤矿等一步一步实施国有化。这种反对并且化为事实如下：即资本家及其在国家机关中的代理人对国有化直接怠工，隐匿原料和商品，生产怠工，企图将资产移让给外国人，将工厂放火等等。

此外，对捷克斯洛伐克工业具有关系的外国资本家也反对国有化。例如与希依泰康采恩有联系的英国友宜雷华康采恩、伦敦拔佳股份公司，他们曾对其息息相关的多项企业国有化，提出过正式的抗议。英国政府也曾要求凡捷克企业或银行中有英国投资的，国有化后不能以克洛纳赔偿，须以英镑偿付等（战前捷克工业中英国资本比率占 20%）。

在这种情势之下，经过民族战线各政党长时间的协议，国有化的法令于一九四五年十月二十四日始由贝奈斯大总统签署颁布，一九四六年方始实施。根据国有化法令，将矿业、冶金、动力工业部门全部、其他重要工业的大部分、银行、保险公司一律收归国有。

这一政策的结果：在国有化大抵完成后的一九四七年夏季时，国有化部分的工人及服务人员数占全体工业劳动者总数的 60%，生产额占全体生产总额的 75%。

但是其中食粮品、面粉、木材、木工、裁缝工业，非国有化部分仍居极大地位。尤其是建筑材料工业私有部分居压倒的优势，国外贸易、国内商业私有部分也占全体的四分之三。

按国有化的实施，不但扫除了法西斯主义的经济基础，而且也创造了对于复兴经济、改善城市、农村的生活等实际可能条件。关于这一点可以从下面事实予以证明：通货改革成功地实施了、通货安定了、重要工业部门复兴了、失业消灭了、工资稳定了、消费品物价跌落了等等。

此后，捷克斯洛伐克的国有化政策，着着推进。就是说：一九四八年四月，捷克议会承认了新国有化法案。根据这一法律规定，凡工人人数在50 人以上的工业，或其他企业不论其就业人数多少，而对工业生产具有重要意义者，所有这些企业一律国有化。结果，若干工业部门，例如药品、印刷部门即不论其就业工人数多寡，完全收归国有了。而且如像捷克各州（捷克、摩拉维亚、西莱西亚）国有化的企业达 1,215 个，就业工人总数有 131,495 人。其中占第一位的是建筑工业部门，企业数为 192 个、就业人数为 40,090 人。现在捷克斯洛伐克的国有工业部分比率已迅速达到全体工业的 95% 了。

3. 领导进入计划经济

捷克斯洛伐克的二年计划，一九四六年十月二十五日由议会通过，于一九四七年一月一日实施。使这个二年计划实施的可能，当然是因为像上面所说过的，国民经济中国有化企业部分已经确立了领导的地位之故。但是当二年计划草成的时候，正是第一期企业国有化完成之时，国有企业仅及全部工业的 60%，农业部分方面，因为土地改革遭受了反动政党的怠工，尚处在未能充分收到效果的状态中。因此，在这样的条件下所拟定的二年计划，因为私有经济部分在国民经济中尚居于重要地位，直接实施计划化的对象只占该国工业约 25%。

二年计划的目标是使工业生产达到战前水准，更预定到一九四八年底超过战前水准的 10%。农业方面预定达到战前水准。此外斯洛伐克区的工业化也是二年计划的使命。为了达到这些目标和完成这样使命，二年计划预定投资额为 700 亿克洛纳；投资额在国民经济各部分的比率如下：工业及手工业——253 亿 8,000 万；农业——52 亿 1,000 万；运输通信——150 亿 9,000 万；住宅建筑——140 亿；公共企业——100 亿克洛纳。从投资的方向看：总投资额的 90% 放在国有化部分，10% 放在私有部分，两者的关系是谋使国有化部分变为有利。此外，实现这一计划的重要条件必须使劳动的生产性上升，预定的上升 40%，即在一九四八年年底超过战前的水准。

二年计划中，和上述任务同时，还有解决劳动力问题也是重要使命之一。根据这个计划预定需要新的劳动力是 59 万人（工业——27 万、建设——9 万、农林业——23 万）。计划中为了确保劳动力，采取下述办法：(1) 首先是为了满足最逼切感觉劳动力不足的部门，将必要工人额重新分配；(2) 逐渐将熟练工人复员到各专门作业方面去；(3) 从青年中有计划地养成熟练工人；(4) 将不妨碍生产劳动的劳动可能者，吸引到生产过程中去；(5) 吸收妇女从事生产；(6) 吸收不完全劳动能力者到适当的生产过程中去；(7) 促进流亡同胞归国生产。

其次，为了提高劳动生产性，努力加强劳动纪律、展开劳动竞赛、确立按劳动的质与量制定工资原则等。并且改善生产过程，实施组织化、机械化各项政策。

那么，这些任务怎样解决的呢？首先，工业方面，在计划实施的最初八个月，已经达到计划的 100%，达到战前水准的 95%。在一九四八年二月，已经达到计划的 102.3%的战前水准了。此外，斯洛伐克的工业化也着着进行，从捷克北部迁移到该区的企业计 213 所，新的工厂也建立起来。

二年计划，像上述是很成功地实现了；但有些部分也有尚未能充分实现的，例如：一九四七年度的建设计划有 58%未曾实行。这是因为有关建筑的企业，国有成分只占 6%，而过去资本家在建筑部门中居操纵的地位之故。又如食料品工业，国有化部分只占 43%，这一项的计划也只实现了 71.5%。

其次，农业方面的发展速度并不充分，尤其因为一九四七年的大旱灾，谷物的收获量仅及预定的 63%，马铃薯仅及 48%。不过这种危机因有苏联及人民民主主义各国的援助而克服了。苏联曾在该年输运捷克斯洛伐克小麦 20 万吨，饲料 20 万吨，玉蜀黍 20 万吨；罗马尼亚输入该国玉蜀黍、饲料 25 万吨，匈牙利饲料 10 万吨。一九四八年的收获是平年或较平年稍好，食粮方面仍感不足，这是因为富农不肯将谷物出卖或流入黑市所致。

二年计划虽然有一部分未完全达到目标，但终于在一九四八年底结束。从一九四九年起又实行五年计划了。五年计划实行时，上述的新国有化法案已经实施，新土地改革方案也已施行，所以较之二年计划拟订时，条件是有利得多了。

五年计划的任务当然是实现国家的工业化和农业的近代化。高德华尔德，对于这一点曾说明如下："五年计划必须使都市及农村中的全体劳动大众生活水准更加提高，工人、农民、中产层、知识分子的同盟更加强化。我们只有在捷克斯洛伐克经济充分的发展条件下，才能达成这一任务。因此，我国经济必须适应在这经济结构的变革，必须适应现在的经济、政治诸条件。"（一九四七年十月十日，在国家计划局的演词）

依照这一方针而订定的五年计划内容如下：根据该计划，国民的收入要较一九四八年增加 48%；至一九五三年须达 3,100 亿克洛纳。工业生产增加 57%。其中特别须发展的是机械制造、金属、汽车、飞机等工业。即机械生产增加 180%，金属工业——93%，飞机、汽车——78%，铣铁——80%，钢铁——45%，钢材——47%，电力——52%，煤气——70%，化学制造品——70%。

从上面的数字也可以明了，发展速度最大的是机械制造工业。为了重建工业及农业的机械化，扩大生产手段自然是必要、而且必然的事。而且捷克斯洛伐克的机械，因供应其他人民民主主义各国的需要也在增加，因此在五年计划中特别发展机械制造工业，具有重要的意义。

其次，农业方面依照五年计划，农业生产应较一九四八年增加 15%，农业的机械化、电气化也在计划之内，农业生产性的上升预定增加至战前水准的 40%。五年计划规定供应农村 3 万架拖拉机，3 万部机器，2,500 个农村电气化。如此农村电气化程度可达 90%。

另一方面，和生产的全面上升同时，劳动者的生活水准也有飞速的增加。根据五年计划，每一国民的商品与食粮消费增加到战前水准的 60%。为了实现这一计划，必须在任何方面提高劳动的生产性。劳动的生产性目前尚未达到战前水准，可是由于企业的重新整编，利用近代技术的装备，农村的机械化等措施，实有充分提高的希望。

七、斯洛伐克问题

民族问题是慕尼黑会议前捷克斯洛伐克最困难的问题之一。因此解决这一问题，对再建共和国具有重大意义。

战前居住在捷克斯洛伐克境内的德国人及匈牙利人约有 400 万，前面也曾说过，这些德、匈人是构成捷克法西斯的主要力量。

所以在战后，捷克斯洛伐克政府提出了驱逐德国人，与匈牙利交换居民的问题，前者在柏林三国会议中，后者在巴黎和会中都告解决。

然而捷克斯洛伐克民族问题中，最大的问题是斯洛伐克问题。

上面也曾说过，自慕尼黑会议以后，斯洛伐克即宣布独立，形成捷克斯洛伐克两大基本民族——捷克人与斯洛伐克人的尖锐对立。这种对立是捷克资产阶级忽略了 300 万斯洛伐克民族的民族和经济利益所产生的反动政策的结果，从而被法西斯德国所利用并加以激烈化。

然而在共和国解放过程里，"独立斯洛伐克国家"的幻想消灭了，捷克人与斯洛伐克人的统一基础奠定了。结果，在一九四五年六月二日，捷克斯洛伐克政府与斯洛伐克民族会议间缔结协定，确立两民族间的共同权力，成立上面所述的斯洛伐克民族会议与捷克斯洛伐克共和国之间的关系。

而且，两年计划中，对落后的斯洛伐克工业化予以重大注意，投资 222 亿 2,000 万克洛纳在斯洛伐克区的建设上。

不过，斯洛伐克的反动势力依旧强大。这种反动势力一直到最近还对民主政府的决定进行怠工。例如：斯洛伐克根据一九四五年六月的土地改革，预定收用土地 70 万海克脱，而在实施以后八个月间，没收的土地仅只 15 万海克脱，其中分配给农民的更只有 5 万海克脱。而且斯洛伐克的全权委员会也不依照协定服从捷克斯洛伐克政府。

同时，斯洛伐克的反动势力具有广大的支持力量，这一点也不能忽视，尤其是在斯洛伐克区内，受与梵蒂冈勾结的反动势力影响，反民主的分离倾向仍极强大。这种倾向从在一九四六年五月的选举中，斯洛伐克民主党得票竟达 60% 的一点上，也已充分表现了出来。

到一九四七年秋，暴露了反革命阴谋时，使这个问题更恶化。即：斯洛伐克首都布拉底斯拉夫的内务部，于九月十五日发表侦知反国家阴谋案，至十月八日更公布关于逮捕阴谋集团的公告。阴谋的目的是由非法组织与逃亡海外的亡命者的联络下，准备破坏经济、暗杀民主主义者、破坏共和国、准备斯洛伐克的独立。这一阴谋有民主党领导者参加。

人民大众自明白了这一阴谋以后，示威运动一天高涨一天，要求立刻肃清国家机关。十月三十日布拉底斯拉夫的工人组合、工厂委员会举行大会，要求全权委员会（其中民主党分子占农业、粮食配给、司法三个位置）辞职。此外，斯洛伐克共产党、自由党、社会民主党及其他民众团体也一致要求改组全权委员会。

但是民主党代表不顾共产党及无党派的全权委员会辞职声明，他们却拒绝辞职。为了解决这一僵局，捷克斯洛伐克政府特派总理高德华尔德至布拉底斯拉夫处理，结果也告失败。

因此，反动势力的阴谋虽被事先防止，但斯洛伐克反动势力的彻底肃清问题很久未曾解决。

八、民族战线的强化

1. 二月事件

为了巩固捷克斯洛伐克人民民主主义的基础，必须加强作为工人阶级同盟的民族战线。为了加强民族战线，必须坚决与战线内的反动势力作斗争、并予以彻底的消灭。捷克斯洛伐克的一九四八年二月事件，是这一斗争决定性的胜利，使民族战线能够重新加以组织。

捷克斯洛伐克的民族战线，如前所述，并不强固，这是由当前的共同纲领所团结，主要是因为它是一个政党的联合体。因此随着社会、经济的改革步步前进时，它的内部自然产生了必然的分裂。

在人民民主主义革命过程中，虽然禁止了一切叛逆的反动政党，但是反动分子却个别地潜入政府政党中，维持了他们的势力。例如：国民社会党中有工厂老板葛依德及农民党旧的领导人物法依爱尔、阿浜特，都是在该党中有着重大的作用。又如斯洛伐克民主党却被大地主、旧农民党员乌鲁羞所操纵。

土地改革虽然施行了。但是地主势力依旧残存着。非国有化的经济部门中，反动势力依旧保持有力的经济地盘。例如：一九四七年中，企业家的收入达 40 亿克洛纳以上，个人商业公司收入达 8 亿克洛纳，个人贸易商店收入达 20 亿克洛纳，三者总计：大中企业家的收入共达 100 亿以上，与此相较，一九四八年的国家预算岁入是 569 亿克洛纳。

有着这样力量的反动势力，自然对民主的改革，要有执拗的阻碍了。

另一方面，民主势力要求各民主改革步步前进，就是说：在二月事件后要求采取前述的新土地改革和新国有化法案。

像这样的彻底改革，目的是彻底消除反动势力最后经济地盘，因此反动势力当然起而作必死的抵抗了。这就是二月事件发生的背景。

二月事件的直接起因，是因为右翼政党出身的内阁阁员拒绝出席内阁阁议所致。

二月二十日，高德华尔德内阁会议预定有两项讨论：由内政部长诺塞克（共产党）报告关于改组国家保安队案，由内政部长及国防部长斯伏朴达（无党派人士）报告关于莫斯特市的间谍组织案。但是一向反对彻底揭发国内阴谋组织的改革国家保安队方案的国民社会、国民、斯洛伐克民主三党的阁员，拒绝出席这一次内阁会议，并向大总统提出辞职书。这批辞职阁员的名单是：副总理诚格尔、贸易部长希拉梅克、教育部长斯特朗斯基、邮电部长轧拉、司法部长窦尔亭、技术部长高毕干、保险部长普洛哈斯卡、统一部长法拉纳克、副总理高千伏拉、运输部长皮爱特尔、代理国防部长理罕拿。这些右翼政党的代表，企图以此使内阁总辞职，提早进行总选举，以便使上述的重要法案延期通过。

遭逢这样一个危机，以共产党为中心的民主势力，究竟采取什么政策来应付呢？

事件发生的第二日，即二月二十日，在布拉格的斯特洛梅斯铁广场大雪中，从四面八方来的：工厂、铁路、机关里穿着制服的工人们及劳动平民，汹涌着举行示威。这是解放以来第一次最大规模的民众示威运动。

讲台上立着高德华尔德，他向全体工人、农民、家庭手工业者、知识分子呼吁统一行动，协力一致组织"行动委员会"。这一呼吁得到如雷般的掌声。行动委员会立即在全国组织起来。凡一切企业、住户、民族委员会、政府机关、民众团体、政党内部都组织了行动委员会。行动委员会由所有政党内的进步、民主代表组织而成。

组织成立的第二日，行动委员会即开始接管全国政府机关的活动，并且指导所有企业及运动的活动。因此防止了反动势力在人民攻势之前退却了，企图达成暂时的妥协，但是人民力量却坚决要求将反动阁员免职。

大总统贝奈斯的官邸工人们的代表蜂拥而至，一致要求将反动阁员免职。又在二月二十二日举行的工厂委员会和劳动组合代表大会上，以7,980票对10票通过了同样的要求。大会并决议在次日——二十三日举行一小时总罢工。印刷工人拒绝印刷反动报纸，造纸工厂工人拒绝供给反人民的报刊用纸，派报工人拒绝为反动报纸派报。

在右翼政党内部也组织了行动委员会，驱逐反动分子，掌握领导权和出版物。这一结果，使到目前为止一直供给政府的各报章登载了统一的口号。

一方面，共产党的权威也愈益增大了。党员也有迅速的增加。

如此在由下而上的压力下，反动势力被民主势力打垮了。二月廿五日，贝奈斯大总统接受了反动阁员的辞职，容纳新阁阁员的名单。反动阁员被驱逐，共产党阁员人数加倍了。新内阁的政党派别成分如下：

共产党——11（总理、副总理、财政部长、司法部长、情报部长、农业部长、国内商业部长、内务部长、教育部长、贸易部长、代理外交部长）

社会民主党——4（副总理、工业部长、劳动部长、粮食配给部长）

国民社会党——2（邮电部长、技术部长）

国民党——2（保险部长、运输部长）

斯洛伐克民主党——1（代理国防部长）

斯洛伐克自由党——1（统一部长）

无党派——2（外交部长、国防部长）

同时，斯洛伐克的全权委员会团也由各政党、劳动组合及其他分子相互协议，重新加以补充。其内部党派成分如下：

共产党——10（议长、内务部长、教育部长、财政部长、司法部长、工业部长、农业部长、运输部长、粮食配给部长、劳动部长）

社会民主党——1（保险部长）

斯洛伐克自由党——1（邮电部长）

斯洛伐克民主党——2（副议长、技术部长）

在这里成为问题的是：经过二月事件把反动势力肃清，确立了共产党的领导地位，为什么在一九四五年五月当时不能就这样做呢？确实地，甚至在捷克斯洛伐克共产党内部也有人以为共产党从一九四五年五月至一九四八年二月的时间是空费了。有的人以为共产党在一九四八年二月能够做的，在一九四五年五月自然也能够做，关于这些主张，高德华尔德在一九四八年十一月中央委员会的总会上，曾做过如下的答复：

"这种主张完全是不正确的，为了促使二月事件的成功，努力孤立反动分子是必要的，在人民面前暴露反动的各政党是必要的，使他孤立化也是必要的。同时，人民对诚格尔、希拉梅克、莱特利依、麦依爱尔等究竟施行了些什么政策，在以前是一直不完全明白的。"

二月事件是在新的情势之下，是在新的力量配置下而实行的。高德华尔德曾举出下列五点的性质不同：

（1）二月事件表示了共产党政治的组织的成熟。

（2）二月事件证明了共产党在人民中尽了真正领导的任务。

若不是大多数人民认为共产党是他们的领导，就不能孤立资产阶级，也不能得到二月事件的胜利。

(3) 通过二月事件表示了捷克斯洛伐克工人阶级政治的成熟。

(4) 在二月事件中，发挥了民族战线真正的统一，首先是劳动人民的基本层——工人阶级和农民间真正的联盟。

(5) 在二月事件中，表现了国家对人民利益的服务。

换句话说：经过民主主义的各项改革后的工人阶级和他的政党——共产党的领导地位才保证了二月事件的胜利。

二月胜利的结果，使捷克斯洛伐克的资本主义制度复活的可能性，根本扫除了。也就是，使捷克斯洛伐克在二月以后，大踏步地走向社会主义。

2. 五月选举

二月事件造成反动势力完全失败后，捷克斯洛伐克的民主改革发展就非常迅速。从三月到五月，通过了上述的新土地改革法和企业国有化法。五月九日又颁布了新宪法。迎接这样迅速发展过程的五月选举，更使民主力量获得决定性的胜利。

在了解五月选举的结果以前，先看一看它的选举吧！四月十八日，经议会通过的新选举法内容如下：

议席数 300 席，议员任期 6 年，选举采取普遍、直接、秘密投票的方式。18 岁以上之全体公民（包括军人，国家保安队员在内）有选举权，21 岁以上公民有被选举资格。

上述选举法是一般性的选举规定，但也有某种程度的重要限制。即根据该法，凡对人民共和国及人民民主主义制度有违反行为者，被剥夺选举权。合乎这一点规定的，主要是因在二月事件以后，由民族战线行动委员会剥夺其参加社会、政治生活的权利者。

候选人除由各政党及工人团体推荐外，凡在一选举区经 1,000 名以上的署名的个别集团也可以参加竞选。

根据该选举法，允许采取统一候选人推荐办法，而且凡不希望投任何候选人之票者可以采取空白投票制度。

五月三十日的选举如何进行的呢？它和一九四六年五月的选举有何不同呢？

一九四六年选举时，参加民族战线各党并没有达成推荐统一的候选人。因此，选举人或者是从四党候选人里挑选一名，或者就告弃权。而此次的选举则民族战线的各党已经达成了统一推荐候选人。这是二月事件胜利的反映，也是民族战线大大地前进了一步。即这次的选举或是照统一候选人名单投票，否则就只能投一张空白票。

所以，以前的选举，反对派可以隐藏在种种的政党内，也可以公然投票。这次的选举这样的可能性没有了。虽然，反对派就是在现在也还存在，但是反对派最多也只能投一张空白票而已。

这样，在民族战线新的胜利基础上所产生的五月选举，它的结果如何呢？兹列表如下：

登记选举人数	7,998,035
依照选举法第 55 款丧失选举权者人数	65,796（0.8%）
有选举权者	7,932,239
弃权者	512,986（6.5%）
投票数	7,419,253
废票	220,487（3%）
民族战线得票数	6,424,738（89.2%）
空白投票	774,032（10.8%）

五月选举，就如上表所示，以民族战线获得绝对的优胜而结束，给予反动势力一个歼灭性的打击。

这次选举结果，议会中各政党的议席比例如下：

捷克共产党	160
斯洛伐克共产党	54
社会民主党、国民党、捷克斯洛伐克社会党①	23
斯洛伐克复兴党②	12
斯洛伐克自由党	5

注：
① 国民社会党于一九四八年一月改名为捷克斯洛伐克社会党。

② 斯洛伐克复兴党是在二月事件后，由斯洛伐克民主党分解而产生者。

其次，议会干部会的议长系亚尔达鲁裘·熊（社会民主党），副议长（8 名）：捷克共产党——3，斯洛伐克共产党——2，国民党、社会党、斯洛伐克复兴党——各 1。

六月十五日成立的查鲍笃基内阁成分如下：

共产党——12（总理、副总理、外交部长、工业部长、财政部长、司法部长、情报部长、农业部长、国内商业部长、内务部长、教育部长、贸易部长）

社会民主党——3（副总理、劳动部长、粮食配给部长）

国民党——2（保险部长、运输部长）

捷克斯洛伐克社会党——2（邮电部长、技术部长）

斯洛伐克复兴党——1（副总理）

无党派——1（国防部长）

（按：无党派的国防部长斯伏朴达后来加入了共产党）

此外，六月十四日贝奈斯因病辞职，大总统由议会选举高德华尔德继任，此为继马萨利克及贝奈斯之后捷克斯洛伐克的第三任大总统。

根据新宪法，捷克斯洛伐克共和国大总统兼任国防军总司令，此外，大总统并有领导政府对外政策及其他重要权限。

3. 共·社两党的合并

必须指出：二月事件以后，加强民族战线事实之一，就是捷克斯洛伐克的两大政党——共产党与社会民主党的合并。

从解放过程以及在后来的共同斗争中，两党接近的程度步步加深，阻碍它们的是社会民主党内部的右翼分子。但经过了二月事件，右翼分子的行动暴露了，被彻底肃清，于是成为两党合并的悬案就告解决。

两党合并是以共产党为基础而实行的，六月二十七日，两党代表举行合并会议，具有七十年历史的捷克斯洛伐克的社会民主党宣言合并于共产党。

这两个劳动者政党的合并，更促进了民族战线的强化。也更加强了以广泛的劳动者同盟为基础的民族战线内工人阶级的领导权。

并且，两个劳动者政党的合并，创造了一元领导的、统一的捷克斯洛伐克共产党组织的基础和前提。因此，捷克共产党和斯洛伐克共产党的统一也必将很快实行。

最后，由于合并的结果，在议会中共产党的议席达到236席，占全体的79%。

九、人民民主主义发展的展望

二月事件以后，所实现的一连串成果：通过新宪法、大工业国有化、限制土地私有等法律案，民族战线在选举中的大胜利，反动分子为民族委员会所驱逐，以马克思主义为共同纲领的共、社两党合并，捷克斯洛伐克与斯洛伐克两共产党的统一，二年计划圆满的成功，都说明了捷克斯洛伐克的人民民主主义迅速地跃进了一步。

但是，尽管在二月事件中受了致命的打击，一待时间稍稍过去，反动势力又告活跃起来了。他们在公开的战斗中失败后就转入地下，采取恐怖暗杀、间谍、怠工等最阴险的方法，他们期望新的战争爆发，希望德国侵略军队重来。

然则捷克斯洛伐克的共产党，对这些分子采取怎样的对付方法呢？捷克斯洛伐克的人民民主主义采取怎样的步骤以进入社会主义呢？自二月事件后的九个月，在一九四八年十一月的中央委员会总会上，高德华尔德氏曾对此问题说过这样的话："对反动势力的斗争，我们必须在各方面——不论是经济、物价等等方面实行正确的政策，努力求其发展。"

其次，高德华尔德就捷克斯洛伐克的经济上的三个基本范畴，说明如下：

第一种社会主义的范畴

这在一九四八年二月事件以后，有显著的扩大。属于这一范畴的，首先是国有化工业，占捷克斯洛伐克工业约95%。此外尚有完全国有化了的银行、保险公司，完全国有化了的贸易、国内批发商业、协同合作社也属于这一范畴。

第二种资本主义的范畴

从一九四八年二月以后，有显著的缩小。现在属于此的，主要是富农、地主、小企业家、大家庭工业者与商人的大部分以及依赖榨取雇佣劳动的若干其他分子。

第三种范畴——小商品生产者——一九四八年二月以后大抵并无变化地残存着。

捷克斯洛伐克经济发展的倾向，它的特征是二月事件以后，社会主义经济范畴的加强。社会主义的经济范畴是今后走向社会主义发展，起着决定作用的因素。

此外，对南斯拉夫的共产党问题，在波兰工人党前任书记长郭木尔卡的批判中，特别被重视的农村阶级斗争的激烈化问题，捷克斯洛伐克共产党所采取的方针又如何呢？

首先成为问题的是：不是清算农村的资本主义分子，而是对他的限制。就是说，要为将来准备清算一般的资本主义，特别是农村的资本主义分子创造条件。关于这一点，高德华尔德曾有如下的说明：

"我们不要忘了在民族战线的范围内，工人与农民的联盟仍是今后主要的目标。

"这件事是在将来我们政策中的主要部分。在农村中我们的政策是依靠小地主，加强与中级地主联盟，孤立大地主，渐次限制他们资本主义的发展，必须把他们推向前去而消灭掉，原因就在这里。这点同样也可以对家庭工业者、商人、职员而言。不过，我们的政策若是过于急性了，就会发生毒害。现在，开始做的就是限制与压迫农村中的资本主义分子。"

最后，关于为了向社会主义前进而必须创造前提的基本任务方面，高德华尔德指示九项要点如下：

（1）必须保证并改善国民的待遇，成功地完成二年计划，成功地开始五年计划的实行。改善国民的待遇，首先是改进粮食的供给，实行二年计划，改进经济机构的活动，这些是对反动者的致命打击。

（2）收购农村的农产物时，必须做到叫大地主多多供应粮食，对小农民予以优待。在实施租税政策、价格政策、配给政策等等的时候，应该在实际上实现限制并压迫资本主义分子。

（3）制定粮食配给基准的时候，必须做到牺牲不劳动分子，给予工人以优先权利。

（4）在农村中，必须建立国家机械与拖拉机站网，扩大并加强物质的、技术的基础，也必须扩大并加强猪及其他家畜以及家畜之共同养殖制度。

（5）在农村中，必须扩充并援助一切种类的合作社，特别是生产性的合作社。必须注意在合作社中有决定权的不是富农，而是使小、中农民拥有决定权。

（6）必须严格地厉行对都市、农村的资本家残余分子，履行其对国家、社会一切的义务。凡这些分子中有反国家的违法行为时，必须对他们采取经济的制裁。

（7）必须在州的民族委员会的基础上，实行改革并改组行政。一定要做到：在任何方面以新宪法为基础，实施新的法律，使人民民主主义的国家机关成为实现建设国家的社会主义的强力推动机。

（8）必须训练共产党、劳动组合、经济、行政、军事干部及国家保安机关的干部，不仅要熟练其自身的专门业务，而且更应熟悉科学中的科学——马克思、列宁主义。

（9）必须理解、巩固从上到下新生后的民族战线，不能再使其像在一九四八年二月以前一样，在阵营内作为反动分子合法的避难所。新生的民族战线在将来也须成为我们走向社会主义途中所存在的社会生活的政治形态。

匈牙利

一、解放前的状态

战前的匈牙利，依旧遗留着强烈的封建关系，耕地的 84%为不及农户总数的 0.8%、而拥有 57 海克脱以上土地的大地主所保有。而且，其中拥有 380 海克脱以上的最大地主，保有耕地的 35%。土地集中是这样的厉害，因此占农户总数 72.5%的贫农阶层，保有整个耕地面积还不及总数之10.2%，他们多半是向大地主分租的佃农，或是为大地主劳动的佣农。

匈牙利的工业也比较发达。据一九三九年的调查：有 20 个工人数以上的工业企业计 4,000 家。食品工业、皮革工业、机械工业、化学工业等特别发达。但是这些工业受外国资本强烈操纵。据一九三七年当时的调查，工业投资总额有 4 成是外国资本。外国资本中各国所占的成分如下：英国——20%、法国——16%、瑞士——15%、美国——10%、德国及奥地利——6%、意大利——4%、捷克——3%。

匈牙利是在第一次世界大战从战败的奥匈帝国内分解而组成的国家。在诞生后不久的一九一九年春，发生了革命，同年三月二十一日由共产党及社会民主党代表成立了苏维埃政府。受着长时期压迫以及战争损害的工人阶级和劳动农民，都以感激希望的心理来欢迎这种苏维埃政权。苏维埃政府成立后立刻实施地主与教会的土地、银行与工厂的国有化。可是苏维埃政府犯了重大的错误，它并不把国有了的土地分配给农民而立即组织国有化的国营农场（所谓"索夫霍兹"）。农民被强制地编入共营农场（所谓"可尔霍兹"）去劳动。这种忽视农民根深蒂固的习惯的冒险政策，引起了农民大众的反感，纷纷都背叛了苏维埃政权。在大众组织（特别是工会）中尚有相当影响力的社会民主党的右翼干部，更在劳苦人民对内外反革命势力进行斗争的时候，加以离间，终于成了国际资本势力的爪牙。尤其是受国内反革命势力的支持，罗马尼亚及捷克斯洛伐克实行军事干涉，遣军入境，愈益使革命情势恶劣了。工人和贫农所组成的赤卫军曾和外国干涉军进行了英勇的战斗，但赤卫军终以力弱而失败。因此在同年的九月一日，反革命势力的政权又复辟了。

匈牙利在英、法资本的背后援助下，成立了立宪君主国家。实际上议会完全是装饰品，由大地主、资本家、高级官吏、军人实行了强有力的反人民的独裁政治。

德国自纳粹胜利以来，它的压力首先是伸向奥地利和匈牙利。到一九三八年纳粹德国强占了奥地利后，匈牙利之成为德国附庸早已是决定的了。一九三八年秋和一九三九年秋，匈牙利在德国的援助下，占领了接壤苏联国境的卡尔派特·乌克兰那及斯洛伐克的一部分领土。一直到后来苏军解放匈牙利，它是完全在德帝国主义支配之下的。

德军进驻该国以后，制造了完全傀儡性的政府（一九四四年三月十九日），国内危机已达顶点。斯特耶依新政府，为了压制国内日益不满的民心，继续跟随德国进行战争，彻底地实行恐怖政治。政府的反对派——反对继续战争者——被这种恐怖手段压服了。一直在过去议会及行政机关中具有势力的"匈牙利生活党"，不论是在形式上，实际上都被解散了。就连一直保持着主义的社会民主党及小地主党的干部也都被逮捕了。而且纠合所有以前的法西斯分子，组织了强力的法西斯主义的"统一党"。又把匈牙利所有的十个师团兵力，陆续调赴东部战线，冤枉地送了命。

在这样惨酷的情势下，匈牙利人民大众的反抗情绪，不顾任何恐怖和暴力压迫，终久以怠工的形式，在工厂中、农村里、机关内扩大开来。随着苏联军队辉煌的进攻，军队内的士兵也有大批的投降。一九四四年秋天，共产党和社会民主党、小地主党秘密地组成了民族独立战线。但是在苏军解放匈牙利前，终未组成反法西斯的大众反抗运动。

二、民主势力的跃进和反动的攻势

1. 树立临时政府

上面已经说过，匈牙利自第一次世界大战后所成立的短促的苏维埃共和国崩溃以来，二十五年间被半封建的强权政治所统治。尤其自法西斯德国帝国主义者占领该国后，彻底镇压了人民运动。因此，匈牙利在未获苏联军队解放前，人民解放运动不能成为大众性。就是说，争取民族独立和人民民主主义的人民运动是在苏军解放匈牙利的前后方才开始。所以匈牙利的人民民主主义建立过程，比诸像保加利亚、波兰、南斯拉夫，他们在纳粹军队的占领下早已展开了民族解放的大众运动不同，匈牙利是不得不经过一般非常困难而长期的道路。这一点是匈牙利与罗马尼亚两国革命的过程和东欧其他国不同的特征。诚然匈牙利与罗马尼亚也和东欧其他各国同样，是因为苏军解放后，革命势力才显明地得到有利条件；但是在革命主体的条件还没有成熟的地方，什么革命也不能发生的。革命的进行在获得了国际的盟军援助后虽然变为容易了，可是革命却总不可能由外国输入的。

一九四四年十月，苏军由罗马尼亚追击德军进入为德国同盟国的匈牙利境内。十月十五日，匈牙利的摄政霍尔齐向盟军请求停战，但为德国所压迫，霍尔齐又取消停战并被迫去位，由亲德派的塞拉西组织内阁。一方面，随着苏军解放战争的进展，在解放地区施行了临时国民会议的选举。至十二月廿一日，就在解放区的答布莱曾市（Debreczin）成立了以贝拉·米克罗西将军为首领的临时政府。构成这一临时政府主体的是，早在德军占领时，在共产党所倡导下组织而成的民族独立战线。参加民族独立战线的有小地主党、共产党、社会民主党、全国农民党，选举结果以小地主党为第一党。但是民族独立战线，与其说它是反抗德帝国主义及其走狗的人民战斗组织，毋宁说它倒是一个在反动时代所谓非法的民主政党领导者的联合体。在解放区立刻组织了作为新政治主体的民族委员会，这是一种采用比例代表制的软弱的组织，因此答布莱曾市的临时政府并不曾完全依据民族委员会为基础。

临时政府在一九四五年一月十八日实行对德宣战，然后在一月二十日与联合国订立休战协定。同年四月，匈牙利全国从德、匈军队手中获得解放。五月在布达佩斯以西地区补行选举，选举结果，米克罗西内阁改组，成立匈牙利全国性的临时政府。

但是，这时匈牙利的政治方向还不曾明显地确定。经苏军解放，不但打倒了法西斯的塞拉西恐怖政府，而且二十五年来统治着这一国家的半封建性的反人民的权力也崩溃了。旧王朝的统治者：大地主、大资本家、高级官吏、高级军官，都跟着逃败的德军逃到西方去了。然而这种解放主要是由外力造成的，国内以工人阶级为中心的民主势力并未充分集结起来，因此，匈牙利的政治，还没有具备立即稳固地走向确立人民民主主义第一步的条件。不过在这样情势下，共产党已经开始活泼的活动了，而且共产党已经不同于一九一八年的情形，它采取了统一广大范围内的民族民主势力的战术。在一九四六年九月召开的第三次党代表大会时，该党书记长拉哥西，关于这一点曾说明如下："这种政策，使不明了在一九一八年共产党从事合法活动时的政策者吃惊。可是凡是长时期参加我们的队伍而斗争的人一定知道，我们早在十年前主张为了与法西斯主义斗争，必须统一所有的民主力量的了。"

共产党首先向因长时期受压迫而成麻痹状态的各民主政党呼吁，共同组织民族委员会，从这上面造成新国家的基础，然后召集临时国会，组织临时政府等。在这些工作上共产党尽了带头的作用。同时对因长时期受压迫而不习惯表示自己意思的劳农大众呼吁，要请他们自发地来开辟自己的道路。自由的工会和农民组织到处组织起来了。特别是和社会民主党的合作，因此能够统一了劳动阶级的战线。使此后民主主义运动的进展跨开了大步。就这样在很短促的时间内，形成了彻底实行民主主义的主体条件。

2. 土地改革的实行①

在临时政府中，共产党和其他民主力量合作，首先开始实施的是彻底实行土地改革以驱逐半封建势力，动员工人组织复兴与生产以安定国民生活，通缉法西斯战争罪犯——卖国贼等政策。共产党在临时议会内并不占多数，因此民族独立战线并未形成坚强的同盟，必须继续一面在议会内团结民主力量，一面在议会外充分动员人民大众的行动。临时政府首先提出的重要政策是实行彻底的土地改革，民族战线在苏军刚解放匈牙利时，即立刻主张土地改革。一待解放区临时政府成立，早在一九四四年十二月，以共产党及全国农民党的土地改革方案为基础发表了政府的改革方案。以后在全国临时政府成立之际，一九四五年三月十七日，政府当局即将此案以正式的法令通过了。这一法律案的正式名称是：《关于废止大土地所有制度及分配农民土地法案》。其要点如下：

（1）关于土地改革的目的"本法案之目的，在废止匈牙利农民数世纪以来所切望取消的大土地所有制而分配农民以土地，消灭封建的土地所有制，俾保证国家民主主义的发展"。

（2）分配给农民的土地，向谁没收及收购而来的呢：

（甲）无代价没收战争罪犯、叛逆、法西斯分子的一切土地。

（乙）凡超过 1,000 荷尔达（570 海克脱）的大地主的土地有代价收用。凡有土地在 100 荷尔达（57 海克脱）至 1,000 荷尔达的地主，准予保留 100 荷尔达，超过 100 荷尔达部分予以收买。但若属专业农户，准予保留 200 荷尔达土地。又凡在反法西斯斗争中有功绩者准予保留 300 荷尔达。

教会的土地除 100 荷尔达外其余分配与农民。

（丙）收买土地之价格及付款办法，须视国家财政状态如何而决定。

（3）土地分配给谁，怎样分配的呢：

（甲）土地分配给无土地的农业劳动者及贫农、土地极少的贫农、家族人口众多的中农等。

（乙）分让给农民的土地价格，视土地的性质，每一荷尔达为小麦 6 至 7 曾特纳尔（匈牙利的度量衡）。小麦一曾特纳尔定价 40 朋果（匈币单位）。土地价格的付款方法是付现金或实物一成，余额以十至二十年的年赋方式支付。凡无土地的农民及农业劳动者尚可减低。

（丙）大农场的农业生产手段由农业合作社社员公共利用之。

（4）森林一律收归国有。

（5）此外，与土地改革法公布同时，各地组织农民委员会。该委员会编造收用土地及分配土地的农民地区人名册，可以自主地监督土地之收用及分配。

新的土地改革对匈牙利的民主化具有决定性的意义。

新的土地改革法，凡有 100 荷尔达的不耕作地主及 200 荷尔达以上的耕作地主的土地，一律代价没收或有代价收用。由这种办法废止了一切半封建的土地关系。决定这种改革的是有共产党参加的民族独立战线的政府。不过实施这种革命的农民的土地改革，若没有劳动农民积极的参加是无法彻底实行的。因此临时政府组织农民委员会来推行这一改革。地主反抗这种改革极为强烈，共产党动员了都市的工人去援助农民委员会的活动，由此把农村的封建势力彻底地扫除了。

土地改革经过两个年头方始在全国完成。后面即将说到，为了实行这种改革，联合政府遭遇了好多次的危机；但是依靠了劳农大众的力量，终于把这一种改革实施了。一九四六年十二月二十二日，国民会议承认了土地改革完成的报告。根据全国农民委员会议长向议会提出的报告，土地改革的成果如下：

（1）没收法西斯分子、叛逆、战犯的土地——53 万荷尔达（302,100 海克脱尔）

（2）收购大地主土地——506 万荷尔达（2,884,000 海克脱尔）

（3）以上所征收的 559 万荷尔达的土地分配与 66 万合格取得农地者。每人平均分配面积为 8.7 荷尔达（4.9 海克脱），即耕地面积之 40%已重新分配了。

这一次匈牙利的土地改革，除了像上面所说是彻底的农民的革命的改革外，它和一九一七年俄国革命及一九一八年匈牙利革命比较，具有若干的特征：第一，除森林国有化外，予农民以土地的所有权。第二，除法西斯分子、战犯的土地以外，皆以有代价的收买土地。第三，凡与德帝国主义及其走狗斗争有功者，分配上予以特殊待遇（最高额可以分配到 300 荷尔达）。第四，对依靠土地维持生活的小地主承认其可以保留 100 荷尔达的土地。第五，承认富农的存在（专业农家准予保有 200 荷尔达的土地）。第六，凡教会的土地在 100 荷尔达以上者收用之，唯对贫苦的牧师予以农民同样的土地。这几点大抵为东欧诸国在第二次大战后土地改革上所共同的特征。这也可以说是反抗法西斯主义者及其走狗的国内统治层的民族解放斗争的延长——人民民主主义革命性质的特征。

民族独立战线和临时政府实施的第二件紧急施策，是恢复曾经通知该国的法西斯占领者所破坏的工业与铁路。特别是共产党和社会民主党合作组织了自主的工会，动员这些工会来推行工业和铁路的复兴运动。因为工人战线的统一，使工会运动组织起来非常容易。工人们在资本家或已逃亡、或已动摇、不再理会的情况下，克服设备的荒废、原料的不足和反动分子，恢复了生产。因此，一九四五年时只及战前 30%—35% 的工业生产，到了一九四六年夏渐渐已达到 60%。铁路的恢复也极迅速，到一九四六年春已可达到满足国民经济紧急需要的程度了。

在共产党的带头下的民族独立战线第三件紧急施策，是搜捕使匈牙利卷入侵略战争的法西斯战犯。这一运动以广泛的大众运动形式发展开来，遍设全国的人民法庭，裁判了法西斯战犯。德帝国主义的走狗、前匈牙利内阁总理：巴尔童、伊姆莱其、斯笃依耶、塞拉西等为首的一批战犯们，由人民法庭判处了死刑。

3. 一九四五年十一月的选举

民主势力在这样的发展下，迅速地在人民大众间发生了重大的影响。一般认为共产党从二十五年的地下活动一转变入合法活动，恐怕不容易具有迅速而广大的影响力，然而该党灵活地掌握了大众的要求，使党的力量迅速地扩大，在工人、农民、小工业者、小商人、知识分子间奠定了基础；何况在苏军的占领情形下，对共产党的活动自然更为大大地有利。同时共产党的活动又是密切地和大众达成一片作为领导精神的。共产党活动的大众性，可以从该党书记长拉哥西所说的下面的一段话中加以明了。他说："对大众的宣传启蒙工作非常重要。大众不但由理论更从实践上来判断事物，因此共产党员必须以行动和人格来争取大众。党工作的缺点，是专门注意于一般的政治问题，而十分忽略了日常细小的要求。共产主义者必须了解看来对我们是无所谓而却为大众所关切的一切他们的要求。我们必须明白：大众对我们党的评价的根据我们援助他们克服困难的程度如何而定的。"

凭着这样的精神，共产党由一个秘密的少数者的革命政党一变而为大众的政党了。

不过当苏军解放匈牙利时，暂时瓦解了旧王朝支柱的政治势力，一待经济生活及国家生活安定并恢复后，他们又重整旗鼓了。从西方帝国主义荫庇下回来的保守势力以及曾经一度动摇过而现在重新再起的反动势力，又开始来加强本身的经济政治地位了。民主力量虽然已经伸展到行政机关、警察、军队方面，但是以金融机构及工业为中心的经济部门中的领导地位，却依旧握在旧势力的手中。他们利用通货膨胀，牺牲了劳动者，拯救了有产者。就这样，反动势力又迅速地复活了。他们侵入到在民族战线内最右翼的小地主党中，企图破坏民主力量，阻止革命的进展。以工人、农民、进步的知识分子及一部分资产阶级所联合的共同战线而组成的临时政府，在危机加深的里面，就发生了这一战线中以后的情势变化。而且西欧资本主义各国对新一轮革命力量的扩张也予以重大的关切，这事也可以认为与上述情势有很大的关系。匈牙利的保守势力提出"对各国机会均等""门开放户于匈牙利有利"等口号，也是正当这个时候。

在这样的情势下，根据伦敦外长会议的决定，于一九四五年十一月举行了解放后第一次的全国大选举。选举结果，得到死灰复燃的反动势力全面支持的小地主党获得了第一位。议席总数 406 席中，各政党的地位如下：

小地主党	242	全国农民党	23
共产党	70	国民民主党	2
社会民主党	69	急进党	0

选举结果表示了小地主党的胜利，这是因为：死灰复燃的整个保守势力尽全力为该党争取胜利，他们所标榜的"门户开放"与"反共"口号抓住了该国落后的中间阶层，在农村中根深蒂固的教会势力也帮了极大的忙。该党的候选人有半数以上并非农民，而是与大资本及旧秩序具有深切关系的资产阶级的雇佣人，而且他们获得了农民投票的十分之六。此外选举法中并没有规定：所有大小的战争责任者应剥夺选举与被选举权，这一点也大大地影响了选举的结果。这种情形充分暴露了匈牙利的民主力量并未迅速地巩固，也并没有决定性的力量。

这次选举结果，米克罗西内阁总辞职，十一月十五日以小地主党总裁千尔台为首揆成立了四党联合内阁。小地主党虽然在议员席次上有超过半数的地位而仍组织四党联合内阁，主要是因为下述情势的关系：第一，左翼的三派通过了工会、农民组织、文化团体、青年妇女团体等组织握有重大的力量。第二，小地主党内部右派虽然得到了内外资产阶级势力绝大的支持迅速加强了力量，但还不曾确立支配权；也就是说党的内部有分裂派与统一派的对立。第三，在行政机关及警察中左翼力量已极深厚。因为有这许多原因，所以共产党，社会民主党及全国农民党坚持要求参加内阁，而以小地主党的千尔台为总理成立了四党的联合内阁。共产党在内阁中虽然只占四个席次，但却获有副总理和内务部长的重要地位。

三、争夺政权的激烈斗争时期

1. 民族战线分裂的危机与民主势力的反击

新国会决定废止国王制成立共和国。于是在一九四六年二月一日诞生了匈牙利共和国。小地主党的千尔台当选第一任大总统，以弗伦兹·那琪为总理。这是匈牙利民主化的历史性事件。但是得胜的小地主党内部，却发生了受内外资本势力援助的各派争领导权的运动。小地主党干部对实行民族独立战线所拟定的民主主义纲领——土地改革、大工业及银行之国有化、行政机关民主化等采取怠工方针。因此使努力推进民主主义变革的各左翼政党和各该党的部长，在工作上立即遭遇困难，不久就发生了联合内阁的危机。

面临反动危机之际，共产党就号召社会民主党、全国农民党、工会，组织左翼集团。通过这一集团，在一九四六年三月动员工农大众要求政府彻底实行土地改革、重要工业与银行收归国有、肃清行政机关等。同时要求小地主党开除反动议员，实行民族独立战线的纲领。该党领导部因受工农大众的压迫接受了这一要求，而将议员中的右翼分子开除、并实施重要工业部门的国有化。

左翼集团的攻势仅属短时期的成功，被除名的分子，驱使仍盘踞党内的右翼分子，反过来将献身解放事业的左翼领导分子也开除了。于是掌握小地主党中心势力的右翼分子，转而采取分裂团结于民族独立战线的工人阶级和农民，制造议会内的右派阵线，使政权回复到大资本家和大地主手中去的攻势了。破坏工农广泛合作的小地主党右翼更向社会民主党策动企图分裂工人党战线。可是以共产党、社会党、全国农民党和工会组织成的左翼集团反因此更为团结，并且开始反攻。左翼集团要求重新动员人民大众，驱逐小地主党的右翼分子以及履行以前的协定（重要工业及银行之国有化等）作为继续在议会及政府中和小地主党合作的条件。一直到一九四六年，小地主党和左翼集团又重新订立协定，保证开除该党内的右翼分子、实行三月协定中的国有化政策和克服通货膨胀政策等。

2. 共产党的经济政策

在这一时期中，共产党和左翼集团共同提出的政策，其要点如下：

（1）实行国民经济民主的改革。促进国有化及公有化。扩充都市及农村中的合作社网。不妨碍个人的事业意志但必须彻底限制大资本势力。减低工业制品的价格。减轻公共事业费用。增加低工资的勤务人员的薪水。减低企业中干部的收入并紧缩人员。为消灭失业实施有计划的政策。制定工会组织法。

（2）彻底实行土地改革。以国营银行及私人银行贷款扩充农民的金融力量。大麦粉厂国营、中小麦粉厂公营。对农民由国家予以援助。

（3）彻底改革行政机关。地方自治团体民主化。改革人民的教育。

（4）通过以上的具体改革，使人民民主主义确立强固的基础。提高工人的生活水准、共同参加管理生产。解放农民不受大资本的压迫。知识分子不是为个人服务，应予以为社会服务的机会，加强他们的带头作用。

3. 推进国有化政策

六月的政府危机总算是避免了，此后联合内阁实行了一部分协定中的政策。在这里拟将其中两项政策加以叙述：其一即若干工业的妥协性国有化政策，其二即克服通货膨胀的政策。

说到国有化政策的推进，首先实行国有化的是在纳粹占领下遭到严重荒废的煤矿业。煤矿国有化法于一九四五年十二月二十日公布，一九四六年一月一日实行。这是早在三月协定前即已开始实行了的。政府把所有煤矿统一，以1亿法罗林（匈币名）的资本，创办了一个股份公司。形式上虽是股份公司，但所有股份全归政府持有，不准转让。该股份公司的经营权由工业部长任命的"国有煤矿中央经营委员会"负责办理。该委员会是执行机关，重要问题是由工业部长、财政部长、运输部长、商业部长、农业部长、公共事业部长来决定；另有专家、工会代表、煤矿经营者代表、其他工业部门代表等共同组织"煤炭审议会"作为工业部长的咨询机关。

像这样的所谓国有化，可以说是充满了过渡的妥协色彩。

一九四六年六月决定电力业的国有化。首先以电力在 2,000 万 KWH 以上的发电厂归国有。根据该案法律条文，若工业部长认为有必要时，比这规模小的也可收归国有。国有化后的电力厂经营办法和煤矿一样，设立"中央经营委员会"和"电力审议会"。

一九四六年十一月二十八日，成立有关钢铁业及一部分机械工业的国有化法律，并在同年十二月一日实行。成为国有化对象的是三大独占公司所支配的各项企业——"孟法雷达·佛依斯"的钢铁企业，"冈兹"的电机工厂、车辆工厂、造船厂，"理马姆拉尼"的钢铁企业等。将该三大公司的股份总额 50%收归政府所有，其余一半仍属民股。而且这些工业部门中尚有同盟国的资本在内，所以法令中特别注明"国营时间，以至最后的赔偿处理时为止"，可以说较上面的煤矿国营更不彻底。

这一部门的管理机关是设立在工业部长监督下的"钢铁企业审议会"，由工业部长委派该会委员长，总理、财政部长、运输部长各委派委员组织而成。这些公司原有的董事会及股东大会，自企业移归国家管理后一律停止职权，凡这些企业的经营权都集中到国家机关的审议会。公司若获盈利，股东的红利分配不得超过公司资金总额的 3%的一半。

一九四七年六月二十九日，决定银行国有化。关于银行国有化这一问题，曾长时间在国民议会上成为左右两派激烈争论的焦点。待到终于决定的一九四七年六月二十九日，还是因为小地主党的那琪总理逃亡到国外去了，右派力量发生动摇之后才成功的。匈牙利银行业中也因为有同盟国人的资本，所以外国资本是不包括在国有范围内的。国营后的银行经营方式也暂仍照旧，只是重新任命新的董事会而已。

如上所述的所谓国有化政策，可以说绝对不是人民的国有化政策而是十分妥协式的东西。不过就是这种程度的政策，也只有在左翼集团严密对政府里里外外的监督之下，才使生产的复兴得到不少贡献。

4. 克服通货膨胀

匈牙利的通货膨胀发行额，由战时中一九三九年的 9 亿 7,500 万朋果到一九四四年十一月增加到 106 亿 7,200 万朋果。在这期间通货的增大因有统制的关系仅到 11 倍程度。可是一到战后，通货急速膨胀的条件已经造成了。匈牙利战时经济的损失情形如下：生产设备的 40%、存留物资的 50%、农场设备及家畜的 60%、交通设备 75%。德军撤退时被带走的：所有黄金准备——3.5 万吨、汽车的 60%、铁路车辆的 50%、包括货车 7,000—8,000 辆的机械类物资。因此在解放后，工业生产减低到战前的 30%、农业生产减低到战前的 50%、运输能力几乎完全停顿。在这样的状态下，临时政府为了复兴经济，必须支出莫大的财政预算，而且当时民主力量并未巩固，不能用革命的方法使富有者负担复兴经济的支出。于是以小地主党为首揆的临时政府，除了发行不兑现的纸币来弥补财政上的赤字以外毫无他法。前面曾经说过，国内资本阶级一俟因苏军的解放恢复了自己的元气以后，为了将战争的损失转嫁给劳动大众，也有意识地助长通货的膨胀。资本向外币方面逃避，给通货恶性的膨胀更增长了作用。自一九四五年十一月选举中，小地主党竞选得胜后，通货膨胀就以最快的速度进行。解放后通货的发行额，可从下面的表中见之。

通货发行额（单位——10 亿朋果）与一九三九年的比率

一九四四年十一月	10.7	1 倍
一九四五年九月	41.9	43 倍
一九四五年十月	107.0	110 倍
一九四五年十一月	355.0	364 倍
一九四五年十二月	765.0	785 倍
一九四六年一月	1,646.0	1,186 倍
一九四六年二月	5,238.0	5,372 倍
一九四六年三月	34,000.0	3 万 4,812 倍
一九四六年四月	435,000.0	44 万 5,000 倍
一九四六年五月	65,589,000.0	6,727 万倍
一九四六年六月	501,324,000.0	5 亿 1,417 万倍

到一九四六年六月七日，通货发行额大约已经到达 50 万兆朋果了，

可以说真正是天文学的数字了。以后的发行额还是滚雪球一般地增大，一九四六年五月中旬发行的 100 亿朋果票额的钞票也出世了。物价方面，一九四六年夏，彻底地处理通货膨胀政策非常必要了。而且在这时候，因共产党及社会民主党所领导的工会努力的结果，到一九四六年夏，工业生产已经从一九四五年时战前的 30%恢复到 60%了。运输能力也达到能够适应国民经济的紧急需要程度。这些条件可以说已经具备了改革币制的物质基础了。

在一九四六年八月一日实施的克服通货膨胀政策以前，那琪政府也曾施行过二次阻止膨胀的对策。第一次的对策从一九四五年十二月十九日起实施，它的办法是除小额的钞票外，将所有钞票贴上相当于票额 75%的印花，只余原票额的 25%可以流通。这样就可把钞票流动额的四分之三的购买力吸收到国库中去。但是这种办法因为并没有和没收大投机资本及整理财政等方策配合而行，所以并不曾收到任何实际上的效果。到了该年十二月底，通货发行额仍较十一月时增加 2 倍。第二次采取的办法是从一九四六年一月一日实施的租税朋果制度。这是因为通货恶性膨胀的结果，物价急变，为了弥补财政上的收入和支出而采用缴纳租税时的一种安定价值计算制度，即是由政府发行纳税用的特别租税朋果票，以一九四六年一月一日两种朋果票等价计算为基准，每日由国家银行根据公定物价指数，算出纸币朋果的实际低落价值，发表纸币朋果与租税朋果的交换比率。纳税人根据指定纳税日期的交换比率缴纳租税朋果。这一办法并不是解决通货膨胀的原因，其目的只不过是为了因膨胀而生的财政收支上的空额。所以对克服通货膨胀这一点上毫无用处。

由一九四六年八月一日实施的整理通货膨胀的政策，是根据共产党的提案而行的彻底的综合措置。

（1）从七月十二日起禁止朋果纸币流通，只留下单一的租税朋果，八月一日起发行新通货——法罗林。法罗林以由美国归还的 3,200 万美金的金块及由民间收回的约值 1,500 万美金的外汇与贵重金属作为准备金而发行的。一个法罗林规定相等于十分之一克纯金或十一点七三分之一美金。最初法罗林的发行额为 2,200 万至 2,400 万，此后增加发行，预定到该年秋季完全收回所有的朋果币。两种通货在流通期间的交换比率由自由市场价格（根据朋果与美金的黑市价格）决定之。法罗林的市场计租税朋果 2 亿元、纸币朋果 4 的后面加 29 个 0。不久，按七月卅一日的自由市场价格，以 1,400 万法罗林的新币收回了所有的旧币。

（2）匈牙利政府同时订定了以法罗林为基准的新物价与工资体系。农产物价格规定如下：首先决定战前 180 朋果一吨的小麦现在定价为 400 法罗林，再以小麦价格乘以一定的系数，规定为其他的农产物价格。农产物的平均价值水准为战前的 2.7 倍法罗林。工业生产物与农产物间的价格水准的关系似乎是以双方的劳动生产性的低落状态为基准。

工资、薪水、房租等的水准，也是以战前朋果币的百分之几来决定。首先假定今后一年间的国民收入为战前的 60%、然后除去赔偿费与复兴费，再决定每一国民的平均收入为战前的 50%。由此规定工人的工资稍稍高于 50%、职员的薪水则稍稍低于 50%。按照这一标准来看所决定的物价与工资薪水间的关系，则物价为战前的 3 倍，工资与薪水为 1.5 倍。实际上工资及薪水就相当于战前的一半了。这是因为在当时消费物资非常不足的情况下，不得已的事情。可是从此一天之中物价数变的这一种不安定的状态却没有了，所以就工人而言，对这种措施还是极为有利的。

（3）为防止再发生通货膨胀，又采取了下列办法：

第一，为减缩财政支出的规模并使其内容合理化，除了煤、钢铁、农业、交通等重要部门得优先供给资金外，严格地统制资金，停止对地方自治团体拨付国库补助金，安插并移动编余的公务员，暂时停止供给其恩俸等。

第二，为增加财政收入起见，增加所得税的累进性，收回自一九三八年以来对民间企业公司所供给的流动资金。

第三，防止资金逃避往国外，加强取缔外汇投机。

（4）为了辅助从资金方面做合理的统制起见，同时采取生产与流通方面的统制方策：

第一，前述的重要工业各部门及银行的国有化，再由国家来加强管理。

第二，彻底改革农地及农业的合作社运动。

第三，创设中央物资物价局。

第四，为适应物资的流通、调整输送力。

第五，促进农产物供出制度的合理化。

第六，食粮品及日用工业品的配给制度的合理化。

为了成功地实施以这一币制改革为中心的经济安定政策，在政府及议会中的左翼集团的奋斗以及广大的劳动大众的动员，实属必要。

大资本家们企图将由通货安定而生的利益，全归自己所有，因此打算把工业制品的价格提高。工人政党则反对因币值安定使反民主主义势力的经济力量加强，他们要求减低工业制品的价格。反动势力为压低工人的生活水准，企图制造新的通货膨胀。大资本家们假借迅速复兴工业之名，要求国家对大工业补助流动资金。政府内部的小地主党的阁僚，并且响应这一要求，开始了斗争。例如小地主党的财政部长 R. 埃宜友就主张：工业资本家们在通货膨胀时期曾丧失了莫大的资本，因此国家如不予以流动资金的补助则无法恢复生产云云。大资本家们得到这批政府内部右翼势力的支持，为了达到这一目的，就要求增发通货额 16 亿法罗林。左翼集团对此则认为：大工业资本家在通货膨胀的过程中曾牺牲了人民大众而获得莫大的利益，若在现有的工业水准上又要发行 10 亿法罗林以上的货币，将重使通货迅速贬值。因此在这种情况下，左翼集团为反对破坏币值安定的反动企图，依靠了人民大众，为进一步强化通货而展开了斗争。他们因此要求迅速促进银行及工业的国有化，并把从事不正当活动的企业亦收归国有等。而且发动大众又展开了对隐藏物资及投机者之斗争。要是这一斗争不曾成功，则通货膨胀就无法克服了。同时又因为得到苏联的经济援助及缓和赔偿两件事，更大大地促成了这一币制改革的成功。

处理通货膨胀政策，收到些什么效果呢：

第一，物价上升几乎停止了，从一九四五年八月到一九四七年四月间，农产品价格涨了 25%而工业生产品的价格虽然下落极微，但总是在下落着。农产品价格的上升，那是因为那一年受到旱灾的原因。生活费指数，在这一期间只涨了 12%。

第二，通货在这以后虽然有些许的增加，但到一九四七年的发行额仅只 11 亿法罗林，还不及一九四六年八月至一九四七年七月的国民收入估计额 115 亿法罗林的十分之一。

第三，像这样在通货与物价方面所生的肯定的现象，并不是不健全的，这在生产、流动、生活方面也表现了出来。以一九三九年为 100 的工业生产指数，从一九四六年春的 50%、到一九四七年春时增加为 70%，煤及钢铁从一九四六年八月至一九四七年一月间，增加了 50%。物资原先以为物价会继续上升而隐藏起来的，现在又源源地流回市场。粮食品中，除配给面包与小麦粉因旱灾关系尚感不足外，鸡蛋与肉则已成为自由商品，非常顺利地涌现于市场。实际工资因生产的进步，若以一九四八年八月为战前的 50%，在一九四七年一月已增加到 60%。

四、向人民民主主义前进

1. 一九四七年八月的选举

根据共产党提案的经济安定政策，受到广大范围人民组织的支援，大大地成功了。它克服了深刻的通货膨胀，使劳动者的生活提高了。它粉碎了投机的根源，加强了民主主义发展的经济基础。为了建立经济的健全发展的基础，劳动者以提高劳动的生产性来提高自己的生活水准。就此，以共产党为中心的左派集团与人民大众的结合，急速地强固了。

反革命势力面临着这样的情势，不得不转而开始新的反攻。大资本家其他在经济部门方面增加工业制品的价格，使由币值安定而得的利益落入自己手中，又想把复兴期中的负担，转嫁到城乡的劳动者肩上去。他们在政治方面，挑拨工人战线与左翼集团的新的分裂。政府内部右翼分子的战术，是为了削剥工人阶级对政府的压力，设法孤立共产党，然后再把工人阶级及劳动农民的代表驱逐于政府之外。反革命势力为了抵制革命势力的逼迫，利用法西斯思想的残渣：反犹太思想以及中间阶层因食粮不足而引起的不满等等因素，集结了一切反动势力。

共产党则向社会民主党及全国民主团体发出了号召；对国会内外的反动派挣扎，开始了决定性的攻势。社会民主党也决心与反动者斗争，与分裂工人战线者斗争。共产党、社会民主党及民主团体的协议会决议：驱逐联合政府中的反动分子、解散国会、改正实施新的选举法，以便剥夺法西斯蒂——反动分子的选举权。于是就在议会内外展开了斗争。确立人民民主主义，消灭反动集团的权力，剥夺他们有利用国家机关的可能性，确立人民对国家政治的监督，限制大资本家的经济权力，为这一切而斗争，就成为劳动人民势力当前的任务了。这一运动也大大地争取了小地主党中左翼的赞同。这可以从原为小地主党领导之一的 J. 古拉齐致该党领导人 F. 那琪的公开信中得到了解。该信说："我，在两次大战中，方才看清了资产阶级的民主主义，说来好像也有劳苦人民的自由，实际却完全是大资本的单独专政，……我，现在起，拥护真正为劳苦人民争自由，真正为人民力量所支配的人民民主主义。"

反革命势力反对选举。在当时的情势之下，他们预知选举对他们是不利的。因此他们在和约缔结、联合国管理委员会及苏联占领军撤退以前，将选举延期，一直利用在议会内占多数的小地主党，以便在此后排除了共产党出政府后，再在新情势下实施选举，这是反革命势力所采取的方针。

但是，共产党则通过选举，使自己的党力量增强，以便使左翼集团成为多数派，以便确立在议会及政府中人民势力占得优势。因此以那琪为首、连续遭遇危机的联合政府又陷于最后的危机中了。

正在这一时期中，暴露了反共和国的秘密团体案。与这案有关的，首先是小地主党的书记长培拉·柯华齐及小地主党出身的劳动部长密修梯达·安德烈等十数名的右派议员被逮捕了。最后，小地主党的领袖、内阁总理那琪自己也感到身危，乃于一九四七年五月十四日，借口到瑞士去休假，逃了出去。五月三十日，政府电请那琪回国，而他却向政府提出辞职。于是，政府在五月卅一日总辞职，由小地主党的左派，原任陆军部长的拉耀西·台尼埃斯组织了后任内阁。同时，小地主党内部实行了开除该党的右翼分子。新政府首先毅然实施紧急经济政策。七月三日，由议会通过了左翼集团久已主张的银行国有化法案。八月三日，又通过由共产党所提案的国民经济三年计划。此外，政府继续进行审讯叛国秘密团体案，坚决地肃清法西斯分子。另一方面，为了适应新情势征询国民的意思，决定做实行总选举的准备。在七月里由议会通过将一九四五年的选举法重加补充的新选举法。新选举法规定：不给予旧法西斯分子以选举权，不给予战犯及民主主义者之敌人的直系家族以选举权，将有选举权者的年龄由 20 岁提高到 22 岁等。这些修正补充条文的目的，是不再重蹈过去错误的覆辙，取消这些共和国的公然敌人有参加议会的可能性。反动分子反对这些补充条文，但因为四党的拥护，终于在议会通过了。

共产党提出拟定四个与党的共同候选人名单作为参加选举的方案，但为小地主党及社会民主党所拒绝。因此另成立三党的选举协定，规定审慎对自己内部的互相攻击，把力量用来向反对各政党作共同斗争。然而这个协定最后竟成了具文。民主主义各党之间依旧展开了选举斗争。民族独立战线各党的右派在资本势力的援助下，依然顽强地继续反共斗争。那么，八月卅一日的选举，其结果究竟如何呢：

民族独立战线（四党）	300 万票（60.8%）
其中共产党	112 万票（22.3%）
反对派	199 万票（16.9%）

构成联合政府的四党获得：投票数的 60.8%、议席的 65%。其中左翼集团的三党获得投票数的 46%、议席的 50%。

共产党得总投票数之 22.3%而成为第一党。当一九四五年选举时得票率为 17%，故这次增加颇为不少。得票的内容分类如下：农民——50 万票、工人——45 万票、知识分子及小资产阶级——16 万票。在工业区及大都市中，虽夺得社民党票颇多，但在工人阶级中尚未成为决定性的力量。共产党在农民中此次影响也大，145 万有投票权的农民中共产党得票 50 万张。但是仍未争取到贫农、中农的大多数。在农村中教会势力上保有根深蒂固的势力。反动势力也利用了连续两年的旱灾所造成的农民的困苦作为反共斗争的武器。

小地主党较一九四五年选举时减少了 200 万票退居第二党。当一九四五年选举之际，曾因得到大地主及资本家的支持而获得大胜。但经过二年间党内党外民主势力的斗争原先拥护该党而成为该党核心的农民大众，现在已脱离反动的影响了。尤其党内的右派分子因阴谋案纷纷失脚以后，该党的领导权已归左派掌握。

社会民主党的得票，较一九四五年选举时减少了 8 万票。指导该党选举运动的是右派，该派想代替小地主党而争取农民票的多数。因此，他们宣传说共产党若得胜就要立刻实施土地国有化，以此来进行反共的宣传。可是这种想代替小地主党的右派的地位，以新的资产阶级政党姿态出来竞争中的结果，却反因此失去了农村的选票。

全国农民党是贫农的政党，此次选举结果，较一九四五年的 33 万票增加到 42 万票。

在这次新选举中脱颖而出的是民主国民党及独立党，出乎一般意料之外获得了显著成绩。民主国民党原是天主教系统的政党，它获得落后的农民层及妇女的投票计 80 万票。具有法西斯倾向的独立党主要是从都市的中间阶层方面抓得了 60 万票。对小地主党感到失望后的大资本家转换方向似乎在向该党勾搭了。他们巧妙地利用因两年连续的作用，也是造成它们出乎意料之外获得成绩的原因之一。

选举结果，各政党的势力关系发生了如下的消长：

（1）共产党成为第一党，在议会内人民力量扩大了。但是人民势力还未达到形成多数派而能确保向人民民主主义发展的地步。

（2）在力量的配置上，促进了左右两派的分化，因此在议会内部左右的对立愈形激烈了。

（3）政府集团的四党内部，它的左右两派力量关系也发生了变化，左派的力量增强了，但同时也造成了资产阶级政党和右派勾结的可能性。

像上述那样议会中的势力配置，同样也表现在以组阁为中心的激烈斗争上。小地主党的左派，想把右翼分子送入内阁以便确保他们在党内的领导权，以此开始了斗争。也因此造成了该党内部的混乱。右翼社会民主党将选举失败的责任诿过于左派，为了掌握党内的领导权展开了对左派的攻击。社会民主党的领导部，受了右派的这种压力，于是决定必须能使右派加入内阁为条件作为参加新政府的条件。这样的结果，原来属于政府集团的两党右派，当新政府组织之际，就要求共产党让步，等机会并且想孤立共产党。

共产党对右派的这种攻势，它就动员人民大众展开了一个大反攻。在布达佩斯的英雄广场上，举行 30 万人民大众的示威。共产党提出的行动口号是：（1）立即树立新的强固的民主政府。（2）停止阻碍组阁的阴谋，立即开始进行建设。（3）埋葬民主主义的敌人。施政纲领如下：

（1）实行经济三年计划。

（2）清算国家预算中的赤字。

（3）对高物价及腐败展开斗争。

（4）确保劳动者的粮食配给。

共产党组织人民运动采取了断然的态度。党的中央委员会明白宣告不欢迎右翼分子参加内阁。共产党的反攻成功了。终于在九月二十三日，成立了关于组织新政府的协定，由小地主党左派的拉耀西·台尼埃斯（以前小地主党的党魁）为总理组织新阁。15 个内阁阁员的分配为：共产党——5、小地主党——4、社民党——4、全国农民党——2。共产党占有了副总理、内政部长、外交部长、运输部长、社会保障部长五个重要位置。由此避免了结成反共统一战线的企图，而依照左翼民主势力组成了新政府。

2. 走向确立人民民主主义之途

"新政府的成立是解放以后人民势力斗争上一个重要的里程碑，是人民势力和反动势力斗争中一个胜利的会战。"然而匈牙利民主主义的根本问题——是确立人民民主主义呢，还是依旧停留在允许大资本活动的民主主义呢？这一问题现在尚未有决定的解决。说这个问题尚未有决定的解决，也就是指出匈牙利成为外国资本主义的支柱呢，还是确立能使民族保持独立的基础呢？这个问题也是尚未有决定的解决缘故。

在当时匈牙利两大力量的力量关系上，有着下列的评价。

人民民主主义的各项政治要素是：

(1) 劳动者政党的三党合作，一时虽陷于危机。但必须确保劳动者阶级的统一。然后由统一战线掌握政治上的决定性地位。

(2) 必须通过共产党与全国农民党及小地主党的民主分子所结成的联盟，然后方能实现劳动阶级与农民的绝大多数部分双方之间的联盟。

(3) 必须使共产党成为最大的工农政党。

(4) 必须使军队及警察受两劳动者政党的绝对的影响力。

人民民主主义的各项经济要素是：

(1) 必须用急进的土地改革来消灭各种封建的关系。然后国家为加强劳动农民的经济应予以一切的援助。

(2) 必须将钢铁业、煤矿业、发电业成为国有化，更须决定制铝工业等国有化。

(3) 必须将占有工业 60%的银行实施国有化。

(4) 左翼民主主义分子占绝对势力的最高经济会议，必须将财政及经济实行国家的统制。

(5) 必须发展及加强国有经济的部门，抑制资本主义的要素，以此为目标，开始经济复兴与三年计划。

反人民民主主义的经济、政治的各项要素是：

(1) 将重要工业部分及几乎全部的商业归资本家支配。

(2) 富农妨碍将粮食卖予国家而将其流入于黑市。

（3）行政机关中一部官吏，顽固强硬地继续进行反人民的活动。

（4）教会反动势力的反动活动尚未被克服。

（5）议会中尚存在有反动的法西斯政党。

（6）各民主政党中亦有右派集团的存在。

自解放后，经过在议会内外的不懈怠的斗争，人民民主主义的各项要素已经压倒了阻止实行这些目标的反动的要素。站在这种情势的评价上，共产党为了确立人民民主主义，采取下列的政治方针：

（1）援助社民党内的左派，使其能够有效地抵抗右派的分裂政策。加强统一战线与战术，努力向结成工人阶级单一的政党（共产党与社会民主党的合并）之途前进。

（2）援助依靠农民大众的小地主党内的民主分子，加强其与共、社两党的合作。

（3）进一步加强与全国农民党的联盟。

（4）扩大共产党本身的大众基础。

（5）禁止是法西斯主义的合法烟幕的普弗埃尔的独立党的活动（十一月四日，该党党首普弗埃尔已秘密逃往国外，议会决定解散该党）。

五、人民民主主义的现阶段

1. 共产党的强化

共产党在解放后的两年余时间中，党员人数由 1 万发展到 75 万的大众政党，特别是在一九四七年八月选举的选举斗争过程中，获得了 10 万人的新党员。所以当一九四八年共、社两党合并的以前，终于达到 88 万人的庞大数字。党员的阶级构成据发表所称：工人——45%、农民——35%、知识分子·手工业者·小商人——20%。共产党并且组织了工会（1,510 万人）、民主妇女同盟、民主青年同盟、新土地所有者同盟（由土地改革而获得土地者所组织）。手工业者及小商人的组织等等，起着带头作用，领导这些人民团体共同斗争而奠定在这些团体中的稳固基础。但是共产党因为扩大太急速了，因此也容纳了颇为复杂众多的分子。党员之中也存在有：为了完成一九一九年苏维埃军所未完成的事业，即是为了树立苏维埃的政权来解放匈牙利的这种"旧式共产主义者"的思想。他们这批人不理解和其他民主主义各党派合作（民族战线战术）的必要，犯了左翼宗派主义的偏向，阻碍了党的大众化。党对他们做了批判，去除他们领导上的地位。而由于展开经常的大众的活动，渐次克服了这种偏向。还有因为党员中的大部分是解放后的新党员，党员的政治水准很低，因此党又在广大的范围内展开了党员的教育运动，克服着这种缺点。

2. 共·社两党的合并

早在一九四八年春季起，各地社会民主党的党员，集体地加入了共产党。因此终于在六月十二日，在布达佩斯于同一天中召开了第四届共产党大会和第三十七届社会民主党大会，决定两党的合并。继即举行劳动者党（两党合并而成的新党）的成立大会，在该大会上，据拉哥西的报告，两党合并的前提系下列两条件而成：

(1) 孤立了社会民主党右派的结果。

(2) 社会民主党承认了马列主义为思想纲领的结果。

两党合并是解放两党和反动派共同斗争所得的成果；也是从一九四七年后共产党政策成功的结果。这是向确立匈牙利的人民民主主义前进的划时代的大事件。继两党合并以后，留下的问题是怎样把到目前止始终只具有政党集团的性质的民族独立战线转变成为单一的大众政治组织。作为单一的大众政治组织的民族独立战线中，也和保加利亚的情形同样，除了民主的各政党外，也使工会、青年团体、妇女团体、文化团体等大众团体参加。因此，匈牙利也步保加利亚之后，一步一步向着确立建设社会主义的主体条件之途，稳步前进了。

劳动者党是有着怎样性格的党呢？劳动者党当前将做些什么事呢？这在该党的纲领中，都有明白的揭示：

(1) 党的性格与组织信仰马列主义，以马、恩、列、斯的理论与匈牙利的具体条件相适应而予以发展。是彻底的社会主义的阶级工人阶级的党，是工人阶级的先锋队；同时也容纳农民与进步的知识分子。这就是劳动者党。

组织是以民主的中央集权制为基础，是具有严格的规律，单一的政治方向，统一的思想，统一的领导部的战斗的党。

党的工作目标是在建设没有任何剥削的社会主义社会。

(2) 在政治方面当前的任务是使国家机关完全成为人民的机关。

第一，肃清行政机关中的反人民分子，彻底的民主化，在确保中央权力的领导地位上来加强地方自治体。

第二，司法机关彻底的民主化。

第三，为适应重要工业部门的国有化后国家机能的扩大与变化，变更行政机构与行政方法。

第四，将一向软弱的政党集团形式的民族独立战线发展成为统一的大众的政治组织性质的民族独立战线。

(3) 经济及财政方面的当前任务：

第一，扩大加强计划经济并与友好各国有计划地扩大经济的合作关系。

第二，扩充工业、农业的生产，有系统地提高勤劳者的生活水准，提高劳动生产性，加强劳动纪律，扩大生产竞争。

第三，全面地发展农业合作组合，农业的机械化，设置 MTS。

第四，平衡国家财政，严格地节约预算，保证通货的安定。

(4) 商品流通方面，为供给消费者以价廉物美的商品，排除中间商的剥削。

(5) 社会政策方面，完全地消灭失业现象，确立社会保险与社会保障制度，确立劳动者及幼童的国家休养组织及妇婴保健机关，扩充自初级小学至大学的一切学校，使人民任何人皆可进学校受教育。

(6) 对外政策的根本原则，在保障和平及确保作为人民民主主义产物的民族的独立。从这一观点上首先和苏联及人民民主主义各国加强合作关系。同时在不干涉匈牙利内政不支持民主主义的敌人之条件下，扩大并增强与所有国家的经济与政治的提携。

3. 经济复兴三年计划的成果

自一九四七年选举以来，经济的复兴有更显著的进步。至一九四八年三月二十八日决定凡工人 100 人以上的所有工矿业皆收归国有，到目前六月，工业、矿业、交通方面的工人已有 86%在国有企业中劳动。工业生产总额，到一九四八年四月已达一九三八年的 97%、六月已大部分突破一九三八年的水准。钢铁、铝、机械、纸、化学制品、靴、煤等早已大大地超过了战前水准。一九四八年五月的水准较之一九三八年五月的为：铁——

105%、钢块——112%、煤——115%。

农业也在连续三年的旱灾后，一九四八年已丰收。因为劳动农民的生产欲望增强，播种面积达到前所未有的规模，收获也早可以有超过战前水准的希望了。甜菜与烟草的比重增大了。砂糖虽普通以用甜菜制成，但每一国民也可得到 20 公斤了。这相当于战前的 1 倍了。

一九四七年以来九个月间的财政收支，已经有 1 亿法罗林的黑字了。住宅的恢复约达三分之二，两年中建设了 5 万户的新住宅。工人的平均生活水准在一九四八年五月已经超过战前的水准，在机械工业、煤业、纺织工业方面的工人更超过战前的水准很多。例如煤矿工人五月的实际工资，就等于一九三八年的 130%。

根据一九四八年五月十四日国家计划局长向新闻记者所发表，三年计划的第一年度已经超过实行的进度了。第一年度（一九四七年八月一日至一九四八年七月三十一日）的工业生产目标预定为一九三八年的 89%，到四月时已经达到一九三八年的 97%。而且工人之间已经展开了三年计划两年五个月完成的运动。据国家计划局发表：七月卅一日止的第一年度计划完成时，不拟实施第二年度的计划而将缩短为五个月计划，到一九四九年一月一日起再实施第三年度计划。因此到一九四九年底即可完成三年计划，而从一九五〇年起预定开始第一次五年计划。国家计划局已着手准备经济发展的五年计划了。

匈牙利今天也早已确立了人民民主主义，而向社会主义发展了。根据匈牙利劳动者党的发言人的理论："人民民主主义是走向社会主义的独特而比较和平的道路。"但是资本主义的要素决不能和平地转变为社会主义。因此在不得不限制、驱逐、消灭这种资本主义的要素时，它们的反抗是不可避免的。所以在完全消灭剥削阶级的时候止，在各个阶段上，阶级斗争还是不可避免的。而且当资本主义复活的希望愈到稀少的时候，资本主义残余势力的反抗方法愈变为阴险。国际的资本主义的活动将和它结合在一起，因此为了确立人民民主主义、发展社会主义，人民国家必须增强保安机关、所有劳动人民、工人阶级、党更不能不特别提高警惕心。

注：

① 在战后这一土地改革以前，匈牙利于一九二〇年十二月七日也曾公布过一种土地改革法。这是在一九一八年革命后，由当时的资本家、地主政府自上而下的"改革"，其结果如下：当时十分之四的农地是为不满千分之一的土地所有者的大地主所有，农业人口中的十分之四的农民并无土地，十分之三点五的农民仅有足资糊口的土地，然而当时的土地改革法内容却是这样的：

（1）凡超过 1,000 荷尔达（570 海克脱）以上的土地的大地主，应将其土地的十分之一或十分之一点五作为财产税献纳于国家。

（2）此外自第一次世界大战后，非由于旧土地的继承，而以他种方法取得的土地、以营利为目的的公司所有土地、贵族的世袭财产、反叛国家者及逃兵之土地等一律强制收用。

（3）领受土地者之资格：第一，有战功者及战死者之寡妇孤儿等。第二，农业劳动者与贫农。第一类分让之土地面积为 1.7 海克脱，第二类分让之土地合计不得超过 8.5 海克脱。

像这样的土地改革法已经是很不彻底了，何况这种改革又是用行政上的办法自上而下实施的，代表资本家地主利益的当时政府，在执行上则极不彻底。例如根据计划应予收用的土地为 730 万海克脱，但到一九二四年七月实际收用的土地仅有 26 万海克脱，只占预定额的 3.6%。而且被收用的土地中，有 1,000 荷尔达以上的大地主土地被收用的仅占 2%。结果是牺牲了中等地主来分让少许的土地与最贫穷的农民罢了。何况就连最贫穷的农民怎样确保他所得到的土地，也毫无具体保证的办法。因此据一九三五年的调查，匈牙利的土地所有关系如下：有 100 荷尔达（57 海克脱）以上土地的 1.6 万个大地主所有土地总数为 46 万海克脱，反之不满 2.8 海克脱土地的 158 万个小农所有土地总数仅 128 万海克脱。前者占该国耕地及牧地额的 44.5%，后者仅占 12.6%。而且 1.6 万个大地主中，有 62 个最大地主占有土地 47 万海克脱，反之没有土地的农民及农业劳动者有 180 万户。从这些数字中可以知道官办的土地改革的成绩了。

罗马尼亚

一、解放前的状态

第二次世界大战以前的罗马尼亚，是一个立宪君立国。它在经济上的特征，是封建的大地主所有和买办的独占资本。

根据战前的资料，就业人口中，约有 78% 从事农业，7.5% 从事工业。做农业方面，小农经营占压倒的多数，有 5 公顷以下土地的农业经营，占74.9%。其次，从土地的所有者关系看来，正如下表所指出的，大地主拥有广大的土地。

农业经营规模	农业经营数 （单位 1,000）	所有地 （单位 1,000公顷）	百分比
5 公顷以下	2,500	5,500	28.3%
5 — 10公顷	560	4,000	20.7%
10 — 100 公顷	248	4,400	22.7%
100 — 150公顷	12	5,500	28.3%

地主平均所得土地，是 255 公顷；而农民平均所得土地，则为 1.5 公顷

到 2 公顷。

农业的技术设备，也很落后。罗马尼亚农业，还未达到第一次世界大战前的水准。以一九〇九年——一九一三年为 100 的稻作指数，表示如下：

	一九二〇年——一九二六年	一九三三年——一九三七年
耕作面积	97	114
谷物收获	77	93
收货率（每公顷）	74	82

在东欧，只有罗马尼亚发生这样的生产落后现象。至于畜产部门的生产，也同样没有起色。

在工业方面，从第一次大战到第二次大战，生产虽有增加，但关于这一点，我们不能忽略了罗马尼亚的战争准备。即：一九三〇年——一九三九年间，它曾把大量资本投到化学工业（59 亿莱——罗币单位）和冶金工业（27 亿莱）。

加工工业生产指数（一九二七年 =100）

一九二八年	100	一九三〇年	114
一九三二年	104	一九三四年	146
一九三六年上半期	153	一九三六年下半期	155

因此，在这一期间内，资本的独占过程，进行得很快。

在工业方面的股份公司资本

	一九二四年		一九三六年	
	总资本（单位 10 亿莱）	%	总资本（单位 10 亿莱）	%
资金 1,000 万莱以下	1.62	10.4	0.9	2.9
资金 1,000 万莱——1 亿莱	5.35	34.3	4.1	14.1
资金 1 亿莱——10 亿莱	7.60	48.7	10.6	36.0
资金 10 亿莱以上	1.03	6.6	13.9	47.0

一九三六年，工业投资约有 50%都集中到大公司手里。一九三八年，有 1 亿莱以上资本的公司 90 个，握有 320 亿莱的资金。根据一九三八年资料，罗马尼亚共有 94 个卡特尔，这些卡特尔，在若干重工业部门里面，控有资本 90%和生产品 40%以上。

罗马尼亚的工业，一直紧靠着外国资本过活。外国资本，早于第一次大战当时，就已深入到罗国的经济命脉里去。它在工业方面投资达 80%。占有工业界第一把交椅的石油业，几乎全操在外国资本手里。在银行、商业和轻工业方面，外资的比率虽然不大，但也占到 50%。

第二次大战前夕，英国和捷克的资本，还操纵着罗国的金属工业，而意大利对于木材加工业，美国对于电话公司，比利时对于电车公司，法国对于纺织业，也都投下了资本。

第二次大战时，德意志的独占资本，掠夺了被占领国——法、比、奥、捷等在罗马尼亚的投资，同时，支配着石油业和其他重工业部门。

这样，罗马尼亚的经济，直到解放时为止，是完全由它的国内独占资本、外国资本和大地主所控制着的。

二、人民民主主义政权成立过程

第二次世界大战，是反法西斯主义的人民解放战争。在这一战争里面，全世界的民主势力以苏联为中心而团结起来，终于打倒法西斯。在罗马尼亚，同样的，在其人民解放反法西斯主义运动中，形成了民主势力的同盟，推翻国内法西斯政权，而在战后，这也就成为民主改革的基本力量和人民民主主义建设的基石。

1. 统治阶级的法西斯化

从第一次世界大战到第二次世界大战中间，掌握罗马尼亚政权的，就是所谓"历史的政党"——国民自由党和国民查拉尼斯特党。它们全是为外国资本服务而出卖国家的反动集团。国民自由党是代表罗马尼亚独占资本的政党，以"自力更生"作口号。在形式上，它是反对外国资本流入的。但这并不是说在任何情形下的流入，都加以反对，只要通过国民自由党的干部，也就是通过他们的银行、公司而流入的外资，则表示欢迎。至于国民查拉尼斯特党的地盘，主要的是建筑在金融资本家、农业资本家、富农、小资产阶级里面。它和国民自由党有点分别，对于外资的流入，采取自由原则。正因为它不像国民自由党那样计较"手续费"，所以在外国资本看来，它是个靠得住的政党。

这些政党在口头上也高喊反对法西斯独裁，可是，他们真正惧怕的，并不是法西斯而系人民的力量。故此，以排击"极端"的口实，从事镇压反法西斯运动，也就是助长了法西斯分子的恐怖行动。

一九三六年，在希腊和西班牙都成立了法西斯政权。于是在罗马尼亚国内受希特勒支持的法西斯分子，便乘机强化它的经济的和政治的势力。当时，共产党中央委员会，发起组织反法西斯统一阵线，要求当时最大的政党——查拉尼斯特党加入。但该党照例以"独力"对抗法西斯蒂为理由予以拒绝，而于一九三七年议会选举前夕，和法西斯政党"铁卫团"签订选举协定。结果，使"铁卫团"在议会里占有 66 个议席，造成了一大政治力量。一九三七年十二月，国民查拉尼斯特党领袖马纽，公开地说："当墨索里尼和希特勒出现于国际舞台的时候，我们都不相信他们，但现在已证实他们的行动都是正确的了，作为旁观者的我们，对他们只有表示惊叹而已。"

一九四〇年九月，法西斯蒂头目安特纳斯古上台后，加诸反法西斯运动的恐怖行为和镇压，就愈来愈凶。查拉尼斯特党和自由党，对此，不独不加抗争，反而和他们靠拢。马纽在同年秋天，曾对人民说不要破坏"安宁秩序"，这显然对于安特纳斯古强化法西斯组织和准备对苏作战的阴谋，是大有好处的。

查拉尼斯特党和自由党，关于对苏作战问题，也采取机会主义。在这两个代表罗马尼亚资本家和地主的政党看来，为了赚钱，当然欢迎对苏作战，可是没有积极推动这一工作的自信。因此，他们的态度也就是："如果希特勒对苏侵略成功，便公然和安特纳斯古合作；如果不成功，就声明反对他，以保持对大众的影响力。"

由于安特纳斯古与希特勒的勾结，就把罗马尼亚卷进对苏侵略战争的涡旋里去。"历史的政党"不但不加反对，而且为它本身利益打算，竟牺牲人民而与侵略者狼狈为奸。甚至国民查拉尼斯特党的副总理米拉格，投入安特纳斯古的法西斯队伍里，充当义勇军。而该党的干部波巴等，也就利用这一机会拼命赚钱。

一九四四年，苏军攻入罗马尼亚，盟军在法国登陆。罗马尼亚共产党和社会民主党便合力号召成立广泛的民主阵线。由于这种国际情势的变化和人民大众攻势的迫切，查拉尼斯特党、自由党都不能不与共产党、社会民主党合作。这样，就包括查拉尼斯特党和自由党在内，形成了人民民主集团。但，这一"历史的政党"决不是积极的合作者。即当时他们反对"耕民阵线"和爱国者同盟加入民主集团，企图削弱民主势力的团结。由此可知，"历史的政党"的目的，是在于拖延对人民公敌的斗争。这种状态，一直保留到一九四四年八月，苏军已在雅斯·吉斯略夫作战时为止。

一九四四年八月廿三日，以共产党为中心的民主势力，打倒了安纳斯古政权，实现反法西斯的变革。"历史的政党"也就以民主集团中之一员的身份参加进来。但以后的行动，却暗地里专和人民意志作对。他们不做清除法西斯独裁体制的工作，而专做妨碍国家民主化的工作。在安特纳斯古政权垮台后，由查拉尼斯特党的马纽所组成的第一任内阁，是一个没有共产党和社会民主党参加的军人内阁。其中，甚至也有战犯。因此，这一内阁一味迁延审判战犯；而九月十二日的停战协定，不消说，更不会被实行的了。财政部长罗马尼契，借口因履行停战协定产生许多困难，反对工人提高工资要求。十二月间，掌握政权的拉狄克说："如果实行土地改革，农产品价格势必下跌。所以，现在实行土地改革是非常错误的。"企图把这一项措施一直迁延到战争结束时为止。

2. 民主势力的集结

在战时的罗马尼亚，是看不到强烈反抗法西斯的运动的。可是，罗马尼亚的人民大众，却已被反动的支配阶级，特别是安特纳斯古独裁时代的反人民政策，抛到苦难的深渊里了。因此，大家都感觉到为打倒这一政权，必须把广泛的人民团结起来。在一九四四年六月成立的人民民主集团，当苏军进入布加勒斯特之前，就把安特纳斯古政权推翻；而罗马尼亚也就从法西斯的苛政下，获得解放了。但这种解放，是外力促成的，至于以工人阶级为中心的民主势力，还不能说是充分。

共产党对于统一民主势力的工作，遂展开了活跃的行动。一九四四年九月，作出民族民主阵线纲领，把社会民主党，劳动总同盟，耕民阵线和爱国者同盟，都吸引到这一方面来。

当以马纽为首的反动势力，认为停战协定条件太苛而迁延着实行的时候，民族民主阵线便号召大众："民主化的前提，就是履行停战协定。"一九四五年一月，民族民主阵线纲领，经修订后更为具体。纲领要求政府逮捕并审判战争罪犯；驱逐国家机关内的一切法西斯分子；废除法西斯制度和组织；禁止法西斯主义宣传；动员国内资源，参加盟军等等。为此，这一纲领受到人民大众的欢迎，而搁延履行停战协定的反动势力，便失去人民的支持。

共产党在民族民主阵线纲领里，早就要求尽速实行土地改革。一九四五年二月十一日，"耕民阵线"中央委员会，则对农民发出如下的通告："农民诸君：不能再倚赖政府了。春天下种的时节快到，让我们立即分配地主的土地吧！"

分设于各地的农民委员会，就马上着手分配土地的工作。迫于这一压力，拉狄克内阁，便于三月二十日通过并公布（二十二日）了土地改革法。结果，把140万公顷的土地，分配给78.6万户农民。封建的土地关系也就被废除了。

民族民主阵线，更要求澄清地方行政机关。在这些机关里面，还残留着安特纳斯古时代所任命的县长、市长。他们都是地方民主化的障碍。而且，政府里面的反动分子，随便借口甚至有时动员警察来保留这些力量。对此，工会及其他民众团体，顽强地继续着斗争，终于贯彻了劳农大众的意志。在各地进行选举的结果，民族民主阵线的候选者，均当选为县长和市长。这样，人民的县长、市长，便代替了以前的腐败官僚，来整顿地方秩序。

在一九四四年十二月二日成立的拉狄克内阁，是失去人民支持的反动势力的最后据点。拉狄克准备以反动的军人、马纽派、资本家和地主做背景，实行反民主主义的变革。他们袭击工人集会和民主组织，狙击民主派领袖（贝特尔·古罗查——共产党机关报《斯干蒂雅》总编辑），拘捕民族民主阵线委员，杀害工人及劳动运动的活跃分子。

穷途末路的反动势力，企图引起国内战争，一口气恢复罗马尼亚的旧制度。拉狄克将军便不顾停战协定，而把军队集中到布加勒斯特来。

一九四五年二月二十四日，在布加勒斯特、古拉奥瓦、卡拉果列、拉布修瓦等地，发生对工人示威开枪事件。这是安特纳斯古政权崩溃后第六个月所发生的事件。而且，开枪的也就是接受拉狄克总理指挥的罗马尼亚的军队和警察。拉狄克打算趁这一次开枪机会来引起内战的。

可是，受民族民主战线所领导的群众，并没有上这种挑拨的当。他们立即召集大会，举行示威来答复它。而参加布加勒斯特游行的就有 40 万人。县长们对政府提出抗议，民主宗教同盟表示愤慨。甚至拉狄克的儿子，也对他叛国的父亲提出抗议书，要打倒他。

把罗马尼亚拖回昔日的制度，这已经是不可能的了。于是，二·二三事件的责任者——拉狄克内阁就只得垮台。而跟着登场的就是众望所归的民主阵营领导者——贝特尔·古罗查。

"历史的政党"的领导部，随着它的法西斯化，党内分裂危机愈见深刻。首先，在国民查拉尼斯特党里面，就有以亚历山大列斯克和拉蒙托为首的全部青年脱党，跟着副议长鲁普集团和地方组织亦宣告脱党。而农民也离开查拉尼斯特党，加入"耕民阵线"。

在国民自由党里面，也有塔塔列斯克集团，承认民族民主阵营纲领而宣布脱党。

这样，"历史的政党"的领导部本身，就已经从它的基层组织那里游离开来了。

一九四五年十一月十九日，罗马尼亚举行战后首次总选。这是清楚地看出人民站在哪一边的一次重大测验。共产党联合社会民主党，农民阵线，塔塔列斯克党，人民党和亚历山大列斯克的农民党结成一个集团，向反动政党宣战。更作出以中央银行国有化、税制民主化、改良司法，缩短兵役期限等政府行动纲领为内容的民主政党集团纲领。

民主政党集团，对于受外国帝国主义支持的反动政党联盟，展开了激烈的斗争。反动政党，主要的在富农阶层里面，是有一定的影响力。他们以为利用劳农的贫困，便可以获得成功的。

选举战抓住广大人民的注意。民主政党集团发动全力以争取胜利，派出两万多宣传人员，到劳农大众群中去团结民主力量。

结果，如下表所指示出来的，以共产党为首的民主力量，终于获得压倒的胜利。

	得票数	得票率（%）	议席数
民主政党集团	4,766,630	71.80	348
匈牙利人民同盟	569,651	8.06	29
国民查拉尼斯特党	878,927	12.69	32
国民自由党	259,306	3.75	3
国民民主党	不明	不明	2

劳农大众，对于内外反动势力的分裂阴谋，是不屈不挠的。他们坚决地支持民主政党集团的纲领。通过反法西斯运动和民主改革而成长起来的劳农大众的政治自觉，已在那高度的投票率里表现出来了。即在有投票权的785.9212万名当中，投票的有693.4583万名。投票率达到88.99%（在一九三三年选举时，投票的约有300万人，投票率是68%）。

匈牙利人民同盟，有29名当选。它是一个以团结达朗西瓦尼亚匈牙利人民为目的的政治组织，这一次所以被选出这许多议员，也就是意味着民族问题的正确的解决。匈牙利人民同盟，虽没有加入民主政党集团，可是支持目前的政府。如果包括它在里面，那么民主势力的得票率，就达到80%以上了。

由于这一次的选举战，更进一层证实了罗马尼亚的基本力量，就是以共产党带头的工人阶级，劳动农民和进步知识分子。民主派在议会里已确立了坚固的多数基础。而共产党在政府内部的地位也已强化起来。共产党除了在大选前已占有的位置以外，还加上原由塔塔列斯克党担当的工商部长。

三、人民民主主义的确立①

选举即告结束，共产党和政府，便着手恢复国民经济的工作。首先，对于破坏币制的资本家活动，采取彻底的手段。必须终止通货膨胀，来克服经济的混乱。

在较短的时间内，通过了若干重要的法令。

将握在以布拉察诺为中心的反动资本家手里的发钞机关——中央银

227

行，收归国有。实施工商部改组法，使该部活动范围显著扩大。通过各个重要工业部门的工业管理局组织法，以扩充国家对私营企业的领导和统制。

一九四七年七月，共产党发表其关于改善罗马尼亚财政经济的提案。这一提案的目标为在 6 个月期间内，将工业生产提高到一九三八年水准的 70%。此外，共产党要求政府实施币制改革。

在农村方面，实施谷物输出制，以确保对都市居民的面包供给。通过统制土地买卖的法律，以防止土地集中到富农手里，而收购土地的优先权则交给国家。农民每当荒年的时候，多把土地卖给富农。但这种转让概告无效。封建的佃农制已被废止，而国营农场的设施则被强化。

同时，国家机关亦实行民主化，在机关内的反动分子和腐化分子势将全被肃清。

1. 民主阵线的强化

民主政党集团，当进行大选时，曾在工人阶级的同盟者——劳动农民群中工作过，以至获得他们广泛的支持。而在这一斗争中，占有重要地位的便是农民阵线。可是农民阵线里面也潜伏着富农反动分子。所以该党领导部，当大选结束后，便强调工农联盟，无产阶级领导地位而与共产党密切合作，实行将领导部中的那些分子驱逐出去，以巩固劳动农民的党的基础。同样，在议会中占有 12 个议席的匈牙利人民同盟的领导部，也实行了民主化工作。一九四七年，劳动青年联盟和民主妇女联盟均告成立，随而民主力量迅速地给予广大人民以更有力的影响。

共产党，由小数政党而变成拥有 71 万党员的大政党。其党员构成是工人 44%，农民 39%，在工业县里，则为 60%—70%。

然而，在另一方面，反动势力也随着经济生活的安定，逐步地把队伍整顿好了。内外的反动势力都属望国民查拉尼斯特党能重掌政权。查拉尼斯特党已成为罗马尼亚反动势力的标帜。它展开地下工作，进行挑拨外国干涉的勾当。马纽和外国记者会晤时，曾公然要求以武力干涉古罗查政府，它的领导部则企图亡命国外组织流亡政权。

查拉尼斯特党的活动，是罗马尼亚民主主义发展的妨碍，显然不能让它继续存在。于是政府下令解散该党，取消其议员的代议权，逮捕它的一部分议员和领袖。尤其审判马纽，给予内外的反动势力以致命伤害。更使一向支持他的大资本家和掠夺土地的地主，也都在政治上蒙受重大打击。

同时，在民主政党集团内部，也进行着对塔塔列斯克的国民自由党的斗争。塔塔列斯克曾收罗对人民民主主义含有敌意的资产阶级分子。他的目的在于借民主政党集团的内部工作，来破坏民主势力的统一，以孤立共产党。一九四八年八月，他在库莱奥瓦的集合下，曾经说过："地理的条件，要罗马尼亚结好苏联，而古老的传统和感情，则要罗马尼亚结好西欧各国。"以共产党为中心的罗马尼亚民主势力，也就彻底地暴露出塔塔列斯克这种企图。至此，代表资产阶级利益的国民自由党，已完全陷于孤立了。

币制改革被实行以后，更一层提高了共产党的威信。这就大大地打击了借通货膨胀而积蓄下巨大利润的投机资本。同时，提高了劳动人民的生活水准。尤其是，币制改革毋须外国信用贷款而被实现一点，在以后经济和政治的发展上，实具有重大的意义。

币制改革虽已获得成功，但摆在罗马尼亚前面的，还有许多亟待解决的问题。在工业和商业部门中的国有部分还不够强韧；生产水准和劳动生产性仍感低落；而行政机构的民主化也不过部分地被实现而已。

因此，在这种情形之下，共产党着手实施的政策也就有下列各项：

（1）由于增加工业生产，使物价降落，逐步提高劳动大众生活水准，强化和扩大国有工业部门。通过工业管理局统制并领导私营工业。借租税政策和国家统制以抑制非法利润。实施怠工禁止法。

（2）通过国有中央银行以集中其他银行、统制信用及私人存款。

（3）供给配得土地的农民以耕作器具；发展国营农场；行使国家优先收购土地权；扩大消费合作社及生产合作社。

（4）国家领导对外贸易，在国内开设国营商店，大规模发展工人消费合作社。

（5）行政改革。

（6）改革司法机关，陪审员参加司法机关各部门。

（7）税制改革。

（8）教育事业民主化。

（9）采用适应目前各种变化的新宪法。

一九四七年十二月三十日，罗马尼亚国王米哈尔，在发表"君主制……是罗马尼亚发展途中的大障碍"的声明后退位。罗马尼亚遂宣布为人民共和国。至此，反动势力的最后一个据点便消失了。

一九四八年三月，通过宪法草案，给予经斗争获得的成就以法律的根据。

2. 共产党和社会民主党的合并

反动政党虽已没落而且被孤立化了，但民主势力的核心——共产党和社会民主党的合作，因右翼分子采取反共反苏的态度，而遭遇若干困难。不消说，共产党曾对社会民主党右翼加以批评，并且在地方上，工业地区的社会民主党系工人，也猛烈攻击右翼分子。社会民主党中央委员会便将好几名右翼领导人物开除，并从政府里面驱逐出两名。从此，共社两党对于基本问题均采取一致行动，而两党的统一战线也就非常巩固。

由于共社两党的行动一致，社会民主党右翼的暴露和共产党威信的增加，使社会民主党内部普遍流露出希望和共产党合并的舆论，当币制改革成功以后，尤其在工人中间特别显得有力。

一九四八年二月二十一日—二十三日，共社两党在布加勒斯特召开合并大会，以马列主义为基础，产生出一个新的组织——工人党。因此，工人阶级的领导地位更加巩固，使罗马尼亚通过人民民主主义发展到社会主义的一个前提，也就成功了。

大会于二十三日，曾通过下面的决议：

"……本大会召开时的国内情势，系以巩固国家政治经济，发展人民民主主义机构为特征的。

"罗马尼亚民主发展途中最大障碍的消灭，和在国民经济各部门中所获得的成绩，不独为进一步强化人民民主主义、国家经济和提高人民大众生活水准，创造出良好条件；而且也为消灭一切种类的榨取，确立我国社会主义机构，创造出良好条件。

"有了这些条件，民主主义的领导力量——工人阶级——的行动和意志的统一，也就是必需的。罗马尼亚的无产阶级，必要有一个由马、恩、列、斯学说来领导的独一无二的党。

"在内政方面，以工人阶级带头民主势力，必须作出新宪法——真正民主的宪法。这一部宪法，就是巩固我们的民主收获，巩固在罗马尼亚实行的社会和经济改造的东西。民主的行政改革，为废除地方的旧行政形态，必须以真正的人民权力机关——由人民选举出来的苏维埃去代替它。"

共社实行合并后不久，罗马尼亚工人党、农民党、农民阵线、人民党和匈牙利人民同盟，就共同组成人民民主阵线。至此，民主势力便完全被统一起来了。

再，人民民主阵线，由以下各党选出的人员，成立全国协议会，作为它的领导机构。即：工人党——瓦西列·卢卡、罗达里·拉察努、约瑟夫·基西纳夫斯基；农民阵线——贝特尔·古罗查、安东·亚历山大列斯克、容·翁查努；人民党——康士坦契纳斯克·雅斯、米哈尔·托拉果米列斯克、亚历山大·斯蒂夫利雅；匈牙利人民同盟——亚历山大·卡可、留托维克·塔卡契、费那特·契可。人民民主阵线的主席是贝特尔·古罗查，书记长瓦西列·卢卡，书记约瑟夫·基斯纳夫斯基。

人民民主阵线的各政党，承认根据共同纲领，通力合作。在三月间的选举中，便是依照共同选举名册来决定候选人的。

3. 一九四八年三月的选举

一九四八年十一月的选举，是在民主势力和反动势力的激烈斗争中进行的，结果，民主势力获得胜利。这表示了人民究竟站在那一边。而且清楚地看出反动政党在人民中间，是毫无根据的。

在一九四八年的选举中，民主势力获得胜利，更是决定的了。其结果如下：

	得票率	议席数
人民民主阵线	90.80%	405
无党派	3.21%	——
国民自由党(柏志杨)	2.79%	7
农民民主党（罗普）	0.66%	2

选举的投票率，达到91.04%（有投票权的841.7465万人，投票的

766.3375 万人）。这在罗马尼亚是空前的。

民主主义之敌虽然败北了，但选举却是认真民主地被实行的。关于这一点，国民自由党代表安东·托米特利欧声明如下："投票是绝对按秩序执行的，完全保有秘密。我，作为一个国民自由党的代表，承认这一次选举对于市民和在野党，已给予完全的自由。"

正如选举结果所表示的，民主势力在其与反动势力的顽强斗争中，坚持着人民的权利，故获得人民的信赖。如果以一九四六年的选举，作为表示人民愿意站在哪一边的话，那么一九四八年的选举，也就表示出人民的意志，是希望把从斗争中所获得的政权，永远地巩固下去！

四、经济政策

罗马尼亚，由于第二次大战和希特勒德意志的掠夺，在物质上受到严重的损失。许多工厂、运输机关和数十万个农业经营，都遭受破坏。储粮和存料，也完全消耗干净，再加上两年旱灾，通货膨胀也就急速进行。罗马尼亚民主政府，为肃清大资本势力，巩固人民民主主义基础，便实行土地改革和中央银行国有化。农具和劳动力虽然不足，但一九四七年收成情形良好，最低限度，可能把 200 万吨的玉蜀黍输出国外。就是工业生产方面，在一九四七年七月，冶金已达到战前水准的 70.2%，化学工业 78.2%，煤炭 95.5%，石油 60.8%，水泥和纺织 73%。

这样，恢复工业是成功了，但苏联的援助，在那里却发生了极重要的作用。苏联根据苏罗通商条约，供给它基本工业部门的零件、机械设备和原料。而当罗马尼亚粮食发生恐慌时，更由苏联运来大量谷物。

1. 土地改革

一九四五年三月二十日，罗马尼亚政府通过了土地改革法（三月二十日公布）。不消说，被大资本家和大地主的反动农业政策夺去了土地的贫农们，无不狂热地欢迎这一法律。至于土地改革的目的，在土地改革法的第二条里面，有着如下的叙述：

(1) 凡在 5 公顷以下的农业经营，均须增加其耕地。

(2) 没有土地的农业劳动者，使其重新树立私人农业经营。

（3）为确保对工人、职员、手工业者的配给，使菜园中心地区和都市相接近。

（4）为农业学校、农业试验所留下若干土地，用作提高农业水准，改良种子，增殖家畜，并使树立和发展农产工业。其土地由国家管理。

根据土地改革，凡属于下列人物的土地、役畜和耕具，均被没收：

（1）凡与希特勒德国合作的德系个人或法人，取得德国国籍或罗国国籍者。

（2）战争罪犯，使罗马尼亚遭受惨祸者。

（3）逃亡于与罗马尼亚发生交战状态的国家者。或于一九四四年八月二十三日以后，逃亡外国者。

再，属于下列情形的土地，均由国家接管：

（1）于最近 7 年间，不以本身劳力耕作的土地（10 公顷以下者除外）。

（2）有罗马尼亚国籍，而自愿参加对盟国作战者之农业财产。

（3）已被放弃之土地。

（4）50 公顷以上之土地。

这样，没收下来的土地，就被分配给贫农们。结果，78.7 万个农业经营，收到土地 140 万公顷。而获有 18.7 万公顷土地的 358 个模范国营农场，就被组织起来。地主只能留下耕作 50 公顷土地所必需的农具和家畜，多余的全数没收。这些没收下来的东西，就用来设立 275 处机械配给所。至于战时的军需工厂，都已改作拖拉机和农业机械的生产工场。

这样，罗马尼亚农民多年的梦境就被实现了。他们为获得土地，已经过长时期无间断的斗争。这一斗争发展到一九〇七年的流血起义，牺牲了 1.1 万人，而镇压这一事件的，就是当时的国民自由党政府。因此，不断受到农民大众进迫的资产阶级，便答应于一九一九年——一九二一年实行土地改革，以图避免危机。可是这种"由上而下"的土地改革，只是用来欺骗农民的罢了。结果，也就弄得不清不爽，农民境况依然如故。土地改革法被承认后 20 年（即一九四〇年），当时的农业部长才说出这样的话：

"农业改革迄未完成，在 3,900 块领地中，还有最后未被收用的部分。关于 3.3 万公顷的分配计划从未作出。而 49 万公顷的分配工作亦未实行。在法院中，有关农业改革纠纷的案件，尚有 900 件等待处理。"

像前面说过的，罗马尼亚的农业本极落后，农业生产仍未达到第一次世界大战时的水准。一九四五年的土地改革被实行到一九四九年二月，在耕地1,970万公顷中，已有1,330万公顷属于农民，而640万公顷则属于地主。为使农业发展，打倒大地主所代表的反动势力的物质基础，无论如何，一九四五年的土地改革是必要的。首先，以这种土改去消灭农村中的封建经济基层，并且粉碎了妨碍农业进步的农奴关系。

一九四五年——九四六年，曾有过两次旱灾，地主停止农耕，以至罗马尼亚的粮食情形，一时濒于危殆，但由于农民对天灾展开斗争和苏联的援助，危机才被克服过去。一九四七年的收成好转，剩下的储粮中，至少有200万吨玉蜀黍，可以运销国外。

2. 工业的国有化

前面说过，从第一次世界大战到第二次世界大战中间，罗马尼亚的资本主义已经发达了。在一九三六年——九三八年的工业生产物，占全部生产的40%。解放前的罗马尼亚，虽是个以生产消费原料为主的国家，但同保加利亚和南斯拉夫比较起来，那它的工业化程度就远远超过它们。

然而，被资本家和地主支配下的罗马尼亚，尽管工业是发达的，而农业的技术设备则从未改善。农民纵然想购买他自己所必需的农具和机械，但为了国内市场被独占资本抑制着，不能如愿以偿。更因为工业依赖外资，以至发展国内经济所必需的生产都无法进行。同时，对工人的高度剥削和农民的贫困，也极度限制着国内市场。这又妨碍了工业的发展。

罗马尼亚在战前的工业发展，不但没有改善劳动大众的生活状况，反而使他们生活更趋恶化。一九二七年的实际工资，比较一九一四年低落30%以上。因为一九二七年的工资指数，如以一九一四年为100，那就是2,714，但生活费指数却达到3,811。以后实际工资虽从一九三四年的1,743增加到一九三八年的1,853，即增加6.5%。而期间，布加勒斯特的零售价格，则已上涨28.5%。

解放后的罗马尼亚工业政策，为优先复兴工业和利用现有生产力。在一九四六年六、七月间的工业生产，还未达到战前水准的50%，但到了一九四七年七月，冶金工业已达到70%，化学工业为78.2%，煤炭95.5%，石油60.8%，水泥、纺织73%。当其他东欧国家都已实施二年、三年或五年计划的时候，只有罗马尼亚还未进入这一阶段。其最大的原因便是：工业设备老朽，原料材料不足，燃料动力不足。不过，现在罗马尼亚政府正在加紧去解决工业化问题，相信那些缺点在不久将来一定可以被克服的。

一九四六年十二月二十日，罗马尼亚中央银行国有化法案被议会通过了。这对于其后的工业发展是具有重大的意义。以前，罗马尼亚银行统制着一切信用机构，银行股东们利用它来计算大资本家的利益。可是现在，这一大经济杠杆已握在民主政权手里。民主政府利用它把资本和信用，合理地分配给各个国民经济部门。

一九四七年五月底，议会通过了《工业管理局组织法》。在一法律旨在解决工业化的性质和如何调整国有化的规模问题。

根据这一法律，各个工业部门实行分别合并，而在这些合并机构里面，政府派代表参加，实施集中管理生产组织。以后被草创的《劳动力调整法》，目的也在于使国家有计划地参加到工业组织里去。

一九四七年七月，议会又通过共产党所提出的一个关于发展罗国经济的提议，它是罗国经济政策的根据，在 6 个月内已把工业水准提高到一九三八年的 70%。

在东欧各国，早就实行工业国有化了。至于罗马尼亚直到最近，这个问题才被提出来。官僚资本虽已收归国有，而其他私营部分已占有相当比重。首先，铁路、邮电收归国营；烟草、火柴和食盐，由国家专卖；森林、木材加工工厂和制材工厂，大部均为国有；工业企业组织和运输机构的股票，也大多数集中到国家手里。此外，制铁业的 25%，金属加工业的 45% 由国家管理。

一九四八年六月，罗马尼亚议会通过了工业国有化法案。如果根据这一法律，则：

（1）一切地下资源，一切私营企业组织，银行、矿业企业组织，保险公司、运输、电话公司等，完全国有。

（2）此项法律不适用于联合国会员国的企业组织或企业组织的资本（仅以作为对此等国家履行媾和条约，或履行因战争状态所发生的义务的结果者为限）。

（3）企业体和商业基金均由国家接管。

（4）已被国有的企业体，均由政府有关部分派员监督。

（5）国家对于因国有化而蒙受损失的企业体所有者及股东均予以补偿。

由于这一法律，国有化的规模显著地被扩大了。如果经济的国家成分增大，那就可以确立计划经济，迅速提高复兴和发展的速度。

在战后罗马尼亚的最大收获，就是克服通货膨胀。罗马尼亚因战后粮食困难和工业成品不足，一九四六年秋季以来，通货膨胀激化，其对策便是一九四七年所实施的币制改革。币制改革的目标，在于安定币制、安定物价和安定工资。而且我们必须注意，这种措施是在完全没有英美贷款的情形之下来实行的（反动政党和塔塔列斯克的国民自由党，认为复兴罗马尼亚经济，绝对需要英美贷款）。旧币兑换新币，每人最多为300万莱。因此，以前动用数亿甚至数十亿通货的投机分子，便把积蓄的钱和一部分外币去调换新币，而放弃剩余的部分。同时不能不抛出藏匿的物资。结果，商店里就出现许多商品，依公定价格出售。

再，政府定出新的工资率，提高了工人、公务员的待遇。工资率虽按职业和熟练的程度而有不同。但例如矿山工人和石油、冶金工人的最低工资，前者为3,192莱，后者也有2,739莱。如果根据罗马尼亚经济学者约古列斯克教授说的，摄取3,250卡罗里（热量单位）所必需的费用，每人每日是30.05莱，一个月也不超过1,000莱。

3. 贸易的透视

资本输入国的罗马尼亚，在贸易尾巴方面是个出超国。欧罗巴的工业国，在罗马尼亚的贸易上占有压倒的地位。战前则受着德帝的支配。在东欧，只有捷匈两国和它发生贸易关系。

现在，苏联在罗马尼亚的贸易中占第一位。罗马尼亚的冶金业、机械制造业，是靠苏联输入的原料、半制品和金属恢复起来的。而这些工业部门在罗马尼亚都具有最根本的意义。苏联的贸易关系，是促进罗国经济发展的至关重要的因素。纺织业也因为由苏联供给棉花而恢复全部操作。

同时，罗马尼亚和波兰、南斯拉夫、保加利亚、捷克、匈牙利等国的贸易，也非常重要。它从捷克输入工业品，波兰输入焦煤、钢材和化学肥料，匈牙利输入机械。而这些国家则希望从它那里获得食粮品和原料。尤其捷克是罗马尼亚食粮品和石油制品的大市场。匈牙利是它的木材市场，波兰也是它的石油市场。至于它和保加利亚、南斯拉夫的贸易关系，则有几分复杂。但随着这两个国家工业化的发展，三国间的分业范围就被扩大，因此，贸易关系也被规定了。这是看得很清楚的。

五、人民共和国的成立

现在的罗马尼亚是一个人民共和国。国家政权已为人民掌握。即它已不是在大资本家和地主的手中，而是在工人阶级、劳动农民，和与人民结合的知识分子手中。这些劳动人民，通过国民会议（即议会）执行国家权力。德国人和与德国人合作的奸细的财产，均被没收而成为国家的财产。工业国有化已被实施，这是经济发展的重要因素。而土地改革之实行，已使耕者有其田。

罗马尼亚国家的最高政权机关是国民会议。而国民会议是由全体人民自由选举出来的。根据新选举法，以前被剥削选举权的妇女和军人，现在均享有选举权，上院已被废除。凡21岁以上的人民都有权选举，总数约有800万人。

一九四六年十一月，罗马尼亚举行战后最初一次总选。结果，民主政党集团在议会414个议席中，占得348席，更于一九四八年的选举中，占约405席。这样，罗马尼亚的国民议会已成为充分代表劳农大众意志的最高国家机构。

国民会议定期召集，但闭会时，议员各返原任，所以必须有一经常执行政务的机构。国民会议常务委员会②，也就是负起这一任务的。

一九四七年十二月三十日，罗马尼亚国王米哈尔在发表"君主制已不适应目前国家生活条件，它是罗马尼亚发展途中的一大障碍"之声明后退位。至是，罗马尼亚遂宣布为人民共和国，君主制随告消灭。君主制是以集中资产阶级势力为目的而被建立起来的，它曾经和要求土地而起义的农民作战，也曾和在解放战争中站立起来的工人阶级作战。所以它是人民民主主义发展途中的障碍物。现在，它已被民主力量打垮。那一天，政府号召人民："由于君主制的废止，在我们人民民主主义的前面，已开辟了一条走向伟大成功的新的道路。"从此，罗马尼亚的民主主义，也就走进了一个新的发展阶段。

米哈尔国王发表退位声明后，国民会议立即在会场一致通过包含下列内容的法律：

（1）国会接受米哈尔王退位通知。

（2）废止一八六六年宪法（一九二三年三月廿九日修正）和一九四四年九月一日宪法。

（3）罗马尼亚宣布为人民共和国，其名称为罗马尼亚人民共和国。

（4）议会执行权力至议会解散及宪法修正会议成立时为止。

（5）宪法修正会议决定罗马尼亚人民共和国新宪法之问题。

（6）在新宪法尚未发生效力期间，由常务委员会执行权力。常务委员会，由罗马尼亚人民共和国之社会的、科学的、文化的生活者代表中，依会议议员多数表决选出之。其人数为 5 名。

结果，帕尔霍因、萨多瓦努、伏依蒂克、史蒂列及尼克利 5 名当选为常务委员。

一九四八年四月十三日，罗马尼亚国民会议全场一致通过宪法草案。喀奥义·德治在十二日的审议会中，对新宪法的内容说明如次：

"宪法草案反映出罗马尼亚民主体制在 3 年间所实现的社会经济的一切变化。

"我们的国家性格，已为这一事实所限定。即：政权并非握在寄生的大资本家和地主手中，而系握在工人阶级、劳动农民及与人民结合的知识分子手中。

"这一个以工人阶级及其党为领导的民主势力的斗争的历史成就，便是宪法的宣布。它指出罗马尼亚人民共和国是人民的国家。在这一国家里面，全部国家权力出自人民，也属于人民。

"我们利用这一权力来维护国家的独立和主权。利用这一权力去反抗战争挑拨者和妄图支配其他国家与人民的恶魔。这就是我们人民国家的性格。"

"新宪法承认目前罗马尼亚的经济，存在着 3 种所有形态——成为全体人民财产的国家所有形态，合作社的所有形态，私人的所有形态。这 3 种形态的行为，均被国家决定，使其服从于人民的利益。国家尤其重视合作社形态的强化与发展。国家承认并保证私人的所有和承继权。国家尊重个人有利于全体的意见。"

"我们的宪法，确认劳动农民的土地所有权。这一权利已被土地改革法所保证。国家以计划化保证各种经济部门的调和与发展，现有生产手段的合理的利用和国内的一切人民的劳动权利。

"国家权力已移到人民手上来，这使劳动人民的社会的自由，由梦想而趋实现。这一历史的获得，已被明白记载于新宪法中。即在宪法中，有关权利与自由的条款里面，甚至述及行使权利与自由的物质保证。"

六、达朗西瓦尼亚问题

多年来，达朗西瓦尼亚问题，一直是罗马尼亚民族和匈牙利民族纷争的种因。无论在奥匈的君主制时代或希特勒的时代，也都如此。在君主制时代，当达朗西瓦尼亚的匈牙利人高呼独立时，就煽动罗马尼亚人来削弱他们的力量。但当这些罗马尼亚人的力量强大起来了，反而压迫罗马尼亚人。

达朗西瓦尼亚，面积约 10 万平方里，人口 580 万中，有 58%是罗马尼亚人，27%是匈牙利人和 10%德意志人。那里包有煤、铁、铅、铜、锰、金、银、水银和沥青等天然资源，是一块工业发达的地方。它占有罗马尼亚工业生产的 50%，冶金工业的 65%，木材工业的 60%，电气化学工业的 55%，玻璃工业的 73%，皮革工业的 55%。

达朗西瓦尼亚的罗马尼亚人，数百年前就已提出民族权利的要求。奥匈政府，不独没有占去达朗西瓦尼亚人口大部的罗马尼亚人参加，而且也不承认他们的国民身份。因此，罗马尼亚人为争取自由，不知发动过多少次起义（一四三七年、一五一四年、一七八四年、一八四八年）。

一九四〇年八月，德意两国在维也纳进行"调解"这一问题。一开始就把北部达朗西瓦尼亚交给匈牙利。其实它们出头"调解"的目的，是为了囊括罗、匈，使成为对苏作战中的肉弹和食粮的根据地。这一政策是和罗、匈国内的法西斯支配阶级的利害相一致的。他们故令罗马尼亚人和匈牙利人反目，借国内危机来蒙蔽人民的眼睛。但，这种反目随红军解放东欧而告结束了。

一九四五年三月，苏联政府接受贝特尔·古罗查的要求，把北部达朗西瓦尼亚归还罗马尼亚，这一事实曾载明于停战协定第 19 条里面。收回达朗西瓦尼亚是罗马尼亚人多年的心愿。这个梦，完全被苏联的正确改革所实现了。

罗马尼亚人民政府，使罗匈两民族平等共处。罗马尼亚人民共和国宪法，保证罗马尼亚各民族使用其本族语言，和以本族文字教育的权利。因此，达朗西瓦尼亚的民族问题已告根本解决，而罗匈两国间的关系也就被调整了。罗国现任总理贝特尔·古罗查是达朗西瓦尼亚出身的，他对这一问题曾这样说过：

"我们早就不愿意罗匈人民，永远存在着反目状态。我们在这伟大的历史转变期中，更不愿意两国人民互相看成敌人。我们希望大家把民主的罗马尼亚看作一切市民的，一切居住在罗马尼亚里面的人民的故乡，而自由和平地生活着。"

这就是人民民主主义的民主的民族改革的胜利！

更根据一九四八年的国势调查，居住罗马尼亚的匈牙利人口，约为150万。政府曾为他们设立 1,500 所小学和 18 所中学。此外，在克路戛市设有匈牙利人的综合大学和美术专门学校。在托维尔克·姆列斯市，则有医科大学和农业大学。小学生约有 16 万人，教师人数达到 5,000 人。其次，匈牙利交的出版物，计有日报 8 种，周刊 7 种，其他定期刊物共有 25 种。

注：

① 选举结束后，四月十三日，选出国民会议的常务委员会。常务委员会的主席是康士坦琴·帕尔霍因，副主席 3 人：康士坦契纳斯克·雅斯、米哈尔·萨多瓦努、约安·尼克利。委员 15 名：马林·约纳斯克、安东·亚历山大列斯克、维拉志斯拉夫·巴内、容·义克、留巴·吉斯纳夫斯卡雅、康士坦·克拉仓、米哈尔·莫拉尔、亚历山大·莫义奥利斯、伊隆·米罗斯、爱列米伊·帕尔海乌、康士坦琴·帕尔维列斯克、爱米利·朴甫、喀奥尔格·甫察努、扎哈利·塔那塞、隆尔斯·扎罗尼。同时，古罗查内阁提出总辞职，重组新阁。名单如下：

内阁总理贝特尔·古罗查

第一副总理（负责经济财政）喀奥义·德治

第二副总理 （负责农林）托拉杨·萨维列斯克

第三副总理 （负责社会文化）斯铁芳·伏依蒂克

外交部长　安那·帕格尔

内政部长　铁奥哈里·佐治埃斯克

财政部长　瓦西列·卢卡

国防部长　爱米利·波多那拉斯

司法部长　阿维蓝·布那邱

教育部长　喀奥格·瓦西利基

运输部长　尼古拉·普罗菲利

社会事业部长　多多尔·约尔塔格斯克

保健部长　佛罗利卡·巴尔达沙尔

劳动部长　罗达里·拉塔察努

典礼部长　斯坦邱·斯特杨

艺术·报道部长　奥古达夫·里维埃渣努

农业部长　瓦西列·瓦达

工业部长　基维·斯托卡

商业部长　布克尔·斯基奥甫

木材工业部长　容·维因帕

石油·矿业部长　米隆·康士坦契纳斯克

②关于罗马尼亚国民会议常务委员会的权限和义务，被公布于一九四八年一月。其权限如次：

(1) 召集常会与临时会议。

(2) 签署并公布法律。

(3) 大赦。

(4) 任命或撤任政府委员。

(5) 根据法律任命公务员。

(6) 授予军人称号。

(7) 授赠勋章。

(8) 任命或召回罗马尼亚人民共和国外交代表。

(9) 接受或退回他国外交代表照会。

常务委员会主席，以委员中最年长者充任，以委员中一人担任书记长。现任主席为帕尔霍因，书记长为史蒂列。一九四九年一月，作为地方政权机构的人民苏维埃已被议会通过。这样，代表劳动大众利益的人民民主主义政体就和广泛的人民大众完全结合一起。

南斯拉夫

一、导言

一九四八年来，共产党情报局采取了"关于南斯拉夫共产党"的决议。在这一决议里面，锐利地批评了南共领导部，否认无产阶级国际主义，借民族主义的政策，把利益献给帝国主义者们，孤立而且削弱了南斯拉夫。

一方面，反动阵营就大肆宣传南共已被情报局开除，照例提出所谓斯大林与铁托的对立问题。他们对所谓苏联圈子里的纠纷，怀着鬼胎，而在内心，就巴望着由这一问题，引起对民主主义阵营攻击的开端。

纵然如此，但南斯拉夫，直到当时为止，还可以说是人民民主主义诸国中的前进的国家。南斯拉夫人民，也是被法西斯奴化这各国人民中，最早对纳粹占领军和国内的奸细们，举起游击斗争之旗的。一切进步分子，一切真正的爱国者，都被集中到这一民族斗争里来。而这一斗争，也正是为建设新的人民国家的全民之势力的斗争。这一斗争过程，直到解放后所实行的种种民主主义的改革，曾使南斯拉夫的政治、经济面貌，为之一变。在王制南斯拉夫的废墟上，诞生了新的独立的联邦国家。一九四五年八月，临时人民议会，既采取了有关实施土地改革，地下资源国有化，人

243

民法院，政治团体及其他种种法律。在一九四五年十一月被选出的制宪议会，决定废止喀拉格奥格维契王朝，宣布成立南斯拉夫共和国。一九四六年一月三十日，南斯拉夫联邦人民共和国宪法被通过了。新的民主宪法，就是把南斯拉夫所发生的各种社会、经济以及政治的变化立法化了的东西。

这样，南斯拉夫便站在人民民主主义国家先头，获得若干辉煌的成就。南共的领导者铁托，也就是当时游击斗争中的风云人物。不管铁托既一旦支持了共产党情报局的决议，而又立即相反地企图利用它，可是，对这一问题，当然，谁都会感到诧异和愤怒的。为了把这一问题弄清楚起见，首先必要大体观察一下战前南斯拉夫的情况，再来寻求规定南国以后发展的南斯拉夫人民对德军武装斗争的过程，并检讨在那一过程中所实现的各种民主主义的成就，和南共领导部铁托的反动的因素及其走向法西斯主义的道路。

二、解放前的状态

南斯拉夫在第一次世界大战后，是一个从塞尔维亚、捷尔诺果利亚和奥匈帝国各州（克罗提亚、斯拉伐尼亚、塔尔马契亚、斯洛汶尼亚、沃也窝的那、波斯尼亚、黑尔捷果维那）组合起来的国家。

它比起东欧，同样是个最落后的农业国，根据一九一三年的国势调查，其人口构成，为都市人口占 13.2%，农村人口占 86.8%。再，它的独立人口的职业分别内容，就是：农业——78.7%；工业企业及家庭工业企业——11.1%；运输、邮电——1.5%；商业和银行——2.6%；其他——6.1%。

第一次世界大战后的革命浪潮，曾侵蚀过这个国家。它的支配阶级因惧怕农民的压力，不能不先来一次土地改革。土地改革，自一九一九年至一九二一年，被实施了。而波斯尼亚和黑尔捷果维那等地的改革，好多已被彻底实行。但在斯拉伐尼亚和克罗提亚等北部地方，仍残留着强有力的封建关系。

南国的农家阶层分别构成如下：

面积别（公顷）	经营数百分比	总面积百分比
1—5	68.0%	28.0%
5—10	20.5%	27.0%
10—50	11.3%	35.3%
50以上	0.8%	8.7%

可是，在地主当中，甚至有75%是德意志人、匈牙利人和意大利人。占有大多数人口的塞尔维亚人（42%）、克罗提亚人（27%）和斯洛汶尼亚（8.5%），则大半属于贫农或中农的农业劳动者。因此，地主和农民的对立与民族间的对立，纠缠在一起，常常引起复杂的问题。外国资本也就经常利用这一弱点。农民的最大宗生产是玉蜀黍和小麦，但林业也占重要地位。

工业的发展极为落后，技术水准很低。一九三八年，仅有工厂4,257个，公司2,947个。至于生产额，从它的各个重要部门看来，即：食料品工业——45亿迪那尔（Dinar 南国货币单位名称——编译者）；纺织工业——22亿迪那尔；采矿冶金工业——15亿迪那尔。究其主要的工业，就是轻工业和采矿业。

而且，在那些工业里面，外国资本占有很大的势力。根据一九四一年的资料，在工矿业的投资总额144亿迪那尔（51%）是外国资本。这样，采矿、冶金、机械、化学、纺织等部门，几乎完全操在外国资本手里。又根据一九三七年一月一日的资料，外国资本的个别内容如下：法国——19.6%；英国——16.7%；捷克——14.7%；瑞士——13.5%；美国——10.2%；意国——9.3%；奥国——6.7%。

奥捷两国被德国占领后的一九四一年，德国资本已凌驾英法，而跳到第一位了。因此，南国沦陷后，德国资本就几乎握有它的全部银行、化学工业、电机工业、冶金工业和纺织工业。

这样看来，战前的南斯拉夫，在形式上是个立宪君主国，但是事实上则为北部大地主阶层和塞尔维亚资产阶级的独裁国。而且还受着外国资本有力的支配。

三、民族解放斗争经过

从一九四〇年冬到一九四一年春天，匈牙利、罗马尼亚和保加利亚，都屈服于希特勒德国的压迫下，加入了轴心。但像上面所说的，紧紧地和英法资本相勾结的南斯拉夫支配阶级，则尽可能地坚守着严正的中立。不过德意志帝国主义的压力却日益加重，于是南斯拉夫的支配阶级，也就分裂成两派——投降派和抗战派。

一九四一年三月，希特勒对南斯拉夫提出以下四项条件，企图引诱它加入轴心。

(1) 各轴心国保证南斯拉夫领土完整。

(2) 南国对轴心不负军事上义务。

(3) 南国于战后可获得爱琴海出口。

(4) 南国镇压国内的反轴心运动，在经济上与轴心诸国合作。

对于这些条件，投降派即当时南斯拉夫首相捷托可维契和外长马可维契，唯恐大祸临头，而对希特勒屈膝了。他们既应希特勒的召见，于一九四一年三月二日前赴维也纳，第二天，便签订了把南斯拉夫拖进法西斯三国同盟的协定。

然而，这种奸细行为，却引起南斯拉夫人民的激愤。在贝尔格莱德，捷契聂和其他大都市都掀起了反法西斯、反德意志的示威。结果，由于群众的压力，三月廿七日，以斯莫维契将军为中心的强硬派，推翻捷托可维契内阁，取消南德同盟条约，成立了以斯莫维契为首的国民统一政府。

新政府发表对一切邻邦采取友好政策，拥护和平的宣言。可是法西斯德意志却视若无睹，一九四一年四月六日，当苏南互不侵犯条约在莫斯科签字后数小时内，就马上进攻南斯拉夫。因为希特勒在保加利亚，握有有利的战略据点和优势的兵力，转瞬间，南斯拉夫的国家独立遂遭受蹂躏了。四月十三日，贝尔格莱德沦陷，五日后（十八日），南军投降。至此，南斯拉夫的旧资产阶级政党，资产阶级政治组织，几乎全部崩溃，与德军入占同时，就放下武器，抛开群众而亡命国外了。毕竟，他们一开始就没有决心和准备要和德意志帝国主义者作斗争的。

但是，南斯拉夫人民就坚决地站起来，抵抗法西斯德意志。而站在这一斗争最前头的，也就是南斯拉夫共产党。至于共产党，久已从事地下活动，尤其当法西斯德意志入侵奥大利的时候，早就开始领导保卫祖国运动，作出以下面几项做骨干的人民阵线纲领：

(1) 对社会榨取与民族压迫作斗争。

(2) 为国家民主化斗争，为反法西斯主义斗争。

(3) 鉴于法西斯侵略危险性之增大，为保卫国家，采取一切必要措施。

(4) 对第五纵队作斗争。

(5) 首先确立与苏联之外交关系，进而签订同盟。

这一共产党的保卫斗争，曾给予广大群众，尤其是青年群众以极大影响。因而才有前面所说的反抗捷托可维契奸细行为的示威，爆发开来。

当战争刚开始时，共产党首先就采取保卫祖国的方针，和支配阶级中的抗战派携手，尽量扩大对侵略军的抵抗战线。把各个战区的领导转移到有效的反法西斯爱国者的手上来。武装工人与军队并肩作战。这都是当时共产党基本方针的内容。

不过，这一方针，很快便被迫变更了。因为支配阶级惧怕人民势力抬头，而与德军勾结，以图保全它的地位。自然，他们早就在意识上停止抗战了。据此，共产党的方针，也就不能不采取彻底暴露出卖民族的支配阶级的奸细政策，联合一切爱国者对德国占领者及其爪牙们作斗争的方向。即这一斗争系从两方面进行，联合一切政党内的反法西斯分子，同时又从事由下而上的广泛的大众斗争。

德军侵入南斯拉夫以后，马上就实行恐怖政治，在波斯尼亚、黑尔捷果维那、斯拉伐尼亚、沃也窝的那及其他地方，开始屠杀群众。

占领军强迫农民，扩大棉花及甜菜等农产品的播种面积，并且为了扩充其国内劳动力，曾把斯拉伐尼亚的农民押送到德国去。对此，在波斯尼亚、黑尔捷果维那、斯拉伐尼亚、沃也窝的那的各州，掀起了自然成长的农民反抗运动。占领军及其爪牙们，便使用恐怖政策来弹压这一运动。但农民们却缩小其播种面积，抛弃土地，逃避到山区里去，开始结成自卫组织，而领导这些农民自然成长的运动，进入组织化的，就是共产党所设立的军事委员会。这一军事委员会的任务，为当德军侵入南斯拉夫时，在南国军队的官兵里，从事反侵略宣传，及当南军投降时，则掌握其军事领导权。

南斯拉夫人民大众的反抗运动，从一九四一年六月，德军侵略苏联的时候，开始了一个新的转变。因为希特勒的军队主力，都被钉着在德苏战线上。这对于南国人民的武装起义，大大有利。从此，军事委员会便决定了下列各事项：（1）把游击运动扩大到全国去；（2）军事委员会改编为游击部队总司令部，领导全国作战；（3）总司令部派遣部员到全国各地，担任游击部队的组织和领导。

这样，反法西斯的抗战运动，遂逐步发展而成为全国性的东西了。游击部队队员亦有显著增加，在一九四一年夏天，达到 10 万人。游击部队在全国，有组织地破坏电话、电讯，炸毁军需品仓库和攻击军事设施。在捷尔诺果利亚，全体人民的起义早就被组织起来。几万个捷尔诺果利亚人一齐动员袭击意大利守备队，除捷契尼埃和波托果利亚外占领了全部都市，并俘获 6,000 名左右的意大利官兵和大批军用品。八月间，在塞尔维亚开始大斗争，九月间，东西塞尔维亚大部解放。随着这一情势的变化，一直在贝尔格莱德地下活动的总司令部，遂移到解放区里来——最初在克尔棒，进一步就到乌次亚了。

接着，九月初，便在克尔棒附近的矿山里，召开了第一次的各州游击部队领导者的全国军事会议。这一会议，把从斯洛汶尼亚、克罗提亚、塞尔维亚、波斯尼亚、捷尔诺果利亚等地冒险参加的代表们集合一起，采取了以下几项重要决议：

（1）总司令部升格为最高司令部，在斯洛汶尼亚、克罗提亚、波斯尼亚、捷尔诺果利亚等地，设立总司令部，以这些地区的总司令部组织成最高司令部。

（2）为了西塞尔维亚之扫荡和扩大作战，在贝尔格莱德建立根据地。

（3）在其他地区，亦定出创设基地和军事行动的计划。

（4）在军事计划之外，政治计划则为号召一切不为纳粹占领者服务的决议，采取一致行动。

由此，一九四一年九月的会议，既迅速地做出军事计划和政治行动计划，并着手统一作战工作，在解放区里发展游击部队，以至作为解放运动核心的人民解放军，就被组织起来。

一九四二年秋，当广及 5 万平方千米的领土获得解放以后，遂提出新的国家机构问题。因为跟着武装解放斗争的进展，在解放区里，已经存在着人民解放委员会的组织。早在一九四一年，塞尔维亚、捷尔诺果利亚及其他解放区的乡镇，也都有了这种组织。最初，委员会的任务，为在人民解放军中动员士兵和供给游击队必须的物资。但以后就逐步变成州县乡镇的地方政权机关。故此，一九四一年秋，才提出设立全国性统一政治机关的问题。即中央机关的任务，在于统一领导解放委员会，接受种种毫无犹豫地集中到最高司令部手里来的政治机能。为了解决这一问题，一九四二年十一月廿六日，在波斯尼亚故都比哈契，召开人民解放、反法西斯会议筹备会，出席会议的有从塞尔维亚、门的内哥罗、圣治雅克、克罗提亚、波斯尼亚、黑尔捷果维那及其他地方来的代表委员。这些代表们都是各党各派、宗教界或工人、农民、妇女、各阶层出身的人物。筹备会选出 10名执行委员，并决定了其本身的任务。

首先，第一个任务，便是支援解放军，在全国，包括非解放区在内，设立人民解放委员会，动员全部力量。在斯洛汶尼亚，既于一九四一年，设有人民解放阵线，而共产党、基督教社会党、社会民主党等一切党派，也都参加了这一阵线。一九四三年春，在克罗提亚成立了人民解放、反法西斯会议。在同年秋，波斯尼亚、黑尔捷果维那、捷尔诺果利亚等地，也先后产生了同样组织。甚至塞尔维亚的各乡镇，都设有人民解放委员会，及其中央委员会。因为塞尔维亚的情形与其他地方不同，纳兹契军队对大众采取恐怖政策，致由普遍选举，组织上述机关的工作，无法进行。

到了一九四三年十一月廿七日，南斯拉夫人民反法西斯会议的扩大会议，便在解放区内的雅依茨市举行了。这个会议集合起从全国各州来的代表 240 人，会议首先宣布，实行关于取消亡命政权，禁止喀拉格奥格维契王朝返国的历史性决议，使南国成为一个以民族平等为基础的联邦国家。民族平等之宣布，在新南斯拉夫是具有非常重要的意义的。第一次世界大战以后，作为"凡尔赛体制"宠儿的南斯拉夫王国，其在欧洲是个最典型的民族压迫国家。当南国出世时，凡尔赛的和平主义者们，并没有顾虑到南斯拉夫各民族的民族特质和利害。因此，他们就把约有 900 万的非塞尔维亚民族，当作奴隶地出卖给塞尔维亚资产阶级。另一方面，又产生了斯洛汶尼亚民族的 25% 以上人口，留居南国境外的结果。因此，国内的支配阶级和外国资本，便以煽动民族对立的诡计，来隐蔽阶级对立。但这种民族压迫政策，适成为一九四一年四月南国瓦解的原因之一。

特别是德国侵略者，曾最露骨地利用过这民族对立，它在占领南斯拉夫以后，为了分裂民族解放斗争，就曾把南斯拉夫分割成若干部分，以克罗提亚、波斯尼亚、黑尔捷果维那、南塔尔马契亚等地，凑成一个傀儡王国——"克罗提亚王国"（面积 10.3 万平方千米，人口 670 万），而在斯洛汶尼亚北部、巴那特西部、塞尔维亚（面积 5.5 万平方千米，人口 430 万）则树立了以纳兹契为首的傀儡政权。至其他地方，就被分配给德意志的附庸国。即：意大利得到门的内哥罗、可索伏、波列、南斯洛汶尼亚、北塔尔马契亚（面积 1.3 万平方千米，人口 170 万）；匈牙利得到沃也窝的那之一部及姆莱管区（面积 1.5 万平方千米，人口 100 万）；保加利亚则占有皮罗特管区和马其顿尼亚（面积 3.3 万平方千米，人口 170 万）。可是，在南斯拉夫人民间，掀起分裂和混乱，企图借此确立其对南国人民的压迫统治的希特勒的努力，并没有成功。而且，就在那些地方，南斯拉夫人民的斗争，粉碎了煽动民族对立与憎恨的旧政体，把全部力量团结于一个大众政治组织——人民阵线之下。因此，穆沙拉夫在塞尔维亚、霍尔伐齐亚、斯洛汶尼亚、波斯尼亚、黑尔捷果维那、马其顿尼亚、捷尔诺果利亚各民族权利均等的基础上，产生了联邦共和国。

再，人民议会，随人民解放委员会的结束，作为南国唯一最高政权机关而成立起来。同一天，还组织了临时政府——以铁托为首的全国解放委员会。从此，南斯拉夫新的人民政权机关就被确定了。加之，南斯拉夫人民解放、反法西斯会议，在莫斯科会议，尤其在德黑兰会议之后，其国际上的地位已被大大强化，英美政府认识到这一事实，才改变了它对南斯拉夫的态度。故此，南斯拉夫各民族，在单一的民主联邦国家的境域内，便获得自由生存的权利了。

四、新政体建设过程

1. 新政权机关的建立

由于民族斗争的胜利，南斯拉夫在它新的国度里复活了。南斯拉夫宪法第六条，关于这一点叙述如下：

"南斯拉夫联邦人民共和国，一切权力，出自人民，所以属于人民。

"人民通过其自由选举出来的国家政权机关——从对法西斯主义及反

动派的人民解放斗争中，产生、发展，而且是这一斗争中的基础的地方委员会，直到人民共和国议会和南斯拉夫联邦人民议会的各个人民委员会——行使自己的权力。"

作为国家权力机关的人民委员会，是从解放战争当时的群众斗争组织——人民解放委员会发展出来的。如上所述，自从游击斗争最初之日开始，人民大众就已把站在占领者方面的旧官僚国家机关，完全破坏了。在旧国家机关的废墟上，新的政权，通过人民解放委员会而被树立起来。从这一委员会的活动经验，南斯拉夫反法西斯人民解放会议第二届会议，既于一九四三年决定以人民委员会作为新国家的基本组织。更从一九四六年五月间，被南斯拉夫人民议会通过的《人民委员会法》看来，人民委员会的基本性格，是根据规定于每两年依普遍、平等、直接、秘密的投票，选举出来的地方人民政权机关。而且它受上级人民政权机关的指导、援助和监督的。

其次，南斯拉夫国家的最高权力机关为南斯拉夫人民议会。人民议会系由具有同等权限的两院——联邦议会和民族议会——组成。在联邦议会，每 5 万人口即可选出 1 名为议员；在民族议会，则由各个共和国选出 30 名，各个自治地方选出 20 名，各个州选出 15 名为议员。而且人民议会，由主席——1 名，副主席——6 名，书记——2 名，委员——30 名组成干事会。干事会有召集、解散人民议会的一切权限。

2. 人民战线及其性格

南斯拉夫人民的伟大成就，系借集中于单一的大众政治组织——人民阵线的全民主势力的团结而获得的。人民阵线在战时，领导南斯拉夫的武装斗争，解放后，则领导南国整个社会、政治及经济生活。这一次受到共产党情报局批评的卡德尔，曾于一九四五年八月的人民阵线第一次会议中，就人民阵线的本质上的特征，加以如下叙述："如果它不是为了选举招牌的各政党的集团，那也就不是为了分赃政权的政治联合。它是民主势力的同盟，是在最艰苦的时日中，背起对祖国命运的重负，而对强盗的武装斗争中，也都尽了力量的人民的同盟。"人民阵线的领导力量，不消说，就是南国共产党。而在人民阵线里面，则除了共产党之外，还有霍尔伐齐亚共和农民党，塞尔维亚统一农民党、共和党、独立民主党等。又，社会

251

民主党，虽已加入人民阵线，可是它在战前，早就失去其对工人的影响力，及到战时，该党领导者大部又和侵略者勾结，仅有一小部分参加游击斗争，因此，目前南斯拉夫的社会民主党，只是极少数人的团体，对工人已不发生作用了。

除了以上那些政党以外，人民阵线还握有人民青年团（团员200万），工会（会员80万以上）及南斯拉夫反法西斯妇女同盟等广大基层，为了实现人民阵线纲领，把工人、农民、青年、知识分子集结起来。

人民阵线在战时，并没有全国性的领导机关，但在一九四五年八月，南斯拉夫人民阵线第一届会议召开时，才通过纲领、规章，选出全国委员会，作为其领导机关。全国委员会的主席是铁托，书记长是财政部长斯列青·左埃维契，副书记长是霍尔瓦契亚和农民党领袖之一的斯坦·斯列麦。

人民阵线，分布全国，有着金字塔型的组织。人民阵线的地方委员会，经常帮助政权机关的行政和经济活动，动员广大群众，实现政府各种政策。

人民阵线，在南斯拉夫人民议会及各共和国立法机关的选举中，都获得胜利。即：当一九四五年十一月十一日，进行联邦议会选举时，有投票权的总数是838.3455万人，在投票数743.2468万票中，人民阵线所得票数，达到672.4442万票。又于一九四六年十月至十一月间，各共和国立法机关进行选举时，人民阵线获得有投票权的总数92%以上，尤其在斯洛汶尼亚，达到95.9%，在捷尔诺果利亚，则为95.5%。

3. 土地改革及其意义

南斯拉夫的土地改革，是根据一九四五年八月二十三日，临时人民议会所通过的土地改革法实施的。这一法律的主要目的，在于肃清农村中的封建残余，以民主主义的方式，去解决农业问题。土地改革法，系依照宪法第十九条所规定的"耕者有其田"的原则作成。根据这一土地改革，凡地主、教会所有土地，以及超过土地法规定的限度（25—35公顷）的部分，都由大经营没收，这种没收是毫无补偿的。又分配地在25年内，不得作为分让、出卖、担保、租贷的对象。凡愿意加入公地耕作合作社的小集团，均有权利出卖其已无纠纷的土地。

在南斯拉夫，借这种方法而没收的土地达156.4万公顷。其中，有107.5万公顷是已耕地。在这些收用土地中，首先，拨出了43.8万公顷，分给 24.6 万户需要土地的农民。更将 35.97 万公顷分给移民家族（大部分是解放军战士），其余剩下来的，就划为国营农场地区。

移民家族之所以成为南国土地改革的分配对象之一，其原因在于各个共和国内的耕地面积及其土质，都互有差异。例如，在捷尔诺果利亚的播种，仅占它全部领土的 5%，在塔尔马契亚则为 12%，比较起来，沃也窝的那就是最肥沃的地方了。考虑到这些差异点，土地改革法，就预定把农民从捷尔诺果利亚、波斯尼亚、塔尔马契亚，移到沃也窝的那去。沃也窝的那的战前人口，大部分是德国人，所以他们就握有大多数的耕地。但现在一个德国人也没有了，于是就可以把这些没收来的土地，分给从捷尔诺果利亚、波斯尼亚及其他各州迁来的移民，对于这些移民，国家曾给予很大的帮助，无代价地分给他们住宅及其他建筑物，分给他们一切从德国人及战犯那里没收来的家畜和农具。

在南斯拉夫人民共和国，既已产生了为公地耕种的劳农合作社经营。它的活动系依照农业的指令，并受地方人民委员会的监督。根据一九四七年秋的报告，这种经营组织已达到 612 个单位，拥有将近 3 万户的农家。国家机械·拖拉机站正给予这些合作社和模范国营农场以全面的支援。一九四六年，南斯拉夫约有 5,000 部拖拉机工作着。又，供销合作社亦已全面地发展开来。包括有全部农家的四分之三以上。

南斯拉夫的土地改革，的确在肃清地主，提高劳农地位方面，获得了重大成就。不过，被分配的一定土地以及各种农业经营，究竟太少，光有那些，徒使土地化成无数的细片而已。故此，在南斯拉夫，特别需要小农经营的合作化。而在合作社方面，尤其必须保证贫农的优先权。至于其他如租税、收购农产品、发放农贷等等问题，都不能不采取有利贫农的政策。但在南斯拉夫的土地改革中，仅予上述的退役军人以特惠，未免太看轻了阶级原则。

4. 重要经济部门的国有化

早在战时，南斯拉夫解放区内的各都市的企业，已部分地被国有化了。解放后，所有重要工业企业、运输机关、邮电机关及银行等国有化工作均被实现。一九四四年十一月二十一日，反法西斯人民会议干事会，通过了关于没收占领军与南国资本家的工业企业及将德帝资本家企业国有化的决定。又凡南国原有的一切经营企业都移归国民所有。具有盟国及中立国投资的企业则交由国营。

一九四五年八月，临时国民议会通过关于废除外人在南国的开矿权，一切地下资源国有化的法案。更于一九四六年十二月五日，人民议会通过关于一切含有全联邦的及共和国的性质的企业国有化的法案。这一法律适用于全部工业部门、运输及批发商业。

重要经济部门的国有化，不独开辟了劳动人民从被榨取中解放出来的一条新的道路，同时，也开辟了南斯拉夫经济独立的道路。像前面所说的，南斯拉夫经济几乎全受外国资本支配，因此，它也就是专为外国资本服务的原料供给国，同时，又是外国制成品的贩卖市场，以至陷于所谓半殖民地的状态。但，国有化的实现，克服了这对外国资本奴隶性的基础，同时，也建立了为实现以国家电化、工业化为课题的五年计划的强固基础。

由于国有化政策的实现，南斯拉夫的经济结构也就起了变化。而在这一经济生活中的变化，正被表现于南国宪法如下的条文中：

"在南斯拉夫联邦共和国内的生产手段，为全体人民的财产，即为操诸国家手中的所有物，或为人民合作社企业的所有物，或为私的自然人与法人的所有物。"（第14条）

于是，根据一九四七年秋，卡德尔所引用的数字，即在南斯拉夫已有100%的联邦性工业和共和国性工业，70%的地方性工业（包括合作社企业在内）被国有化了。国营企业，包括合作社企业在内，占全部生产额的90%以上，10%的批发商业与机械化运输业，都操在国营企业与合作社企业手中。全部零售商业的44%，已为国营企业及合作社企业占有，共余的56%，还留在私营资本手里。然而，就商品交易数量说来，国营及合作社商业，都显然大大地超过了私人商业。至于银行早就全部国有化了。

再，南斯拉夫政府在一九四七年，从那些国营企业中，获得300亿迪那尔的税收。而一九四七年度的国家预算，就达到850亿迪那尔。这个数字也就等于从未到达过300亿迪那尔的南斯拉夫国家预算的3倍，换言之，仅以国营企业的税收一项，就已经超过旧南国政府的全部预算了。

5. 五年计划及其成就

在南斯拉夫的经济方面，其有计划地领导国民经济的基本前提，已告成功了。这就是国有化及合作社企业，在经济上握有领导地位的结果。这样，南斯拉夫人民议会，遂于一九四六年五月二十二日，通过了关于一般经济计划及国家计划机关的法案。

如上所述，旧南斯拉夫原是一个紧紧地依靠着外国资本的落后资本主义国家。更加上在法西斯德国占领时期所遭受的破坏，情形愈见复杂，其中，特别是基本工业部门，受害最大。例如：冶金工业的 35%，发电所的 51%，化学工业的 38%都被破坏了。而制材工厂的 80%，在拆毁后，全被搬到德国去。

然而，五年计划，不独要把这些破坏了的复兴起来，而且，还提出国家工业化、电气化、强化并发展国有经济部门，提高国民生活文化水平，加强国防，巩固国家独立等等基本课题。为了实现这些庞大课题，五年计划，首先预定投资总额为 2,783 亿迪那尔。从工业生产方面看来，一九五一年将为一九三九年的 5 倍。五年计划的重要课题，是钢铁冶金与机械制造的发展。在全部工业生产中生产手段的生产比率，为对于一九三九年的 43%，将达到 57%。更预定创办一连串新的重要工业部门，如：制造重级和中级机械，制造车头及货车，制造蒸汽拖拉机等部门。如果说到电化方面，南斯拉夫更是有庞大的资本。五年计划，将在一九五一年，生产 43 亿 5,000 万 KWH，即 4 倍于一九三九年的电力。又预定发展一切种类的运输，以促进重工业的发展。在五年内，投资到运输方面的，有 726 亿迪那尔。一九五一年，铁路运输载客货物数量，将达到一九三九年的 2 倍。

至于农业部门，为克服农业的落后性起见，已预定了一连串方策，有 194 亿迪那尔被投到这方面来。对农业机械及人造肥料的增产，亦被计划好了，其投资于化学工业部门和农业机械制造部门的，有 132 亿迪那尔，一九五一年，就增加到 967 亿迪那尔。五年计划，更准备清算南国各民族的经济与文化方面的不平等现象，保证经济落后的波斯尼亚、黑尔捷果维那、捷尔诺果利亚等共和国的工业发展。

这样，在下面就让我们看看计划的实施情形吧。据说，五年计划的第一年度完成率，在一九四七年十一月，是 106.6%，一九四八年春季，其工业生产额是战前的 168%，而在一九四七年中，新设立的工业企业有 484 个单位。可是，农业计划在一九四七年度被实现的为 103%，这比起跃进中的工业生产，就不能不说是落后了。

255

五、南斯拉夫共产党问题

1. 否认无产阶级国际主义

新南斯拉夫，在其为民族独立，树立人民政权，复兴国家经济及建设社会主义的斗争中，已获得了若干辉煌的成就，踏上光明的道路。而这种成就，也只有对人民公敌作长期斗争中锻炼出来的共产党的领导，才属可能。但，南国共产党，以后却犯了若干严重的错误。依据共产党情报局的决议看来，苏联共产党中央委员会，从一九四八年三月至五月间，曾对南共活动提出好几次批评报告。然后，在六月中旬，以南共问题为中心，召开了情报局会议。但南共则拒绝参加，因此，会议才根据苏联共产党中央委员会代表日丹诺夫的报告，采取决议了。这就是情报局对南共批评的经过。由此可知，南共由于不理睬以至放弃了情报局所规定的报告义务和坚持本身立场的权利的这一事实，意味着轻视与以苏联共产党为首的各国共产党的友好关系。于是，南共的领导者们，就公然和无产阶级的国际主义诀别，而堕落于民族主义里去。

但，无产阶级国际主义的重要性，尤其在人民民主主义成立当时的苏联及其共产党的援助的意义，则使强调一点，也毫不过分。

如所周知，在各人民民主主义共和国成立以前的反动政府，当其被纳粹占领时代，早就完全破产了。支配阶级，由于它的反动的国内政策和对外政策，使其国家陷于崩溃。而且在战时，还与法西斯侵略者勾结。因此，对德国法西斯的压迫的人民大众的斗争，同时，也就是对旧支配阶级及其反动政策的斗争。在这一斗争过程里，支配阶级在人民大众面前，完全丧失了信用。从此，为人民所憎恨，为人民所孤立了的支配阶级，就偏偏希图恢复其昔日的地位而向外国乞援。可是，当粉碎希特勒德意志同时，苏联便从帝国主义阵营对人民民主主义的军事进攻中，完全保证着各人民民主主义国家。如果没有苏联，帝国主义阵营，就对这些国家实行武力干涉，一定弹压民主主义势力，一定违反人民意志，成立反动政府。以希腊为例，就足够证明这一点了。

然而，南共的领导者们，并不了解社会主义国家——苏联这一决定的意义。他们以为南斯拉夫系靠其本身的力量，从法西斯占领者那里解放出来的。靠单独的力量就可维系民族独立，毋须苏联援助，毋须各人民民主主义国家援助，亦足以抵抗帝国主义者阵营。还有，南共领导者们，对国际情势估计错误，而对独占资本主义国家则评价过高，以至站在一面接受它的帮助，同时，又图保全民族独立的暧昧立场。结果，他们就转落到"站在民族独立的观点，资本主义国家，总比苏联方面安全些"的小资产阶级民族主义的见地去了。

从这一立场出发，南共领导者遂否认共产党情报局，更把苏联驻南代表与资本主义国家的代表，等量齐观。甚至对他们出入跟踪。像这种事实，在共产主义者间是不该有的，而这便是否认无产阶级的国际主义，堕落到狭窄的小资产阶级的民族主义里去的表现。

2. 否认工人阶级的领导地位

在人民民主主义国家的种种改革中，负起领导地位的，便是共产党所领导的阶级。不消说，在这种场合，工人阶级胜利地获得国家的领导地位，并不是简单的。它一定要通过激烈的阶级斗争，从资产阶级手里把政权夺取过来。而资产阶级则固执地拼命把政权争到自己怀里。但，由于工人阶级及广泛的农民大众的压力，资产阶级才把政权交出来。因此，共产党所领导的工人阶级，就要进行把农民群众集中到自己周围，逐步从资产阶级手中夺得政权。

不过，南共的领导者们，却忘记了马克思主义的原则。这就是说：当工人阶级没有领导地位时，人民民主主义国家，在为民主主义的各种改革的斗争中，工人与农民的合作就不能成立。故此，他们否认工人阶级的领导地位，也就跑到那洛德尼基（Narodoniki[①]）的富农政党的路上去。

自然，当工人阶级在国家中的领导地位，还未获得确实保证时，就不可能把农民大众集中到社会主义建设的事业上来。同样，无产阶级如果没有领导地位，则各人民民主主义国家中的大工业国有化的实现，国民经济中的社会主义典型的创造，均属不可能。如所周知，在任何国度里的资产阶级政党，总要激烈地反对实行工业国有化的。关于这一点，南斯拉夫也不例外，首先，直到一九四五年为止，米兰·克罗尔一派，就成为这些反动分子的中心。克罗尔，在战后从亡命地返国，做了副总理的职位以后，就纠合反人民阵线分子，在国民议会里组织反共集团，企图分裂人民阵线。但这一计划漂亮地失败了，一九四五年八月间辞职，成为在野党的头目。

克罗尔一派失败后，国内外的反动分子，便都属意于人民农民党的托瓦雪夫、伊凡诺维契。他虽没有参加民族解放战争，但当贝尔格莱德解放后就加入人民阵线，计划分裂阵线内部的工作。一九四六年，这一企图被人发觉，他就开始公然倡言反对政府各种法案。不久，因反人民活动事件，卒被农民党开除，而且从塞尔维亚议会中被放逐出来。这样，反动势力便失去了利用在野党的可能性。自然，他们也就专门从事非法活动了。

南国反动势力的抵抗，并没有就此停止，照理，作为实现以生产手段国有化开始的民主改革的唯一彻底斗士的共产党无产阶级斗争，就必须予以决定的反击的。不过，当工人阶级没有领导地位时，人民民主主义国家的解放斗争，就停留在资产阶级民主主义的改良阶段，也就不可能创造出走向社会主义的种种条件。只有工人阶级，才是领导各人民民主主义国家，发展到社会主义的唯一力量。而且，工人阶级的领导地位，也就是集中农民大众到社会主义建设事业上来的力量。没有工人阶级，农民就不能从资本的枷锁里解放出来，更找不到走向社会主义的道路。

然而，南共的领导者们，事实上，否认了工人阶级的领导地位，竟断言农民就是南国的强固基础。正因为在南斯拉夫，个人农经营占着优势，常常进行着阶级分化，产生了富农的繁荣。而且南共的领导者们，轻视这一事实，把各个农民划一看待，毋宁采取妥协的态度。关于这一点，在共产党情报局的决议中，做出如下的结论：

"列宁说过：作为目前社会最后的唯一的阶级的无产阶级，为了完成民主主义的改革，对于人民的压迫者和榨取者的斗争中，必定成为领导者的。他并没有教导我们，要在榨取阶级，特别是压迫阶级的领导中，度过斗争。而南共的领导者们，则一反此种马列主义主题，竟把农民——大部分的贫农及中农，从工人阶级的联盟里分割开来。纵然如此，但在这一联盟中的领导地位，还是工人阶级负起来的。"

3. 否认在过渡期中的阶级斗争尖锐化

各人民民主主义国家的走向社会主义的发展，系根据阶级斗争的法则，扑灭榨取阶级的抵抗而被实行的。如所周知，在各人民民主主义国家里所实现的社会及经济的各种变革，并没有完全夺去农村榨取阶级的富农的经济基础。富农的抵抗，随革命的种种变革的实现，而益见增强。富农也就是农村中反动势力的支柱。因此，各人民民主主义国家的社会主义的发展，不但不排除无产阶级及其联盟，对榨取阶级的不妥协的斗争，毋宁要把它作为前提。

可是，南共领导部，抛弃这关于阶级斗争的马克思主义理论，否认在资本主义到社会主义的过渡期间的阶级斗争尖锐化。而且，他们不但不使阶级斗争尖锐化，相反地，还站在取消阶级斗争的机会主义的立场。对此，共产党情报局的决议，曾做出如下的批评：

"在国内政策方面，南共领导部，叛离工人阶级立场，而与马克思的阶级斗争理论断绝一切关系。他们否认要肃清国内资本家分子及农村中阶级斗争尖锐化的事实。这就和布哈林一派所说的，在资本主义转变到社会主义的时期中，阶级斗争毋须尖锐化，也可以和平地发展到社会主义的机会主义者的方针，相一致了。"

而，南共的领导者们对于这一批评，简直采取敌对态度。他们并不诚实地接受批评，去克服自己的错误。相反地，更以强辩否认自己的错误，这样，他们抛弃自我批评的共产主义者态度，将愈益加深其本身的错误。

首先，他们就不许南共党员批评党中央委员会的错误政策。所以，凡批评铁托的党员均受开除党籍的处分。还有，他们曾发出两道好像是答复批评的法令。第一是关于包含小企业在内的彻底的第二次国有化法令。即：一九四八年四月，南斯拉夫议会所通过的，在原有国有化机关之外，对 3,100 个企业，实施国有化的法案。在新成为国有化对象里面，包括有 10 个矿山、电厂，50 吨以上的船只，印刷工厂、医院、旅馆、电影院和 100 座剧场。但这一法令的实施完全没有准备的。

第二，他们采取了关于消灭富农的法令。但为了肃清这一个富农阶级，必要为农业集体化做长期的准备——农村机械化所必须的社会主义工业的发展，强化工农阶级联盟及农民对国家集体农场优越性的信心等等。而南共领导者们，却正犯了共产党情报局决议中所指出的错误："借法律与官僚的命令……实行着那意料中定归失败的政策。这正是危险的冒险主义为掩饰错误的反宣传。"

259

4. 党的官僚主义化

南共领导部，歪曲了关于工人阶级的党和群众团体的关系的马克思主义学说。如果依照共产党情报局决议中所指摘的看来，在南斯拉夫，其国家的领导力量并非共产党，而是人民阵线。南共的领导者相信共产党不应该有固定的纲领，而应该满足于人民阵线的纲领。这样，南共领导者们，把党的领导地位估价过低，把党溶化于包括工人、劳农、富农、商人、小资本家、知识分子等阶级，以及一部分资产阶级政党在内的联合阵线中。因此，在南斯拉夫的政治舞台上，只有人民阵线活跃，而不见党在国民面前做公开活动。这一事实已经被暴露出来了。

而且，党的组织，简直完全官僚主义化了。党的公开集合已不举行，也没有批评与自我批评，托洛斯基所主张的军队领导方法已被用上，党内的民主主义，全被否认。这一连串的事实，不仅使作为社会主义建设推进力的共产党的存在感受危险，结果，将令人民共和国，无法避免崩溃的危机。

各人民民主主义国家的种种光辉成就，是和共产党的成长与强化分不开的。只有共产党，才能保证工人在国家的领导地位，和各人民民主主义国的社会主义的发展。这一点之所以具有重要的意义，就是共产党为了工人阶级的政治的、组织的、统一的斗争。如所周知，东欧各国的工人阶级，也曾经和其他国家一样，为右翼社会民主主义者的奸细政策所分裂。但在人民民主主义国家里面，为工人阶级的政治的、组织的、统一的斗争，既已获得重大成就。在罗马尼亚、匈牙利、捷克、保加利亚和波兰，以马列主义为基础的共产党和社会党的合作成功了。这一成功，意味着工人阶级内部机会主义的影响的克服，马列主义的胜利！

然而，南共经过共产党情报局的批评以后，还依然没有克服其官僚主义，不但如此，为了掩饰其错误政策，还使用法西斯的恐怖政治。如所周知，一九四八年七月下旬，南共大会召开了。不过，那是在严重的恐怖行动下，被准备、被举行的。在大会准备期间，许多反对领导部的反苏、反社会主义政策的党员，都受到弹压，他们虽被选为大会代表，但因均无意对领导部的民族主义政策，做盲目投票，而终被逮捕下狱。尤其在马其顿尼亚和塞尔维亚两地被捕的最多。

还有，大会系于大量军队包围着的建筑物里进行的，周围布有高射炮、飞机，如临大敌。在这种高压的气氛中，铁托的开幕词，一开头就针对着那些忠于国际主义与马列主义的共产党员，加以攻击。他宣布了，对于反对领导部方针的党员，将采取断然态度。

不消说，凡是真正的共产主义者，都要起来反对这种强压政策的。尤其是站在较自由立场的南国驻外使节，无保留地表明其反对领导部的态度。与这一事实相关联，在共产党情报局决议的结语中所提出的一段话，就不能不说是具有深切意味的了。这一段话便是："我们深信，南斯拉夫共产党内的马列主义忠实分子，一定能够把党带回原有的正确的道路上去的！"

5. "在杀人犯与间谍掌握中的南斯拉夫共产党"

由于一九四九年八月十八日，苏联为抗议南境苏侨遭受非法逮捕所给予南斯拉夫政府的照会，和同年九月间在匈牙利公审拉伊克叛国案的两件事情，已完全暴露出南斯拉夫铁托法西斯暴徒们的真面目。在一九四九年八月间，《苏联真理报》的一篇论文中，就曾指出：

"在今日的南斯拉夫，行政上秘密政治警察的作风占无上的优势，思想和人权的每一次自由表现，都横遭蹂躏，南斯拉夫牢狱中关满了社会主义阵营的信徒，而南斯拉夫共产党已变成了隶属于警察头子兰柯维奇的政治警察局了。这一切，足以说明在今日的南斯拉夫流行的统治，是跟社会主义的和民主的人民政权毫无共同点的一种统治，而是正相反的法西斯秘密政治警察的统治了。

"今日的南斯拉夫政府已把全国置于外国资本的支配之下，这难道不是真的吗？这一点不是已由下列事实证明了吗？即：南斯拉夫的经济已受国际复兴和开发银行的美国代表团的监督，根据该代表团团长荷尔所发表的，报纸上已予刊载的声明，那个美国代表团对于给予南斯拉夫政府的信用贷款的用途，当保留监督权。根据这位荷尔的声明，国际复兴和开发银行，将在南斯拉夫集中注意于农业、矿业、扩大电力供应以及运输业的发展方面，因为这一切是确保南斯拉夫对于有关国家充当农产品和战略原料的供给者所必需的。说到为南斯拉夫规定的计划，荷尔声明，国际复兴和开发银行根本不会以借款给予'共产党的国家'。不过那一个银行却要'供给资金以实施南斯拉夫的某些计划'！用美国帝国主义者的钱来拟订推行的'南斯拉夫的某些计划'，是属于什么性质的，那是不难猜测的啊！

"今日的南斯拉夫政府所推行的政策，已经把南斯拉夫置于外国资本控制之下，这不是很明显的吗？今天在南斯拉夫，根本谈不到什么社会主义，这不是很明显的吗？

"这便是铁托集团从社会主义和民主走向法西斯主义去的道路。

"而南斯拉夫政府对苏联抱仇视态度的真正原因就在这里，南斯拉夫境内苏联公民受迫害的真正原因就在这里。"

而在匈牙利审判拉伊克叛国案中，更一层证明无耻的铁托集团的不可恕的罪行，它竟企图借英美帝国主义的战争贩子们的支持，对人民民主主义国家甚至苏联，从事间谍破坏和倾覆性的活动，以达成其"巴尔干铁托帝国"的迷梦。

对此，共产党情报局，曾在布达佩斯召开了一次会议（一九四九年十一月下半月），通过三项重要决议，其中一项就是："在杀人犯与间谍掌握中的南斯拉夫共产党。"（见本节附录）它正如十一月三十日《真理报》的社论所阐述的：

"情报局的会议已一致确认铁托——兰柯维奇集团已经从资产阶级的民族主义走向法西斯主义，并且直接把南斯拉夫的民族利益出卖给英美帝国主义者。铁托集团，自揭发这个集团的卖国行为，揭露它背叛无产阶级国际主义并采取资产阶级民族主义立场的一九四八年共产党情报局的会议以后，更深地陷入了卖国与反革命的深渊。南斯拉夫共产党中央委员会和南斯拉夫政府已经完全加入帝国主义集团，反对整个社会主义和民主阵营，反对全世界共产党，反对各人民民主国家和苏联。"

情报局会议在它的决议中指出，"'南斯拉夫共产党'以它目前的组织成分，已经落入人民的敌人、杀人犯和间谍的掌握之中，失掉了称为共产党的权利，而且只是执行铁托、卡德尔、兰柯维奇、吉拉斯集团间谍任务的工具而已。"

《真理报》指出，共产党情报局的决议一定有助于诚实的南斯拉夫爱国者和战士，来解放南斯拉夫受苦深重的各族人民。共产党情报局认为"对铁托集团——受雇用的间谍和杀人犯的斗争，乃是所有共产党和工人党的国际性的责任。"

共产党情报局指出，"共产党与工人党以马列主义原则为基础的组织上、思想上和政治上的团结，乃是为和平、为它们国家的国家独立、为民主与社会主义进行顺利斗争的主要必备条件。对各式各样的机会主义、资产阶级民族主义表现的斗争，对敌探混进党内这一现象的斗争的任务，在目前条件下是特别迫急的。"

总之，"铁托集团法西斯面目的暴露，完全证明了，并且将继续证明着：凡是背叛马列主义，背叛无产阶级国际主义，进行反对社会主义苏联活动的，就必然要走到出卖其本国人民利益，必然要走到出卖全世界人民民主事业，必然要走到投降帝国主义反动阵营的结局"。"从这一铁的事实充分证明了毛泽东同志的名言：'中立是伪装的，第三条路是没有的。'所谓'第三条路'恰恰是出卖本国人民倒向帝国主义一边去的道路"（摘自八月廿五日上海《解放日报》社论）。因此，这些革命叛徒们，显然已为一切忠实的人民所共弃，而无法逃避正义的惩罚，以苏联为首的国际民主阵营，包括中国在内，都在热烈地支持南国爱国人民争取解放斗争。铁托集团现正得意扬扬地大步踏向牛角尖端。结果，它的"奇迹"，也不过是死亡而已。但是我们可以坚决相信，真正的南斯拉夫的共产党和南斯拉夫的劳动人民，迟早一定要清算了这批匪徒和奴才，而恢复人民民主的历史果实——南斯拉夫人民以重大的牺牲所赢得的果实，采取建设社会主义的道路的！

注：

① 一八七〇年代，在俄罗斯发生之小市民的社会主义者集团。在其反封建、反农奴制残余的斗争方面，是革命的。这也就是该集团的历史意义。但它主张组织资本主义发展，不经由阶级斗争，而经由乡村共同体的发展，以达到共产主义社会。这一点则属于反动的。——编译者

附录：共产党情报局
一九四九年十一月廿九日公布的关于铁托匪帮的决议

由保加利亚共产党、罗马尼亚工人党、匈牙利劳动人民党、波兰统一工人党、苏联共产党（布尔什维克）、法国共产党和捷克斯洛伐克及意大利共产党的代表组成的情报局，于考虑过"在杀人犯与间谍掌握中的南斯拉夫共产党"这一问题以后，一致达成如下结论：

共产党情报局一九四八年六月的会议曾注意到铁托—兰柯维奇集团在情报局会议以后的时期内从民主主义和社会主义转变到资产阶级的民族主义这一事实，如今，这个集团已经走完了资产阶级民族主义到法西斯主义及公然叛卖南斯拉夫民族利益的全部路程。

最近的事变表明：南斯拉夫政府是完完全全倚赖外国帝国主义集团的，并且已经变成了它们侵略政策的一个工具，这结果使南斯拉夫共和国的独立就消灭了。

南斯拉夫的党的中央委员会与政府，已经与帝国主义集团完全同流合污，反对整个社会主义与民主阵营，反对世界各国共产党，反对新民主国家和苏联。

贝尔格莱德的雇佣间谍及杀人犯集团与帝国主义反动力量进行罪恶昭彰的勾当，并为帝国主义反动力量服务，布达佩斯的拉伊克—布兰科夫审判案，已十分清楚地说明了这一点。

这一审判显示，南斯拉夫现在的统治者已经由民主与社会主义阵营中逃跑而投奔到帝国主义与反动阵营中，已经变成新战争挑拨者的直接同谋犯，并且正以他们的叛卖行为向帝国主义者讨好，向他们叩头。

铁托集团的转变到法西斯主义，并不是偶然的。这是奉他们的主子——美帝国主义者的命令实行的。现在已很清楚，铁托集团很久以来就是美帝国主义者的雇佣兵。

南斯拉夫叛徒遵照帝国主义者的意旨，已着手在人民民主国家成立由反动分子、民族主义分子、牧师和法西斯分子组成的政治伙帮，要依靠这些伙帮在这些国家中实行反革命政变，使这些国家脱离苏联和整个社会主义阵营并使它们从属于帝国主义力量。

铁托集团把贝尔格莱德变成了美国的间谍活动和反共宣传的中心。

当一切和平、民主与社会主义的真实友人认为苏联是社会主义的强大堡垒、各民族自由与独立的忠实而坚决的保卫者与和平的主要屏障的时候，铁托—兰柯维奇集团在凭借对苏友好的假面具而取得政权之后，奉英美帝国主义的命令发动了诽谤苏联及向苏联挑衅的运动，使用着从希特勒的武库中借来的最卑鄙的诽谤语言。

铁托—兰柯维奇集团变为帝国主义的直接代理人与战争贩子同谋犯的过程，以南斯拉夫政府在联合国组织中与帝国主义集团一致行动为最高点。在联合国组织中，卡德尔辈、德热拉斯辈与贝勃勒辈已经在国际政策的极为重要的问题上和美国反动派组成了联合战线。

在内政政策范围内，叛徒铁托—兰柯维奇集团之活动的主要结果，就是人民民主制度在南斯拉夫被实际消灭。

由于在党内和国内窃取到权力的铁托—兰柯维奇集团的反革命政策，一个反共的警察国家——法西斯式政权已经在南斯拉夫设置起来。

这一政权的基础，是由乡村中的富农和城市中的资本主义成分组成的。

事实上，南斯拉夫的政权是掌握在反人民的反动分子的手中。过去的各资产阶级政党的活动党员、富农及其他人民民主的敌人，在中央和地方政府机构中活跃着。

法西斯统治头子们依赖着极度臃肿的军警工具，并靠这些工具来压迫南斯拉夫各民族人民。

他们已经把国家变成了一个兵营，把劳动人民一切民主权利剥夺干净，把表示任何意见的自由践踏在脚底下。

南斯拉夫的统治者们，笼络人心地和侮谩地欺骗人民，硬说他们正在南斯拉夫建设社会主义。

每一个马克思主义者都明白，当铁托集团与苏联及整个社会主义与民主阵营破裂的时候（因此就使南斯拉夫丧失了建设社会主义的主要堡垒），当南斯拉夫在经济上和政治上从属于英美帝国主义者的时候，在南斯拉夫是谈不上建设社会主义的。

南斯拉夫经济的国营部分已经不再是人民的财产了，因为国家的权力是操在人民的敌人的手里。

铁托—兰柯维奇集团为外国资本侵入南斯拉夫经济，创造了巨大可能性，并将经济置于垄断资本家的统治之下。

英美产业——金融集团把他们的资本投在南斯拉夫的经济中，正把南斯拉夫变为外国资本的农业——原料的附庸。

南斯拉夫愈益对帝国主义奴隶性的依赖，使对工人阶级的剥削加重，使工人阶级的处境更严重地恶化了。

南斯拉夫统治者在乡村中的政策，具有富农—资本主义的性质。

乡村里的强迫性的假合作社是在富农及其代理人的掌握之下的，这种假合作社成为剥削广大劳动农民群众的工具。

帝国主义的南斯拉夫走狗，在攫得南斯拉夫共产党的领导地位之后，就对忠于马克思主义—列宁主义原则并且在为争取南斯拉夫摆脱帝国主义者而获得独立的真正共产党人发动恐怖运动。

数以千计的献身于共产主义的南斯拉夫爱国者，被驱逐出党并被拘禁在监狱和集中营里。许多人在监狱里受到酷刑拷打并且被杀死，正如著名的共产党人阿尔索·尤伐诺维奇所遭遇的那样，被卑怯地加以暗杀。

坚贞不屈的共产主义战士在南斯拉夫遭到杀害时的残酷程度，只有希特勒法西斯分子或希腊的刽子手曹达利斯或西班牙的佛朗哥的暴行才能和它相比拟。

南斯拉夫法西斯分子一面将忠于无产阶级国际主义的共产党人驱逐出党的队伍并加以杀害，一面则向资产阶级和富农分子敞开党的大门。

铁托匪帮对南斯拉夫共产党的健全力量施以法西斯恐怖的结果，党的领导机构就完全掌握在间谍和杀人犯——帝国主义走狗的手中了。

南斯拉夫共产党已被反革命力量所夺取，专横地以党的名义行动。如众所周知，在工人阶级政党的队伍里收买间谍和奸细，这是资产阶级的老办法。

帝国主义者力图用这种办法从内部来颠覆这些党，而使之从属于他们。他们已在南斯拉夫实现了这个目的。

完全从属于外国帝国主义集团的铁托集团的法西斯思想，法西斯内政政策，及背信弃义的外交政策，已在铁托—兰柯维奇间谍法西斯与南斯拉夫爱好自由的各族人民的切身利益之间造成了一条鸿沟。

结果，铁托集团反人民的叛逆行动，正遭受到南斯拉夫国内那些仍然忠实于马克思主义和列宁主义的共产党人、工人阶级及劳动农民日益增长的抵抗。

根据证明铁托集团完全变为法西斯主义并已投到世界帝国主义阵营的无可争辩的事实，共产党与工人党的情报局认为：

第一，铁托、兰柯维奇、卡德尔、德热拉斯、比雅杰、哥斯尼亚克、马斯拉利奇、贝勃勒、姆拉佐维奇、乌克马诺维奇、K.波波维奇、基德利奇、涅斯科维奇、兹拉提区、威列比特、科利雪夫斯基等一伙间谍，是工人阶级与农民的敌人，是南斯拉夫各族人民的敌人。

第二，这个间谍集团并不代表南斯拉夫人民的意志，而是代表英美帝国主义者的意志，因此就出卖了国家的利益，取消了南斯拉夫的政治主权和经济独立。

第三，像目前这样组成的"南斯拉夫共产党"，掌握在人民的敌人——杀人犯和间谍的手中，业已丧失了称为共产党的权利，而仅仅是执行铁托—卡德尔—兰柯维奇—德热拉斯集团的间谍任务的工具。

因此，共产党与工人党情报局认为：反对铁托集团——受人雇用的间谍与杀人犯——的斗争，是一切共产党和工人党的国际责任。

共产党和工人党有责任给南斯拉夫工人阶级和劳动农民以一切可能的援助，他们正在为使南斯拉夫回到民主与社会主义阵营而斗争。

南斯拉夫回到社会主义阵营的一个必要条件，是南斯拉夫共产党内和党的队伍之外的革命分子的积极斗争，争取革命的，真正的南斯拉夫共产党——忠于马克思列宁主义、忠于无产阶级国际主义原则，并为南斯拉夫摆脱帝国主义求得独立而斗争的党的再生。

南斯拉夫的忠诚的共产主义力量，目前处在法西斯恐怖的残酷环境之下，没有可能从事反铁托—兰柯维奇集团的公开活动。他们在为共产主义事业的斗争中，被迫采取在禁止合法活动的国家中的共产党人所采取的方法。

情报局坚决相信，在南斯拉夫的工人和农民中，将有能够保证战胜资产阶级复辟的铁托—兰柯维奇间谍集团的力量，坚信工人阶级领导下的南斯拉夫劳动人民，将能恢复人民民主的历史果实——南斯拉夫人民以重大的牺牲和英勇的斗争所赢得的果实，并坚信他们将采取建设社会主义的道路。

情报局认为：共产党和工人党最重要的任务之一，是在党的队伍中到处提高革命警惕性；揭露并根除资产阶级民族主义和帝国主义走卒，不论他们是用什么旗子来掩护自己。

　　情报局认为：必须在共产党和工人党中进行更多的思想工作；进行更多的工作，以忠于无产阶级国际主义的精神，以对任何背离马列主义原则的不可调和性，以忠于人民民主与社会主义的精神，来教育共产党员。

新华社布拉格三日电

集　外

日本文学思潮对中国现代作家的影响①

　　"中国文坛大半是日本留学生建筑成的"，郭沫若曾泰然自若地宣称。他解释说：一些重要的文学社团的主要作家，都是日本留学生。此外有些从欧美回来的慧星和国内奋起的新人，但他们的努力和建树总不及留日出身的作家们来得浩大，而且他们仍然多是受了前者的影响的。"就因为这样的缘故，"郭氏下结论说，"中国的新文学是深受了日本的洗礼的。"②统计资料证明了他的论点。在二十至三十年代活动有影响的大多数中国作家都是留日学生。③

　　由于在中日战争（一八九四年——一八九五年）中的可耻败北，中国被迫承认早昔被它当作自己忠实的文化上的弟子的日本已经变成了一个先进国家。从一八九六年开始，中国学生被派到日本学习。这个决心起始于一种不愉快的需要性，它根植于一种以日本为榜样中国可以使自己现代化的希望。随着时间的推移，尤其是日俄战争（一九〇四年——一九〇五年）以后，日本从明治维新（一八六八年）以来在现代化事业上的卓越成功，给了许多中国人以深刻的印象。甚至有些人坚持和日本在语言和种族上的一致性（同文同种）这种荒谬的观念，把日本的成功的荣耀当成他们自己取得的东西。因为找到了中国遭受失败而日本却能够获得巨大的成功的原因，一批一批的官费（中央或地方政府的）和私费的中国学生到了日本。

271

在一九〇六年—一九〇七年这一学年，估计他们为数超过万人。④

对于中国人的学习热忱，日本人也正以卖力施教作为回敬。但是绝大多数到来的中国学生却把许多日本人给弄糊涂了，而且暗地里损害了他们施教的努力和他们按理应该做到的事情。在一九二〇年十一月出版的有名的《太阳》杂志上，一位出名的"文化评论家"挖苦地说："日本人窃得了西方文化，自以为了不起了，而且在中日战争和义和团事件（一九〇〇年）以后，越发自视甚高了起来，今日竟然以中国人的导师自居。"⑤他所说的"西方文化"，就正是中国人最需要从日本学习的东西——自然是第二手的；此外就再没有什么可以学的了。对大多数中国人说来，"西方文化"里头莫过于实用的学问、工艺、技术对他们的国家更有用处的了：军事战术、机械、医药、政治、经济以及教育。这并不奇怪，几乎全部中国留学生，甚至那些后来在新文学运动中的头面人物，绝大多数的是这些实际性学科——有的是自己选择的，有的是遵从政府指示的。

为什么有那么多的留日学生后来倾倒于文学？大多数现代中国作家，像鲁迅、周作人、郁达夫和郭沫若，当他们还在日本大学里学习别样专业的时候，就已经卷入了文学活动。这里引一段鲁迅在自传里的陈述，来解释这个不寻常的现象：

> 但待到东京的预备学校毕业，我已经决定要学医了，原因之一是因为我确知道了新的医学对于日本维新有很大的助力。我于是进了仙台医学专门学校，学了两年。这时正值俄日战争，我偶然在电影上看见一个中国人因做侦探而将被斩，因此又觉得在中国还应该首先提倡新文艺。⑥

看过新闻短片以后，他说，他便觉得医学并非一件紧要事，因为凡是愚弱的国家里的人民，即使体格如何健全，如何茁壮，也是能做毫无意义的示众的材料和看客。鲁迅下结论说，中国的第一要着，是在改变人民的精神，"而善于改变精神的是……文艺"⑦。鲁迅生活中这种有名的从医学到文学的转变，概括了许多放弃了原来的专业而从事文学的中国学生的经验，因为他们最关心的是他们的人民"精神的改变"。

文学能够"改变精神"的观点，在中国并不新奇。中国的传统，尤其是孔子的教条，把文学当作道德教化的重要传送工具，已经源远流长，对官吏和知识分子来说，则是他们为国效力时责无旁贷的职责所在。在这方面，有曹丕（一八七年—二二六年）的论文《典论·论文》中的一段名言可为例证：“盖文章、经国之大业，不朽之盛事。”⑧中国现代知识分子看到了在日本和西方国家里，文学在促进社会和政治改革中的功能。为此，他们恢复了中国古代关于文学的重大作用的观点，而且重新加以强调。他们所注意的焦点不是放在中国最受重视的两种传统文学样式诗和散文上面，这种重新泛起的文学兴趣则在于热心提倡小说。而小说，因为它的广大读者是在被世俗看不起的民间社会里，曾经长期地遭到轻蔑。

负责发起这场变革的第一个人，就是梁启超，而形成他对小说的看法的是日本明治时代的文学思潮。梁启超从一八九八年维新失败直至一九一二年民国建立，都亡命在日本，在五四运动（一九一九年）以前那两个十年之间，他经常思考着最有认识影响的力量。黄遵宪的《日本国志》（一八九○年），对于改变中国人对日本的态度，或者可以说是关系最为重大。梁启超早在《时务报》时期就觉察到“日本之变法赖俚歌与小说之力，盖以悦童子，以导愚氓，未有善于是者也”⑨。当一八九八年他亡命到日本后，他立即着手于办《清议报》，其后，在一九○二年又主办《新民丛报》和《新小说》，继续他的中国启蒙运动。他到日本仅仅两个月以后，就在《清议报》的创刊号（一八九八年十月）上写道：

> 政治小说之体，自泰西人始也。……在昔欧洲各国变革之始，其魁儒硕学，仁人志士，往往以其身之所经历，及胸中所怀，政治之议论，一寄之于小说。于是彼中缀学之子，黉塾之暇，手之口之，下而兵丁、而市侩、而农民、而工匠、而车夫马卒、而妇女、而童孺，靡不手之口之。往往每一书出，而全国议论为之一变。彼美、英、德、法、奥、意、日本各国政界之日进，则政治小说为功最高焉。英名士某君曰：“小说为国民之魂。”岂不然哉！

梁启超于是清楚地说明他在《清议报》上译载外国政治小说的计划，是“而有关切于今日中国之时局者”，这样，“爱国之士，或庶览焉。”⑩

梁启超不只是说说而已，他翻译了东海散士（一八五二年—一九二二年）的政治小说《佳人奇遇》在《清议报》创刊号上开始登载，连载了三

273

十五期。他不过是刚开始学习日文，但是他的译文受到某些日本人的称赞，说是"美妙非常，甚至佳于原著⑪"。接着，另一部著名的日本政治小说矢野龙溪（一八五一年——一九三一年）以古希腊底比斯人英勇而成功地抵抗斯巴达人入侵为题材的《经国美谈》，不加署名地被翻译连载。梁启超显然并不满足于翻译一途，他还写了几种小说和戏剧，其中最著称的是《新中国未来记》（一九〇二年）。这部作品显然是从日本的"未来记"（像末广铁肠的《二十三年未来记》之类）得到灵感的。

梁启超的耽迷于小说，尤其政治小说，促使他在一九〇二年出版另一个杂志《新小说》。经过四年来密切观察日本文学界和具备了某种程度的阅读日文的能力，他在新杂志创刊号的发刊词上宣称："小说为文学之最上乘也，"并且号召"小说界革命"。认为如果中国要改革民众教育，欲新道德、新宗教、新政治、新风俗、新学艺乃至新人心、新人格，必新其小说。何以故，"小说有不可思议之力支配人道故。"⑫

虽然在国外亡命十载有余，梁启超的影响却遍及中国——不仅在通都大邑，而且远及内地的穷乡僻壤。几乎所有继起的一代的政治和文化上的领导人物，都感激地承认，他们感谢梁启超对他们在知识上的促进作用，他们正是通过阅读私下进入中国的他在海外办的出版物而得到很大的启发。⑬

梁启超对于现代中国发展的贡献，实在大于目下的一般评价。钱玄同确切地称他为"创造新文学之一人"，并且赞扬他那种非凡的眼力："然输入日本文之句法，以新名词及俗语入文，视戏曲小说与论记之文平等。"⑭周作人同意钱玄同称道梁启超在中日文学关系上的贡献的意见：

> 讲到近来新小说的发达，与日本比较，可以看出几处异同，……中国以前作小说，本也是一种"下劣贱业"、向来没人看重。到了庚子——十九世纪的末一年——以后，《清议》《新民》各报出来，梁任公才讲起《论小说与群治之关系》，随后刊行《新小说》，这可算是一大改革运动，恰与明治初年的情形相似。⑮

另一位看出梁启超在中国现代小说形成中的地位的是增田涉，这位可以说是对于现代中国文学史最有识见的日本学者。他说："说'文学革命'是'小说界革命'的一九一七年版本毫不过分。"⑯

的确，梁启超应该得到这样的称赞。他作为一个新闻家、教育家和改革家对于现代中国的贡献及其对于后来的影响，可以和日本明治时代第一个和最杰出的提倡"文明开化"的福泽谕吉（一八三五年——九〇一年）相媲美，但他不同于福泽谕吉之处，是他非常注重政治小说的功利性。在第六十九期的《清议报》上，它的社论栏（可能是梁启超撰写的）宣称，迄今为止，在该刊上登载的《经国美谈》《佳人奇遇》这类小说是"中国政治小说之先声"。或者可以同样地说，《新小说》是中国小说杂志的先驱者。一九〇二年在日本横滨发刊后，它不仅刊登了许多值得注目的作品，而且为同类性质的杂志不久在中国一个接一个地出现树立了榜样，如《绣像小说》（一九〇三年）、《月月小说》（一九〇六年）、《小说林》（一九〇七年），都向着《新小说》所建立的一个共同目标努力，这些杂志都刊登了大量的政治和社会小说，或者如鲁迅所称的"谴责小说"⑰。这使人联想到在日本江户时代后期和明治时代早期的"劝善惩恶小说"这一类似的现象。

日本政治小说最盛时期一般说来是一八八〇年到一八九〇年之间。首先，它被看作明治早期的一种自由民权运动的表现。日本朝野间的许多有识之士企图在小说中表示他们的社会政治观点，作为一种启迪国民和影响政府态度和政策的手段。其次，政治小说的盛行，也是明治维新以来大量翻译和改写西方文学作品的结果。这个时期最流行的西方作家是汤姆斯·摩尔爵士、莎士比亚、鲍烈威·李顿（Edward George Bulwer－Lytton）⑱；小仲马、雨果和凡尔纳⑲以及俄国的虚无主义者。从严格的意义上说来，在这些作家中的少数才是政治小说家⑳，但是他们的作品却经常地给起了个政治气味十足的译题。莎士比亚的《裘力斯·凯撒》的一个译本，被题名为《该撒奇谈：自由大刀余波锐锋》，小仲马的《一个内科医生的回忆》被题名为《佛国革命起源：西洋血潮小风暴》；凡尔纳的《马丁·鲍斯》得到了一个激动性的新题名《政治小说：美人血泪》。

当梁启超一八九八年抵达日本的时候，日本政治小说的高峰已经过去了近乎十年。青年一代正在试验各式各样新进口的文学理论样式，被称为现代日本小说的理论缔造者的坪内逍遥（一八五九年——九三五年）在一八八五年出版了他的有影响的著作《小说神髓》，某种程度地抵制了流行的政治小说。他反对功利主义观点，倡导文学的自主性和现实主义。两年以后，日本第一部西方现实主义形式的小说，二叶亭四迷（一八六四年——一九〇九年）的《浮云》出版了。之后，许多西方的文学思想、技巧和形式——浪漫主义、新浪漫主义、自然主义以及象征主义——接续不断地或同时并存地占据了日本的文学实践，而且通过这样或那样的途径，经过两个十年，帮助了日本现代文学的形成。

但是，梁启超对日本文学当时这些新的发展似乎全然无知。正确地说来，他毕生对于日本文学的兴趣永远没有跨越过政治小说。这并不难于理解，因为他对小说的概念，主要是它的功利性这一点；更重要的是他不能阅读用口语体写的日文，而当时它已经成为流行的文学表达方式了。大多数政治小说是用所谓汉文直译体写的。因为在任何一种政治小说的正文内，汉字都占了百分之八十以上，它是把真正的古代汉语（文言）习惯性地训读为日语的。因此，任何一个中国人需要阅读这类材料的时候，他只是不费事地检出所有的汉字，再把它们按照汉语语法次序重加排列，就会成为一种虽然不够完善，但是却相当能够读懂的中国古代汉语的文学了。但是日语是一种有高度曲折变化性的语言，单凭汉字并不能译出它所有的语尾、前缀语和接连词。当时正如现在那样，许多中国人常常不能完全掌握日语语法的复杂性，因而把那种直译体的汉文材料译成中文时造成了许多失误。梁启超就是那些读日本作品时造成许多错读错译的人之一。然而，他却不止一次地鼓吹说"苟于中国文学既已深通，则以一年之功，尽读其书而无隔阂"㉑。

周作人系统地介绍了自坪内逍遥的《小说神髓》和二叶亭四迷的《浮云》出现以来的日本文学的新发展。他在一九一八年四月所作的有关日本小说之发达的讲演，登在七月出版的《新青年》第一卷上。值得注意的是，他这篇讲演是在中国新文学运动的最早阶段——大致在胡适的《文学改良刍议》和陈独秀的《文学革命论》一年之后，它先于中国现代小说的划时代作品鲁迅的《狂人日记》一个月之前。

周作人在他的文章里首先宣称，"日本的文化，大约可说是'创造的模仿'"，这就代替了普遍认为"日本文化是中国的一个女儿"的中国观点。在简要地回顾了从《源氏物语》以来直到明治时代的政治小说之后，他概述了以《浮云》为开端的"新小说"，他称《浮云》是一部现实主义和"人生的艺术派"的作品。接着，他用丰富的论述，从学派、流派、形式和理论等方面，追溯了日本小说的种种趋向。按年序说来，它们是"砚友社"，它倡导"为艺术而艺术"的理论；"文学界"，它代表模仿欧洲浪漫主义的一派人；"观念小说""悲惨小说"和"社会小说"，他们共同关心的是个人和家庭与社会的道德冲突以及寻求某些解决办法。"自然主义"，作为现实主义的另一种进展，风靡于日俄战争之后，受影响于法国自然主义作家如左拉和莫泊桑；以夏目漱石（一八六七年——一九一六年）为首，并包括森鸥外（一八六二年——一九二二年）在内的"余裕派"，并不是一个有组织的社团，而是那类认为缓缓地、从从容容地玩赏人生是对文学的最上乘的态度的作家们的主张。最后，是"新主观主义"，这是一种反自然主义运动，它有两种独特的倾向，一种是享乐主义，它被某些由自由派变成颓废派的作家所提倡，如永井荷风（一八七九年——一九五九年）；一种是理想主义，它最初由一群年轻的理想主义者所提倡，他们的思想意识是以西方的民主主义、进化论、社会主义、自由主义和托尔斯泰的人道主义的混合为立足点。②

周作人的介绍演讲涉及他那个时代的日本小说的一切方面，反映了他对日本文学作品和研究著作的深湛素养，对于当时的一个中国青年来说，确实是一种不平常的成就。虽然，无疑地他用的是某些第二手的日本资料，但他的论述却一般说来是有见识的，而且常能说到恰如其分。他的目的不仅仅是要告诉中国人日本正在发生的变化，更重要的是，他指出中国应该从日本成功的事例上学习什么东西。由于认识到两国由于独特的文化和社会背景的不可避免的差异，他一再强调他们在现代化发展中目的和方向的相似性。在指出其相似性之后，他问道，日本为什么有那么许多成就而中国却这么微小呢？在他看来，"就只在中国人不肯模仿和不会模仿。"他的文章的结论是：

　　我们要救这弊病，须得摆脱历史上的因袭思想。真心地先去模仿别人。随后自能从模仿中，蜕化出独创的文学来，日本就是个榜样。照上文所说，中国现时小说情形，仿佛明治十七八年时的样子；所以目下切要办法，也便是提倡翻译及研究外国著作。……总而言之，中国要新小说发达，须得从头做起；目下所缺第一切要的书，就是一部讲小说是什么东西

277

的《小说神髓》。㉓

　　周作人后来成了一个倾心爱慕日本传统文化而出名的亲日派作家，但是他在这里认为，中国人必须效仿日本的例子的主张，和梁启超所提的东西并没有什么多大的区别，唯一相异之处，较之文学的社会功能，周作人更感兴趣的是文学的内在价值。换言之，他希望中国由于模仿日本的例子，中国也"可以产生许多有独创性的作品和创造一种二十世纪的新文学"㉔。

　　渴望"创造一种二十世纪的新文学"确实是中国文学革命的共同目标和任务。虽然通常把一九一七年当作新运动的开端，但是正如陈独秀所说，"文学革命之气运，酝酿已非一日。"㉕历史地说来，它的来源可以追溯到"小说革命界"甚至更早的十九世纪末期的"诗界革命"㉖。无论如何，许多知识界人像在美国的胡适和在日本的鲁迅、周作人，已经为后来的文学革命做好了最后的准备。在一九一七年，当胡适发表了他的有名的"八不主义"，作为他对"文学改良"的意见，陈独秀以他的更为急进的"三大主义"号召"文学革命"，新文学运动就正式地、强而有力地开展起来了。一九一九年的五四事件，使运动得到了更深入一步的动力。作为一种更为广阔的文化上和知识上的革命的一部分，它空前地推动了现代中国社会和政治的变革。

　　由于文学革命的爆发，《新青年》容纳不下所有新作家的文章，新成立的抱有各种目的和方向的社团创办或接管了更多的刊物和报纸副刊。最驰名和最有影响的作家团体，则是文学研究会、创造社、语丝社和新月社。开初，文学革命加强了而且部分地完成了对旧传统的摧毁。接着，胡适提出一种"建设的文学革命论"，并出版了他的新诗集《尝试集》——它在历史上是重要的，但质量却不高，——用以显示"有了国语的文学，方才可有文学的国语"㉗。几年之后，徐志摩和他的新月派的同伙，创造了一种新诗体。但是在建设新文学上贡献最大的却是那些参加文学研究会和创造社的作家和批评家，而他们几乎都是从日本回来的留学生。

　　因为这么许多在日本受过教育的作家在文学运动这一新时期占有举足轻重的地位，那就发生了几个问题：为什么日本文学思潮影响了中国作家，它通过什么渠道和达到什么程度？

在回答问题之前，认识一下中国人对日本文学的观点是有用处的。他们的态度从梁启超时代以来很少变化，他说道："东之有学，无一不从西来也。"㉘大多数中国作家倾向于相信这个老框框：日本文学不过西方的仿制品而已。他们拒绝或者不能品评它们的独创性。如前文所引，周作人却察觉到日本文化是一种"创造性的模仿"，这或许可以说是最有见地的意见，但这只是他个人的看法，并不能代表没有任何明显改变的一般中国人的态度。那么，为什么中国学生还是继续往日本跑呢？如前所述，几乎没有人去日本学文学，那些在日本变得对文学发生兴趣的人，常常是注目于西方文学或者是受西方影响的日本文学。日本在现代化上取得出色的成就，文学是其中一个不可分割的部分，使他们深有印象。他们渴望知道日本向西方学习什么和怎样学习的，而且希望追随成功的日本经验——作为一种学习西方文学的捷径。

因为这个原因，大批与西方文学作品和理论有关的日本著作被翻译介绍到中国来了，许多欧洲作品都是从日文译本转译的，而它们又多半是通过英文转译的。虽然翻译了某些日本长、短篇小说，它们的被选中并不是由于它们的日本特质，而是由于它们提供了由日本人创作的受西方文学理论影响的样品，这样就激发了中国人照此办理的思想。在文学革命的第一个十年内，无论如何，最基本的着重点是放在介绍种种文学理论上面。作为一种结果，是西方文学术语在中国文坛泛滥成灾。李何林介绍了这种态势：

在这短短的二十年期间，一方面受了世界各国近三百年文艺思潮的影响，一方面因为国内外的政治经济社会文化的变迁，使中国的文艺思想，或多或少地反映了欧洲各国从十八世纪以来所有的各文艺思潮的内容，即浪漫主义、自然主义、写实主义（现实主义）、颓废派、唯美派、象征派……以及新写实主义（亦称社会主义的现实主义、动的现实主义或新现实主义）。但是人家以二三百年的时间发展了的这些思潮流派，我们缩短了"二十年"来反映它，所以各种"主义"或"流派"的发生与存在的先后和久暂，不像各种文艺思潮的界限较为鲜明和长久，或同时存在，或昙花一现地消灭。㉙

279

确实如此，各式各样的个人或社团都在做介绍欧洲文学思想的工作。但是绝大多数从事这种事业的是受过日本教育的留学生通过日本人研究欧洲文艺理论和文学史的著作来进行的。

事实上，在周作人关于现代日本小说的文章发表以后，形成了一股进口外国文艺作品和思想的风气。其主要目的是欧洲文学，但是自从留日学生做了大量的这类工作以后，这就有理由认为受到西方影响的日本文学是一个进一步了解西方原著的方便渠道，或至少是一个进行比较的据点。那两个拥有主要作家的文学社团，文学研究会强调翻译的规划性，创造社则集中于介绍各种西方文学理论和运动。其结果是，凡是日本每增添一批经过炮制的文学项目，就变成了中国的东西；又由于对它们的意义的解释和理解不清，以致造成了许多混乱。对于创造社成员抢先滥用外国术语，鲁迅曾经用讽刺的口吻评论说：

因为我们能听到某人在提倡某主义——如成仿吾大谈表现主义，高长虹是以未来派自居之类——而从未见某主义的一篇作品，大吹大擂地挂起招牌来，孪生了开张和倒闭，所以欧洲的文艺史潮，在中国毫未开演，而已经像——演过了。[30]

在这里，鲁迅的话看来像是在反对介绍西方文学理论或"主义"似的。更正确地说，却是表示了他对讲空话的深恶痛绝。他只是痛恨那些盛气凌人地用西方的标准对别人的译文或创作横加指摘，而自己却很少动手去做的人。实际上，他是最认真的翻译家之一。在他的一生中，他为使中国的读者大众熟悉外国文学思潮和作品，其中有许多是日本人的作品，而尽了最大的努力。

二十年代的重视介绍西方文学理论使中国虔诚地沿着日本的路子前进。所有早些日子输入日本的西方文学理论，简单地出现在中国文艺舞台上。但是甚至在理论上，结果却极不相同。尽管在事实上两国在理论的探究和建设上都走的相同的道路，尽管周作人极力主张需要写一部中国的《小说神髓》，中国并没有产生一部比较重大而有深意的东西出来。有人说中国人民是一个重实际的民族，他们在实践上对抽象理论的思考浪费了过多的时间和精力，虽然这类争论可能含有某些真理，真实的理由却在别处。当茅盾（一八九六年——九八一年）主编文学研究会的主要机关刊物《小说月报》的时候，经常讨论中国最需要什么样的文学这个问题。"真正的文学无过于反映时代的文学。"他阐明说，"我觉得表现社会生活的文学是真文学，是与人类有关系的文学。在被压迫的国家里，更应该注重这社会背景。"[31]

持这种观点的不只是茅盾一个人。这几乎是所有的现代中国作家，包括创造社成员在内的共同观点。在它创始时期，由日本留学生创办的创造社，是以它的倾向于浪漫主义和"为艺术而艺术"来与文学研究会的写实主义与"为人生而艺术"相抗衡而为世所知的。但是这种区分比通常所设想的要容易被人误解和缺乏实质性。创造性的主要理论家成仿吾在一篇早期的文章里提出"对于时代的使命"是"新文学使命"的三种使命中的第一种。他接着说，"我们的时代已被虚伪、罪孽与丑恶充斥了！生命已经在浊气之中窒息了！打破这现状是新文学家的天职！"[32]这个观点被一位政治家总结过，鲁迅把它引用在自己的一篇文章里："在一个最大的社会变革时代，文学家不能做旁观者！"[33]正是抱着这样的观念因此对于鲁迅开始他的文学生涯时从事翻译"被压迫民族"像东欧各国如俄国、波兰和巴尔干各作家的作品，而不译更有名望，为上流社会所欣赏的西欧或英美作家的作品，就不会觉得奇怪了。后来，作为一个有创造性的作家，鲁迅承认他总抱着"启蒙主义"的思想，要改良人生："所以我的取材，多采自病态社会的人们中，意思是在揭出病苦引起疗救的注意。"[34]

这种强烈的社会和时代责任感，或者可以说曾经是左右中国现代文学一般方向的最重要因素之一，它所导致的那种发展与日本迥然不同。当中国作家在晚近时期开始创造一种新文学的时候，日本已经一般地完成了对西方各种文艺理论的介绍工作，而且正在对西欧的标本进行周作人所说的"创造的模仿"。比日本晚了三十年之后，中国作家才开始以一种显而易见的、不言而喻的竞争精神，共同一致地向西方文学理论学习和创作他们自己的作品。开初的时候，似乎不少中国作家试图吸收在日本已经流行了数十年的所有一切西方文学理论，实则那种努力不过是昙花一现而已，而且是以一种不了了之的态度宣告结束的；并不像他们同时代的日本人那么专心一意，以近乎清教徒式的虔诚，应用西方理论从事痛苦的实验，"削日本之足以适西方之履。"中国人简单地把西方各种理论招引进来，于是，

281

既不是让它们自行传播，也不是把它们束诸高阁而加以忘却。

这里有一系列的文学论争，但是一般说来，这些论争的着眼点，与其说是关于某种理论的文学价值，不如说是关于某种理论在社会政治作用上的优缺点，这主要是由于时代和环境的原因。正如武田泰淳所正确地指出的："中国作家献身于文学革命，是在他们能够向往辽远的西方文学之前，已经由于他们的阿Q式的生存条件，吞咽下了无数量的受侮辱的感觉。"⑤日本作家却有幸生活在一个享有在经济上和工业技术上有成就，并且以它的亚洲邻国为牺牲而取得一系列军事胜利的国家。中国作家饱尝了接二连三的民族灾难和屈辱，这使他们痛感到这不只是由于外国帝国主义的侵略，而且还由于自己人民和社会的。当日本作家全神贯注地在研究文学的意义以及从一种抽象的高度上探求个性或自我的解放、坚持和完成的时候，他们的中国同代人却正被"大我"（国家民族）的命运受到威胁的现实痛苦所吸引，为唤醒他们的人民和拯救他们的祖国而进行着斗争。因之，对于中国作家说来，所要探究的基本的问题，不是"什么是文学？"而是"它有什么用处？"文学革命以前阶段的政治或暴露小说从未超越这种文学概念的范围。由于这一种压倒一切的社会和民族使命，中国作家们每当民族遭到厄运的时候，他们总是团结一致地从事非文学性的活动，正如抗日战争中他们关于作为"纯粹的"文人的意义绝少进行考虑一样。

西方文学理论的影响，不论是通过日本的渠道或是直接从西方的源头被介绍进来的，并没有从基本上改变中国关于文学的功利性的观念。但是中国作家，总是自觉或不自觉地似乎接受了周作人的意见：在小说写作中追随日本的"创造的模仿"的先例。日本小说中的"创造的模仿"是什么意思呢？

由于耽迷于西方文学理论和不倦地去模仿西方的原型，日本作家确实成功地创造了一种出色的、给人印象甚深的现代文学。日本当代的文学批评家和历史学家奥野健男在评论第二次大战前的日本文学的时候，曾做了如下的概括：

自从明治时代介绍现代欧洲文学以来，日本作家在反对概念和现实之间的自相矛盾上曾经历了一场痛苦的斗争。如果一种文学应该根据日本的经验来创造，而这还是一个需要它的现代化的社会，其所得到的结果，必然是缺乏活力和远离现实的文学。另一方面说来，一旦试图完全渗透日本的实际，那就不再是一种现代文学了。这就是日本作家在一个落后的社会里面临的必然不可避免的命运。其结果，日本就一部又一部地产生了许多矛盾百出和被扭歪了的作品。举例来说，非科学的、虚幻的浪漫的自然主义（田山花袋、岛崎藤村、德田秋声）；孤独的、自我关闭的和封建主义的现代的自我主义（Egoism）（森鸥外、夏目漱石等）；精致而真实的理想主义（白桦派）以及为一群逃亡的奴隶所创造的"私小说"；个人的和模仿的马克思主义文学；还有一种是用古老的观念炮制的具有新式技巧的现代文学。㊱

这段话说明了日本的批评家运用西方或日本化的西方观点之一般的倾向。他们的沉溺于西方思想和术语，他们的抽象化的和分类法的习惯以及他们关心他们社会的落后性，这些就是现代日本文学有那么许多矛盾和纠葛的主要原因。在这方面，幸或者不幸的是，中国人由于三心二意地接受西方文学思想的关系，避免了类似的混乱情况。

现代日本的一切文艺运动，迄今为止，最主要的无疑是自然主义。反映了一般文艺学家可以接受的观点的是一位当代文艺学家中村光夫，他阐明说："自然主义在现代日本小说史上是最重要的支枢。它是明治（一八六三年——一九一二年）文学的终点，并且它是自大正时代（一九一二年——一九二六年）以来的日本文学的根基。"㊲日本的自然主义是什么，它为什么被奥野健男称为"非科学的、虚幻的浪漫的自然主义"？

周作人察觉出日本的自然主义一开始就直接受到法国的影响。大约在一九〇〇年的一个时期，左拉在日本文学青年中特别时兴，他们形成了处于压倒优势地位的浪漫主义团体。左拉的多卷本的长篇小说和《实验小说》（*he roman exgpérimental*），主要是英译本，流传很广，而且被忠实地追随着。永井荷风在他的《地狱之花》这部具有历史意义但在美学上并不成功的左拉式的科学实验小说的《后记》里，在回忆了《实验小说》的一些段落之后说："人在自然本性上具有兽性部分，这是毫无疑义的；……我愿意毫无保留地集中描写这个黑暗面的全部事实：我们从祖先和环境继承下来的色欲、残忍和暴力。"㊳尽管他热心而又真诚，永井荷风和他的大部分后辈，一点也不能掌握日本人所说的左拉主义的科学的客观性。他们转向较为容易消化和具有灵活性的像弗劳贝尔、莫泊桑和龚古尔兄弟这些类型的另一类自然主义者。渐渐地，他们自己游离出了自然主义运动。

有趣的是，老一代的浪漫主义者捡去了年轻的左拉主义者留下的未完成的工作。他们赋予日本自然主义以新的要素和一个不同的方向。在努力使他们的写作的质量提高和现代化上，日本作家尽可能快地学习了主要的欧洲文学潮流。几乎他们全体都经历了一个又一个"主义"地去赶上欧洲文学界。从前的浪漫主义者接着领导了自然主义运动。左拉式的科学理论因为在落后的日本社会行不通而被取消了。代替它的是在"自然"这个字的含义里面嵌入一种微妙的、尽可能不易察觉的东西，自然主义被赋予一种新的范围内的含意：以人类的内心映照和主观表现为原则，"自然"则从客观现实中被隔离了出来。包括在这种对现实的主观幻想里的，是日本浪漫主义作家特有的自白和抒情性表现，结果就形成了这种独特形式的日本自然主义。这是以一种卢梭式的无拘束的自我暴露、热烈的抒情风格和偶然性的自我怜悯以及伤感性的探究所谓"近代自我"（现代个性）为其特性的。从此以后，就有了"私小说"（Wakakushi-Shóosetsu）这个专用名词。

"私小说"是日本现代作家极端个人的，自我满足的狭小世界的一种产物，正如爱德温·麦克里伦（Edwin McClellan）所指出的是"日本文学史上的怪物"，因为"与所谓'现实主义'并肩发展的曾有过这种极端主观成分的'私小说'。"⑨这股潮流以一九〇六年出版岛崎藤村（一八七二年——一九四三年）的《破戒》和翌年出版田山花袋（一八七二年——一九三〇年）的《棉被》为开端。尽管他们早年以浪漫主义者著称，当他们的这些作品一出现，这两位作家就被吹捧为真正的自然主义者，现代日本文学史上划时代的作家。作为后果的是，现实主义和自然主义所唤起的真实性原则，客观性的观察以及人类处境的描绘，完全没有得到实现。早期政治小说所注重的社会政治意识，在暧昧地探寻"现代个性"中完全消失了。自传体风格的"私小说"成了日本文学的主流。虽然始作俑者是所谓自然主义者。或者确切地说，是浪漫性的自然主义者，这种日本特有的文字样式，在未来的世代中盛行了起来。

日本自然主义的顶峰时期，一般认为是在日俄战争以后的十年间，这也正是中国学生在日本留学的顶峰时期。可以这样认为，这个运动对中国学生产生的影响超过它在日本的影响。实际上，早在文学革命开始以后，日本自然主义理论和作品的译文，就开始出现在中国的文坛上了。一九二一年，岛村抱月的论文《文艺上的自然主义》（一九〇八年）被陈望道译成了中文。其他如谢六逸、李石岑和汪馥泉等人也都译过类似来自日本的第二手的自然主义的东西。⑩甚至鲁迅也译了一篇片山孤村（一八七三年——一九三三年）的关于自然主义的理论与技巧的研究文章。⑪此外，田山花袋的《棉被》、岛崎藤村的《新生》和其他一些短篇小说也都有了中译本。

因为这些译本和介绍，大部分是文学研究会成员动手的，这些作家就常常被指控受到日本自然主义的影响。而鲁迅就是首要的"嫌疑犯"之一。成仿吾在一篇评《呐喊》的文章里，轻蔑地把这个集子里的《狂人日记》和其他短篇小说当作"为自然派极主张的记录（Document）"。⑫

这种推测的虚幻性，已经为有见识的日本学者们——这对他们是一个巨大的失望——证明其不能成立。⑬周作人回忆起他和鲁迅在日本时期的生活时，他的头脑里可能有过成仿吾那种猜疑，因为他这么说："豫才（鲁迅）……从不太注意岛崎藤村和其他人的作品，他浏览过田山花袋的《棉被》和佐藤红绿（一八七四年——一九四九年）的《鸭》，但是他表示对这些东西并无兴趣。"⑭这个道理也同样适用于周作人自己，虽然他知道岛崎藤村，还写过一篇关于岛崎的文章。⑮这是真的，文学研究会偏爱并提倡写实主义或自然主义小说。例如茅盾，他宣告了这一点："中国现代小说界应起一种自然主义运动。"但是他的这种自然主义更接近于法国原本，而不是日本的改写本。⑯关于文学研究会所受日本自然主义或它的反映产物"私小说"的影响，如果不能说没有，但也是微乎其微的。在这个意义上，创造社的另一个创始人郑伯奇的这种说法则是对的："文学研究会的写实主义始终接近俄国的人生派而没有发展到自然主义。"⑰

使人感到啼笑皆非的是，不论他们对任何种类的自然主义——西方的或是日本的——持何种公开的批评态度，从创造社的作品中却发现了日本自然主义的"私小说"的某些影响。当他们的第一批成员在日本求学的时候，已经抱有成立文学团体的打算，而且终于在一九二二年实现了，——不是作为文学研究会的必然的竞争者，而是作为它的替换者。这样就开始了所谓的中国的浪漫主义运功。创造社的成员在日本求学的期间，较之文学研究会的参加者大约迟了十年，因之，他们目睹了日本现代文学的高潮时期。据此而论，他们对于日本数十年来各种思潮会更清楚和更熟悉。这几十年正是日本文学史上民权与自由思想，理想主义与人道主义，各种想象得到的受西方思潮影响的新旧思想的交替更迭时期。而在这一切新的发展的下面，就是自然主义的、自传体的"私小说"的顽固的、日益壮大的潜流。

在它的早期阶段，创造社为"创造我们的自我"而呼喊，向在日本已经流行的这些作家寻求灵感：卢梭、歌德、海涅、拜伦、雪莱、济慈、惠特曼、雨果、斯宾诺莎、柏格森、尼采、罗曼·罗兰以及欧洲的象征派，表现派和未来派。[48]创造社成员对于他们在自己著作中也私淑"私小说"这一点却支吾其词。一般说来，他们的散文文学，特别是小说，具有大量的自传性、强烈的个人性而且经常地装饰有激情、抒情和刹那间的忧郁，这些使人想起"私小说"的共同特性。郭沫若的《牧羊哀话》（一九一八年)、叶灵凤的《女娲氏之遗孽》(一九二五年)[49]和王以仁的《流浪》（一九二四年）就是几个例子。

最出色的例子之一是郁达夫的《沉沦》（一九二一年)，这篇短篇小说是写一个孤独而感到厌倦的在日本的中国学生，他夜间用自读获得片刻的慰藉，并且终于投身海中。正如夏志清所指出的，"通过第三人称的描写，《沉沦》实在是一部露骨的自传小说。"下面是夏志清对于作家的作品评论：

这样说来，郁达夫的全部小说，除去为数不多的几篇有关无产阶级样式的以外，构成了一部卢梭式的自白。他在一篇文章里说过，所有的文学作品都是自传，不过文如其人，他没有强调凡是一个伟大的作家总是把自己的个人的经历改头换面，变换形质。他自己的实践证明，他的想象完全来自真实生活；他个人的狭小世界里的感觉和情欲，引人入迷。[50]

夏志清在上文里明显地提到的有关情况，郁达夫的一篇回顾性的文章里也自认不讳：

我觉得"文学作品都是作家的自叙传"这句话是千真万确的。客观的态度，客观的描写，无论你客观到怎样一个地步、若真的纯客观的态度，纯客观的描写、是可能的话，那艺术家的才气可以不要，艺术家存在的理由也就消灭了。[51]

　　这一段话体现了日本私小说作家对抗指摘他们的作品过于主观性、过于个人性以及过于脱离外部世界的评论时，通常所持的声辩论调。最重要的是郁达夫用了"自叙传"这个名词来标榜自己（日文为"自传体"，是日本自然主义作家在提到他们写的极端自传性质的"私小说"时所用的一个名词）。

　　《沉沦》通常是被当作现代中国的颓废文学的开端来认识的。颓废正像其他许多借用来的外国观念那样，因为被认为它充满了消极的精神和道德上堕落以及没有积极地价值而受到了误解和谴责。因为它的"颓废"性质，《沉沦》被某些伪善的道德家借口猥亵地暴露了主人公的观淫癖和自渎行为在读者中所引起的不良影响而痛加斥责。在这种对于《沉沦》的论争中，郁达夫说："不曾在日本住过的人，未必能知这书的真价。对于文艺无真挚的态度的人，没有批评这本书的价值。"[52]这个表态后面的理由，尤其是第一点，并不很清楚。它可以包含这种意思：除非像作者那样在日本生活过，他就无从理解《沉沦》主人公所感受的那种变态心理、绝望和心理上的创伤的严肃性。但也可能是表明郁达夫对于那些对当代日本文学潮流茫然无知而不能认识这部作品的真实意义的批评家感到不满，有意用日本的"私小说"为自己辩解。然而郁达夫受到日本人的深刻的影响则毫无疑问。

　　尽管有不利的评论，郁达夫并不缺少同情者和热心的追随者，尤其在创造社内部。某些初出茅庐的青年作家感激地承认他们从他所收到的教益，王以仁就认为它提笔写作的时候就受到了郁达夫的影响。[53]一方面是受到了郁达夫的感染，一方面更从翻译的日本现代小说受到影响，"私小说"式的小说，在二十年代中期变得非常流行，特别是在上海地区。这种突然发生的新现象激起了一些知名作家们的反对。或者可以说，代表了文学研究会和语丝社的大多数，茅盾批评了在中国文学中流行的伤感主义、顾影自怜和缺乏社会意识，认为这在很大程度上是来源于对西洋颓废派、唯美主义和个人主义的误解。他同意"中国现在正是伤感主义的时代"这

287

个看法，但他用论据证明"伤感的文学在艺术上是没有地位的，如果我们永远落在伤感主义的圈子里面，那么，新文学的前途真可深虑呢！"[54]

郭沫若也感到焦虑，在他的防卫中，他巧妙地把它归咎于日本文学影响而无视包括他自己在内的社团（当然还有郁达夫）倡导这种新潮流的事实。具有特性的是，郭沫若以轻蔑的口气用了最刺耳的字眼来论述现代日本文学：

譬如极狭隘、极狭隘的个人生活的描写，极渺小、极渺小的抒情文字的游戏，甚至对于狭邪游的风流三昧。

……一切日本资产阶级文坛的病毒，都尽量地流到中国来了。

郭沫若还说，日本人失败的另一个原因，是"不能把捉着时代的精神"。这样，他号召他的同伴作家们"一面把别人的影响丢掉，一面改造自己的生活，努力做一个社会的人吧！"[55]这些话写于一九二八年，不过为时数年，郭沫若和他的伙伴成员，已经把他们的立场由浪漫派转到革命派上去了。郭沫若对日本文学成就和它在中国的令人不快地广泛传播的极端否定态度，表明了日本自然主义的"私小说"对一群中国作家的影响。

至于郁达夫的《沉沦》却是以某些方式承受了日本"私小说"风格的影响，同时，它所包括的某些素质清晰地成为中国现代文学的特性。不同于那些把他们自己安身在狭小世界里，或者借用永井荷风的说法是"天堂的放逐者"[56]郁达夫或者《沉沦》的主人公，他的"他我"（alterego），即他的自我的另一方面，并不能使他享有任何精神避难所，没有提供一种象牙之塔。周作人是少数表现了真正能够鉴赏《沉沦》的深沉含意的寥寥无几的人们之一。郁达夫无疑的是运用性心理和严肃态度的第一个中国作家。周作人根据莫台耳的《文学上的色情》（Allest Mordell's *The Erotic Motive in Literature*, 1919）一书的观点来进行论断，他着重指出："《沉沦》是一件艺术作品，但他是受戒者的文学。"它虽然有猥亵的分子而并无不道德的性质，因为"所有自然派的小说与颓废派的著作"，都有这个共同性的主题。周作人接着说：

这集内所描写的是青年的现代的苦闷，似乎更为确实。生的意志与现实之冲突，是这一切苦闷的基本；人不满足于现实，而复不肯徇于空虚，仍就这坚实的现实中，寻求其不可得的快乐与幸福，现代人的悲哀与传奇时代之不同者即在于此。㊄

这段话不仅指出了《沉沦》的主人公的极大的痛苦之所在，言外之意，也指出了郁达夫和大多数中国现代作家的极大痛苦之所在。

《沉沦》的主人公的挫折和绝望也可以看作是他自己的时代和国家的挫折和绝望。身在海外，那里的种族歧视这一生活现实，使年轻的主人公时时感受到国家的内部分裂和外受帝国主义侵凌的痛苦，他远离同伴的日本学生，甚至对他的海外侨胞和回到家庭也索然无味，在他的想象中祖国成了一个辽远的和不明确的抽象观念。他只能没有结果地一再叫喊："中国呀中国，你怎么不强大起来！"但中国当时和他一样的软弱无力。他完全陷入绝望之中，他的处境低贱的感觉使他采取了复仇的方式——向日本人复仇，向他自己的同胞复仇，最后以一个跳入外国的海里对自己复仇。当他打算自杀的时候，主人公绝望地喊道："祖国呀祖国！我的死是你害我的，你还有很多儿女在那里受苦哩！快富起来！快强起来吧！"㊳这里的结语，和鲁迅的《狂人日记》里的狂人的最后愿望"救救孩子"！前后呼应。显示了文学上不同主义和不同政见的绝大多数现代中国作家的夙愿，虽然有发展上的相似性和鲜明的影响作用。这就是中国小说不同于它的同时代日本作品的原因所在。在这个意义上说，西方的维纳斯，甚至穿上日本的服装，似乎也难于在中国现代作家的心坎里找到安身立命之所，虽然事实上他们曾经一度热心地邀请她提供灵感。

周作人在他评论《沉沦》的文章里，把这称为"现代的苦闷"，描绘了现代中国知识分子的精神状态。这就是最大限度地真正说明了为什么厨川白村（一八八〇年——一九二三年）那么吸引了中国作家，而有些情况不免使日本人感到惊奇。曾经有一种流行的，虽然是模糊的说法，即厨川白村自逝世以来，被认为他既不是一个有创见的思想家，也不是一个大作家。直到今天，他甚至没有在日本出版的卷帙浩繁的现代日本作家选集中出现过。但是作为一个大学的英国文学教授，和一个偶然写点散文的作家，厨川白村是一个成功和值得信赖的西方思想的传送者。在他的理论著作《苦闷的象征》里（一九二一年），他根据他的主观的论点认为"生命力受到压抑，而生的苦闷，懊恼乃是文学的根柢，而其表现法乃是广义的象征意义"，这就是他的广博的西方文学传统知识的一种创造性的综合⑲。他的散文集《出了象牙之塔》（一九二〇年）和《走向十字街头》（一九二五年），就是他那个时代日本所面临的从文学和文化到社会和哲学问题的一系列题目的他个人的理智沉思的记录。这些著作的每一种都在中国至少有一个译本的广为流行。

"苦闷"（这个字在日文中意为苦闷、痛苦和苦恼）是在中国现代著作里经常会碰到的字眼之一，表现了现代中国人一种普遍的内在特性。显然地，甚至厨川白村的《苦闷的象征》这个题目本身，就强烈地吸引了那些从他们所处的时代的国家和个人的不幸中，在寻求解脱他们的苦闷、苦恼和痛苦的中国人。当他们问自己作为知识分子和"社会人"可能和必须做什么的时候，厨川白村的另外两本书《出了象牙之塔》和《走向十字街头》中的每一个题目，都帮助他们找到答案。现代中国作家，就是他们自己需要，也不能简单地在一个象牙塔里安住下去；他们发现自己站在历史的交叉点上，试图为他们自己和他们的社会寻找一个可以沿着前进的正确方向。

鲁迅曾经译了《苦闷的象征》和《出了象牙之塔》这两本书，他在《出了象牙之塔》的《后记》里，写出了一个站在中国的十字街口感到混乱的观察者的他的苦闷。他强烈要求他的读者丢掉他们的历史负担，像厨川白村那样无情地批评他自己的人民和国家。

著者所指摘的微温，中道，妥协，虚假，小气，自大，保守等世态，简直可以疑心是说着中国。尤其是凡事都做得不上不下，没有底力，一切都要从灵向肉，度着幽魂生活这些话。凡这些……著者既以为这是重病，诊断之后，开出一点药方来了，则在同病的中国，正可借以供少男少女们的参考或服用，也是金鸡纳霜既能医日本人的疟疾也能医治中国人一样。⑳

这是原来医科学生的特色，鲁迅在这里把他的论据用医学上的比喻具体化了。在这里，晚清改革家的乐观论调——如果日本能改革，中国也能改革——仍然打动了鲁迅和许多同代人。显然是被厨川白村所鼓舞，或者说得精确些，是受到厨川白村的再次鼓舞，鲁迅在一九二四年创办了一个叫《莽原》的杂志，当时他正在译《出了象牙之塔》，他希望造出一种"文明批评和社会批评"的气候，为了"继续撕去旧社会的假面"。[61]

因为他的显而易见地热衷于翻译日本著作和从日文转译西方著作，在天津《益世报》上，鲁迅有一次被挖苦地说成是"一个永远是日本人的追随者的作家"。这篇嘲笑的文章，发表在一九三五年，当时鲁迅正从事从日文译本转译某些俄国现代小说和马克思主义文学理论书籍。从苏联到中国是很近的，可是为什么就非经日本人的手不可？指摘文章的作者张露薇问道："我们在日本人的群中并没有发现几个真正了解苏联文学的新精神的人，为什么偏偏从浅薄的日本知识阶级中去寻求我们的粮食？这真是一件可耻的事实。"[62]这类反鲁迅的情绪并不是孤立的。它可能是由日本扩大和连续不断的侵略行为（一九二五年的五卅事件；一九三一年的东北事变；一九三五年的华北事变）引起的普遍的反日情绪的表现。作为民族危机的一种反响，使许多不同流派的作家迅速转变到联合致力于抗日救国上头来了。

在这种条件之下，甚至鲁迅所倡导的"文明批评和社会批评"似乎也不能被中国文学界所承认了。创造社的成员在二十年代的后半期倡导马克思主义无产阶级文学，他们戏剧性地转变到革命文学方面去了。同时，其他社团的作家，尤其是鲁迅和他的同伴，也向革命前进了。这就为在一九三○年建成左翼作家联盟奠定了一般的根基。当日本侵略加剧以后，绝大多数中国作家忘记了他们之间的差异，参加了中华全国文艺界抗敌协会（一九三八年），找到了"抗战文艺"这个共同的目标。

在这同一时期，在日本文艺界也发生了平行性的发展情况。尽管"革命"一词被制止了，以马克思主义理论为活动中心的所谓"普罗文学"本质上与中国的革命或普罗文学是相似的。在一九二○年，新感觉主义派的成员戏剧性地宣称他们转向无产阶级事业，在一九二八年，一个全国性的左翼作家组织成立了，名为"全日本无产者艺术联盟"（NAPE），总的说来，日本的左翼作家在政治和群众教育方面不如他们中国的同伴有影响。主要的是由于政府的压迫，有许多左翼作家一再改变他们的文学立场，在五花八门的组织——例如"大日本文学研究会"（一九三八年），"日本文学报国会"（一九四二年），以及"大东亚文学者大会"（一九四二年）——名目之下，投靠了日本的军部侵略势力。

由于两国双方之间这种急遽变化的发展情况，日本和中国之间的文学关系，变得濒于断绝。但在全面战争爆发之前，某些提倡无产阶级革命文学的中国作家经常依仗某些马克思主义理论的日译本和研究著作，鲁迅之外，最有名的是郭沫若通过河上肇（一八七九年——一九四六年）——日本最早一代的和最有影响的共产主义知识分子的发言人之一——来介绍马克思主义。同样的，其他的留日学生像成仿吾、郁达夫，在他们的文学和政治活动中都得到过日本材料的帮助。但在两国陷入全面战争以后，一切文化联系都立即中断了。这就结束了半个世纪以来日本在现代中国文学和智力事业上的影响。

这个一般性的回顾清晰地表明了日本对现代中国文学的发展曾做过不少的贡献，主要地，是作为西方影响的一个渠道。这在文学理论方面尤为明显。还有，日本的自然主义小说，特别是自叙传式的"私小说"，在二十年代初期曾帮助中国造成所谓"颓废"小说，虽然它的影响为期不长。除了与创造社有关的颓废作家之外，文学倾向不断前进的鲁迅似乎曾为日本现代两个最重要的作家夏目漱石和森鸥外所吸引，在这点上，周作人指出"豫才后日所作小说虽与漱石作风不似，但其嘲讽中轻妙的笔致实颇受漱石的影响⑬"。这种假定被鲁迅偶尔坚持一种文学事业上的"余裕"态度所补充（漱石是一个有个人风格的"余裕派"作家），加上他还翻译过森鸥外的《游戏》，它写一个有闲者的自传小说⑭。虽然对鲁迅和他所影响的作家说来，他对余裕主义的兴趣，只不过是一种想望，一种不可能到手的奢侈品而已。

在不论什么历史时期内，中国唯一深受日本影响的作家是周作人。因为他始终依附于日本文化，以致在日本侵占中国时期，他还是被日本人感激地称为心腹之交，而他的国人则斥之为"亲日派"。不过，他的兴趣主要是现代以前的日本文学，例如俳句、江户小说、狂言，以及随笔文学。作为日本的一个真朋友，他写了数不清的关于日本传统文化和风习的文章，显露了他的真诚的但是徒劳的提倡两国之间互相理解的努力。

作为结语，引证一段有典型意义的日本对鲁迅的看法，是适当的，它可以看作对日本影响中国的看法之一般性意见。"他对日本文学是淡漠的。他对日本文学兴趣之所在（从广义上说），是着眼于它之作为外国文学介绍者的功能。说得重些，他只不过承认日本文学的功利价值而已。"⑮

注：

① 本文译自米尔·雷德曼的《五四时代的中国现代文学》（Merle Goldman ed, *Modern Chinese Literature in the May Fourth Era*），哈佛大学出版社一九七七年出版原题为："The Impact of Japanese Literary Trends on Modern Chinese Writers"。

② 郭沫若：《桌子的跳舞》（一九二八年），引自《中国新文学大系续篇》十卷本，香港文学研究社编（香港，一九六八年）Ⅰ，一三九页。——原注

③ 例如，参看实藤惠秀的《近代日中文论》（东京，一九四一年，二三七—二四一页）。——原注

④ 同前书，一八—一九页。另外参看罗伯特·司克拉庇诺：《走向马克思主义的序幕：在日本的中国学生运动，1900—1910》（Robert Scalapino, *Prelude to Marxism: The Chinese Student Movement in Japan, 1900—1910*）收入阿伯特·弗尔瓦克等合编的《现代中国史探讨》，柏克莱，加利福尼亚大学出版社，一九六七年（Albert Feuerwerker, et al.ed, *Approaches to Modern Chinese History*, Berkeley University of California Press, 1967），见该书一九二页。——原注

⑤ 引自实藤惠秀前书二五四页。——原注

⑥ 《作者自叙传略》（一九一五年），见《鲁迅全集》二十卷本，北京，一九七三年，下同，Ⅶ，四四八页。——原注

⑦ 《呐喊自序》（一九二三年）见《鲁迅全集》Ⅰ，二七一—二七二页。——原注

⑧ 《典论·论文》，见萧统（五〇一—五三一年）编《文选》。

⑨ 《〈蒙学报〉〈演义报〉合叙》，原载《时务报》（四四）（一八九七年十月）。

⑩ 《译印政治小说序》，原载《清议报》（一）（一八九八年十二月二十三日）。

⑪ 柳田泉：《政治小说研究》二卷（东京，一九四七年），卷一，三八一页。——原注

⑫ 《论小说与群治之关系》，原载《新小说》卷一（一九〇二年冬）。

⑬ 增田涉：《关于梁启超》，作者在此文中关于梁启超对现代中国的知识界和政界领袖人物的巨大影响做了一个简明而充分的文献统计。他引证了有关胡适、鲁迅、周作人、郭沫若和毛泽东的资料。见他的《中国文学史研究》（东京，一九六七年）一四七—一七二页。——原注

⑭ 钱玄同：《寄陈独秀》（一九一七年），引自《中国新文学大系》，赵家璧编，十卷本，（上海，一九三五—一九三六年，下同）Ⅰ，八〇页。——原注

⑮ 《日本近三十年小说发达》，引自《中国新文学大系》Ⅰ，三〇九页。——原注

⑯ 见增田涉前书，一五二页。——原注

⑰ 详情请参阅阿英《晚清小说史》（香港，一九六六年），尤其是第二、三及十一章。并请参阅增田涉前书中的一次讨论，见该书三二七—三八八页。——原注

⑱ 李顿（一八〇三—一八七三年），英国小说家、政治家。——中译者

⑲ 凡尔纳（一八二八—一九〇五年），法国科幻幻想小说家。——中译者

⑳ 详情请参阅柳田泉《明治初期的翻译文学》(东京，一九六一年)，特别是书中的一六五—一八九，四六一—四九三页。——原注

㉑ 《东籍月旦》，一九〇二年。

㉒ 《日本近三十年小说之发达》，引自《中国新文学大系》Ⅰ，三〇八—三一九页。——原注

㉓ 同上书，三一九页。——原注

㉔ 同上书，三〇九页。——原注

㉕《文学革命论》（一九一七年），引自《中国新文学大系》Ⅰ，四四页。——原注

㉖例如，可参看朱自清《新诗导言》（一九三五年）（见《中国新文学大系》Ⅷ，一五页）他在这里说："清末夏曾佑、谭嗣同诸人已经有诗界革命的志愿……这回'革命'虽然失败了，但对于民七的新诗运动，在观念上，却不在方法上，却给予很大的影响。"他所说的"诸人"，包括着黄遵宪和梁启超。——原注

㉗《建设的文学革命论》（一九一八年）引自《中国新文学大系》Ⅰ，一五五——一六八页。——原注

㉘《东籍月旦》。——原注

㉙见李何林为其《近二十年中国文艺思潮论》（上海，一九三九年）所写的《序言》，并请看鲍宜·麦克杜戈尔的《西方文学理论进入中国导论，1919—1925》（Bonnie S.McDougall, *The Introduction of Western Theories into China, 1919—1925*）（东京，一九七一年）。——原注

㉚《奔流》编校后记（十一），见《鲁迅全集》Ⅶ，五五四页。——原注

㉛《社会背景与创作》，发表时署名郎损，引自《中国新文学大系》Ⅱ，四〇六——四〇八页。——原注

㉜《新文学之使命》，引自《中国新文学大系》Ⅱ，六〇八——六〇九页。——原注

㉝《在钟楼上》（一九二七年），见《鲁迅全集》Ⅳ，四八页。

㉞《我怎样做起小说来》（一九三三年），见《鲁迅全集》Ⅴ，一〇七页。——原注

㉟武田泰淳：《中国的小说与日本的小说》，见他的文集《黄河入海流》（东京，一九六六年），二三八页。——原注

㊱《文学将走向死亡吗?》（一九六三年），见《文学评论集》收入筑摩书房编《近代文学大系》（东京，一九六六年）ⅩⅥ，三七〇页。——原注

㊲《明治文学史》（东京，一九六三年），一八四页。——原注

㊳《荷风全集》二十八卷本，（东京，一九六二——一九六五年）Ⅱ，一七一页。——原注

㊴《关于私小说之一般评价》，见《日本研究国际会议报告》，诗人、剧作家、编辑家、散文家、小说家国际协会（P、E、N）日本分会编（东京，一九七四年）Ⅰ，一七四——一七七页。——原注

㊵参看鲍宜·麦克杜戈尔前书，一四九——一六八页。——原注

㊶见《鲁迅全集》ⅩⅥ，一三——四三页。——原注

㊷《呐喊评论》（一九二四年），引自今村与志雄《鲁迅与传统》（东京，一九六七年），三一九页。

㊸例如，今村与志雄前书，二四三——二四五页，三一七——三二〇页。又如武田泰淳《周作人与日本文艺》，见文集《黄河入海流》，一七七——一七八页。——原注

㊹《关于鲁迅之二》（一九三六年），见《瓜豆集》（上海，一九三七年；香港，一九六九年），二三九页。周作人在此处的记述，需要加以澄清，鲁迅虽对岛崎藤村似不甚热心，但他一九二四年译过藤村的《浅草潮》的一部分为中文，题名为《从浅草来》，并且还应该记起上文曾提到过的他翻译片山孤村那篇论自然主义的文章。——原注

㊺《岛崎藤村先生》（一九四三年）见《药堂杂文》。（香港，一九四三年），一一一——一一四页。——原注

㊻《自然主义与中国现代小说》（一九二二年），引自《中国新文学大系》Ⅱ，三八六——三九九页。——原注

㊼《小说三集导言》，引自《中国新文学大系》Ⅴ，一二页。——原注

㊽同前书，一一一——一二页。——原注

㊾小说中有一场，女主人公"我"在他的情人并未同她告别就离开屋子走了以后，她躺在棉被里，自言自语地说："知我此时情的真唯有这一

296

条薄薄的棉衾了?"这就使人联想到田山花袋的《棉被》的最后收场。

——原注

○50 夏志清《现代中国小说史1917—1957》，（C.T.Hsia, *A History of Modern Chinese Fiction, 1917—1957*）第二版，（美国）新哈芬，耶鲁大学出版社，一九七一年，一〇二页。——原注

○51《五六年来创作生活的回顾》。（一九二五年），见《过去集》，（台湾重版本，一九六八年），六—七页。

○52 转引自周作人《沉沦》一文，见《自己的园地》（上海，一九二九年；香港重版本，一九七二年），二二页。——原注

○53 引自郑伯奇《小说三集导言》，引自《中国新文学大系》V，二一—二二页。——原注

○54《文学是什么?》引自《中国新文学大系》II，一七二页。——原注

○55 同注②。

○56《天堂的放逐者》，《荷风全集》XII，四九页。——原注

○57《沉沦》，见《自己的园地》七五—八〇页。——原注

○58 引自《中国新文学大系》V，九九页。——原注

○59《苦闷的象征》第四章。

○60 见《鲁迅全集》XIII，三七九页。

○61 见《两地书》中写于一九二五年四月二十八日一函，《鲁迅全集》VII，八一页。——原注

○62 原文转引自鲁迅《题未定草》(五)(一九三五年)，《鲁迅全集》VI，一六七—一六九页。——原注。中译者按：张露薇的文章题名为《略论中国文坛》，载一九三五年五月二十九日天津《益世报》。张露薇抗战时期沦为汉奸。

○63《关于鲁迅之二》，见《瓜豆集》，二三九页。鲁迅自己在《我怎么做起小说来》中谈到他读夏目漱石和森鸥外的作品。见《鲁迅全集》V，

一〇五页。——原注

㉔ 参阅鲁迅《忽然想到》(二)(一九二五年),《鲁迅全集》Ⅲ,二一页;《革命时代的文学》(一九二七年),《鲁迅全集》Ⅲ,四一〇页。——原注

㉕ 今村与志雄前书二四六页。——原注

附录:《贾植芳全集·翻译卷》检索

检索例言

一、本检索根据《贾植芳全集》卷八《翻译卷（上）》和卷九《翻译卷（下）》编制。

二、本检索分《外国人名检索》和《作品人物检索》两部分。

三、本检索仅限于《贾植芳全集·翻译卷》所收贾植芳先生翻译的《契诃夫的戏剧艺术》《契诃夫手记》《论报告文学》《俄国文学研究》《住宅问题》《人民民主主义的长成与发展》六部书和《日本文学思潮对中国现代作家的影响》一文。

四、本检索以查全率（Recall ratio）为信息检索的主要概念。

五、目录和辅文中所出现的"外国人名"和"作品人物"原则上不编入检索词条中。

六、本检索收录词条按照拼音字母次序排列。同音字按笔画排列，笔画少的在前，多的在后。笔画数相同的，按起笔笔形横、竖、撇、点、折的次序排列。起笔笔形相同的按第二笔笔形的次序排列，以下类推。《外国人名检索》中，词条开头混有西文字母的，放入《外国人名检索》中的《其他》部分。按照开头是俄文字母的词条在前，开头是英文字母的词条在后的原则排列。本检索俄文字母开头的词条，词条顺序按俄文字母顺序排列；英文字母开头的词条，词条顺序按英文字母顺序排列。开头的俄文字母相同时，按后面中文的拼音字母次序排列。开头的英文字母相同时，按后面中文的拼音字母次序排列。

七、译名如出现超过一种翻译或别名，则选择书中常出现的称谓为主，其他翻译将在该译名之后加（　）列入，范例：

高尔基（M.高尔基、马克沁·高尔基）

八、词条最后的数字为"卷数"和"页码"。"卷数"以中文数字书写，对应《贾植芳全集》十卷本的排序，同一词条后"卷数"只显现一次。"页码"以阿拉伯数字书写，对应该词条所在的页数。范例：

拜伦
英国 19 世纪初诗人、革命家。
George Gordon Byron，1788—1824。
八·254、255、256、257、338，九·286

九、《外国人名检索》收录了该外国人的身份、原名和生卒年。未能查证的身份则注明"身份不详"（十三个）。如可从内文查得其身份，则会援引，但原名与生卒年则从缺。

十、《契诃夫手记》出现的人名只收录真实人物，虚构人物或疑为虚构人物的皆不予收录。

十一、《作品人物检索》列举了人物的出处，即作者、作品或作品体裁。范例：

乞乞科夫（保甫尔·伊凡诺维支·乞乞科夫）
出处：果戈理《死魂灵》
八·264、265、268、269、275、276、
277、287、296、297、311、312、313、
314、315、316、317、319、320、321、
322、323、324、325、326

十二、《贾植芳全集·翻译卷》中涉及的俄罗斯人物数量最多，检索

中人物身份将按照该人物的出生年份分为"俄国"（俄罗斯沙皇国至俄罗斯帝国，1547—1917）和"苏联"（苏维埃社会主义共和国联盟，1922—1991）。

十三、词条译名将遵从以下原则：

1.从贾植芳先生翻译的译名中做出选择。

2.选择时下通用翻译的译名，例如：《翻译卷》"歌德"译名有两种："歌德"出现三次，"哥德"出现十二次。词条保留时下的"歌德"，将"哥德"统一修订为"歌德"。

3.如该词条虽有通译译名，但并非贾植芳先生常用的翻译，如此情况，则以出现次数最多的翻译为准，例如："皮沙列夫"译名有三种："皮萨列夫"出现两次，"皮沙列夫"出现一百一十五次，"狄米特·伊凡诺维契·皮沙列夫"出现一次。词条将保留"皮沙列夫"，并对《翻译卷》进行统一修订。同时亦会保留全名"狄米特·伊凡诺维契·皮沙列夫"。

十四、其他情况则不再一一例举，由于水平所限，检索的错误与疏漏之处在所难免，祈请读者给予指正。

外国人名检索

A

阿浜特
捷克斯洛伐克农民党前领导人物。
九·186

阿贝
卡柴赫的歌手。
八·383

阿伯尔·凯托雅托夫
果戈理的戏剧《巡按使》里扮演市长的乌兹别克斯坦演员。
八·305

阿达西叶夫
演员。
八·62

阿尔吉尔
俄国作家。
1855—1908。
八·20

阿尔吉姆
1904年上演的戏剧《樱桃园》中，扮演费尔司的演员。
八·55、56

阿尔克赫波夫
《杜勃洛留波夫的文学批评原理》《涅克拉索夫论》的作者。
八·386、400

阿尔·罗尼
法国军事著作的作家，帕特利斯·马翁（Patrice Mahon）的笔名。
Art Roë，1865—1914。
八·184

阿尔其秀夫斯基
波兰社会主义者工人党的其中一位领导。
九·128

阿尔索·尤伐诺维奇
南斯拉夫军事家，陆军上将，人民英雄，人民解放军总参谋长。
Arso R. Jovanović，1907—1948。
九·266

阿尔志跋绥夫
俄国颓废主义文学流派的著名的作家之一。
Михал Петрович Арцыбашев，1878—1927。
八·203

阿卡凯·德斯雷特里
格鲁吉亚诗人。
八·383

阿克雪里罗得

老练的社会主义者。

八·231

阿库萨科夫

身份不详。

八·65

阿列克西（阿列克赛）

《契诃夫手记》里的人物。

八·154

阿列霞

《契诃夫手记》里的人物。马耶维斯基的孩子。

八·193

阿鲁提克门

俄国 19 世纪 60 年代和 70 年代的革命人物。

八·448

阿妮美莎

白列姆—克鲁苏维斯基太太。

八·196

阿提加

契诃夫的朋友，契诃夫生肺病时住在他雅尔达附近的房子里。

八·195

爱德温·麦克里伦

英国日本学家，是一位学者、教师和作家，从事日本文学和文化的翻译。

Edwin McClellan，1925—2009。

九·284

爱迪蒙德·龚枯尔

法国的现实主义作家。

Edmond de Goncourt，1822—1896。

八·363

爱伦堡

苏联犹太作家及新闻记者。

Илья Григорьевич Эренбург，1891—1967。

八·205

安得列·别尔

俄国小说家、诗人、象征主义的理论家和文学评论家。

Андрей Белый，原名 Борис Николаевич Бугаев，1880—1934。

八·70

安德朗尼科夫

《果戈理和俄国现实主义传统》的作者。

八·271

安德烈·安德莱伊契（安·安）

《契诃夫手记》里的人物。

八·121、122

安德烈·雅伏哥罗耶契

伏斯卡尔斯卡的邮政局长。

八·194

安东·托米特利欧

罗马尼亚国民自由党代表。

九·232

安那托·法朗士

法国作家。

Anatole France，1844—1924。

八·430、473

安妮

《契诃夫手记》里的人物。马耶维斯基的
孩子。

八·193

安特列夫

俄国小说家和剧作家。

Леонид Николаевич Андреев，
1871—1919。

八·202、207、208、209

安特纳斯古

罗马尼亚军人、政治家和罗马尼亚元首
（1940—1944）。

Ion Antonescu，1882—1946。

九·223、224、225、226

奥尔加·克宜碧尔·契诃娃（克宜碧尔）

女演员、契诃夫的夫人。

八·44、94

奥尔洛夫

《戈里鲍耶多夫论》的作者。

八·244

奥加略夫（尼古拉·奥加略夫）

俄国诗人、历史学家及政治活动家。

Николай Платонович Огарев，
1813—1877。

八·248、344、352、353、354、479

奥莉加·伊凡诺夫娜

《契诃夫手记》里的人物。

八·170

奥涅金

俄国收藏家，普希金手稿和其相关方面的
专家。А.Ф.Онегин，1845—1925。

八·184

奥塞罗娃

女演员。

八·182

奥斯本斯基

医生。

八·193

奥斯布加

波兰社会党的理论家。

九·156

奥斯托罗乌莫夫

俄国莫斯科大学教授。

А.А.Остроумов，1845—1908。

八·182

奥野健男

日本当代的文学批评家和历史学家。

おくの たけお，1926—1997。

九·282、283

B

巴比罗滋

1884 年的俄国亡命者。

八·375

巴尔童

匈牙利内阁总理中的一员，战犯。

九·201

巴尔扎克

法国作家。

Honoréde Balzac，1799—1850。

八·254、256、257、266、383、432、434、471

巴克莱

英国经验论的主要代表之一。

George Berkeley，1685—1753。

八·445

巴枯里亚诺夫

1944年6月1日在保加利亚成立法西斯新政府。

Ivan Ivanov Bagryanov（保加利亚语：Иван Иванов Багрянов），1891—1945。

九·93

巴枯宁

俄国思想家、革命家，著名无政府主义者，有"近代无政府主义教父"之称。

Михаил Александрович Бакунин，1814—1876。

九·7、62

巴列明

俄国诗人。L.I.Palmin。

八·193

巴鲁哈蒂

Сергей Дмитриевич Балухатый，《契诃夫的戏剧艺术》的作者。

八·88、213

巴洛盖科夫

苏联作家，处理过1932年《死魂灵》剧本化的工作。

八·311

巴沁娜娅

苏联人民艺术家，扮演《巡按使》中的市长夫人"安娜·安德列夫娜"。

八·302

巴惹尼日夫

1936年5月《巡按使》的导演。

八·298

巴斯基尔捷瓦娅

《契诃夫手记》里的人物。俄国女画家玛丽娅·康斯坦丁诺芙娜（Марня Константиновна）的女儿。

八·184

巴维尔·爱葛洛维奇

契诃夫的父亲，1898年去世。

八·207

巴因斯

1944年，美国驻保加利亚大使。

九·108

拜伦

英国19世纪初诗人、革命家。

George Gordon Byron，1788—1824。

八·254、255、256、257、338，九·286

保尔·波瓦伊叶

法国学者，语言学家，研究俄文的专家。

Paul Boyer，1864—1949。

八·184

保美罗娃

演员。

八·56

保拿巴脱（路易·保拿巴脱）
拿破仑三世。
Louis Napoléon Bonaparte, 1808—1873。
八·348，九·44、47、53、54、55、56

鲍里斯
俄国谋士，沙皇（1598—1605）。
Борис Федорович Годунов, 1552—1605。
八·258

鲍里斯拉夫·贝鲁特（贝鲁特）
1947年2月5日，当选波兰共和国大总统。
Bolesław Bierut, 1892—1956。
九·135、136、137、150、157、158、159

鲍立斯·雅卡维列维契
身份不详。
八·324

鲍烈威·李顿
（Edward George Bulwer –Lytton）
英国作家。
Edward George Earle Lytton Bulwer–Lytton,
1803—1873。
九·275

贝勃勒
南斯拉夫政治家，因为向铁托靠拢被苏联
共产党指为间谍。
九·267

贝拉·米克罗西
1944年，匈牙利成立的临时政府的首领。
Béla Miklós, 1890—1948。
九·197

贝朗
慕尼黑会议后所组成的捷克内阁总理。
Rudolf Beran, 1887—1954。
九·172

贝那德
法国物理学家。
Henri Claude Bénard, 1878—1939。
八·447

贝奈斯
捷克斯洛伐克第二任大总统。
Edvard Beneš, 1884—1948。
九·165、167、172、176、180、181、
187、188、191

贝特尔·古罗查
罗马尼亚首相（1945—1947）。
Petru Groza, 1884—1958。
九·225、226、231、240

比雅杰
南斯拉夫政治家，因为向铁托靠拢被苏联
共产党指为间谍。
九·267

彼得罗夫
《屠格涅夫论》的作者。
八·356

彼特鲁沙
《契诃夫手记》里的人物。
八·107

彼提加
1932年，莫斯科艺术剧院决定上演《死
魂灵》。彼提加饰演泼留西金的候补演员。

八·322、323、324、325

俾斯麦

普鲁士王国首相和德意志帝国宰相。

Otto Eduard Leopold von Bismarck，

1815—1898。

八·133、346、349，九·45、55

别林斯基（维萨里昂·戈里戈罗维契·别林斯基、维沙里昂·别林斯基）

俄国思想家、文学评论家，另见维萨里昂·戈里戈罗维契·别林斯基、维沙里昂·别林斯基。

Виссарион Григорьевич Белинский，

1811—1848。

八·243、252、261、264、267、268、278、279、286、309、331、332、333、334、335、336、337、338、339、340、341、342、344、348、353、356、357、368、375、376、377、379、380、384、386、388、389、394、395、402、403、406、409、414、415、417、421、439、444、446

波巴

罗马尼亚国民查拉尼斯特党的干部。

九·224

波波黎金（黎金）

俄国小说家、戏剧家和批评家。

П.Д.Боборыкин，1836—1921。

八·35、108、154、183

波达巴夫

《契诃夫手记》里的人物。

八·111

波尔菲里·乌斯宾斯基

《契诃夫手记》里的人物。

八·115

波珂绍夫

《契诃夫手记》里的人物。彼得堡皇家剧院经理。В.П.Погожёв。

八·180、181

波朗斯基

俄国抒情诗人。

Яков Петрович Полнский，1819—1898。

八·8、363

波列诺夫

俄国风景画家。

Василий Дмитриевич Поленов，

1844—1927。

八·182

波米亚洛夫斯基

俄国作家。

Николай Герасимович Помяловский，

1835—1863。

八·199、200

波契约西诃夫

身份不详。

八·68

波切沁

剧作家。

八·35

波斯特诺夫

《契诃夫手记》里的人物。萧尔科夫村的居民。

八·179

伯尔格
俄国诗人。
八·465

伯克
俄国 19 世纪 60 年代和 70 年代的革命人物。
八·448

柏格森
法国哲学家，文笔优美，思想富于吸引力。Henri Bergson，1859—1941。
九·286

柏拉图
古希腊伟大的哲学家。
Plato，前 426?—前 347。
八·144、166

勃拉兹
俄国著名油画家。
Осип Эммануилович Браз，1873—1936。
八·183

勃莱宁
《新时代》的杂感家和批评家。
Б.П.Ъуренин，1841—1926。
八·178

勃留索夫
俄国诗人、小说家、剧作家、翻译家和文学评论家，俄国 19 世纪末、20 世纪初象征主义诗歌的领袖和杰出代表。
Брюсов Валерий Яковлевич，
1873—1924。

八·202、206、216

勃柳洛夫
俄国画家。
Карл Павлович Брюллов，
1799—1852。
八·447

卜加丘
文艺复兴时期的意大利作家、诗人。
Giovanni Boccaccio，1313—1375。
八·383

布尔吉罗夫
身份不详。
八·57、58

布金松
谢尔甫霍夫县奥尔洛夫—达维多夫领地的管家。Букишон.К.。
八·141、165

布拉果依
《普希金论》和《果戈理和普希金》的作者。
八·254、283

布拉兰倍尔格
俄皇亚历山大二世的王妃领地上的总管。
А.И.Бларамберг。
八·182

布兰科夫
匈牙利军事使团的领导，1949 年拉伊克—布兰科夫冤案中被判无期徒刑。
九·264

310

布朗吉

西欧文学家。

八·379

布鲁诺

文艺复兴时期意大利思想家、自然科学家、哲学家和文学家。

Giordano Bruno，1548—1600。

八·344

布其诺

唯物论者和自然科学家。

八·445、447

C

曹达利斯

希腊人，外号"屠夫""刽子手"。

九·266

查达耶夫

俄国作家，1821 年以前任御前近卫军军官。

Петр Яковлевич Чаадаев，1794—1856。

八·348

查苏利奇

俄国早期社会主义运动女活动家，孟什维克首领之一。

Вера Ивановна Засулич，1849—1919。

八·231

柴克夫斯基

俄国民族音乐的创始人。

Пётр Ильич Чайковский，1840—1893。

八·69

柴切夫

俄国诗人。

八·467

车尔尼雪夫斯基（尼古拉·卡维里洛维契·车尔尼雪夫斯基）

俄国唯物主义哲学家、文学评论家、作家和革命民主主义者。Николай Гаврилович Чернышевский，1828—1889。

八·200、204、243、266、279、287、331、332、336、342、344、348、353、356、360、365、366、367、368、369、370、371、372、373、374、375、376、377、378、379、380、381、382、383、384、386、387、388、394、406、408、410、414、417、421、422、423、439、441、444、445、446、447、448、449、458

诚格尔

捷克 1948 年的副总理。

九·187、188

厨川白村

日本英国文学学者、文艺评论家，本名厨川辰夫。

くりやがわ はくそん，1880—1923。

九·289、290

D

达尔文

英国生物学家、进化论的奠基人。

Charles Robert Darwin，1809—1882。

八·447

达吉雅娜
《契诃夫手记》里的人物。
八·178

达洛马托夫
优秀演员，曾出演果戈理的《死魂灵》
一剧。
八·313

达勿多夫
优秀演员，曾出演果戈理的《死魂灵》
一剧。
八·313

达夏·牟西娜—普西基娜
《契诃夫手记》里的人物。
八·183

大桥国太郎
《人民民主主义的成立与发展》的作者之
一。
九·86

大琢博人
日文版《契诃夫传》(东京日下部书店版)
的译者。
八·88

但丁
意大利文艺复兴时期诗人。
Dante Alighieri, 1265—1321。
八·383

岛村抱月
日本著名文艺评论家、戏剧编导、日本自
然主义文学运动和新剧运动的先驱，有
"现代戏剧之父"之称，原名佐山太郎。

Hougetsu Shimamura，しまむらほうげつ，
1871—1918。
九·285

岛崎藤村
日本的诗人、小说家，原名岛崎春树。
Shimazaki Tōson, 1872—1943。
九·283、284、285

德莱赛
美国现代小说的先驱，现实主义作家之
一。Theodore Dreiser, 1871—1945。
八·436

德雷福斯（阿尔福来德·特雷福斯）
法国上尉。
Alfred Dreyfus，1859—1935。
八·21、185、188、207

德·罗倍尔蒂
社会学家。
Де Роберти Евгений Валентинович，
1843—1915。
八·184

德米特里·顿斯科伊
莫斯科大公，1359—1389年在位。
Дмитрий Иванович Донской，
1350—1389。
八·146、166

德热拉斯
南斯拉夫政治家，因为向铁托靠拢被苏联
共产党指为间谍。
九·267

德田秋声

日本小说家,原名德田末雄。

とくだしゅうせい,1871—1943。

九·283

狄得罗夫

俄国小说家、文学批评家和时事评论家,笔名符拉基米尔·留德维珂维契·基更(Владимир Людвигович Кигн)。

Ледлов,1856—1908。

八·151

狄更司

维多利亚时代英国伟大的作家之一。

Charles John Huffam Dickens,

1812—1870。

八·256、266、338、379、383

狄米特·波伏洛维契·K(狄米特·波伏洛维契、狄米特)

《契诃夫手记》里的人物,军医。

八·195、196

第米特·巴拉果耶夫

保加利亚的革命思想家和作家。

八·371

第米特·潘扎尔斯基

"人民近卫队"(Opolcheniye)的首领。

Дмитрий Михайлович Пожарский,

1578—1642。

八·282

东海散士

日本政治家和小说家。

とうかい さんし,1852—1922。

九·273

窦尔亭

捷克斯洛伐克司法部长,1948 年二月事件的参与者之一。

九·187

杜勃洛留波夫(尼古拉·亚历山大罗维契·杜勃洛留波夫)

俄国文学评论家、记者、诗人和社会革命者。

Николай Александрович Добролюбов,

1836—1861。

八·199、243、287、331、332、336、342、356、360、361、369、375、384、386、387、388、389、390、391、392、393、394、395、396、397、398、406、410、414、417、439、441、444、446、448、458

杜雷林

《剧作家的果戈理》的作者。

八·288

多布列·契尔别什夫

1944 年保加利亚人民解放军的司令官。

九·93

多尔扶斯

法国东北部,实行蒲鲁东所提出"解决住宅问题的提案"的投机业者。

九·26、73

多罗卜奈尔

波兰社会党的理论家。

九·156

E

恩菲且阿多罗夫
俄国批评家。
八·71

恩格斯（F.恩格斯、恩氏）
德国哲学家，马克思主义的创始人之一。
Friedrich Engels，1820—1895。
八·206、213、332、354、371、375、395、407、432、434、439、443、446，九·3、4、5、14、66、68、69、70、73、75、114

二叶亭四迷
日本小说家和俄罗斯文学翻译家，原名为长谷川辰之助。1864—1909。
九·276

F

伐罗莫夫
优秀演员，曾出演果戈理的《死魂灵》一剧。
八·313

法捷耶夫
苏联著名作家、无产阶级文学的主要倡导者和理论家。
Александр Александрович Фадеев，1901—1956。
八·208

法拉纳克
捷克斯洛伐克统一部长，1948年二月事件的参与者之一。

九·187

法依爱尔
捷克斯洛伐克农民党前领导人物。
九·186

凡尔纳
法国小说家、博物学家、科普作家、现代科幻小说的重要开创者之一。
Jules Gabriel Verne，1828—1905。
九·275

菲林格
捷克斯洛伐克解放后第一届内阁总理（1945—1946）。
Zdeněk Fierlinger，1891—1976。
九·172

费尔巴哈
德国哲学家。
Ludwig Andreas von Feuerbach，1804—1872。
八·388、444、445

费那特·契可
1948年，罗马尼亚人民民主阵线成员党——匈牙利人民同盟的代表之一。
九·231

费特—洗辛（费特）
俄国抒情诗人。
Афанасий Афанасьевич Фет，1820—1892。
八·178、205

冯维津
俄国现实主义文学家、启蒙思想家。

1745—1792。

八·247、266、273、285、306

佛朗哥

西班牙内战期间推翻民主共和国的民族主义军队领袖，西班牙国家元首，大元帅，西班牙首相，西班牙长枪党党魁。自1939年开始到1975年独裁统治西班牙长达三十多年。

Francisco Franco，1892—1975。

九·266

弗拉基米尔·C.索洛维约夫 (В.С.Соловьёв)

俄国著名的诗人、政论家和文学批评家，也是俄国哲学史上重要的哲学家。他是现代意义上俄罗斯哲学和神学思想的奠基人。Владимир Сергеевич Соловьёв，1853—1900。

八·180

弗里契

俄国文艺学家，1904年起在莫斯科大学任教。Владимир Максимович Фриче，1870—1929。

八·201

弗伦兹·那琪 (那琪、F.那琪)

匈牙利第二共和国第一任总理 (1946—1947)。Ferenc Nagy，1903—1979。

九·203、205、210、211

弗提塞克·摩得洛塞克 (摩得洛塞克)

帮列宁转送信件的人，捷克工会运动的久经锻炼的先进。Frantisek Modracek。

八·230、231、232、233、235

伏依蒂克 (斯铁芳·伏依蒂克)

罗马尼亚社会主义共和国党和国家主要领导人、无产阶级革命家、著名的左翼政治家和新闻工作者、杰出的党务和国务活动家。Stefan Voitec，1900—1984。

九·238、241

福克纳

美国小说家、诗人和剧作家，意识流文学在美国的代表人物。

William Cuthbert Faulkner，1897—1962。

八·436

福楼拜 (福楼拜尔)

法国著名作家。

Gustave Flaubert，1821—1880。

八·356、363、471

福泽谕吉

日本思想家和教育家。

ふくざわ ゆきち，1835—1901。

九·275

傅利叶

法国哲学家、经济学家和空想社会主义的代表人物。François Marie Charles Fourier，1772—1837。

八·374，九·42

富尔曼诺夫

俄国作家。

Дмитрий Андреевич Фурманов，1891—1926。

八·205

G

盖德布洛夫
《星期周刊》的编辑。В.Л.Гайлебуров。
八·179

盖斯托夫·蒲夫利吉—玛罗维斯卡
捷克作家，成名作为诗体小说《潘·维辛斯基》。
八·257

甘必大
法国共和派政治家。
Léon Gambetta，1838—1882。
八·418

冈察洛夫
俄国小说家。
Иван Александрович Гончаров，
1812—1891。
八·6、201、205、249、253、267、357、
391、394、447、471、479

高毕干
捷克斯洛伐克技术部长，1948年二月事件的参与者之一。
九·187

高德华尔德
捷克斯洛伐克总统（1948—1953）。
Klement Gottwald，1896—1953。
九·165、168、169、170、177、183、
185、187、188、191、192、193

高尔基（M.高尔基、马克沁·高尔基）
俄国诗人、评论家、政论家和学者，原名
阿列克塞·马克西莫维奇·彼什科夫

（Алексей Максимович Пешков）。
Максим Горький，1868—1936。
八·4、20、21、71、75、92、93、201、
205、206、207、208、219、220、221、
260、282、291、359、362、409、412、
422、430、431、451、459、461、464、
466、467、468、469、470、471、472、
473、474、475、476、477、478、479

高尔斯华绥
英国小说家和剧作家。
John Galsworthy，1867—1933。
八·469

高加索公爵
《契诃夫手记》里的人物。
八·100

高千伏拉
捷克斯洛伐克副总理，1948年二月事件的参与者之一。
九·187

高田雅英
日本翻译家。
八·229

戈尔巴诺娃
《果戈理在苏联舞台上》的作者。
八·292

戈尔布诺夫
俄国演剧家和剧作家。
Иван Фёдорович Горобунов，
1831—1895。
八·134

316

戈里鲍耶多夫

俄国剧作家。

Александр Сергеевич Грибоедов，
1795—1829。

八·244、245、246、247、248、249、
250、251、252、253、266、273、293、
306

戈里采夫

《俄国思潮》杂志的撰稿人、记者和编辑。

В.А.Голецев，1850—1906。

八·182

戈里哥罗耶夫

俄国演员。

八·299

戈里欧诺夫

俄国演员。

八·300

戈里亚

德国报告文学作家。

八·227

戈罗德

哥尔多尼的门生。

八·289

哥尔多尼

意大利剧作家和现代喜剧创始人。

Carlo Goldoni，1707—1793。

八·289、307

哥斯尼亚克

南斯拉夫政治家，因为向铁托靠拢被苏联
共产党指为间谍。

九·267

歌德

德国思想家、作家和科学家。

Johann Wolfgang von Goethe，1749—1832。

八·214、258、338、341、383，九·75、
286

格吉夫

1944 年保加利亚农民同盟的领导者之一。

九·93

格拉诺夫斯基

俄国历史学家、思想家和教育家，是俄国
中世纪研究的奠基人。

Тимофей Николаевич Грановский，
1813—1855。

八·168

格里哥里·伊凡诺维奇

《契诃夫手记》里的人物。

八·168

格列鲍夫

《契诃夫手记》里的人物。

八·183

格林卡

俄国作曲家，被誉为俄罗斯民族乐派的奠
基人。

Михаил Иванович Глинка，1804—1857。

八·271、272、273、282、447

格米特（德米特洛夫）

出卖祖国的保加利亚人，英美帝国主义
走狗。

九·108

葛利高罗维契

俄国作家、翻译家和评论家。Дмитрий Васильевич Григорович，1822—1899。

八·8、208

葛姆普尔

1938 年捷克"劳动党"的党魁。

九·172

葛依德

捷克斯洛伐克国民社会党成员，工厂老板。

九·186

龚古尔兄弟

19 世纪法国作家，爱德蒙·德·龚古尔 (Edmond de Goncourt，1822—1896) 和他的弟弟儒勒·德·龚古尔 (Jules de Goncourt，1830—1870)。

九·284

顾列蒲宁

俄国演员，契诃夫曾建议扮演《樱桃园》里的西棉奥诺夫·毕希戚克。

八·55、56

顾罗莫夫

1904 年上演的戏剧《樱桃园》中，扮演行人的演员。

八·56

郭木尔卡（维斯拉夫）

波兰政治家。

Władysław Gomułka，1905—1982。

九·105、136、151、152、156、193

果戈理（尼古拉·凡斯里维契·果戈理、尼古拉·果戈理）

俄国作家，俄国现实主义文学的奠基人之一。Николай Васильевич Гоголь - Яновский，1809—1852。

八·84、181、183、253、260、261、262、263、264、265、266、267、268、269、270、271、272、273、274、275、276、277、278、279、280、282、283、284、285、286、287、288、289、290、291、292、293、294、295、296、297、298、299、300、301、302、303、304、305、306、307、308、309、310、311、312、313、314、317、322、323、326、327、329、330、332、333、340、341、357、364、366、375、378、381、383、400、402、422、479

H

哈柴

1938 年至 1939 年捷克斯洛伐克总统。1939 年至 1945 年作为波希米亚和摩拉维亚保护国总统。

Emil Hácha，1872—1945。

九·163、166

海拉英

捷克斯洛伐克的苏台德德国人政治家。

Konrad Henlein，1898—1945。

九·163

海涅

德国诗人和新闻工作者。Christian Johann Heinrich Heine，1797—1856。

八·348、379、444、452，九·286

河上肇
日本经济学家、作家和社会运动参与者。
かわかみ はじめ，1879—1946。
九·292

荷尔
国际复兴和开发银行的美国的监督代表团团长。
九·261

荷马
相传为古希腊的游吟诗人。
Ὅμηρος (Homer)，
约前9世纪—前8世纪。
八·135、214、264、434

赫尔岑（亚历山大·伊凡诺维契·赫尔岑）
俄国思想家和革命活动家。Александр Иванович Герцен，1812—1870。
八·201、243、248、249、255、257、
265、279、331、332、343、344、345、
346、347、348、349、350、351、352、
353、354、356、357、358、364、366、
368、384、386、388、422、439、440、
444

赫克尔
德国动物学家、进化论者、达尔文主义的支持者。
Ernst Haeckel，1834—1919。
八·447

赫列犹契娜
1904年上演的戏剧《樱桃园》中，扮演董袅沙的演员。
八·56

黑尔维修
18世纪法国哲学家和辩论家。
Claude Adrien Helvétius，1715—1771。
八·241

黑格尔
德国19世纪唯心论哲学的代表人物之一。
Georg Wilhelm Friedrich Hegel，
1770—1831。
八·344、368、444，九·63

胡德
英国诗人，以幽默诗作而闻名。
Thomas Hood，1799—1845。
八·408

华和维支
波兰社会党的理论家。
九·156

华西里·卡拉罗夫
保加利亚的革命思想家和作家。
八·371

华西里·列夫斯基
保加利亚的革命思想家和作家。
八·371

霍尔齐
匈牙利王国摄政（1920—1944）。
Horthy Miklós，1868—1957。
九·197

霍尔瓦契亚
南斯拉夫全国委员会副书记长。
九·252

霍甫特曼

德国剧作家。

Gerhart Hauptmann，1862—1946。

八·69

J

基布里克

《我为〈塔拉斯·布尔巴〉插画》的作者。

八·327

基德利奇

南斯拉夫政治家，因为向铁托靠拢被苏联共产党指为间谍。

九·267

基希

捷克新闻记者和作家。

Egon Erwin Kisch，1885—1948。

八·229、235、236

季米梁宰夫

俄国科学家。

八·445、456

季米特洛夫

保加利亚人民共和国总理（1946—1949）。

Георги Димитров Михайлов，
1882—1949。

九·100、111、113、117、118、121、122

济慈

英国诗人。John Keats，1795—1821。

九·286

加拉科索夫

莫斯科青年组织成员，1866 年刺杀沙皇

亚历山大二世未遂，被处以绞刑。

八·200

加罗尔·巴比尔

1937 年，民主党与民族工人党的合并所产生的波兰劳动党的旧首领。

九·129

加斯达·略多奥

曾在波兰农民党的机关报（1946 年 2 月 26 日）发表议论的作者。

九·131

加田哲二（田氏）

日本翻译家、社会学家和经济学教授。

かだ てつじ，1895—1964。

九·3

迦尔洵

俄国作家。

Всеволод Михайлович Гаршин，
1855—1888。

八·203、204

捷尔查文

俄国作家。

Гаврил Романович Державин，
1743—1816。

八·333

捷托可维契

南斯拉夫首相（1939—1941）。

Драгиша Цветковић，1893—1969。

九·246、247

K

喀奥义·德治

罗马尼亚政治家。

Gheorghe Gheorghiu-Dej, 1901—1965。

九·238

喀德琳二世（喀德琳女皇）

俄国 18 世纪沙皇。

Екатерина Алексеевна, 1729—1796。

八·240、282

卡查洛夫

俄国演员。

八·253

卡得耶夫

在尼耶尼·诺维哥尔德一个好脾气的店铺掌柜。

八·192

卡德尔

南斯拉夫政治家，因为向铁托靠拢被苏联共产党指为间谍。

九·251、254、267

卡尔·伏格特（伏格特）

德国科学家、哲学家和政治家。

Karl Christoph Vogt, 1817—1895。

八·445、447

卡尔提索夫

俄国作家。

八·366

卡尔托索夫

18 至 19 世纪的俄国作家。

八·333

卡拉姆金

俄国作家、诗人、历史学家和文学评论家。

Николай Михайлович Карамзин,
1766—1826。

八·333

卡拉替金

俄国演员。

八·253

卡里别克·库阿尼西帕耶夫

苏联人民艺术家，曾在果戈理的戏剧《巡按使》里扮演市长的演员。

八·305

卡契亚罗夫

1904 年上演的戏剧《樱桃园》中，扮演学生特罗菲莫夫的演员。

八·55、61、62

卡若犹拉

《车尔尼雪夫斯基论》的作者之一。

八·365

卡斯托马洛夫

自由主义作家，曾和《现代人》杂志编辑部有过交往。他模仿车尔尼雪夫斯基的笔迹，伪造了一些犯禁的信件，害车尔尼雪夫斯基被判了七年劳役和终身流放西伯利亚的首恶。

八·374

卡泰耶夫

俄国诗人、剧作家、记者和编剧。

Валентин Петрович Катаев,

1897—1986。

八·302

卡提宁

诗人。曾和戈里鲍耶多夫合作用散文写过喜剧《大学生》。

八·247

卡维林

苏联作家。

Вениамин Александрович Каверин，1902—1989。

八·348

卡卫尼克

法兰西第二共和国将军，因镇压巴黎工人六月起义，被称为六月屠夫，曾任共和国政府首脑（1848）。

Louis-Eugène Cavaignac，1802—1857。

八·345

凯德洛夫

苏联导演和演员。

Михаил Николаевич Кедров，1894—1972。

八·297、298

康德

德国作家和哲学家。

Immanuel Kant，1724—1804。

八·368

康士坦契纳斯克·雅斯

1948 年，罗马尼亚人民民主阵线成员党——人民党的代表之一。

九·231

珂里亚斯金

史塔罗恩派斯基教区的教士和地方自治会议主席兼人口普查区长。

八·181

柯尔曹夫

苏联报告文学作家。

八·227

柯洛连科（伏拉的密尔·格拉卡沁诺维契·柯洛连科）

俄国作家和社会活动家，曾因与革命家往来被流放至东西伯利亚。

Владимир Галактионович Короленко，1853—1921。

八·8、74、178、204、208、456、457、458、459、460、461、462、463、464、465

柯斯托夫

保加利亚政治家，1949 年被保加利亚政府以叛国罪名枪决。

Трайчо Костов Джунев，1897—1949。

九·110

柯托夫

《柯洛连科论》的作者。

八·456、479

科利雪夫斯基

南斯拉夫政治家，因为向铁托靠拢被苏联共产党指为间谍。

九·267

科斯达·赫达居洛夫

奥塞蒂亚作家。

八·383

可斯达·尔尔切夫

保加利亚社会民主党右派首领。

九·109

克雷洛夫

俄国寓言作家和诗人。

Иван Андреевич Крылов，

1769—1844。

八·246、251、266、333

克里孟梭

法国政治家和新闻工作者，曾两次出任法

国总理。

Georges Benjamin Clemenceau，

1841—1929。

八·418

克里斯托·巴托夫（巴托夫）

保加利亚的革命民主主义者。

八·371

克鲁普斯卡娅

俄国杰出的教育家和无产阶级政治活动

家，列宁的夫人。

Надежда Константиновна Крупуская，

1869—1939。

八·231、232、233、235、431、449

克罗尔（米兰·克罗尔）

南斯拉夫政治家，曾任副总理，后失败下

台成为在野党的领袖。

九·258

孔德

法国著名的哲学家、社会学和实证主义的

创始人。Isidore Marie Auguste Franç

ois Xavier Comte，1798—1857。

八·445

库尔依罗夫

剧作家。

八·35

库格曼

德国社会主义者、第一国际会员和医生。

参加过 1848 年德国革命，1862 年开始同

马克思通信，并积极宣传马克思、恩格斯

的著作。

Ludwig Kugelmann，1828—1902。

九·114

库克赫尔贝克

十二月党人。

八·249

库普林（亚历山大·库普林）

俄国小说家，是俄国批判现实主义的代表

人物之一。

Александр Иванович Куприн，

1870—1938。

八·91、92、201、207、219、409

库沃宾斯基

波兰社会主义者工人党的其中一位领导。

九·128

库兹玛·米宁

俄国的民族英雄。

Кузьма Минич Захарьев Сухорукий，

?—1616。

八·282

库兹尼索夫（史提潘·库兹尼索夫）

果戈理的戏剧《巡按使》的演出史上，扮

演了两个角色——赫莱斯达阔夫和市长的喜剧演员。

八·294

L

拉狄克

罗马尼亚将军、曾出任总理。1945 年 2 月 24 日指示军队和警察对工人示威开枪希望引起内战，被识破垮台。

九·224、225、226

拉夫罗夫

《俄国思潮》杂志的编辑出版者。

В.М.Лавров，1852—1912。

八·115

拉哥西

匈牙利共产主义政治人物，匈牙利人民共和国在 1945—1956 年期间的实际最高领导人，担任匈牙利共产党中央委员会总书记。Rákosi Mátyás，1892—1971。

九·198、201、216

拉吉舍夫

（亚历山大·尼古拉耶维契·拉吉舍夫）

俄国哲学家、经济学家、作家和启蒙主义学者。Александр Николаевич Радищев，1749—1802。

八·239、240、241、242、243、273、478、479

拉利斯·勒斯莱

报告文学作家。

八·227

拉萨尔

德国早期工人运动活动家和全德工人联合会创始人。

Ferdinand Lassalle，1825—1864。

九·70、71

拉维洛夫

俄国的"社会学的主观主义者"。

八·449

拉辛

法国剧作家。Jean Racine，1639—1699。

八·288、383

拉耀西·台尼埃斯

匈牙利第二共和国总理（1947—1948）。

Lajos Dinnyés，1901—1961。

九·211、213

拉叶夫斯加亚

俄国女演员。

八·55

拉伊克

匈牙利共产党领导人，1949 年被诬陷诱导，以承认是铁托分子、间谍特务、阴谋复辟资本主义等罪名判处死刑。

Rajk László，1909—1949。

九·261、262、264

莱雷耶夫

十二月党诗人。

八·260

莱蒙托夫（米哈尔·莱蒙托夫）

俄国作家、诗人和艺术家。被视为普希金的后继者。

Михаил Юрьевич Лермонтов，
1814—1841。

八·167、253、260、271、272、273、
274、276、277、278、279、280、281、
282、332、333、357、366、400、447、
466

莱特利依

捷克斯洛伐克 1948 年二月事件的参与者
之一。

九·188

兰柯维奇

南斯拉夫共产党早期重要的领导人，塞尔
维亚族。战后任内务部部长和军事情报局
局长。

九·261、267

李比格

身份不详。

九·74

李姆克

身份不详。

八·440

理罕拿

捷克斯洛伐克国防部长，1948 年二月事
件的参与者之一。

九·187

利比希

德国化学家，作为大学教授他发明了现代
实验室导向的教学方法，因为这一创新，
他被誉为历史上伟大的化学教育家之一。

Charles Robert Darwin，1809—1882。

八·447

列昂德·米若诺维契

身份不详。

八·318

列昂尼多夫

苏联人民艺术家，曾在果戈理的戏剧《死
魂灵》里扮演泼留西金的演员。

八·297、299、317、318、322

列昂诺夫

苏联小说家和剧作家。

Леонид Максимович Леонов，
1899—1994。

八·208

列宾

俄国现实主义画家，巡回展览画派的主要
代表人物。

Илья Ефимович Репин，1844—1930。

八·124、282、472

列夫·伏尔盖斯捷

契诃夫中学时代友人。

八·179

列夫凯耶娃

阿列克山特林斯基剧院演员。

Е.И.Левкеева，1851—1904。

八·180、181

列金

幽默杂志《断片》的发行人，著名的幽默
家。N.A.Lakin。

八·193

列宁（符拉箕米尔·伊里奇、伊里奇、马耶、赫尔·马耶、赫尔·摩得洛塞克、摩得洛塞克、乔治·罗蒂马耶、乌梁雅诺夫）

俄国著名的马克思主义者、无产阶级革命家、政治家、理论家和思想家。他是苏维埃社会主义共和国联盟的主要缔造者、布尔什维克党的创始人、十月革命的主要领导人、苏联人民委员会主席（即苏联总理），原名符拉箕米尔·伊里奇·乌梁雅诺夫（Владимир Ильич Ульянов）。

Ленин，1870—1924。

八·13、15、23、206、207、208、230、231、232、233、234、235、236、269、293、331、342、343、347、348、253、360、365、367、368、373、380、382、384、407、411、417、418、419、422、427、429、431、432、433、434、435、436、437、439、442、449、467、468、472、479，九·107、114、115、258

列维坦（I.I.列维坦）

俄国杰出的写生画家，现实主义风景画大师。

Исаак Ильич Левитан，1861—1900。

八·181、182、195、196、197、198、207

列渥尼多夫

1904 年上演的戏剧《樱桃园》中，扮演陆伯兴的演员。

八·56、67

留托维克·塔卡契

1948 年，罗马尼亚人民民主阵线成员党——匈牙利人民同盟的代表之一。

九·231

卢赫曼诺娃

俄国女作家。

Надежда Александровна Лухманова，1840—1907。

八·151

卢纳察尔斯基

苏联社会活动家、文艺评论家、作家。

Анатолий Васильевич Луначарский，1875—1933。

八·202、209

卢梭

法国瑞士裔思想家、哲学家、政治理论家和作曲家。

Jean-Jacques Rousseau，1712—1778。

八·256，九·286

鲁道尔夫·斯朗斯基

捷克共产党书记长。

Rudolf Slánsky，1901—1952。

九·172

鲁日斯基

1904 年上演的戏剧《樱桃园》中，扮演叶琶霍独夫的演员。

八·55、56、61、62

罗达里·拉察努

1948 年，罗马尼亚人民民主阵线成员党——工人党的代表之一。

九·231

罗马尼契

1944 年，罗马尼亚财政部长。

九·224

罗曼

《契诃夫手记》里的人物。

八·105

罗曼·罗兰

法国思想家、文学家、批判现实主义作家、音乐评论家和社会活动家。

Romain Rolland，1866—1944。

八·330、430，九·286

罗曼·扎姆布罗夫斯基

波兰 1947 年 2 月选出的国会副主席，代表波兰工人党。

九·135

罗孟诺索夫

俄国百科全书式的科学家、语言学家、哲学家和诗人，被誉为俄国科学史上的彼得大帝，提出了"质量守恒定律"（物质不灭定律）的雏形。

Михаил Васильевич Ломоносов，1711—1765。

八·242、333、337

M

马丁·安德生·尼克索

丹麦作家。

Martin Andersen Nexø，1869—1954。

八·430

马赫

导致斯洛伐克 1939 年沦为德国殖民地的亲希特勒分子之一。

九·164

马可维契

南斯拉夫外交部长（1939—1941）。

Александар Цинцар-Марковић，1889—1947。

九·246

马克思

犹太裔德国哲学家、经济学家、社会学家、政治学家、革命理论家、新闻从业员、历史学者、革命社会主义者和马克思主义的创始人。

Karl Heinrich Marx，1818—1883。

八·21、176、204、208、231、259、331、347、354、368、369、371、372、375、384、404、415、431、432、433、434、439、443、446、448、479，九·4、8、9、13、15、16、20、29、31、63、70、79、80、114、115、259

马克斯

俄国犹太籍出版商。

八·44

马克·吐温

美国的幽默大师、小说家、作家和演说家，原名塞姆·朗赫恩·克列门斯（Samuel Langhorne Clemens）。

Mark Twain，1835—1910。

八·436

马克西姆·科瓦列夫斯基

俄国法律学家、历史学家、社会学家和自由主义者。

Максим Максимович Ковалевский，1851—1916。

八·184

马拉韦耶夫

1944 年保加利亚农民同盟的领导者之一。

九·93

马利斯克特

唯物论者和自然科学家。

八·445

马利亚·比托罗夫娜（丽丽娜·亚历克赛叶娃、丽丽娜、安得列叶娃）

1904 年上演的戏剧《樱桃园》中，扮演娃略的女演员。

八·47、53、54、56、57、66

马莉雅

《契诃夫手记》里的人物。

八·178

马洛维尔

美国的古典作家。

八·436

马纽

罗马尼亚政治家、民族农民党领袖，三次出任罗马尼亚首相。

Iuliu Maniu, 1873—1953。

九·223、224、225、228、229

马萨利克

捷克第一任大总统（1918—1935）。

Tomáš Garrigue Masaryk, 1850—1937。

九·191

马斯拉利奇

南斯拉夫政治家，因为向铁托靠拢被苏联共产党指为间谍。

九·267

马塔维·尼卡诺洛维奇·柯鲁波科夫斯基

《莫斯科公报》外事课课长、《事业》杂志的主笔，还是莫斯科帝国剧院诊疗所的医生。契诃夫日记中的一位无良医生。

八·179

马特诺夫

俄国的演员，曾多次演绎果戈理的作品。

八·293

马特维·德雷福斯（M.德雷福斯）

德雷福斯（1894 年被法国军阀诬陷为间谍判罪）的弟弟。

八·184

马雅可夫斯基

苏联诗人。

Владимир Владимирович Маяковский, 1893—1930。

八·206、412

玛查拉夫

俄国演员。

八·253

玛丽

原名玛丽雅·巴甫洛芙娜·契诃娃，是契诃夫的妹妹，比契诃夫小三岁。

1863—1957。

八·192

麦里堡

德国小资产阶级政论家，蒲鲁东主义者。

Arthnx Mülberger, 1847—1907。

九·4、7、61、62、63、64、65、66、67、68、69、70、72、73、74、75、76、77、78、79、80

麦依爱尔

捷克斯洛伐克 1948 年二月事件的参与者
之一。

九·188

梅里美

法国现实主义作家、中短篇小说大师、剧
作家、历史学家。

Prosper Mérimée，1803—1870。

八·269、363

梅列日科夫斯基

俄国作家和哲学家，是俄国最早的象征主
义者之一。

Мережковский Дмитрий Сергеевич，
1865—1941。

八·200、206

梅特林克

比利时诗人、剧作家和散文家。

Maurice Polydore Marie Bernard Maeterlinck，
1862—1949。

八·69

梅依爱尔霍列托

俄国批评家。

八·46、69、70

弥尔顿

英国诗人、思想家。

John Milton，1608—1674。

八·338、383

米哈尔

罗马尼亚王国的最后一任国王，于 1927
年 7 月 20 日到 1930 年 6 月 8 日期间和
1940 年 9 月 6 日到 1947 年 12 月 30 日期

间在位。

Mihai I，1921—2017。

九·230、237、238

米哈尔·托拉果米列斯克

1948 年，罗马尼亚人民民主阵线成员
党——人民党的代表之一。

九·231

米哈伊尔（米哈伊尔·契诃夫）

契诃夫的弟弟。Michael P.Tchekhov。

八·94、96、97、191、222

米哈伊洛夫斯基

《高尔基论》的作者。

八·466

米海洛夫斯基

俄国社会学家、政治家和自由主义民粹派
的著名代表。Николай Константинович
Михайловский，1842—1904。

八·449

米柯莱奇克

第二次世界大战期间流亡英国的波兰流亡
政府总理（1943—1944）。

Stanisław Mikołajczyk，1901—1966。

九·126、127、128、129、130、131、
133、134、147、151

米拉格

罗马尼亚国民查拉尼斯特党的副总理。

九·223

米利斯·盖斯德

法国工人政党的创造者和领导者之一。

Jules Guesde，1845—1922。

八·371

密修梯达·安德烈

匈牙利小地主党出身的劳动部长，1947
年应涉反共和国的秘密团体案被逮捕。

九·211

敏诃夫

保加利亚的议员，法西斯分子。

九·92

明兹

波兰工商部长。

九·148

末广铁肠

日本明治时代的政治小说家。

1849—1896。

九·274

莫泊桑（Guy de Maupassant）

法国作家，作品以短篇小说为主。

Henry–René–Albert–Guy de Maupassant,
1850—1893。

八·108、356、363、427，九·277、284

莫拉夫斯基

波兰社会党的理论家。

九·156

莫莱斯束特

科学家。

八·447

莫利哀

法国喜剧作家、演员和戏剧活动家。

Molière, 1622—1673。

莫罗索夫

一间工厂的主人，艺术剧院的支持者。

八·62、65

莫洛托夫

苏联人民委员会主席（1930—1941）。

Вячеслав Михайлович Молотов,
1890—1986。

八·468

莫洛左夫

俄国 19 世纪 60 年代和 70 年代的革命人
物。

八·448

莫斯克文

俄国演员。

八·55、56、61、62、253、295、297

莫索尔斯基

俄国作曲家。

Модест Петрович Мусоргский,
1839—1881。

八·282、472

莫台耳

美国作家。Allest Mordell。

九·288

墨索里尼

意大利政治家、记者、思想家、意大利王
国第四十任总理（1922—1943）和法西斯
主义的创始人。

Benito Mussolini, 1883—1945。

九·223

姆拉托娃

演员。

八·56

姆拉佐维奇

南斯拉夫政治家，因为向铁托靠拢被苏联
共产党指为间谍。

九·267

慕洛维奥夫—阿波斯托尔

十二月党人领袖之一，又译为"S.I.穆拉
维约夫·阿波斯托尔"。

八·248

穆霞诺夫

保加利亚王国部长会议主席、首相（1944
年9月2日—9月9日）。

Konstantin Muraviev，1893—1965。

九·93、109

N

拿破仑

法国军事家、政治家和法学家，是法兰西
第一帝国皇帝（1804—1815），被称为
"法国人的皇帝"。

Napoleone di Buonaparte，1769—1821。

八·244、247、254、280、337、343、
348、363、424、467

纳兹契

傀儡政权"塞尔维亚救国政府"名义上的
领导人（1941—1944）。

Milan Nedić，1878—1946。

九·250

奈阿多木斯基

俄国批评家，《和平之路》的作者。

八·72、74

尼采

德国语言学家、哲学家、文化评论家、诗
人和作曲家，他的著作对于宗教、道德、
现代文化、哲学以及科学等领域提出广泛
的批判和讨论。

Friedrich Wilhelm Nietzsche，1844—1900。

八·211、212、214、469、476，九·286

尼古拉

契诃夫的二哥，1889年病逝。

八·204

尼古拉·别特可夫（别特可夫）

保加利亚的农民同盟右派的领导。

九·109、110

尼古拉二世

俄国末代沙皇和芬兰大公（1894—1917）。

Николай II Александрович，1868—1918。

八·186、461

尼古拉一世（沙皇尼古拉）

俄国沙皇（1825—1855）。

Николай I Павлович，1796—1855。

八·262、275、278、282、301、306、
344、348、353、356、359、374、397

尼克利（约安·尼克利）

罗马尼亚人民共和国常务委员。

九·238

尼米克

身份不详。

八·230

尼琴
剧作家。
八·35

涅克拉索夫（尼古拉·阿列赛耶维契·涅克拉索夫）
俄国诗人、作家、批评家和出版商。
Николай Алексеевич Некрасов，
1821—1878。
八·185、200、202、203、243、279、
282、332、333、353、355、356、357、
366、369、374、383、388、400、401、
402、403、404、405、406、407、408、
409、410、411、412、421、422、466、
472

涅斯科维奇
南斯拉夫政治家，因为向铁托靠拢被苏联
共产党指为间谍。
九·267

诺塞克
捷克内政部长。
九·186

诺西罗夫
短篇《伏格尔族的戏剧》的作者。
八·182

O

欧文
英国乌托邦社会主义者，也是一位企业
家、慈善家、空想社会主义的代表人物。
Robert Owen，1771—1858。

八·374，九·42

P

帕尔霍因
罗马尼亚人民共和国常务委员。
九·238

帕斯捷尔纳克
苏联作家、诗人和翻译家。
Борис Леонидович Пастернак，
1890—1960。
八·205

培根
英国文艺复兴时期散文家、哲学家。
Francis Bacon，1561—1626。
八·344

培拉·柯华齐
匈牙利共和国小地主党的书记长。
九·211

佩里琪
身份不详。
九·71

朋斯
苏格兰诗人。
Robert Burns，1759—1796。
八·408

蓬尼
法国学者和植物学家，原名加斯东（Гастон）。
Bonnie，1853—1922。
八·184

皮爱特尔

捷克斯洛伐克运输部长，1948 年二月事件的参与者之一。

八·187

皮纳尔德

纳粹时期捷克布拉格的警察厅长。

九·163

皮沙列夫（狄米特·伊凡诺维契·皮沙列夫）

俄国唯物主义哲学家、政论家和文艺评论家。Дмитрий Иванович Писарев，1840—1868。

八·200、201、331、438、439、440、441、442、443、444、445、446、447、448、449、450、479

皮谢姆斯基

俄国作家和剧作家。

Алексей Феофилактович Писемский，1821—1881。

八·35、200、203

片山孤村

日本文艺理论家。

かたやま こそん，1879—1933。

九·285

平田富明

《人民民主主义的成立与发展》的作者之一。

九·86

坡林·维亚尔多

歌手，屠格涅夫在国外的朋友。

八·363

坡塔宾诃

俄国作家和剧作家。

Игнатий Николаевич Потапенко，1856—1929。

八·154、178

蒲伯

18 世纪英国诗人。

Alexander Pope，1688—1744。

八·214

蒲加乔夫

18 世纪俄国农民起义领袖。

Емельян Иванович Пугачёв，约 1742—1775。

八·240、243、332

蒲拉加亚

身份不详。

八·194

蒲鲁东（蒲氏）

法国政论家、经济学家和小资产阶级社会主义者，是无政府主义奠基人之一。

Pierre-Joseph Proudhon，1809—1865。

九·4、7、8、9、15、18、19、21、22、24、25、26、27、28、29、30、31、36、38、61、62、63、64、65、66、68、69、70、71、72、73、74、75、76、77、78、80

普弗埃尔

匈牙利独立党的党首，法西斯主义的合法烟幕。

九·215

普列汉诺夫

俄国马克思主义理论家，也是俄国社会民主主义运动的开创者之一。

Георгий Валентинович Плеханов，1856—1918。

八·231、342、371、433、434

普列施契耶夫

俄国诗人。

Алексей Николаевич Плещеев，1825—1893。

八·8、9

普罗塔斯

罗马第一个有完整作品传世的喜剧作家。

Titus Maccius Plautus，前254?—前184。

八·307

普罗特波波夫

俄国文艺批评家和政论家。

Михаил Алексеевич Протопопов，1848—1915。

八·185

普洛哈斯卡

捷克斯洛伐克保险部长，1948年二月事件的参与者之一。

九·187

普希金（亚历山大·普希金）

俄国诗人、剧作家、小说家、历史学家、政论家、文学批评家和理论家。

Александр Сергеевич Пушкин，1799—1837。

八·10、118、188、216、241、243、251、253、254、255、256、257、258、259、260、261、265、266、271、272、273、274、276、277、278、279、280、282、283、284、285、286、287、292、303、307、308、311、332、333、337、340、341、353、357、359、363、364、366、381、400、422、447、453、466、475

Q

齐苏

导致斯洛伐克1939年沦为德国殖民地事件中的亲希特勒分子之一。

九·164

契诃夫（安东、契氏、安东·契诃夫、安东·巴夫罗维契、安东·巴夫罗维契·契诃夫）

俄国作家、戏剧家和短篇小说家。

Антон Павлович Чехов，1860—1904。

八·1、3、4、5、6、7、8、9、10、11、12、13、14、15、16、17、18、19、20、21、22、23、24、25、26、27、28、29、30、31、32、33、34、35、36、37、38、39、40、41、42、43、44、45、46、47、48、49、50、51、52、53、54、55、57、58、59、60、61、63、64、65、66、67、68、69、70、71、72、73、74、75、76、78、79、80、81、82、83、84、85、86、87、88、89、91、92、93、94、95、96、97、160、161、164、166、177、185、186、187、189、190、191、192、193、194、195、196、197、198、199、202、210、213、214、216、217、218、219、220、221、222、260、291、409、451、452、453、454、461、463、466、476、479

契姆科夫斯基

剧作家。

八·35

千尔台
匈牙利王国第三十八任总理（1945—1946）和匈牙利共和国第一任总统（1946—1948）。
Zoltán Tildy，1889—1961。
九·202、203

乔治·勃兰兑斯
丹麦文学评论家和文学史家。
Georg Morris Cohen Brandes，1842—1927。
八·363

乔治桑
法国小说家，原名 Amantine–Lucile– Aurore Dupin。
Georges Sand，1804—1876。
八·338、379、383

邱普罗夫
《契诃夫手记》里的人物。
八·182

却斯耐特
美国非洲裔作家、散文家、政治活动家和律师。
Charles Waddell Chesnutt，1858—1932。
八·436

R

日丹诺夫
俄国政治家、理论家，迫害过阿赫玛托娃和左琴科。
Андрей Александрович Жданов，1896—1948。

八·342，九·256

容·翁查努
1948 年，罗马尼亚人民民主阵线成员党——农民阵线的代表之一。
九·231

容众
中文版《人民民主主义的成立与发展》的译者之一。
九·86

茹科夫斯基
俄国作家、诗人和翻译家。
Василий Андреевич Жуковский，1783—1852。
八·266

S

萨布林
《俄罗斯公报》编辑部成员。
M.А.Саблин，1842—1898。
八·182

萨多瓦努
罗马尼亚人民共和国常务委员。
九·238

萨克莱
英国小说家。
William Makepeace Thackeray，1811—1863。
八·379、383

塞都罗夫
《车尔尼雪夫斯基论》的作者之一。

八·365

塞拉西
匈牙利内阁总理中的一员，战犯。
九·197、198、201

塞米茹诺娃
《别林斯基的美学》的作者。
八·331

塞万提斯
文艺复兴时期西班牙小说家、剧作家和诗人。
Miguel de Cervantes Saavedra, 1547—1616。
八·6

森鸥外
日本医生、药剂师、小说家、评论家和翻译家。もり おうがい, 1862—1922。
九·277、283、292

沙福诺夫
《契诃夫手记》里的人物。1896 年 8 月 24 日去世的将军。
八·180

沙克斯
奥地利资产阶级经济学家。
Emil Sax, 1845—1927。
九·4、5、7、34、35、36、37、38、39、40、41、42、43、44、45、46、47、48、51、52、53

莎卡拉
摩得洛塞克的妻子。
八·231

莎士比亚（莎翁）
文艺复兴时期英国戏剧家和诗人。
William Shakespeare, 1564—1616。
八·6、76、107、161、288、291、305、338、341、383、467，九·275

神西清
日本的俄罗斯文学研究者、翻译家、小说家和文学评论家。
じんざい きよし, 1903—1957。
八·93、96

圣柏甫
法国文艺批评家。
Sainte-Beuve, 1804—1869。
八·452

圣西门
法国哲学家、经济学家和空想社会主义的代表人物。
Claude Henri de Rouvroy, Comte de Saint-Simon, 常简称为 Henri de Saint-Simon, 1760—1825。
八·371、374

史楚金
俄国演员。
Борис Васильевич Щукин, 1894—1939。
八·300

史达尼斯拉夫·萧外尔贝
波兰 1947 年 2 月选出的国会副主席，代表波兰社会党。
九·135

史蒂列

罗马尼亚人民共和国常务委员。

九·238

史迁普金

俄国的演员，曾多次演绎果戈理的作品。

八·253、291、292、293、300、303、307、309、310

史迁普金娜—古柏尼克

《关于〈巡按使〉的断想》的作者。

八·306

史塔秀列维契

《契诃夫手记》里的人物。自由主义者领袖。

八·183

史坦开维支

俄国作家、诗人、散文家和哲学家。

Николай Владимирович Станкевич，1813—1840。

八·344

史坦尼斯拉夫斯基（康士坦丁·司尔盖耶维契·史坦尼斯拉夫斯基、康士坦丁·史坦尼斯拉夫斯基、康士坦丁·司尔盖耶维契）

俄国舞台导演、演员、戏剧教育家和理论家，1898 年和聂米诺维契·坦兼诃创办了莫斯科艺术剧院（现为莫斯科高尔基模范艺术剧院）。

Константин Сергеевич Станиславский，1863—1938。

八·38、47、53、54、55、56、57、58、59、60、62、63、64、65、67、68、84、85、86、293、295、298、299、311、312、313、314、315、316、317、318、322、323、324、325、326

史特林堡

瑞典作家、剧作家和画家。

Johan August Strindberg，1849—1912。

八·151

史维托查·马克维支

塞尔维亚思想家。

八·371

矢野龙溪

日本政治小说家。

やのりゅうけい，1851—1931。

九·274

司各德

18 世纪末苏格兰历史小说家及诗人。

Walter Scott，1771—1832。

八·336、338

司汤达

19 世纪法国批判现实主义作家，原名 Marie-Henri Beyle。

Stendhal，1783—1842。

八·254、257、471

斯宾诺莎

荷兰籍犹太裔哲学家。

Baruch de Spinoza，1632—1677。

八·344，九·286

斯宾塞

英国哲学家和社会学家。

Herbert Spencer，1820—1903。

八·120

斯大林

苏联共产党中央总书记、苏联部长会议主

席，是在苏联执政时间最长（1924—1953）的最高领导人。

Иосиф Виссарионович Сталин，1878—1953，另一说为 1879—1953。

八·203、214、269、342、380、384、411、419、432、437、468、472，九·107、108、243

斯笃依耶
匈牙利内阁总理中的一员，战犯。

九·201

斯伏朴达
捷克内政部长及国防部长。

九·191

斯霍渥·科毕林
剧作家。

八·35

斯基达列茨
俄国小说家。Скиталец，1869—1941。

八·137

斯捷潘
《契诃夫手记》里的人物。

八·114

斯克哈诺夫斯基
舞台导演。

八·312、313、322

斯列青·左埃维契
南斯拉夫全国委员会书记长、财政部长。

九·252

斯鲁契夫斯基
俄国诗人和小说家。

К.К.Сдучевский，1837—1904。

八·108

斯莫维契
南斯拉夫将军，曾为空军总司令、南斯拉夫皇家陆军参谋长和南斯拉夫总理（1941—1942）。

Душан Симовић，1882—1962。

九·246

斯契潘诺夫
《果戈理论》的作者。

八·260

斯坦·斯列麦
南斯拉夫全国委员会副书记长。

九·252

斯特朗斯基
捷克斯洛伐克教育部长，1948 年二月事件的参与者之一。

九·187

斯提芬·茨威格
奥地利小说家、诗人、剧作家和传记作家。Stefan Zweig，1881—1942。

八·256、475

斯提芬·塞尔盖耶维契·K（斯提芬·S.K）
《契诃夫手记》里的人物。莫斯科的一位大学生，后来当上了主教。

八·194

斯通
美国女作家。

Harriet Beecher Stowe，1811—1896。

八·6

斯托雷平

俄国政治家，曾任俄国内务大臣和大臣会议主席。Пётр Аркадевич Столыпин，1862—1911。

八·476

苏尔科夫

俄国画家。

Василий Иванович Суриков，1848—1916。

八·472

苏凡洛夫

宪兵长官，圣彼得堡的总督。

八·374、441

苏菲·皮托维娜（沙弗）

《契诃夫手记》里的人物。莫斯科的一位军医狄米特·波伏洛维契·К 的太太。

八·195、196

苏克哈诺夫

孟什维克分子。

八·442

苏沃林

俄国记者、出版商、作家、戏剧评论家和剧作家。

Алексей Сергеевич Суворин，1834—1912。

八·8、21、178、180、183、203、205、207

苏沃洛夫

俄国伟大的军事家、军事理论家、战略家、统帅。

Александр Васильевич Суворов，1730—1800。

八·424

苏亚

《契诃夫手记》里的人物。马耶维斯基的孩子。

八·193

绥拉菲莫维奇

俄国作家。

Александр Серафимович Серафимович，1863—1949。

八·200

梭罗古勃

俄国诗人、剧作家和思想家。

Сологуб Федор Кузьмич，1863—1927。

八·200、206、207

索尔达兼珂夫

莫斯科出版家。Солдатенков。

八·182

Т

塔波洛科夫

演员和《我如何扮演乞乞科夫》的作者。

八·296、297、311

塔卡哈诺夫

演员，扮演《巡按使》中的骗子"梭巴开维支"。

八·297

台约切夫
诗人。
八·343

坦兼诃（佛拉契米尔·聂米诺维契、聂米诺维契·坦兼诃、聂米诺维契）
俄国戏剧导演、作家、教育家、剧作家、制片人和剧院管理者。1898年和史坦尼斯拉夫斯基创办了莫斯科艺术剧院（现为莫斯科高尔基模范艺术剧院）。
Владимир Иванович Немирович–Данченко，1858—1943。
八·38、46、47、53、54、55、57、58、59、61、62、63、65、66、67、68、83、85

汤姆斯·摩尔爵士
英国律师、社会哲学家、作者和政治家。
Sir Thomas More，1478—1535。
九·275

提列西娃
舞台导演。
八·322

田山花袋
日本小说家，原名田山录弥。
1872—1930。
九·283、284、285

铁托
南斯拉夫政治家、革命家、军事家和外交家，曾任南斯拉夫社会主义联邦共和国总统（1953—1980）。
Josip Broz Tito，1892—1980。

九·105、243、244、250、252、259、261、267

屠格涅夫（伊凡·屠格涅夫）
俄国现实主义小说家、诗人和剧作家。
Иван Сергеевич Тургенев，1818—1883。
八·6、96、200、201、221、261、291、332、333、344、356、357、358、359、360、361、362、363、364、397、398、422、423、424、445、447、448、453、456

托宾斯基
波兰社会党的理论家。
九·156

托尔斯泰（列夫·托尔斯泰）
俄国批判现实主义作家、小说家、评论家和哲学家。
Лев Николаевич Толстой，1828—1910。
八·3、20、21、24、27、31、32、38、84、92、146、166、178、179、182、183、200、201、202、204、207、208、209、219、260、291、303、344、356、357、363、364、369、421、422、423、424、425、426、427、428、429、430、431、432、433、434、435、436、437、466、467、468、472、479，九·277

托卡
导致斯洛伐克1939年沦为德国殖民地的其中一位亲希特勒分子。
九·164

托莱切雅科夫
报告文学作家。
八·227

托洛斯基

俄国无产阶级革命家,十月革命直接领导人。

Лев Давидович Троцкий,1879—1940。

九·260

托马斯·曼

德国作家。

Thomas Mann,1875—1955。

八·469

托瓦雪夫

南斯拉夫人民农民党党员,1946年被农民党开除。

九·258

陀思妥耶夫斯基

俄国作家。

Фёдор Михайлович Достоевский,1821—1881。

八·84、112、199、200、201、202、203、356、466、467、468、469

W

瓦茨拉夫·巴尔茨可夫斯基

波兰1947年2月选出的国会副主席,代表波兰民主党。

九·135

瓦列塞夫斯基

波兰历史学家和作家。

Казимир Феликсович Валишевский,1849—1935。

八·184

瓦西列·卢卡

1948年,罗马尼亚人民民主阵线成员党——工人党的代表之一。出任人民民主阵线的书记长。

九·231

威拉吉斯拉夫·柯沃利基斯

波兰1947年2月选出的国会主席,代表农民党。

九·135

威廉二世

末代德意志皇帝和普鲁士国王以及霍亨索伦家族首领,原名 Friedrich Wilhelm Viktor Albert von Hohenzollern,史称威廉二世。

Wilhelm II von Deutschland,1859—1941。

八·164

威列比特

南斯拉夫政治家,因为向铁托靠拢被苏联共产党指为间谍。

九·267

微西奈夫斯基

1904年上演的戏剧《樱桃园》中,扮演毕希戚克的演员。

八·54、55、56、62

维格

法国作家、外交官和政治家。

Marie-Eugène-Melchior de Vogüé,1848—1910。

八·270

维几达

匈牙利剧作家。

Ernest Vajda，1886—1954。

八·214

维克多·雨果（雨果）

法国作家，19世纪前期积极浪漫主义文学的代表作家。

Victor Hugo，1802—1885。

八·254、348、408，九·275、286

维拉·柴苏列奇（柴苏列奇）

身份不详。

八·441、448

维斯特谢夫

《萨尔蒂科夫—谢德林论》的作者。

八·414

维亭

《赫尔岑论》的作者。

八·343

魏列萨耶夫

苏联作家和学者。

Викентий Викентьевич Вересаев，

1867—1945。

八·201、206

沃罗夫斯基

苏联马克思主义文艺理论家，被列宁称为"主要布尔什维克作家"之一。

Вацлав Вацлавович Воровский，

1871—1923。

八·202

渥尔洛夫·达夫

《契诃夫手记》里的人物，伯爵。

八·129

渥列迦·列渥娜尔多夫娜

演员。

八·67

乌克马诺维奇

南斯拉夫政治家，因为向铁托靠拢被苏联共产党指为间谍。

九·267

乌里雅诺娃·爱列扎罗娃

列宁的妹妹。

Ульянова Мария Ильинична，

1878—1937。

八·15

乌鲁羞

操纵斯洛伐克民主党的大地主、旧农民党员。

九·186

乌斯宾斯基

《托尔斯泰论》的作者。

八·200、203、206、209、421、463

武田泰淳

日本小说家和中国文学研究家。

たけだたいじゅん，1912—1976。

九·282

X

西巴琴斯基

剧作家。

八·35

西定盖尔

《契诃夫手记》里的人物，男爵。

342

八·180

西多罗夫
《契诃夫手记》里的人物，商人。
八·168

西伦
《列宁与托尔斯泰》的作者。
八·431、479

西莫夫
俄国画家。
Василий Максимович Максимов，
1844—1911。
八·58、65

西契顾罗夫
身份不详。
八·68

西泽富夫
《人民民主主义的成立与发展》的作者之
一。
九·86

希拉梅克
捷克斯洛伐克贸易部长，1948 年二月事
件的参与者之一。
九·187、188

希特勒
德国纳粹党领袖，曾出任德国总理
（1933—1945）和纳粹德国元首（1934—
1945）。
Adolf Hitler，1889—1945。
八·349、476，九·92、151、157、163、
164、166、167、169、171、172、223、

232、233、239、246、248、250、256、
265

席多·菲罗梯
沙皇特务。
八·440、443

席勒
德国 18 世纪著名诗人、哲学家、历史学家
和剧作家，德国启蒙文学的代表人物之一。
Johann Christoph Friedrich von Schiller，
1759—1805。
八·135、288、338、383

夏目漱石
日本作家，原名夏目金之助。
なつめ そうせき，1867—1916。
九·277、283、292

肖邦
波兰作曲家和钢琴家，欧洲 19 世纪浪漫
主义音乐的代表人物。
Fryderyk Franciszek Chopin，1810—1849。
八·161

小松清
日本评论家。
こまつ きよし，1900—1962。
八·229

小仲马
法国小说家和剧作家。
Alexandre Dumas，1824—1895。
九·275

谢德林（萨尔蒂科夫—谢德林）
俄国现实主义作家。

Михаил Евграфович Салтыков-Щедрин,
1826—1889。

八·201、202、204、243、267、332、
342、357、369、378、381、383、414、
415、416、417、418、419、420、447、
456、476

谢尔宾娜

《拉吉舍夫论》和《车尔尼雪夫斯基美学
的主要特征》的作者。

八·239、373

谢夫钦科

乌克兰诗人、艺术家和人道主义者。

Тарас Григорович Шевченко,
1814—1861。

八·383、406

谢赫捷尔

法国画家和建筑师。

Фёдор Осипович Шехтель,
1859—1926。

八·182

谢林

德国学者。

Friedrich Wilhelm Joseph Schelling,
1775—1854。

八·368

熊泽复六

日本学者、翻译家。

八·88

休巴

身份不详。

九·34、42、43

雪莱

英国浪漫主义诗人。

Percy Bysshe Shelley, 1792—1822。

九·286

Y

雅科武列夫

果戈理的戏剧《巡按使》里扮演市长的演
员。

八·301

雅库沁科

果戈理的戏剧《巡按使》里的演员
(1939—1944)。

八·299

雅罗斯拉夫斯基

《皮沙列夫论》的作者。

八·438

亚尔达鲁裘·熊

捷克社会民主党,1946 年 5 月选举议会
干部会的议长。

九·191

亚里斯多德

古希腊时期的哲学家、科学家和教育家。

Αριστοτέλης, 前 384—前 322。

八·377

亚历克山多洛夫

剧作家。

八·56

亚历山大

契诃夫的长兄。

А.П.Чехов，1855—1913。

八·178

亚历山大·布洛克

俄国诗人和戏剧家。

Александр Александрович Блок，

1880—1921。

八·475

亚历山大·狄珂诺夫（狄珂诺夫）

契诃夫的母校——塔干罗格初级学校的教员兼学监。

八·191

亚历山大二世

俄国沙皇（1855—1881）。

Александр II Николаевич，1818—1881。

八·199、200、354、439

亚历山大·卡可

1948 年，罗马尼亚人民民主阵线成员党——匈牙利人民同盟的代表之一。

九·231

亚历山大列斯克（安东·亚历山大列斯克）

1948 年，罗马尼亚人民民主阵线成员党——农民阵线的代表之一。

九·226、231

亚历山大洛夫

苏联 19 世纪 80 年代的电影导演。

八·35

亚历山大三世

俄国沙皇（1881—1894）。

Александр III，1845—1894。

八·371、456

亚历山大·斯蒂夫利雅

1948 年，罗马尼亚人民民主阵线成员党——人民党的代表之一。

九·231

耶珂勃

《契诃夫手记》里的人物，画家。

八·184

叶巴米侬德

《契诃夫手记》里的人物，修道院司祭。

八·119

叶尔米洛夫

苏联文艺学家。

Владимир Владимирович Ермилов，1904—1965。

八·278

叶尔莫罗娃

俄国演员。

Мария Николаевна Ермолова，1853—1928。

八·67

叶赛宁

俄国田园派诗人。

Сергей Александрович Есенин，1895—1925。

八·206

伊凡·巴佐夫

保加利亚的革命思想家和作家。

八·371

伊凡·福仑科

乌克兰、诗人、散文家、翻译家、学者和

政治人物。

Иван Якович Франко，1856—1916。

八·383

伊凡·尼珂拉叶维契

《契诃夫手记》里的人物，僧人。

八·179

伊凡诺夫

苏联剧作家和小说家，原名符舍伏洛特·伊凡诺夫。

Всеволод Вячеславович Иванов，1895—1963。

八·313

伊凡诺维契

南斯拉夫人民农民党党员。

九·258

伊凡·蒲宁

俄国作家。

Иван Алексеевич Бунин，1870—1953。

八·93、201、207、220

伊凡·契诃夫（伊凡）

契诃夫的哥哥。

八·192

伊凡·谢格罗夫

俄国作家，

原名 Иван Леонтьевич Леонтьев。

Иван Леонтьевич Щеглов，1856—1911。

八·182

伊林斯基

苏联 20 世纪 30 年代的演员。

八·302、303

伊姆莱其

匈牙利内阁总理中的一员，战犯。

九·201

伊萨科夫斯基

苏联诗人。

Михаил Васильевич Исаковский，1900—1973。

八·208

易卜生

挪威戏剧家和诗人。

Henrik Johan Ibsen，1828—1906。

八·146、166

永井荷风

日本小说家和散文家，原名壮吉，别号断肠亭主人、石南居士等。

ながい かふう，1879—1959。

九·277、283、288

犹昂

1921 年为《巡按使》制作舞台装置的艺术家。

八·295

犹塞夫·绥拉开维支

波兰 1947 年 2 月选出的国会所组织的阁僚首脑。

九·135

约古列斯克

罗马尼亚经济学者。

九·236

约翰

耶稣十二门徒之一。'Ιωάννης。

八·136

约翰·李德

报告文学作家。

八·227

约瑟夫·基西纳夫斯基

1948 年，罗马尼亚人民民主阵线成员党——工人党的代表之一。出任人民民主阵线的书记。

九·231

Z

增田涉

日本中国文学研究者，鲁迅学生，《中国小说史略》日本语译者。

ますだ わたる，1903—1977。

九·274

轧拉

捷克斯洛伐克邮电部长，1948 年二月事件的参与者之一。

九·187

张伯伦

英国政治家，曾出任英国首相（1937—1940）。

Arthur Neville Chamberlain，1869—1940。

九·165

中村光夫

日本当代文艺学家和作家。

なかむら みつお，1911—1988。

九·283

卓娅·柯斯莫捷绵斯卡亚

苏联卫国战争女英雄，1942 年 2 月 16日，她被苏联政府追授"苏联英雄"这一崇高称号。

Zoya，1923—1941。

八·329

兹拉提区

南斯拉夫政治家，因为向铁托靠拢被苏联共产党指为间谍。

九·267

左拉

法国自然主义小说家和理论家，自然主义文学流派创始人与领袖。

Émile Zola，1840—1902。

八·23、207、356、363、469，九·277、283

佐藤红绿

日本大众儿童文学作家、小说家、俳句诗人和戏曲作家。1874—1949。

九·285

其他

А.И.秋普罗夫

俄国经济学者、政论家和莫斯科大学教授。

А.И.Чупров，1842—1908。

八·180

А.К.托尔斯泰（老 А·托尔斯泰）

俄国小说家、诗人和戏剧家。

Алексей Константинович Толстой，

1817—1875。

八·76、200、201、202

А.Н.奥斯特洛夫斯基（奥斯特洛夫斯基）

俄国剧作家。

А.Н.Островский，1823—1886。

八·30、35、79、84、181、199、201、
203、204、267、291、303、357、391、
397、398、422、447、479

А.Н.韦绥洛夫斯基

俄国文学史家。

А.Н.Веселовский，1843—1918。

八·180

А.Ф.柯尼

俄国刑法学家。

А.Ф.Кони，1844—1927。

八·180

Б.В.格依

《新时代》的撰稿人。Б.В.Гей（Гейман）。

八·178

Б.契且林（契且林）

俄国法学家和哲学家。

Б.Н.Чичерин，1828—1904。

八·178

В.А.莫罗左娃

《契诃夫手记》里的人物。

八·184

В.А.莫罗左娃夫人

《契诃夫手记》里的人物。

八·182

В.Д.高洛卡维斯托夫

著名的斯拉夫派分子。

八·192

В.И.马耶维斯基（马耶维斯基）

《契诃夫手记》里的人物。莫斯科附近一
个像大村的镇子，镇上驻扎的炮兵中队的
头目，军阶为上校。

八·192、193

В.М.索波列夫斯基（索波列夫斯基）

《契诃夫手记》里的人物。

八·182、184

В.Н.谢明科维奇

契诃夫在梅里霍夫的邻居。

В.Н.Семенкович。

八·178、179

В.吉洪诺夫

俄国作家，《北方》杂志编辑。

Владимир Алексеевич Тихонов，
1857—1914。

八·183

Е.卡尔波夫

俄国剧院导演。

Е.П.Карпов，1859—1926。

八·183

И.И.秀金

文献学家。

Иван Иванович Щукин，1862—1908。

八·184

И.К.阿伊瓦左夫斯基

俄国亚美尼亚画家，他居住和生活在克

里米亚，以海景画著名，此类画作占其
作品大半部分。

Иван Константинович Айвазовский，
1817—1900。

八·180

И.Н.扎哈林

《七〇年代中的莫斯科演剧生活》的作者。

八·185

И.Я.巴甫罗夫斯基

契诃夫童年时的朋友，《新时代》巴黎特
派员。И.Я.Павловскнй，1852—1924。

八·179

K.波波维奇

南斯拉夫政治家，因为向铁托靠拢被苏联
共产党指为间谍。

九·267

Л.Л.托尔斯泰

列夫·托尔斯泰的儿子

八·151

М.М.安托科利斯基

俄国卓越的现实主义雕塑家。

Мордух Матысович Антокольский，
1843—1902。

八·184

М.О.孟什科夫

记者，19世纪90年代任《星期周刊》编
辑，《新时代》的撰稿人。

М.О.Менъшиков，1859—1919。

八·179

Н.А.奥斯特洛夫斯基

苏联著名的无产阶级作家。

Николай Алексеевич Островский，
1904—1936。

八·209

Н.И.犹拉索夫

《契诃夫手记》里的人物。

八·184

Н.С.列斯珂夫

俄国作家。Николай Семёнович Лесков，
1831—1895。

八·181

П.И.谢辽庚

俄国风景画家。

八·181

П.格涅杰契

俄国作家、剧作家和美术评论家。

Пётр Петрович Гнедич，1855—1927。

八·183

Р.Д.阿尔琴格列斯基（阿尔琴格列斯基）

契克诺·塞姆斯忒弗医院的一位医生。

八·193

С.В.马克西莫夫

俄国文艺家。

С.В.Максимов，1831—1901。

八·181

С.И.夏霍夫斯珂伊

《契诃夫手记》里的人物。

八·180

A.迪尔蒙

撰写《契诃夫传》。

八·88

A.都德 （都德）

法国自然主义小说家。

Alphonse Daudet，1840—1897。

八·117、363

J.古拉齐

匈牙利小地主党领导之一。

九·210

Joseph M.Bernstein

《"列宁同志问候你"》英译者。

八·235

L.Woolf （Leonard Woolf）

英国政治理论家、作家，出版商和公务员。

Leonard Woolf，1880—1969。

八·93、94、96、221

Philip Tomlinson

翻译家，翻译过英文版《契诃夫生活和书信》。

八·96、222

R.埃宜友

匈牙利共和国小地主党的财政部长。

九·209

S.S.Koteliansky

俄国出生的英国翻译家。

Самуил Соломонович Котелянский，1880—1955。

八·93、94、96、221、222

作品人物检索

A

阿尔必宁
出处：莱蒙托夫 《假面跳舞会》
八·276

阿尔克普
出处：普希金 《杜勃洛夫斯基》
八·258

阿非那西·伊万诺维奇
出处：果戈理 《旧式地主》
八·321

阿盖甫·彼特洛夫
出处：涅克拉梭夫诗篇的人物
八·410

阿卡其·阿卡基耶维契
出处：果戈理 《外套》
八·263

阿斯特罗夫
出处：契诃夫 《万尼亚舅舅》
八·39、40、87

阿特曼库库宾
出处：果戈理 《塔拉斯·布尔巴》
八·280

阿特曼微耳太合微斯特
出处：果戈理 《塔拉斯·布尔巴》
八·281

爱伦娜·斯塔霍娃（爱伦娜）
出处：屠格涅夫 《前夜》
八·359、360、361、397

安得莱
出处：果戈理 《塔拉斯·布尔巴》
八·327、329

安得烈·蒲罗梭洛夫
出处：契诃夫 《三姐妹》
八·42

安德列·奈诃候德加
出处：高尔基 《母亲》
八·475

安德烈·保尔康斯基（安德烈）
出处：托尔斯泰 《战争与和平》
八·424、425

安东尼
出处：莎士比亚 《凯撒大将》
八·54

安娜·安德列夫娜
出处：果戈理 《巡按使》

351

八·302

安娜·卡列尼娜（安娜）
出处：托尔斯泰《安娜·卡列尼娜》
八·426

安娜·塞尔格亦维娜
出处：契诃夫《带着狗的太太》
八·16

安袅
出处：契诃夫《樱桃园》
八·47、51、54、55、57、58、59、65、
66、67、72

奥勃洛摩夫
出处：冈察洛夫《奥勃洛摩夫》
八·391、394

奥列宁
出处：托尔斯泰《哥萨克》
八·424

奥涅金
出处：普希金《欧根·奥涅金》
八·155

奥司大普
出处：果戈理《塔拉斯·布尔巴》
八·264、280、327、329

奥维斯扬尼科夫
出处：屠格涅夫《猎人笔记》
八·357

B

巴格拉齐昂
出处：托尔斯泰《战争与和平》
八·424

巴拉夏夫
出处：奥斯特洛夫斯基《自己人》
八·397

巴塞斯托夫
出处：屠格涅夫《罗亭》
八·359

巴维尔
出处：屠格涅夫《处女地》
八·362

巴维尔
出处：屠格涅夫《猎人笔记》
八·357

巴维尔·伏洛沙夫
出处：高尔基《母亲》
八·471

巴维尔·伊凡诺夫
出处：契诃夫《顾赛夫》
八·11

巴扎洛夫（伊符勤尼·巴扎洛夫）
出处：屠格涅夫《父与子》
八·362、445、447、448

拜扬
出处：格林卡《罗斯兰和卢德密拉》
八·273

鲍勃钦司基
出处：果戈理《巡按使》
八·275

贝鲁得斯特
出处：谢德林《某小城的历史》
八·416

比尔斯托夫
出处：普希金《贵夫人或村姑》
八·274

比洛巴洛多夫
出处：普希金《上尉的女儿》
八·282

彼挨尔·别素号夫
出处：托尔斯泰《战争与和平》
八·424

彼特夏
出处：托尔斯泰《战争与和平》
八·425

毕里珂夫
出处：契诃夫《套中人》
八·191

毕列夫娃特—柴里夫娃茨基
出处：谢德林《某小城的历史》
八·420

毕鲁克洛夫
出处：契诃夫《住在二层楼的人家》
八·196

毕巧林
出处：莱蒙托夫《当代英雄》
八·155、278

毕希戚克（西棉奥诺夫·毕希戚克）
出处：契诃夫《樱桃园》
八·47、55、56、62

别杜西珂夫
出处：普希金《欧根·奥涅金》
八·274

别尔格
出处：托尔斯泰《战争与和平》
八·424

波洛得维金
出处：谢德林《某小城的历史》
八·416

伯尔森涅夫
出处：屠格涅夫《前夜》
八·361

布德尼科夫
出处：柯洛连科《不可怕的东西》
八·460

布尔达斯
出处：莎士比亚《凯撒大帝》
八·61

布斯甲珂夫
出处：普希金《欧根·奥涅金》
八·274

353

布雅诺夫

出处：普希金《欧根·奥涅金》

八·274

C

查茨基

出处：戈里鲍耶多夫《聪明误》

八·245、247、248、249、252

柴格洛茨基

出处：戈里鲍耶多夫《聪明误》

八·248

茨冈

出处：普希金《茨冈》

八·256

D

达狄亚娜

出处：普希金《欧根·奥涅金》

八·256、359

达霞

出处：契诃夫《三姊妹》

八·56

道勃钦司基

出处：果戈理《巡按使》

八·275

邓珂

出处：高尔基《伊斯吉尔婆婆》

八·469

第西加

出处：奥斯特洛夫斯基《全家福》

八·391

董袅沙

出处：契诃夫《樱桃园》

八·47、56、66

多里亚

出处：涅克拉索夫《严寒通红的鼻子》

八·406

E

娥尔西宁

出处：契诃夫《三姊妹》

八·42

娥塞巴哈

出处：契诃夫《三姊妹》

八·42

F

发西利·库拉根

出处：托尔斯泰《战争与和平》

八·424

法拉夫

出处：格林卡《罗斯兰和卢德密拉》

八·272

法姆索夫

出处：戈里鲍耶多夫《聪明误》

八·247、248、249

费多莎·雅佳维列维娜〔费多莎〕

出处：契诃夫 《我的生活》

八·192

费尔司

出处：契诃夫 《樱桃园》

八·47、55、56

芬因

出处：格林卡 《罗斯兰和卢德密拉》

八·272

弗列诺夫

出处：普希金 《欧根·奥涅金》

八·274

伏尔金

出处：车尔尼雪夫斯基 《序曲》

八·382

伏尼次基

出处：契诃夫 《万尼亚舅舅》

八·39

浮士德

出处：歌德 《浮士德》

八·136、258、259

福玛·高尔杰耶夫

出处：高尔基 《福玛·高尔杰耶夫》

八·471、475

甫鲁塔索夫

出处：高尔基 《太阳的孩子们》

八·473

G

戈贝金

出处：果戈理 《死魂灵》

八·280

哥萨克

出处：托尔斯泰 《哥萨克》

八·146

哥萨克摩西·西罗

出处：果戈理 《塔拉斯·布尔巴》

八·280

格伏兹金

出处：普希金 《欧根·奥涅金》

八·274

格里夏·杜勃罗斯克洛诺夫〔格里夏〕

出处：涅克拉索夫 《在俄国谁生活得好?》

八·410、411

顾洛夫

出处：契诃夫 《带着狗的太太》

八·16

顾赛夫

出处：契诃夫 《顾赛夫》

八·11

顾斯客·史结潘

出处：果戈理 《塔拉斯·布尔巴》

八·280

H

哈姆雷特（Hamlet）
出处：莎士比亚《哈姆雷特》
八·99

赫尔曼
出处：普希金《铲形皇后》
八·276

赫莱斯达阔夫
出处：果戈理《巡按使》
八·263、275、294、297、299、301、302、303

赫鲁西秋夫
出处：契诃夫《森林之精灵》
八·32

霍尔
出处：屠格涅夫《猎人笔记》
八·357

J

加斯琳娜
出处：奥斯特洛夫斯基《雷雨》
八·391、398

戛耶夫
出处：契诃夫《樱桃园》
八·47、50、51、54、55、56、57、59、62、63

戒合加连叩
出处：果戈理《塔拉斯·布尔巴》
八·281

K

喀西央
出处：屠格涅夫《猎人笔记》
八·357

卡杭
出处：高尔基《野蛮人》
八·473

卡里涅奇
出处：屠格涅夫《猎人笔记》
八·357

卡罗西尼科夫（司台潘·卡罗西尼科夫）
出处：莱蒙托夫《勇敢的商人卡罗西尼科夫之歌》
八·271、272、281

卡诺莫尔
出处：格林卡《罗斯兰和卢德密拉》
八·272

卡邱莎·马斯洛娃
出处：托尔斯泰《复活》
八·428

卡斯托尔
出处：契诃夫《在峡谷中》
八·451

凯洛蒲夏
出处：普希金《上尉的女儿》
八·282

科罗皤契加
出处：果戈理 《死魂灵》
八·265、275、276

克里姆·萨木金（萨木金）
出处：高尔基《克里姆·萨木金的一生》
八·472、474

克鲁庇里尼科夫
出处：涅克拉索夫诗篇的人物
八·410

库利根
出处：契诃夫 《三姊妹》
八·175

库图佐夫
出处：托尔斯泰《战争与和平》
八·424、425

L

拉夫列茨基
出处：屠格涅夫《贵族之家》
八·358、359

拉克梅托夫
出处：车尔尼雪夫斯基 《做什么？》
八·370、382、447

拉林
出处：普希金《欧根·奥涅金》
八·274、286

拉若
出处：高尔基《伊斯吉尔婆婆》
八·476

拉亦夫斯基
出处：契诃夫 《决斗》
八·13、14

朗涅夫丝加亚
出处：契诃夫 《樱桃园》
八·47、50、51、54、61、62、74

雷毕宁
出处：托尔斯泰《安娜·卡列尼娜》
八·426

丽沙·加里吉娜
出处：屠格涅夫《贵族之家》
八·359

列文（康士坦丁·列文）
出处：托尔斯泰《安娜·卡列尼娜》
八·425、426

柳薄夫·安德列夫娜
出处：契诃夫 《樱桃园》
八·54、57、62

柳勃夫·伊凡诺维娜
出处：契诃夫 《住在二层楼的人家》
八·196

卢德密拉
出处：格林卡《罗斯兰和卢德密拉》
八·272、273

陆伯兴
出处：契诃夫 《樱桃园》
八·47、49、50、51、55、56、57、59、
62、63、66、67、72

路托米尔

出处：格林卡《罗斯兰和卢德密拉》

八·272

罗士特来夫

出处：果戈理《死魂灵》

八·265、275、276、277、287、297

罗斯兰

出处：格林卡《罗斯兰和卢德密拉》

八·272、273

罗亭

出处：屠格涅夫《罗亭》

八·358、359、361

M

马克西姆

出处：屠格涅夫《猎人笔记》

八·357

马尼罗夫

出处：果戈理《死魂灵》

八·265、269、275、276、297、298

马特威·拉任斯基（马特威）

出处：柯洛连科《不是一种语言》

八·461、462

玛丽安娜

出处：屠格涅夫《处女地》

八·362

玛丽亚

出处：托尔斯泰《战争与和平》

八·425

蔑且里次亚应

出处：果戈理《塔拉斯·布尔巴》

八·281

莫尔却林

出处：戈里鲍耶多夫《聪明误》

八·248

莫若密斯基

出处：普希金《贵夫人或村姑》

八·273

N

娜塔莉亚·拉桑斯卡娅

出处：屠格涅夫《罗亭》

八·359

娜塔沙

出处：契诃夫《三姊妹》

八·175

奈娜

出处：格林卡《罗斯兰和卢德密拉》

八·272

尼可莱

出处：托尔斯泰《战争与和平》

八·425

尼林

出处：普希金《尼林伯爵》

八·273

尼洛伏娜

出处：高尔基《母亲》

八·471

358

涅赫留道夫

出处：托尔斯泰《复活》

八·428

P

帕威尔·彼得洛维奇·基尔沙诺夫（基尔沙诺夫）

出处：屠格涅夫《父与子》

八·362

泼留西金（彼提加·泼留西金）

出处：果戈理《死魂灵》。

注：彼提加是演员的名字。

八·265、266、275、276、297、312、
317、318、319、320、321、322、323、
325

蒲列参

出处：莱蒙托夫《维丁》

八·280

蒲列克菲·阿列赛耶维契

出处：契诃夫《我的生活》

八·192

蒲列克依

出处：托尔斯泰《蒲列库西加》

八·423

普鲁塔索夫

出处：托尔斯泰《活尸首》

八·429

Q

乞乞科夫（保甫尔·伊凡诺维支·乞乞科夫）

出处：果戈理《死魂灵》

八·264、265、268、269、275、276、
277、287、296、297、311、312、313、
314、315、316、317、319、320、321、
322、323、324、325、326

且列为欠叩

出处：果戈理《塔拉斯·布尔巴》

八·281

邱诃夫

出处：果戈理《肖像》

八·263、276

S

萨必宁

出处：格林卡《伊凡·苏萨宁》

八·282

塞巴耶柯夫

出处：契诃夫《万尼亚舅舅》

八·452

沙夏

出处：契诃夫《新娘》

八·17

史提娃·奥勃浪斯基（史提娃）

出处：托尔斯泰《安娜·卡列尼娜》

八·426

司克伏慈尼克·特莫汉诺夫斯基

出处：果戈理《巡按使》

八·294、301

司台班
出处：果戈理《死魂灵》
八·265

斯卡洛支普
出处：戈里鲍耶多夫《聪明误》
八·248

斯珂金尼
出处：普希金《欧根·奥涅金》
八·274

斯维托查
出处：格林卡《罗斯兰和卢德密拉》
八·272

苏宾
出处：屠格涅夫《前夜》
八·361

苏菲亚
出处：戈里鲍耶多夫《聪明误》
八·247、249

苏柯尔
出处：高尔基《苏柯尔之歌》
八·469

苏尼亚
出处：契诃夫《万尼亚舅舅》
八·39、56

苏萨宁（伊凡·苏萨宁）
出处：格林卡《伊凡·苏萨宁》
八·271、272、282

苏维里·克若切金（苏维里）
出处：涅克拉索夫诗篇的人物
八·410

梭巴开维支
出处：果戈理《死魂灵》
八·264、266、275、276、287、297

T

塔拉斯·布尔巴（塔拉斯）
出处：果戈理《塔拉斯·布尔巴》
八·263、264、267、271、272、280、
282、285、327、328、329、330

塔夏·罗士托娃
出处：托尔斯泰《战争与和平》
八·425

泰罗耶科洛夫
出处：普希金《杜勃洛夫斯基》
八·280

特罗菲莫夫（彼得·特罗菲莫夫）
出处：契诃夫《樱桃园》
八·47、50、51、55、56、59、62、67、
72、73、74

图林
出处：柯洛连科《嬉戏的河流》
八·459

屠塞巴哈
出处：契诃夫《三姊妹》
八·42

360

托尔卡

出处：屠格涅夫《猎人笔记》

八·357

托列卜列夫

出处：契诃夫《海鸥》

八·36

W

娃略

出处：契诃夫《樱桃园》

八·54、55、56、57、58、59、62

娃尼

出处：契诃夫《樱桃园》

八·47

瓦拉维·布尔米斯托洛夫

出处：高尔基《苏古洛夫镇》

八·477

微拉·巴甫洛夫娜

出处：车尔尼雪夫斯基《做什么?》

八·370

卧甫图珍叩

出处：果戈理《塔拉斯·布尔巴》

八·280

乌格利—勃且耶夫

出处：谢德林《某小城的历史》

八·416、420

X

夏洛达（夏洛达·伊凡诺夫娜）

出处：契诃夫《樱桃园》

八·47、55、56、57、59、61、62

谢克尔

出处：高尔基《马特威·卡若维涅科夫的一生》

八·476

Y

雅科夫

出处：屠格涅夫《猎人笔记》

八·357

雅科夫·马雅金

出处：高尔基《福玛·高尔杰耶夫》

八·476

雅库柏

出处：柯洛连科《一个真理追求者的生涯中的插话》

八·457

雅罗西加

出处：托尔斯泰《哥萨克》

八·424

雅诺斯·列雅普希金

出处：涅克拉索夫诗篇的人物

八·410

雅沙

出处：契诃夫《樱桃园》

八·47、55、56

雅西加
出处：柯洛连科《雅西加》
八·458

亚伐空·菲罗夫
出处：果戈理的《死魂灵》
八·265

耶格那提·普鲁克哈洛夫
出处：涅克拉索夫诗篇的人物
八·410

叶琳娜·安特列叶夫娜
出处：契诃夫《万尼亚舅舅》
八·39、40

叶琶霍独夫
出处：契诃夫《樱桃园》
八·47、55、56、66

伊凡
出处：果戈理《塔拉斯·布尔巴》
八·271

伊凡诺夫
出处：契诃夫《伊凡诺夫》
八·28、29

伊里亚·列尼夫（伊里亚）
出处：高尔基《三人》
八·471

伊丽娜
出处：契诃夫《三姊妹》
八·57、58、59、175

英莎诺夫
出处：屠格涅夫《前夜》
八·360、361

犹独式加·戈略夫列夫
出处：谢德林《戈略夫列夫家族》
八·416

Z

扎克鲁太古巴
出处：果戈理《塔拉斯·布尔巴》
八·281